Theory and Methods of Sport Training

竞技运动训练理论与方法

胡亦海 著

人民体育出版社

作者简介

胡亦海，男，1981年毕业于武汉体育学院研究生部。1994年晋升教授。曾经担任武汉体育学院运动训练学教研室主任、督导室主任、科研处处长。现为二级教授、博士生导师、中国体育科学学会运动训练学分会常委、湖北省体育科学学会运动训练专业委员会主任委员。享受国务院政府特殊津贴，获得湖北省突出贡献中青年专家、国家体育总局系统优秀中青年学科学术带头人称号。多次参与中国体育科学学会科学技术进步奖评审、中国奥运攻关课题成果评审、国家体育总局哲学社科课题评审等工作。现为国家教练员岗位培训讲师团导师组成员，是全国体育院校本科通用教材、教育部本科统编教材《运动训练学》、《竞技参赛学》、全国体育类研究生通识教材《运动训练学导论》和国家体育总局全国教练员岗培教材《现代教练员科学训练理论与实践》编写组成员。

主编或参编学术著作、专业教材15部，独撰50余篇学术论文，其中被EI收录8篇。先后完成了省部级及以上课题15项。其中，完成国家社科基金项目1项、省部级自科基金项目2项、省部级社科基金项目2项、国家体育总局奥运攻关课题2项。获省部级科学技术进步奖6项、省部级哲学社科优秀成果奖2项、省部级教学成果奖3项。

先后前往美国、英国、法国、德国、乌克兰、意大利、土耳其、荷兰、挪威、冰岛、丹麦、日本、韩国等国家和台湾、香港地区进行学术交流和考察。

主要研究方向：竞技运动理论与实践、运动训练理论与方法。

前　言

　　人类身体活动形态分为5个层次，即生活性、工作性、健身性、表达性和竞技性活动。其中，生活性活动就是人类日常生活中的跑、跳、投等活动方式；工作性活动就是各个行业职业性人体行为的活动方式，如炼钢、挖煤、种地等行为；健身性活动就是我们经常看到的各种休闲健身性的活动方式，如钓鱼、爬山、瑜伽等行为方式；表达性活动就是我们经常欣赏的各类舞蹈活动方式，如古典舞、芭蕾舞、民族舞、民间舞、现代舞、踢踏舞、爵士舞等；竞技性活动主要由充分挖掘自身身心和运动潜力的竞争性身体运动项目组成，如田径、拳击、篮球运动等。竞技性活动又称竞技运动。显然，竞技运动是人类运动中形态最为复杂、强度最为激烈、开展最为广泛的运动。

　　20世纪中叶以来，整个世界日新月异地发生着变化。竞技运动正以其独特魅力和多重功能，潜移默化地改变着世界上数以亿计不同肤色人们的精神世界和生活观念。竞技运动以其活动最为复杂、强度最为激烈的竞技特点，鲜明地展现着零和博弈的思想与零和游戏的本质。当我们站在历史的角度全面审视竞技运动的发展历程时，不难发现以奥林匹克运动为标志的竞技运动，已经成为现代文明宝库中最为绚丽多彩的瑰宝。当我们站在科学的角度认真透析竞技运动的发展动力时，不难看出推动竞技运动迅速发展的科学基础，当属发展与进步之中的竞技运动科学与运动训练实践。

　　竞技运动是充分挖掘和发挥自身生理、心理和运动潜力的竞争性运动项目的通称。竞技体育是以竞技运动为主要手段、以组织竞技赛事为主要特征、以创造最佳竞技成绩为主要目标、以培养公平正义的社会环境和身心健康的生活方式为主要目的的社会活动。竞技运动与竞技体育之间的关系是部分与整体、隶属与包含、内容与领域的关系。竞技运动着重体现自然、运动、竞争属性，竞技体育着重体现社会、运动和组织属性。当然，竞技体育不能否认自然属性，否则无法科学地进步；竞技运动不能否认社会属性，否则没有存在的价值。因此，竞技运动必须依靠健康的竞技体育社会生态。

竞技运动可分为学校性、社会性和职业性竞技运动3个层次。尽管竞技运动形态并不全是学校体育、社会体育、竞技体育的唯一共有发展手段，但是竞技运动的持续发展确实需要学校体育的倡导、社会体育的普及和竞技体育的组织。我国学校体育的竞技运动是以促进学生身体发育、掌握运动基本技能、活跃校园体育氛围等为首任；我国社会体育的竞技运动是以促进人际交往、增强机能体质、活跃社会文化生活等为目标；我国竞技体育的竞技运动则以不断深入挖掘自身生理和心理的潜力，并在高水平竞赛中创造优异成绩为目的。正因如此，竞技运动发展需要全社会的协调支持。

竞技运动本质属性特征大致分为身体的运动性、对抗的激烈性、运动的极限性、技艺的难美性、竞争的博弈性。身体的运动性反映了竞技运动的存在与变化方式，都是以人的身体活动行为方式而体现的；对抗的激烈性反映了竞技运动表现和展示方式，都是以人的身体对抗的激烈程度而体现的；运动的极限性反映了竞技运动的生理与心理的耗能，都是以人的承受极限负荷的表现而体现的；技艺的难美性反映了竞技运动的运动方式和表现形态，都是以人的动作难度和艺术形态而体现的；竞争的博弈性反映了竞技选手为获得优异运动成绩，都是以人的思维策略和身体行为的博弈而体现的。

竞技运动功能大致分为本质功能和衍生功能两类。本质功能主要是体能、运动和心智功能。其中，体能功能体现为增强机体机能、提高运动素质；运动功能体现为获得运动技巧、挖掘运动潜力；心智功能体现为培养意志品质、弘扬心理特质。其衍生功能中的军事功能体现为模拟博弈情景、提高生存潜力；教育功能体现为掌握运动方法、提高健身水平；文化功能体现为增强艺术情趣、传承文化思想；社会功能体现为提供沟通平台、创建共存环境；经济功能体现为创建新型产业、促进经济发展；法制功能体现为倡导社会价值、促进法制教育；政治功能体现为凝聚民众情感、培养民族自觉等方面。

运动训练概念包含3层含义：一是运动训练是一个专门组织的特殊过程，这种特殊性决定了训练过程的设计、实施和监控过程都有其工程特点；二是运动训练是以不断挖掘自身潜力为目的的特殊过程。因此，运动训练必须依靠运动训练的科学基础，必须通过精心设计、有效实施和科学监控过程，才能实现充分培养、挖掘和发挥人体身心潜力，为创造并保持优异运动成绩奠定基础；三是整个训练过程是一个全过程设计、全因素构造、全人员参与的活动，运动训练的实战化是最大限度提高训练效果的重要途径。为此，必须深刻认识并科学掌握运动人体规律、人体运动规律和工程建设规律。

本书的撰写是因应我国竞技运动训练实践的需要。全书内容体系与体育院校《运动训练学》的课程教材完全不同。全书始终坚持的观点为竞技运动的训练和参赛过程是一项复杂的系统工程。本书撰写体例主要根据工程设计、实施和监控的职责模块作为分类依据，共由12个模块组成，即运动训练科学基础、竞技运动双核结构、运动训练工程规划、运动训练工程实施、体能训练实施内容、技能训练实施内容、心智训练实施内容、竞技能力结构内容、运动训练实施方法、运动训练工程监控、竞技运动竞赛规则和竞技运动参赛工程。撰写目的在于构建隐映工程思想的训练理论与方法体系。

基于工程理论构建的本书体系特别强调如下观点：一是竞技运动的训练与参赛工程是一项复杂的系统工程，必须通过设计、实施和监控三大环节才能实现工程目标；二是运动训练与参赛的最终主要产品标志是优异运动成绩和优秀运动员；三是运动训练与参赛构成了竞技运动主体的双核结构，均由多种因素及其关联组成并有机链接；四是整个工程建设必须依靠教练复合团队的多方协调合作才能达到目的；五是全书各个章节内容是按照工程进程的模块设计排序；六是理论认知需要科学分解方能深化，实践应用需要艺术综合才有成效。因此，必须辩证地掌握运动训练的认识论和方法论。

运动训练科学基础一章主要提出生理学理论、教育学理论、工程学基础和竞略学基础是运动训练的科学基础。重点阐述了运动训练生理基础中的能量代谢与血液循环、骨骼肌肉与神经控制、运动适应与运动应激；运动训练教育基础中的全面教育与创新教育、民主教育与纪律教育、职业教育与终身教育和培养目标与教育模式；运动训练工程基础中的工程含义与系统工程、工程设计与工程实施、工程监控与工程质量、工程管理的基本原理；运动训练竞略基础中的竞技战略与战略规划、竞技战役与战役指挥、竞技战术与临场指挥。这些内容都是现代竞技运动训练必须依靠的科学理论体系。

竞技运动双核结构一章主要提出运动训练和运动参赛是竞技运动的两大核心部分。重点讨论了竞技运动框架结构、结构类别及其特征；竞技运动的框架层次基本特征和层次要素基本特征；运动训练工程结构中的运动训练框架结构和运动训练层次要素；运动竞赛工程结构中的运动竞赛框架结构和层次要素。分析并指出了竞技运动的工程结构为主体结构。因此，提出了运动训练工程结构中的3个一级层次要素、8个二级层次要素和34个三级层次要素；同时提出了运动竞赛工程结构中的3个一级层次要素、10个二级层次要素和38个三级层次要素。以此作为解析竞技运动工程要素基础。

运动训练工程规划一章主要讨论了运动训练工程设计的范畴、内容、特点等问题。其中，主要涉及两个内容，即规划和计划的设计。指出了运动训练工程规划具有长远性、全局性、战略性、方向性、概括性特征，运动训练工程计划具有阶段性、局部性、技术性、操作性和定量性特征。运动训练规划的设计主体是训练组织机构，运动训练计划的设计主体是教练复合团队。通常，训练规划的设计包含规划意义、总体任务、设计原则、基本内容、工期划分、工作流程、主要策略；训练计划的设计包含训练目标、现实状况、阶段分期、训练内容、训练方法、监控指标、负荷安排和训练措施等。

运动训练工程实施一章主要讨论了实施机构、条件、内容和组织。重点讨论了实施机构中的组织成分、工作分工和教练员的执教能力；实施条件中的运动训练环境条件和运动训练保障条件；实施内容中的运动训练内容体系、训练方法手段体系、运动负荷因素体系、运动训练原则体系；实施组织中的训练课的基本结构、基本类型、组织形式、教案设计。其中，实施内容由于庞大复杂，故由第五章、第六章和第七章专题述之。此章强调了工程实施过程的目标性、实践性、组织性、方法性、进程性特征，指出训练工程的设计需要工程思想作为指南，训练工程的实施则需工程方法作为基础。

体能训练实施内容一章主要讨论了体能训练的基本内容、体能训练基本分类。分节讨论力量素质、耐力素质、速度素质、柔韧素质、灵敏素质和弹跳素质的训练基础、基本方法、基本要求；最后专门讨论了运动素质之间的关系及其迁移。此章讨论了当前体能训练的某些热点问题，指出了基于康复和健身理论的体能训练与竞技运动体能训练目的完全不同。前者强调的是功能性（function）训练，后者强调的则是功效性（Effectiveness）训练。我国竞技运动综合实力长期位居世界前列，完全得益于我国独特的体能训练。基于康复和健身理论的体能训练思想和手段确有一定的辅训作用。

技能训练实施内容一章主要讨论了技能的广义和狭义之意，提出了广义的技能包含着技术和战术两种竞技能力，阐述了技能训练基本内容、技能训练辩证关系和运动技能功能特征，说明了狭义的技能与技术、技巧的关系；通过运动技术及其训练一节，分析了运动技术的构成要素、基本结构和组合方式，指出了观察分析方法是技术的描述方法，生物力学方法则是技术的分析方法，讨论了运动技术的训练方法及其基本要求；通过运动战术及其训练一节，着重介绍了运动战术分类、战术结构和构成要素内容，提出了战术设计的 5 项原则和 10 种战术应用观念以及运动战术意识的培养要求。

心智训练实施内容一章从实践角度出发，将运动心理和运动智力的训练内容分别论述和讨论。通过对心智训练的概述，指出了心智训练基本内容和心智训练辩证关系；分节讨论了运动心理及其训练和运动智力及其训练。其中，运动心理及其训练的内容主要包括运动心理训练概述、心理训练基本方法、竞赛期的心理训练、心理障碍克服方法；运动智力及其训练的内容主要包括运动智力训练概述、智力训练基本途径、运动智力训练方法、运动智力训练要求。另外，介绍了克服心理障碍的 14 种方法和运动智力训练的 6 种训练方法。显然，提出这些心理和智力训练方法及其手段具有现实意义。

竞技能力结构内容一章主要讨论竞技能力的基本含义，解析竞技能力的基本结构，梳理竞技能力的层次要素，以便深刻揭示和认识竞技能力内部结构的具体内容，从而为运动训练过程的计划设计、具体实施和过程监控，全面提供较为详细的内容体系。为了深刻认识揭示竞技能力结构内容的意义，本章分别从体能类速度性、力量性、耐力性项群和技能类同场对抗性、隔网对抗性和格斗对抗性项群中，遴选 14 个具有代表性的项目作为专项竞技能力的分析平台，着重分析竞技能力构成要素的专项特征、解析竞技能力构成因子的影响权重，以便为科学地实施竞技能力的专项训练提供依据。

训练工程实施方法一章的设置是基于运动科学的应用性质和工程实施的需要。任何具有系统工程特征的事物必须具有认识论和方法论的特征。此章就是从方法论角度，解析了训练方法和训练手段的各自组成要素，指出了运动训练的方法要素、工艺特点与工程性质；然后分别讨论了分解训练、完整训练、重复训练、间歇训练、持续训练、变换训练、循环训练、比赛训练等运动训练具体操作方法的类型、应用和要求；最后讨论了模式训练、程序训练、CAD 训练等控制方法的构成要素、基本特点和应用方式等内容。显然，此章介绍的运动训练实施方法具有工具性和操作性的特征。

运动训练工程监控一章是本书具有重要特色的一章，共分 4 节。其中，训练工程监控概述主要包括训练工程监控意义、训练工程监控原则、训练工程监控体制和训练工程监控机制；运动训练质量监控主要包括运动训练质量要点、计划质量监控要点、质量监控基本种类和质量监控方法要求；运动训练监控体系主要包括监控的对象与内容、监控的指标与方法和监控的类型与目的；实战模式训练监控主要包括实战模式构成因素、实战模式计划设计、实战模式基本应用和实战模式监控要求。正是因为此章系统地阐述了训练工程的主要监控内容，从而鲜明地体现了训练工程监控的重要特征。

竞技运动竞赛规则一章是本书必须加写的一章。本章高度强调竞技运动竞赛规则不仅是保障竞技运动训练工作符合竞技比赛要求的准则，而且是构建完善的竞技运动工程体系的依据，同时也是确定运动训练指导思想的重要依据。本章着重指出运动竞赛规则的各项条款、具体内容、规则思想，不仅规定着竞赛过程的走向，而且指引着运动训练的方向。其中，蕴藏在竞赛规则中的竞技制胜综合规律、主导规律、突前规律、更迭规律更是确定运动训练指导思想的具体依据。另外，本章特别指出了竞技运动竞赛规则的普适性、针对性、公平性、人文性、规范性、操作性6种特征的重要意义。

竞技运动参赛工程是本书重要的一章，着重反映了参赛工程是创造优异运动成绩的核心工作。参赛工程包括赛前训练、参赛过程、赛后总结3个重要环节。赛前训练既是训练工程的封顶工程，也是参赛工程的基础工程。两者既相互独立又互相关联。通过讨论赛前训练及其调控，着重分析赛前训练基本规律、赛前训练计划设计和赛前训练临战模式；通过讨论参赛过程及其调控，着重阐述赛区准备及其程序、临场指挥及其对策、战役性的赛间恢复和赛间训练；通过讨论参赛的总结与评价，着重提出参赛总结基本分类、参赛总结基本内容、竞技运动参赛评价和参赛评价内容体系。

近些年来，笔者在体育院校本科和研究生中、20多个省市举办的全国或地方教练员岗位培训班中和部分省市体育局组织的干部培训班中讲授过本书的不同内容，部分内容分别选入了全国体育院校本科统编教材《运动训练学》和《运动参赛学》、研究生教材《运动训练学导论》、全国教练员岗位培训教材《现代教练员训练理论与实践》的编写体系。笔者在授课过程中深刻体会到我国体育的高等教育必须面对竞技运动、学术研究必须面对实践需求、学历教育必须面对职场要求是何等重要！实际上运动训练所涉及的内容远非本书所能概括的，因此本书涉足不深的领域恰恰说明笔者仍须继续践行。

目 录

第一章　运动训练科学基础 …………………………………………（1）

　　第一节　运动训练生理基础 ………………………………………（1）
　　　　一、能量代谢与血液循环 ………………………………………（1）
　　　　二、骨骼肌肉与神经控制 ………………………………………（7）
　　　　三、运动适应与运动应激 ………………………………………（11）
　　第二节　运动训练教育基础 ………………………………………（15）
　　　　一、全面教育与创新教育 ………………………………………（15）
　　　　二、民主教育与纪律教育 ………………………………………（18）
　　　　三、职业教育与终身教育 ………………………………………（20）
　　　　四、培养目标与教育模式 ………………………………………（23）
　　第三节　运动训练工程基础 ………………………………………（25）
　　　　一、工程含义与系统工程 ………………………………………（25）
　　　　二、工程设计与工程实施 ………………………………………（27）
　　　　三、工程监控与工程质量 ………………………………………（29）
　　　　四、工程管理的基本原理 ………………………………………（31）
　　第四节　运动训练竞略基础 ………………………………………（33）
　　　　一、竞技战略与战略规划 ………………………………………（34）
　　　　二、竞技战役与战役指挥 ………………………………………（36）
　　　　三、竞技战术与临场指挥 ………………………………………（38）

第二章　竞技运动双核结构 …………………………………………（41）

　　第一节　竞技运动基本结构 ………………………………………（41）
　　　　一、竞技运动框架结构 …………………………………………（41）

  二、竞技运动结构类别 …………………………………………（42）
  三、框架结构类别特征 …………………………………………（45）
 第二节 竞技运动层次要素 ……………………………………（47）
  一、竞技运动框架层次 …………………………………………（47）
  二、层次要素基本特征 …………………………………………（49）
 第三节 运动训练工程结构 ……………………………………（55）
  一、运动训练框架结构 …………………………………………（55）
  二、运动训练层次要素 …………………………………………（57）
 第四节 运动竞赛工程结构 ……………………………………（63）
  一、运动竞赛框架结构 …………………………………………（63）
  二、运动竞赛层次要素 …………………………………………（66）

第三章 运动训练工程规划 …………………………………………（72）

 第一节 训练工程规划设计 ……………………………………（72）
  一、训练工程规划内容 …………………………………………（72）
  二、训练规划制定方法 …………………………………………（74）
 第二节 运动训练工程分期 ……………………………………（75）
  一、运动训练工程分期 …………………………………………（75）
  二、训练周期及其结构 …………………………………………（77）
 第三节 训练周期类型特点 ……………………………………（79）
  一、大周期的结构特点 …………………………………………（80）
  二、中周期的结构特点 …………………………………………（83）
  三、小周期的结构特点 …………………………………………（84）
 第四节 运动训练计划制定 ……………………………………（87）
  一、训练计划制定依据 …………………………………………（87）
  二、训练计划类型特点 …………………………………………（89）
  三、训练计划制定内容 …………………………………………（95）

第四章 运动训练工程实施 ………………………………………（107）

 第一节 运动训练实施组织 …………………………………（107）
  一、运动训练实施机构 ………………………………………（107）

二、运动训练实施分工 …………………………………… (108)
　　三、教练员的执教能力 …………………………………… (111)
第二节　运动训练实施条件 ………………………………… (114)
　　一、运动训练环境条件 …………………………………… (115)
　　二、运动训练保障条件 …………………………………… (116)
第三节　运动训练实施内容 ………………………………… (118)
　　一、运动训练内容体系 …………………………………… (118)
　　二、训练方法手段体系 …………………………………… (122)
　　三、运动负荷因素体系 …………………………………… (125)
　　四、运动训练原则体系 …………………………………… (129)
第四节　运动训练实施单元 ………………………………… (139)
　　一、训练课的基本结构 …………………………………… (139)
　　二、训练课的基本类型 …………………………………… (141)
　　三、训练课的组织形式 …………………………………… (142)
　　四、训练课的教案设计 …………………………………… (143)

第五章　体能训练实施内容 …………………………………… (145)

第一节　体能训练一般概述 ………………………………… (145)
　　一、体能训练理念思辨 …………………………………… (145)
　　二、体能训练基本内容 …………………………………… (149)
　　三、体能训练基本分类 …………………………………… (150)
第二节　力量素质及其训练 ………………………………… (152)
　　一、力量素质及其关系 …………………………………… (152)
　　二、力量素质训练基础 …………………………………… (154)
　　三、力量训练基本方法 …………………………………… (155)
第三节　耐力素质及其训练 ………………………………… (161)
　　一、耐力素质及其关系 …………………………………… (161)
　　二、耐力素质训练基础 …………………………………… (163)
　　三、耐力素质训练方法 …………………………………… (165)

第四节　速度素质及其训练 ………………………………… (169)
　　　一、速度素质及其关系 ……………………………………… (169)
　　　二、速度素质训练基础 ……………………………………… (170)
　　　三、速度素质训练方法 ……………………………………… (171)
　　第五节　柔韧素质及其训练 ………………………………… (174)
　　　一、柔韧素质训练基础 ……………………………………… (175)
　　　二、柔韧素质训练方法 ……………………………………… (175)
　　第六节　灵敏素质及其训练 ………………………………… (177)
　　　一、灵敏素质及其关系 ……………………………………… (178)
　　　二、灵敏素质训练基础 ……………………………………… (178)
　　　三、灵敏素质训练方法 ……………………………………… (179)
　　第七节　弹跳素质及其训练 ………………………………… (182)
　　　一、弹跳力的理论分析 ……………………………………… (182)
　　　二、弹跳素质训练方法 ……………………………………… (183)
　　第八节　运动素质多维转移 ………………………………… (185)
　　　一、多维转移基本释义 ……………………………………… (185)
　　　二、素质之间关系转移 ……………………………………… (185)

第六章　技能训练实施内容 ……………………………………… (188)
　　第一节　技能训练一般概述 ………………………………… (188)
　　　一、技能训练基本内容 ……………………………………… (188)
　　　二、运动技能功能特征 ……………………………………… (190)
　　第二节　运动技术及其训练 ………………………………… (191)
　　　一、竞技运动技术概述 ……………………………………… (192)
　　　二、技术形成及其迁移 ……………………………………… (196)
　　　三、技术的分析与训练 ……………………………………… (199)
　　第三节　运动战术及其训练 ………………………………… (202)
　　　一、竞技运动战术概述 ……………………………………… (203)
　　　二、运动战术基本理论 ……………………………………… (205)
　　　三、战术训练方法要求 ……………………………………… (212)

第七章　心智训练实施内容 …………………………………… (215)

第一节　心智训练一般概述 ………………………………… (215)
一、心智训练基本内容 ……………………………………… (215)
二、心智训练辩证关系 ……………………………………… (217)

第二节　运动心理及其训练 ………………………………… (218)
一、运动心理训练概述 ……………………………………… (218)
二、心理训练基本方法 ……………………………………… (222)
三、竞赛期的心理训练 ……………………………………… (223)
四、心理障碍克服方法 ……………………………………… (226)

第三节　运动智力及其训练 ………………………………… (232)
一、运动智力训练概述 ……………………………………… (232)
二、智力训练基本途径 ……………………………………… (234)
三、运动智力训练方法 ……………………………………… (235)
四、运动智力训练要求 ……………………………………… (238)

第八章　竞技能力结构内容 …………………………………… (241)

第一节　竞技能力基本结构 ………………………………… (241)
一、竞技能力内部结构 ……………………………………… (241)
二、竞技能力基本要素 ……………………………………… (243)

第二节　体能类项目的特征 ………………………………… (246)
一、竞技能力主要特征 ……………………………………… (246)
二、竞技能力特征比较 ……………………………………… (253)

第三节　技能类项目的特征 ………………………………… (255)
一、竞技能力主要特征 ……………………………………… (256)
二、竞技能力特征比较 ……………………………………… (265)

第九章　训练工程实施方法 …………………………………… (268)

第一节　训练方法手段概述 ………………………………… (268)
一、运动训练方法概述 ……………………………………… (268)

二、运动训练手段概述 …………………………………………(270)
　第二节　运动训练基本方法 ………………………………………(274)
　　一、分解训练法的应用 ……………………………………………(275)
　　二、完整训练法的应用 ……………………………………………(277)
　　三、重复训练法的应用 ……………………………………………(277)
　　四、间歇训练法的应用 ……………………………………………(279)
　　五、持续训练法的应用 ……………………………………………(281)
　　六、变换训练法的应用 ……………………………………………(283)
　　七、循环训练法的应用 ……………………………………………(285)
　　八、比赛训练法的应用 ……………………………………………(287)
　第三节　运动训练控制方法 ………………………………………(289)
　　一、模式训练法的应用 ……………………………………………(289)
　　二、程序训练法的应用 ……………………………………………(293)
　　三、CAD训练法的应用 ……………………………………………(296)

第十章　运动训练工程监控 …………………………………(300)

　第一节　训练工程监控概述 ………………………………………(300)
　　一、训练工程监控意义 ……………………………………………(300)
　　二、训练工程监控原则 ……………………………………………(302)
　　三、训练工程监控体制 ……………………………………………(305)
　　四、训练工程监控机制 ……………………………………………(307)
　第二节　运动训练质量监控 ………………………………………(309)
　　一、运动训练质量概述 ……………………………………………(309)
　　二、计划质量监控要点 ……………………………………………(311)
　　三、质量监控基本种类 ……………………………………………(313)
　　四、质量监控方法要求 ……………………………………………(317)
　第三节　运动训练监控体系 ………………………………………(319)
　　一、监控的对象与内容 ……………………………………………(319)
　　二、监控的指标与方法 ……………………………………………(320)
　　三、监控的类型与目的 ……………………………………………(327)

第四节 实战模式训练监控 (328)
一、实战模式构成因素 (329)
二、实战模式计划设计 (330)
三、实战模式基本应用 (331)
四、实战模式监控要求 (332)

第十一章 竞技运动竞赛规则 (334)

第一节 竞赛规则演变梗概 (334)
一、竞赛规则演变意义 (334)
二、竞赛规则演变内容 (336)
三、竞赛规则演变成因 (338)

第二节 竞赛规则基本特征 (339)
一、普适性与针对性特征 (340)
二、公平性与人文性特征 (341)
三、规范性与操作性特征 (343)

第三节 竞技运动竞赛规则双驱作用 (345)
一、奠定竞技发展基础 (345)
二、蕴藏竞技制胜规律 (347)
三、促进竞赛规则完善 (351)

第十二章 竞技运动参赛工程 (354)

第一节 赛前训练及其调控 (354)
一、赛前训练基本规律 (354)
二、赛前训练板块设计 (356)
三、赛前训练临战模式 (357)

第二节 参赛过程及其调控 (359)
一、赛区准备及其程序 (359)
二、临场指挥及其对策 (361)
三、战役性的赛间恢复 (365)
四、战役性的赛间训练 (368)

  第三节 参赛的总结与评价 …………………………………… (373)
    一、参赛总结基本分类 ……………………………………… (373)
    二、参赛总结基本内容 ……………………………………… (377)
    三、竞技运动参赛评价 ……………………………………… (380)
    四、参赛评价内容体系 ……………………………………… (381)

附件：训练计划格式范例 ……………………………………………… (385)

主要参考文献 …………………………………………………………… (391)

后记 ……………………………………………………………………… (398)

第一章 运动训练科学基础

运动训练科学基础是现代运动训练理论构架的学科基石，是运动训练实践应用的基础理论，是教练员和相关人员从事运动训练的科学依据。运动训练科学基础所涉及的学科类型很广，几乎所有社会科学、自然科学、生物科学等学科的理论知识都可视之为运动训练的科学基础。本章基于现实需要，选择性地选取与运动训练高度相关的生理、教育、工程和军事基础理论，作为运动训练的科学基础，旨在为全面认识和掌握运动训练过程科学规律提供依据。

第一节 运动训练生理基础

运动训练的生理学基础主要是由相关运动生理学的基本知识、基本理论组成。这里选择性地介绍能量代谢、血液循环、骨骼肌肉和中枢神经系统的基本理论和知识，同时，针对性地阐述运动适应与运动应激的生理机制与特点。这些内容都与运动训练的素质提高、技能形成、负荷安排、参赛准备密切相关。其中，认识能量代谢、血液循环、骨骼肌肉和中枢神经系统，旨在深刻认识和理解竞技运动训练的主要任务、具体内容、训练方法和负荷安排。

一、能量代谢与血液循环

（一）能量代谢系统特点

三磷酸腺苷简称 ATP，是肌肉活动时直接供能的化学能量物质。它是人体内最为重要的"高能"化合物。ATP 主要储存在机体细胞之内。其中，肌肉细胞中的 ATP 含量最多。除 ATP 之外，其他形式的化学能都必须转变为 ATP 的能量结构方能供肌肉收缩之用。

ATP–CP代谢系统又称为磷酸盐系统。其中CP也是高能量磷酸化合物，并储藏在肌肉细胞内，分解时可释放出大量能量供给ATP再合成使用。CP释放的能量使ADP和无机磷酸再合成为ATP。每1克分子量CP的分解，能再合成1克分子量的ATP。ATP和CP合称为磷酸盐。肌肉中存储的磷酸盐总量不多，男子约有0.6克分子量，女子约有0.3克分子量。显然，利用此系统所提供的能量是极为有限的。据研究，人体如以最快的速度持续运动几秒时，肌肉中的磷酸盐（ATP、CP）即已耗尽。但是磷酸盐系统的用途，对于从事短程疾跑、跳跃、投掷、踢摔等各种只需几秒钟即可完成的各种技能的作用是极大的。它不仅是这些活动方式的主要能源，而且直接影响着运动成绩的水平。

乳酸代谢系统又称无氧代谢系统。缺氧状态下代谢系统中的糖的分解所产生的能量，可使ATP得以还原。缺氧状态下肌糖原的分解代谢产物为乳酸，故又称之为乳酸代谢系统。当肌肉和血液中的乳酸积累到一定程度时，可致使肌肉产生暂时性疲劳。肌糖原在无氧状态下释能供ATP再合成数量远不如有氧状态下的ATP合成数量。例如：180克肌糖原的无氧分解仅能生成2克分子量的ATP。而有氧状态下分解后产生的能量，足以合成39克分子量的ATP。对于某些竞技运动而言，乳酸代谢系统作用极为重要。持续最大速率从事1分钟到3分钟的运动，如400米跑和800米跑，大部分要依赖乳酸代谢系统提供能量。而在较长时间持续运动的最后阶段，乳酸代谢系统的供能作用是非常突出的。

有氧代谢系统又称有氧供能系统。研究发现，机体有氧代谢下同等量的肌糖原全部分解后的代谢产物只是二氧化碳和水。所释放的能量可制造13倍于无氧状态下合成的ATP。机体有氧代谢场所和无氧代谢场所一样，均在肌肉细胞内。但是，有氧代谢的具体场所仅限于细胞的线粒体内。换言之，肌肉纤维细胞里面的线粒体是有氧代谢状态下ATP生成或还原的场所，故细胞内的线粒体被称为人体运动的"发电厂"。显然，肌细胞内线粒体数量的多少，将直接关系到有氧代谢的水平。研究发现，不同的肌纤维类型与线粒体的数目密切相关。通常，红肌纤维内的线粒体数目远比白肌纤维的多得多。显然，这项研究不仅有助于提高科学训练的针对性，而且也为科学选材提供了生理依据。

有氧代谢系统的另一特性与代谢物质的种类有关。例如，脂肪、蛋白质、肌糖原是能量代谢的物质基础。在有氧状态下三者都可通过分解释能供ATP合成。

其中，256克的脂肪分解，能产生130克分子量的ATP。显然，长时间运动时（有氧状态下），肌糖原和脂肪是生成ATP能量的主要能源。蛋白质只在脂肪逐渐耗尽之时开始启用。有氧代谢系统不仅可使肌糖原、脂肪分解释能供ATP合成，并且代谢产物不会成为致使身体疲劳的物质。因此，有氧代谢系统是长时间耐力运动的基础。运动员有氧代谢水平直接影响着耐力运动成绩。为了充分认识3种代谢系统的特性，现将3种系统的各自特点列如表1-1。

表1-1 3种不同能量代谢系统一般特性的比较

特性分类	无氧代谢系统		有氧代谢系统
	ATP-CP代谢系统	乳酸代谢系统	
氧供应状态	无氧	无氧	有氧
ATP合成的速率	提供能量很快	提供能量较快	提供能量较慢
ATP合成能量源	CP	肌糖原	肌糖原、脂肪、蛋白质
ATP的合成量	产生很有限的ATP	产生有限的ATP	产生无限的ATP

（二）血液循环系统特点

氧是ATP能量产生或再生的重要条件。空气中的氧必须通过呼吸系统和血液循环系统两大系统的通力合作，才能输送到肌肉细胞中的线粒体里供ATP合成。整个输送路径是：肺→肺部毛细血管→肺静脉→左心房→左心室→主动脉→各组织处毛细血管→组织细胞。研究发现，外界的氧气需要通过体内18层胞膜才能进入肌细胞线粒体。新鲜空气一旦进入肺泡，空气与血液之间的氧与二氧化碳的交换即刻开始。这就是第一阶段的气体交换。交换的位置在肺泡血管膜上。肺泡血管膜是一层极薄的组织层，主要功能是将肺泡中的空气与肺泡微血管中的血隔开。第二阶段为血液和骨骼肌组织间的气体交换，即在组织——微血管膜上进行。气体从第一阶段到第二阶段的交换，受着多种因素的影响。

血液以两种方式输送氧及二氧化碳：一是溶解于血液中，二是与血液进行化学结合。通常氧的输送主要采用第二种方式。大部分的氧与红血球的血红蛋白做化学的结合被输送。氧正是与血红蛋白的结合，随着血液的流动，由动脉血管经微动脉，再经毛细血管，最后到达气体交换的第二阶段位置，进入细胞线粒体。

由此可见，氧的输送主要依靠血液循环系统。血液循环系统内的心血管系统是由心脏、动脉、毛细血管及静脉组成的一个封闭的运输系统。由心脏提供动力推动血液在其中循环流动，为机体的各种细胞提供了赖以生存的营养物质和氧气，也带走了代谢产物二氧化碳。显然，气体进入第二阶段的交换主要受红细胞数目、血色素含量、肌肉中微细血管数目和微血管的密度等因素的制约。

采用心率测量方法估算运动员的心血管系统功能，分析运动强度，是运动训练实践中常用的简易手段。优秀选手与正常人每搏输出量和心率具有显著差异。一般来讲，安静状态下，一般人每搏输出量为 70~80 毫升，心率为 65~80 次；优秀选手每搏输出量为 100~110 毫升，心率为 50~60 次。最大强度下一般人每搏输出量可达 120 毫升，优秀选手可达 170 毫升。运动时，血液分配发生了显著变化，其中最大强度运动时，肌肉可获得 85%，而安静时，仅为 15%（表 1-2）。运动时血液的改变受两种因素影响：一是肾、肝、皮肤等的动脉血管收缩而变细；二是供应骨骼肌的动脉血管和骨骼肌内的毛细血管的扩张。正是这种生理性的变化，才确保骨骼肌内能输入大量带氧的血液。

表 1-2　安静时和最大强度运动时的血液分配

器官		骨骼	脑	心脏	肾脏	肝脏	肌肉	皮肤	其他	合计
安静时	%	5	15	5	25	25	15	5	5	100
	立升/分	0.3	0.9	0.3	1.5	1.5	0.9	0.3	0.3	6.0
运动时	%	0.5	4	4	2	3	85	0.5	1	100
	立升/分	0.15	1.2	1.2	0.6	0.9	25.5	0.15	0.3	30.0

耐力运动或耐力训练中，人体所需的 ATP 主要取自有氧代谢系统。其中最大耗氧量、最大耗氧量利用率是两项重要指标。最大耗氧量有 93% 受先天遗传影响，故最大耗氧量利用率可作为评定运动强度的指标。最大耗氧量利用率与乳酸生成关系密切。通常，非运动员在 60% VO_2max 时，乳酸聚集显著上升；优秀耐力选手接近 80% VO_2max 时乳酸才开始聚集。实践中人们往往利用最大耗氧量利用率与乳酸生成的密切关系，通过测试乳酸浓度来了解人体的输氧能力。研究发现：人体在逐渐增加强度的运动中，乳酸浓度在 4mmol/L 或 36mg% 时开始急剧增加，这一临界点可称"乳酸阈"或"无氧阈"。研究发现：

相同无氧域值内，运动强度愈大说明氧的输入功能愈强，利用率愈大，有氧代谢水平愈高。

（三）主要项目代谢特点

不同运动项目的能量代谢特点，通常要以运动（训练）的有效负荷的作业时间为讨论的基础。所谓作业时间是指实际运动（训练）所需的时间，例如篮球运动上下半时各为 20 分钟，总计为 40 分钟，所需的能量自然涉及有氧和无氧代谢系统；所谓有效负荷的作业时间是指某项运动最强负荷阶段的作业时间，例如某些项目看似作业时间较长，但是关键分值是通过瞬间的许多技能，如急停、跳跃、疾跑中完成。因此，这些技能的完成又是在无氧状态下进行的。例如篮球、足球、排球运动的比赛时间，看似能量代谢系统属于有氧代谢供能为主，但是具体到个人的有效攻防技术的作业强度，通常属于以无氧代谢供能为主（图 1-1）。显然，必须从本质上深刻认识球类运动能量代谢供能特点。

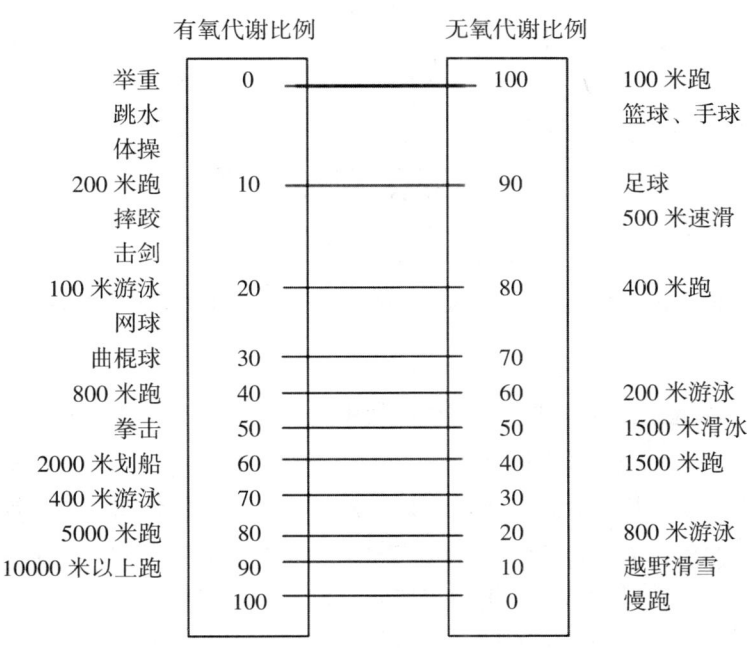

图 1-1　各运动项目有氧与无氧代谢比例

田径径赛、游泳、划船、自行车、速度滑冰等运动，因其作业负荷强度变化不大，因而具有相对的相似性。因此，我们可以通过持续作业时间较易看出这些项目的能量代谢供能特点。如田径1500米跑与400米游泳的作业时间大体相近，800米跑、200米游泳的作业时间大体相似，故可由此判断：有效作业时间相同的不同周期性运动项目，其能量代谢特点具有高度的相似性和同类性。图1-1是各个主要竞技运动项目的有氧、无氧能量代谢的应用比例。由此可见，篮球、足球、手球等球类运动，表面像是有氧代谢供能为主，实质则为以无氧代谢供能为主的项目。还应指出：这3个球类项目能量代谢系统提供ATP的百分比，也与实际竞技时间有关。有效作业时间愈短，无氧供能的强度愈高（图1-2）。

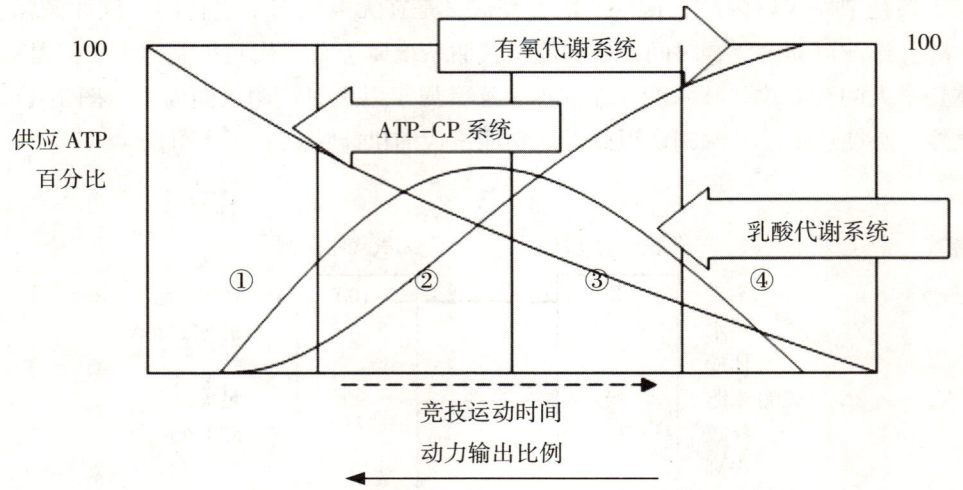

图1-2　不同竞技运动时间项目的能量代谢系统供应ATP的百分比

由表1-3可见，乳酸代谢系统供能效率与作业时间、作业强度密切相关，并有显著差异。导致这一差别原因是：（1）高强度运动中，乳酸代谢系统需要一点时间才能启动。因此，高强度的初始阶段，无法从乳酸代谢系统中提供能量供ATP再次合成；（2）从事一段乳酸代谢系统参与工作的较高强度活动时间后，机体往往会因体内乳酸的大量堆积致使肌肉疲劳，从而降低了运动强度，导致了有氧代谢供能的比例增大。因此，在实际训练和运动中，纯粹以乳酸代谢供能的形式并不多见，而是多与其他两个代谢系统中任一系统相互为用。为了说明方便,可将图 1-2 中的曲线分为 5 区。由图 1-2 可以看出 3 种能量代谢系统的交叉作用关系。各个系统动态提供 ATP 百分比的各种变化及其趋势。

表 1-3 能量供应系统的 5 个分区比较

区别	作业时间（秒）	主要能量供应系统	竞技项目举例
1	<6	磷酸盐系统	投掷、跳高、跳远、排球扣球等
2	6~30	磷酸盐系统和快速糖酵解	100、200 米跑、50 米游泳
3	30~120	磷酸盐系统和慢速糖酵解	400、800 米跑、100、200 米游泳、摔跤等
4	120~180	慢速糖酵解和有氧供能系统	400 米游泳、拳击等
5	>180	有氧供能系统	1500 米等

二、骨骼肌肉与神经控制

（一）骨骼肌的收缩机制

骨骼肌具有收缩能力，它所表现的收缩力在特定范畴内受两种条件控制：一是引起收缩的运动单位参与数量；二是神经冲动传导的强度。

骨骼肌的纤维都被组织成运动单位。所谓运动单位是指一个脊髓 α-运动神经元或脑干运动神经元和受其支配的全部肌纤维所组成的肌肉收缩的最基本的单位。不同肌群，其运动单位中所含的肌纤维数有很大的差异。根据生理功能的分类，运动单位可分为两类，即紧张性运动单位（tonic motor unit）和运动性运动单位（kinetic motor unit）。紧张性运动单位的肌纤维发生兴奋时发放的冲动频率低，但可长时间持续发放，氧化酶含量高，属于慢肌运动单位；运动性运动单位的肌纤维兴奋时发放的冲动频率较高，肌肉收缩力强，但易疲劳，氧化酶含量低，属于快肌运动单位。通常，一个运动单位中的肌纤维数量少则动作灵活，但是力量较小；肌纤维数量多则力量大，但是动作不很灵活。

运动神经纤维起于中枢神经系统，并进入骨骼肌到它所支配的肌纤维。神经纤维的末端分成许多分枝，每一分枝与一条肌纤维相连。当神经元传导神经冲动时，此冲动传遍该神经元的神经纤维分枝，并到达该运动单位的所有肌纤维，从而引起该运动单位所有肌纤维一起收缩。运动单位的肌纤维并不集结在一起，而是分散在整块肌肉的各处。因此，单一的运动单位收缩时，可使整块肌群出现轻微收缩。如有更多运动单位收缩，则其肌肉产生更大的张力。运动单位是骨骼肌的基本作用单位。当一运动单位神经元受刺激时，此单位所有肌纤维全部发生收缩。如该单位有许多肌纤维，则其收缩力强。反之亦反。因此，肌肉的收缩力可因参加收缩运动单位的多少或因运动单位的大小而不同。

中枢神经系统超过刺激阈的神经冲动传至神经肌肉接头处的运动终板时，则释放出一种叫作乙酰胆碱的化学物质，从而造成细胞膜的去极化和钙离子的快速流入，进而引起运动单位所辖肌纤维的兴奋而引起收缩。肌肉收缩实际上是由肌球蛋白丝和肌动蛋白丝交互作用的结果。此作用使肌动蛋白丝向肌球蛋白丝接近，从而造成肌纤维缩短。至于这种交互作用是如何形成的，这里暂不讨论。简言之，是由肌动蛋白丝与肌球蛋白丝之间的横桥产生滑动、钩接引起肌纤维缩短，而横桥活动的能量来源于 ATP。一般地说，当肌肉缩短速度增加时，肌肉产生的张力即减低，原因是当肌动蛋白丝滑过时，横桥只有一段时间可用以钩接。如果收缩速度增加，参加横桥数目将会减少，因而使张力降低。

（二）肌肉收缩基本类型

骨骼肌肌肉收缩有 4 种基本类型，即等张收缩、等长收缩、离心收缩和等动收缩：等张收缩又称为向心收缩，是运动员肌肉最常见的一种收缩方式。所有的起跳跳起和持拍挥臂的动作几乎都是此种收缩的结果。等张收缩的特点是肌肉等张收缩导致物体产生位移所需的张力并不相同，是随关节角度的变化而发生变化。其中肌力最弱一点的关节角度，肌肉需要做最大收缩。因此，等张力量的训练并不都能促使关节活动的各个角度的肌肉得到充分训练。等长收缩亦称静力收缩。等长收缩的特点是肌肉产生张力时，施力的肌肉长度不变。如武术套路中的马步蹲动作、体操吊环中的十字悬垂动作等，都是典型的肌肉等长收缩动作。这两种肌肉收缩类型是竞技运动最为常见的收缩类型。

离心收缩是一种与等张收缩相反的收缩形式，故称离心收缩。离心收缩的特点是肌肉以离心方式收缩时，肌肉产生张力并被拉张。离心收缩分为主动离心收缩和被动离心收缩两种形式。起跳后的落地动作通常属于主动离心收缩，目的是为了落地缓冲。助跑起跳的踏地瞬间的动作通常属于被动离心收缩，目的是为了提高反弹性爆发力。等动收缩是指在全活动关节范围内,肌肉处于最大收缩或收缩速度大致相等的收缩。等动收缩与等张收缩都是向心收缩,但是二者并不一样,主要区别是:前者收缩的各个关节角度的张力始终最大或恒定,且动作速度不变;后者收缩的各个关节角度的张力始终变化,且动作速度发生变化。显然,采取类似等动收缩方式训练有助于提高小肌肉群和弱肌肉群力量。

(三) 快、慢缩运动单位

运动单位可分为快肌收缩和慢肌收缩运动单位,又称快缩单位和慢缩单位。两种运动单位具有完全不同的功能特性,并对竞技运动有其各自的重要意义。快肌收缩和慢肌收缩运动单位的各自特点是:快缩单位的无氧代谢能力要比慢缩单位的无氧代谢能力大得多。尽管快、慢缩单位都含有使 ATP-CP 代谢系统发生作用的酶,但是前者中酶的作用约为后者中酶的作用的 3 倍;同样,两种运动单位中的糖解化酶,快肌运动单位中此酶的作用要比慢肌运动单位高达两倍以上。因此,从生物化学的角度上看,快缩单位最适宜短距的径赛、田赛、游泳、速滑和球类运动等。相反,慢缩单位的有氧代谢能力远比快缩单位大得多,因此,机体慢缩单位含量较多的人适宜中长距离的游泳、划船和径赛长距项目。

快肌纤维产生最大张力所需时间约为慢肌纤维的 1/3。造成如此差异的主要原因是:快缩单位具有较大的无氧代谢能力;快缩单位中运动神经元的神经纤维直径较粗,神经冲动的传导速度较快。因此,人体肌肉中快肌纤维的比例愈高,肌肉的收缩速度则愈快,速度方面的运动能力则愈明显。快肌收缩单位的收缩力量要比慢肌收缩单位大得多。造成两者之间这种差异的主要原因是:快肌纤维比慢肌纤维的直径粗;快缩单位所含的肌纤维数目要比慢缩单位的肌纤维数目多。故而,人体肌肉中快肌纤维的比例愈高,其收缩力量愈大,人体最大力量方面所表现出来的运动能力则愈明显。相对来说,由于慢缩单位的有氧代谢能力远比快缩单位大得多,故而能够表现较高的力量耐力的运动能力。

快肌纤维要比慢肌纤维更易疲劳。其原因是:快肌纤维的有氧代谢能力较差,而糖代谢的要求又高。人体最快速度运动几秒后的持续活动,需要依赖无氧状态下的糖分解释能供其继续做功。这样,体内势必产生大量乳酸并逐渐聚集,从而限制快肌纤维工作,进而导致快肌纤维先于慢肌纤维产生疲劳。慢肌疲劳的发生多在长时间耐力训练或运动之后。它的发生并非由于乳酸堆积所致,主要原因是：血糖的极度降低、肝糖的耗尽、体内的大量失水、身体电解质的丧失、体温的升高。当然，负荷强度超大的运动训练之后，人体都有肌肉酸痛的体验。造成肌肉酸痛的主要原因是肌纤维微细组织受到拉伤、局部的肌肉痉挛使血液供应减少等因素。因此，务必充分做好准备活动阶段的拉伸练习。

（四）中枢神经控制机制

人体运动除了由运动神经元冲动的传导而产生外，还受全身感觉器官传来冲动的影响和制约，更受高级神经中枢的控制，其中肌肉感觉器官的诱导作用十分明显。人体中，最为重要的两种肌肉感觉器为肌梭和高基腱器，二者合一被称为肌肉感觉器官。正是由于肌肉感觉器官的存在，中枢神经系统才有可能实现对运动活动的控制。机体的随意运动只有在神经系统对骨骼肌的支配保持完整的条件下才能发生，而且必须受大脑皮质的控制。大脑皮质控制躯体运动的部位称为皮质运动区。在脑的大脑皮质上有两个含有特殊化神经元区域，此等区域受刺激时能引起各种运动活动，而每一区域都可以引起特定的活动模式。第一区域为主要区域，第二区域为运动前区。两区共同控制着人体的行为。

通常，第一区域（主要运动区）又称"技能学习区"。人体运动的各部分动作模式都以不同的方式内存于这一区域中各自的小区，并有机链接。这种链接可使人体活动或运动达到微细化的协调程度。第二区域（主要运动前区）又称"运动技能储存区"。中枢神经系统的另一类运动神经元位于此区。由于此区运动神经元与小脑连接，而小脑又负责人体肌群活动的协调性，因此，它对形成自动化的活动技能尤为重要。大脑皮质运动区对躯体运动的调节，是通过锥体系和锥体外系下传而实现的。由此可见，肌肉感觉器官随时传递着肌肉获悉的外在信息到大脑中枢神经的运动区域，大脑中枢神经运动区域通过锥体系和锥体外系传出神经冲动，使人体能够做出各种复杂的协调动作或运动行为。

运动技能的形成原理是神经传导连接机制。由于其原理复杂，这里不做详细说明，现举例说明运动技能形成的神经通路。例如：初学网球的正手击球，此动作学习过程由大脑皮质运动皮质中"技能学习区"负责，从"技能学习区"发出的反应冲动经锥体到达位于脊髓中的低级运动神经元，然后传达到所做动作的各个运动单位；而后又从肌肉感觉器官（肌梭、高基腱梭）使大脑获得感觉信息，并经过大脑、小脑共同协调动作。一旦学会这一击球动作，此种活动模式就变得较少需要意识的控制而化为一种模式储存在运动前区,即"运动技能储存区"。运动技能一旦储存于"运动技能储存区"里,这种技能才能称为"自动化的技能"。这对于形成多种技能并使之自动化尤为重要。

三、运动适应与运动应激

(一)运动适应生理机制

适应是生物适合环境条件生长的特性与性状的现象。适应是指当环境发生变化时,为避免环境的改变所引起的损伤,机体细胞、组织或器官发生的代谢、功能和结构的相应改变过程。适应是生物活动的基本规律之一。运动适应是指运动员通过长期不间断训练,机体各项竞技能力不断发生与创造优异运动成绩相匹配的生物适应过程。显然,适应或运动适应是运动训练的重要生理基础。从根本上说,运动训练过程就是生物改造的过程。运动适应产生的类型和特征主要取决于两大要素,即训练负荷的刺激和恢复过程的效果。运动适应的直接目的就是通过科学训练,提高或降低各个系统、组织、器官和细胞对刺激的感应阈,同时,增强机体代偿机能。运动适应表现形态主要体现在3个方面。

体能、技能和心智能力是运动适应的3个方面。换言之,经过长期系统的训练,体能方面表现的运动适应是:当承受负荷强度较大的训练和比赛时,机体通常表现为能量代谢、肌肉收缩、神经支配等机能"节省化"。形态结构往往呈现心肌增厚或心腔增大、细胞活性物质增多、骨骼密度增强等系列生物适应变化,各个运动素质普遍增强。技能方面表现的运动适应是:技术动作合理规范,动作流畅节奏明快,技术应用得心应手,战术预判合理准确,战术配合娴熟巧妙。心智方面表现的运动适应是:情感敏锐细腻准确,情绪能够善于自控,比赛关注能力特强,意志品质坚定坚强,善于解读比赛进程,比赛思维能力较好。当然,体能和技能、心智能力的运动适应还有很多具体表现及其现象。

运动适应源于运动负荷(训练负荷)的刺激和恢复过程的效果。负荷是指载体所承受的刺激或压力。运动负荷是以身体练习为基本手段对运动员有机体施加刺激,也就是人体在运动训练中所能完成的生理机能反应和心理状态反应的量或范围。训练负荷是指训练活动加之于人体生理上和心理上的负荷。因此,没有负荷就没有训练。反之亦然。训练过程的任何形式的负荷均含有量和强度。量反映负荷刺激的大小，指标有次数、时间、距离、重量等；强度是指负荷的刺激程度，指标有速度、远度、高度、负重量、难度等。一般来说，具有一定负荷的练习都有一定的强度；反之，有一定强度的练习都含一定的量。负荷强度和负荷量的组合关系通常呈现反比关系，即强度大时量要小。反之亦然。

（二）运动适应主要特性

运动适应的主要特性集中表现为普遍性、特殊性、异时性、连续性方面：运动适应的普遍性是指机体在形态、机能、素质、技术、战术、心理和智力等方面都能发生运动适应现象。运动训练中任何训练手段的负荷刺激，均可使得各种器官系统和竞技能力产生变化，这就是运动适应普遍性的作用。运动适应的特殊性是指不同性质的运动负荷或练习，可引起特殊的适应性变化。例如力量负荷和耐力负荷训练产生的运动适应是截然不同的。不同性质的运动负荷引起机体能源物质的消耗以及其后的超量恢复程度也有所不同，例如速度性负荷和耐力性负荷肌肉能源物质消耗不同。运动技术和运动战术所引起的适应过程，更具有其特殊性；不同专项技术特征决定了运动适应的特殊性特征。

运动适应的异时性是指机体各器官系统对训练负荷的刺激存在着不同的适应时间。一般而言，机能的变化先于结构的适应性变化；神经、肌肉、腺体的理化状况发生变化最早；中枢神经系统比其他系统发生运动适应更早；运动器官比内脏器官较易较早发生适应。运动素质的适应往往早于技术运动适应。运动适应的连续性是指机体运动适应的产生和发展是一个连续的过程，因此，机体的全面适应必须以渐进积累的方式形成。如果训练有所间断，那么运动适应有可能消退，甚至影响机体全面运动适应的形成。负荷和适应的关系是通过不断的训练过程，逐步产生新的适应，从而促使竞技能力不断提高，最后形成最佳的竞技状态。因此，需要辩证地提高负荷，使机体不断产生新的运动适应。

不断产生新的运动适应，是通过施加具有不同运动负荷性质的不同训练方法及其训练手段完成的。这些方法应用的目的就是打破机体内环境的相对平衡，使之发生向较高机能水平的转化，并能在适应运动负荷的基础上重新获得新的相对平衡。运动适应新的相对平衡的表现，就是竞技能力的提高、最佳竞技状态的形成、运动损伤的防备等。运动适应新的相对平衡与辩证处理负荷和恢复的关系密切相关。负荷和恢复的辩证统一是产生新的运动适应的重要条件。负荷导致机能暂时下降或出现疲劳，负荷后的科学恢复可以促使机体超量恢复。显然，负荷后的适宜恢复手段和恢复时间，可以在机体产生超量恢复的基础上产生新的运动适应。因此，必须深刻地认识和掌握负荷与恢复的辩证关系。

（三）运动应激生理机制

应激是指机体在受到一定强度的应激源（躯体或心理刺激）作用时所出现的全身性非特异性适应反应。适度应激有利于机体在变化的环境中维持自身稳态，提高机体应对不利环境的能力。但是，过度应激则会发生机能、行为和心理不良反应，如血压升高、肌肉紧张、脉搏和呼吸加快、手心出汗、手足发冷、萎靡不振、紧张性头疼、胃痛、低热、食欲不振、尿频、休息欠佳、难入睡或易醒等机能问题；或工作能力下降、失误增加、判断能力下降、健忘、思维突然停顿、关注力下降、走神、缺乏创造性、缺乏朝气、兴趣减退的行为问题；或急躁不安、紧张、恐惧、焦虑、抑郁、冲动、自残、自责、多疑、怨天尤人等心理问题。认识应激原理和不良的应激现象的目的就是掌握运动应激机制。

根据应激源的性质，可将应激分为生理应激和心理应激：生理应激的应激源受理化和生物因素影响；心理应激的应激源受心理和社会因素影响。生理应激的主要反应特点是交感—肾上腺髓质系统和下丘脑—垂体—肾上腺皮质系统的强烈兴奋。此外，还可出现其他多种神经内分泌的变化，它们是应激时代谢和器官功能变化的基础。同时还会引起体温升高、血糖升高、补体增高、外周血吞噬细胞数目增多和活性增强等非特异性免疫反应。心理应激的主要反应特点是适度的心理应激可引起积极的心理反应，提高个体的警觉水平，有利于集中注意力，提高判断和应对能力。显然，适度的应激与过度的应激（低度应激）特点、现象完全不同。生理应激和心理应激既具有各自特点，又具有密切关联。

运动应激是指在训练前，尤其是在参加重大赛事之前或过程中，由于社会、生理和心理因素刺激作用而引起的紧张反应状态。人体参加运动训练和重大赛事时的生理应激反应，是糖皮质激素、儿茶酚胺、生长激素、抗利尿激素、胰岛素、胰高血糖素、雄性激素都会发生一系列的变化，从而促进血管对儿茶酚胺的敏感性的提高，促进胰高血糖素、甲状腺素、降钙素、肾素、EPO 分泌，促进或抑制糖原、脂肪分解、蛋白质合成等，促进肾小管收缩、泌尿减少等。由于应激的生理机制与交感—肾上腺髓质系统和下丘脑—垂体—肾上腺皮质系统密切相关，因此，运动应激的强度和深度与社会和心理因素关系更大。来自社会压力或心理刺激直接影响神经内分泌系统，影响着运动应激反应程度。

（四）运动应激基本特征

根据比赛时运动员不同阶段的运动应激表现，可将运动应激分为警觉阶段的应激、抗阻阶段的应激和衰竭阶段的应激。其中，警觉阶段的应激表现是：参赛精力旺盛，专项体力充沛，技术感知灵敏，求战欲望强烈，神经系统兴奋。抗阻阶段的应激表现是：持续保持比赛关注能力，各种竞技能力高度协调，比赛斗志坚韧不拔，取胜信念坚定不移，关键环节感知清晰等。衰竭阶段的应激表现是：已知败象无法逆转，运动能力大幅下降，身心疲惫感觉骤增，技术、战术频频失误。影响各个阶段的因素可分两类：客观因素主要是比赛地点、气候、交通、器材、设备、场馆和对手及裁判等因素；主观因素主要是训练水平、队内和谐程度、队员伤病、疲劳状态、自控力和竞技状态等因素。

适宜的运动应激可以表现出多方面的特点。其中，物质代谢系统表现为：糖代谢表现为糖原分解及糖异生增强，出现应激性高血糖和应激性糖尿；脂肪代谢表现为脂肪分解增强，脂肪氧化成为主要能源；蛋白质表现为分解代谢增强，可出现负氮平衡。代谢变化的总体趋势是分解增强、合成减少、代谢率升高。内分泌的系统表现为：肾上腺素适度增加，可引起心理专注程度升高。当然，应激过度则会引起焦虑、害怕、胆怯与愤怒；应激不足则会引起抑郁、厌食和自残现象等。可见，运动应激具有双重性特点，过度应激或应激不足都是运动训练或运动参赛的不良因素。多年训练已使机体产生运动适应，因此，具备良好抵御不良社会和心理因素的能力，对于形成适宜的运动应激至关重要。

为了能够产生适宜的运动应激，通常采用4步程序模式方法：一是情绪控制。要求运动员避免情绪波动，积极放松心态，保持较强信心。唯有如此，才能在复杂比赛环境迅速、准确地认知、决策和反应。这是这个模式最为关键的地方。二是信息过滤。要求运动员剔除无益信息或封闭无益信息渠道，保留可用信息。让运动员尽量卸掉心理负荷，不受不良信息干预。三是认知反应。要求运动员认真分析比赛对手的强弱之处，提出扬长避短的具体对策和措施，力争做到知己知彼。赛前3步程序目的是帮助运动员明确参赛目标、排除不良干扰和制定参赛对策，从而产生强烈取胜的适宜运动应激。四是行为应答。基于前三步程序，通过具体行动验证合理的对策，增强或强化比赛中的适宜运动应激。

第二节　运动训练教育基础

教育一词源于拉丁文 educate。本义为"引出"或"导出"，意思是通过一定手段，把某种本来潜在于身体和心灵内部的东西引发出来。教育从广义上说，泛指以影响人的身心发展为直接目的的社会实践活动。因此，运动训练也是一个教育过程。教育思想具有自觉、理性、宏观、抽象和系统性的特征。教育观念具有自发、感性、微观、具体和概况性的特征。毋庸置疑，必须始终以正确的教育思想作为指导运动训练的理论基础。

一、全面教育与创新教育

（一）全面性的教育思想

全面性的教育思想主要根据竞技运动是人类一项社会活动的性质而提出的。当然，竞技运动所具有的身体的运动性、对抗的激烈性、运动的极限性、技艺的难美性、竞争的博弈性等基本特征，也要求教练员和运动员必须具有全面性思维。由于从事竞技运动活动的主体主要是教练员和运动员，因此，针对教练员和运动员的全面性素质教育十分重要。当前，许多优秀运动员和运动队比赛中所表现出来的素质水平值得称赞。但是，某些项目或部分运动队（员）在平时训练和比赛中暴露出来的过低的文化基础、过窄的职业教育和过强的功利主义现象应当说是触目惊心，某些现象甚至已经越过道德底线，触及法律红线，给专项运动发展带来负面影响。显然，积极强化全面性素质教育意义重大。

所谓素质，是先天遗传和后天养成的人的综合的、内在的、整体的身心品质，它是人的发展要素的总和，也是人的发展基础和基本条件。广义上讲，人的素质实质上主要包括政治素质、思想素质、道德素质、法律素质、科技素质、创新素质、人文素质、心理素质、身体素质。其中，政治素质、思想素质决定着人的发展方向；道德素质、法律素质制约着人的行为规范；科技素质、创新素质引导着人的发展速度；人文素质、心理素质、身体素质规定着人的基本属性。相对而言，教练员和运动员的思想素质、道德素质、人文素质、心理素质的教育，是素质教育的核心内容。素质教育就是要求在运动训练实践中，促进教练员和运动员形成良好的素质条件，从而为科学从事竞技运动训练奠定基础。

运动员是教育对象的主体。因此，素质教育的重点应该是运动员。运动员的全面素质教育应以提高高尚的人格精神为核心，以身心健康为前提，以人文教育和科学教育为两翼，注重对运动员创新意识和创新能力的培养。其中，高尚的人格精神主要是指人类社会倡导的人格品质、人格特征、生活作风、行为准则；健康的身心状况主要是指竞技运动和运动训练所需的身体素质和心理状态；系统的人文教育和科学教育主要是指能够掌握与竞技运动或与未来职业有关的科学文化知识；创新意识和创新能力的培养则是期待通过不断攀登竞技运动的高峰得以获得。显然，运动员全面素质教育的目的，是形成符合社会需要的素质结构，成为人格完善、全面发展、适应社会不断发展的专门人才。

我们必须高度重视运动员的思想素质和道德素质教育。良好的思想素质和道德素质教育，可以帮助运动员树立正确的人生观和价值观，防止和抵制各种腐朽的思想侵袭；可以建立和谐的社会人际关系和养成良好的伦理道德品质。我们必须高度注意运动员的人文素质和心理素质教育。适宜的人文素质和心理素质教育，可以帮助运动员形成优良的人文精神和素养，获得面对各种干扰因素的处理能力，保持稳定成熟的健康心理，形成良好的个性心理品质。我们必须高度关注运动员的文化素质和科技素质教育。系统的文化素质和科技素质教育可以帮助运动员掌握丰富的文化知识，建立和形成正确的思维方式和方法，提高发现问题和解决问题的各种能力，认识和掌握训练的各种科学方法工具。

（二）创造性的教育思想

创造性的教育思想主要根据竞技运动是人类的一项竞争活动的方式而提出的。当然，运动训练所具有的运动训练任务和内容的专门性、运动训练方法和手段的多样性、运动训练结构和过程的系统性、运动训练适应与过程的长期性、有机体承担运动负荷的极限性、运动训练实施与监评的定量性、运动训练器材与仪器的科学性、运动训练环境与氛围的适宜性8种特点，也要求教练员和运动员必须具有创造性思维。唯有如此，竞技运动才能跨越式地发展。实践证明：竞技运动各种优异运动成绩的取得和各项世界运动纪录的不断更新，实质上就是运动训练不断创新的结果。任何一位优秀运动员的成长经历和一支优秀运动队的发展历程，实际上就是竞技运动的运动训练过程不断创新的历程。

竞技运动的运动训练过程中，教练员和运动员的创新意识、创新精神和创新能力至关重要。创新是竞技运动发展的灵魂。竞技运动优势项目的保持、基础项目的发展、落后项目的奋进，无不需要以创新精神作为支柱，无不需要以创新能力作为基础。竞技运动和运动训练的创新内容主要体现在思维创新、理论创新、方法创新、技术创新和能力创新5个方面。其中，思维创新是指以新颖独创的不按常规思维的，甚至超常规或反常规的视角思考问题，提出与众不同的解决方案，从而产生新颖的有社会意义的思维成果；理论创新是对原有理论体系或框架的新突破，对原有理论和方法的新发展，对理论禁区和未知领域的新探索。只有思维创新和理论创新，才能做到方法、技术和能力方面的创新。

随着现代科学理论和科学技术的不断引入，竞技运动训练和竞赛理论、技术、方法、手段、工具、材料等有关方面，正在发生日新月异的变化。竞技运动的科学训练理论和技术正处于既高度分化又高度综合的阶段。因此，教练员、运动员不仅需要注重学习和掌握各种相关的专业知识和专业技能，更重要的是，要善于不断开展技术创新、方法创新和理论创新的实践活动。其中，科学认识和掌握运动训练的相关科学理论知识，诸如运动训练的生理基础、工程基础等，有效掌握和应用运动训练的相关科学应用技术，诸如运动训练的数理统计、影像分析等是非常重要的。可见，创新思维的形成和培养，是一个不断地需要激励创新精神、强化创新意识、培育创新素质和提高创新本领的系统工程。

我们必须高度重视运动员文化学习和技能学习的教育。良好的文化学习和技能学习的教育，可以帮助运动员夯实良好的文化和技术基础，掌握系统的理论知识；形成和建立良好的运动技能和专项技能；再现训练精华、成功经验的景况。我们必须高度注意运动员创新意识和创新精神的教育。科学的创新意识和创新精神的教育，可以帮助运动员建立完整的理论体系，能动性地激活运动员的悟性和灵感，形成超前意识的创造思维，获得独立自主训练的能力；我们必须高度关注运动员创新能力和实践能力的教育。有效的创新能力和实践能力的教育，可以帮助运动员提高专项分析和应用能力，科学地掌握专项创新途径和方法，形成和建立创新思维的知识链条，获得训练创新和比赛创新的体验。

二、民主教育与纪律教育

（一）民主性的教育思想

民主性的教育思想主要根据竞技运动是人类一项教育手段的功能而提出的。当然，运动训练过程需要贯彻的自觉性、积极性、针对性、互动性等训练原则，同样要求教练员和运动员必须具有民主性的施教和受教思想。长期以来，由于某些运动项目的专项特点和竞技运动的功利主义作祟，运动员一直处于受迫式的教育对象状态。我们司空见惯的权威式训练，已经养成教练员处于运动训练中的绝对权威和绝对主导地位。运动员一直处于被动接受训练，甚至处于受某些体罚性训练的从属地位。从某种意义上讲，这种简单、逼迫式方式，对于基础训练阶段和专项初级阶段运动员的运动成绩提高，可能具有某种作用。但是，这种独裁的训练理念和粗暴方式，非常容易造成严重损害运动员身心健康的恶果。

提倡民主性的教育思想是教练员和运动员之间"训"与"练"的关系所定。运动训练过程中，教练员起主导作用，运动员起主体作用。教练员的主导作用主要表现为"施教"和"施控"。"施教"的意思是向运动员传授运动知识和技术，指导运动员进行独立的训练，全面关心运动员的人格发展；"施控"的意思是通过各种质量监控手段，确保运动员达到训练目标的监控过程。运动员的主体作用是指进行能动、积极、主动、自觉和创造性的训练，直至创造优异运动成绩。显然，"训"与"练"是一种相互依存的关系，这种关系具有积极和消极的双重性。积极的双边关系应当表现为教练员的主导作用，应当有利于促进运动员独立性、创造性的健康发展。运动员能够积极地发挥主观能动性的作用。

提出民主性的教育思想是人类文明社会持续科学发展的需要。众所周知，今天的人类文明社会是人类社会不断进步的结果，是人类发展历史的必然结果。文明社会的重要标志就是社会的民主特征。民主社会的创建就是创造"公平世界"的社会秩序。竞技运动之所以能够广泛受到世人所爱，不仅源于竞技运动鲜活的竞争场面，更重要的是竞技运动所倡导的公平、公正、公开的思想，承载着我们创造公平世界的理想。因此，尽管教练员和运动员身份不同，但是两者的人格则是平等的。显而易见，民主性的教育思想在于提示我们：竞技运动是一项独特的民有、民治、民享的教育领域。我们应该共同爱护这一教育资源，共同维护这一教育环境，共同享受这一教育过程，共同发挥这一教育作用。

倡导民主性的教育思想是促进个性发展、提供创新环境的需要。个性是创造性的前提，创造性是个性的体现。竞技运动的各种表现，本质上讲就是鼓励运动员在规则范围之内，循规蹈矩地张扬个性和表现创造。可见，民主教育思想与竞技运动表现之间具有何等重要的密切关联。民主性的教育思想是充满爱心、人性、人情和人道的教育思想，是尊重个性、尊重差异、尊重创造的教育思想，是尊重自由、尊重内心、尊重思想、尊重感情的教育思想，是尊重平等、尊重法治、尊重人格和人权的教育思想。显然，如何通过不断深入挖掘身心潜力的运动训练过程，实施民主性教育思想下的教育方式、方法和手段，是一项严肃复杂的现实课题。因此，我们必须积极探索贯彻民主性教育思想的路径。

（二）纪律性的教育思想

纪律性的教育思想主要是根据竞技运动是人类的一项法制教育的工具而提出的。竞技运动说到底是一种零和思维下的身体活动游戏，是具有规则性、竞争性、挑战性的各种身体竞技活动项目的统称。竞技运动的竞赛规则就是竞技行为的规范文本。因此，纪律性的教育思想就是倡导必须严格遵循规则的教育思想。竞争是人类天性使然，竞争是社会进步的动力。竞技运动赋予人类文明的重要贡献是，提供惊心动魄的竞争形式的同时，提供了和平对抗的竞争规则。竞技运动的活动形态提供了身心健康的发展手段，竞技运动的竞赛规则提供了竞技对抗的竞争法则。竞技运动的规则客观上规范了竞技者的行为方式，约束了参与者的不轨行为。因此，通过竞技运动的训练过程能够提高遵纪守法的意识。

竞技运动竞赛规则的制定具有鲜明的价值取向，这种价值取向的终极目标实际上是服务于构建一个人类和谐、相互尊重、团结友爱的社会，就是营造一个公平、公正和光明的文明世界。这一价值理念始终作为现代竞技运动竞赛规则制定和修改的法理依据。尽管所有运动项目的竞赛规则都由毫无生气的若干条款组成框架，文字的陈述和语义都是单调的明确表述。但是，竞赛规则要求一切都必须公平、公正的正义理念是不容质疑、不容挑战的。现代竞技运动的发展过程，就是竞赛规则的不断演变过程。竞赛规则的不断演变，就是为了适应日益发展的竞技运动的需求，更是为了彰显竞技运动竞赛规则的价值理念。所以，科学制定规则是促进竞技运动发展，乃至社会一切活动领域发展的前提条件。

竞技运动的竞赛规则制定具有严格的规范要求。竞赛规则的普适性，要求比赛行为具有统一标准和正义尺度，以便做到"规则面前人人平等"；竞赛规则的针对性，要求竞技规则不断适应日益变化的竞技运动发展需要；竞赛规则的公平性，要求竞赛规则必须满足竞赛条款的严谨性、执法裁判的公正性和参赛各方的合法性；竞赛规则的规范性，要求防范自定规则、商定规则引发的不公结果，提供公平竞争的正义条款和法理依据；竞赛规则的操作性，要求竞赛规则的各个条款语义清晰、内涵准确、标准统一、便于操作。显然，竞赛规则的普适性、针对性、公平性、规范性和操作性是制定严谨规则的主要依据。由此可见，严谨地制定竞赛规则是严格执行规则、严肃规范行为的重要依据。

规则的正义制定是促进人类社会文明行为的前提，规则的公正执行是维持人类社会秩序的基石，规则的科学修改是适应人类社会发展的需要。遵纪守法地按照竞技运动竞赛规则活动，就是维护社会文明、社会秩序和社会发展的行为。竞技运动规则的严格执行，往往渗透在运动训练的组织纪律、运动竞赛的战术纪律和日常生活的作息制度等等方面。显然，纪律性的教育思想应该成为运动训练和竞赛的各种行为准则，纪律性的教育思想应该成为深刻挖掘竞技能力潜力和创造优异运动成绩的思想基础。因此，我们必须大力倡导训练和竞赛中的严肃纪律思想，坚决维护和执行符合正义的各种规则制度。通过竞技运动所倡导的"公平、公正和公开"的活动理念，积极创造公平世界的理想王国。

三、职业教育与终身教育

（一）职业性的教育思想

职业性的教育思想主要根据竞技运动是人类一项身体行为的职业而提出的。竞技运动通常分为学校体育竞技运动、社会体育竞技运动和竞技体育竞技运动3个层次。显然，这里所说的身体行为的职业是竞技体育领域内高水平的竞技运动，又称职业性竞技运动。这类运动已经发展成为具有欣赏价值、商品价值和经济价值的竞技项目，例如美国NBA职业篮球运动等。目前，职业性竞技运动项目已经成为一种运动员谋生的职业，国际上已有不少单项运动的联合会下属专门的组织机构从事职业竞技运动管理，例如世界拳击协会（The World Boxing Association，简称 WBA）等。显然，职业性教育对于竞技运动的职业运动员来说是十分重要的工作，也是我国竞技运动项目走向职业化道路的关键一环。

职业性的教育思想对于职业运动员来讲意义重大。职业性的竞技运动本身不像其他行业那样与人类物质生活密切相关。职业性的竞技运动不仅属于一种艺术形态，而且属于一种零和思维下的游戏形态。对于竞技双方而言，竞技的任何一方都有非赢即输的可能，这是零和游戏的规则规定；对于观赛观众而言，参赛双方的竞技表现则有双赢或共输的可能。这是艺术市场的规则规定。显然，消极的竞技比赛纵然可以分出胜败结果，但是这样的比赛由于缺乏欣赏性，从而失去商品性和价值性，进而导致竞技项目逐渐失去市场，职业选手最终失去了职业。显然，职业性竞技运动不仅具有零和游戏特征，而且具有市场游戏特点。可见，职业性教育思想的贯彻，对于职业竞技运动的发展何等重要！

职业性的教育思想具有丰富的内容或内涵。一般来说，职业性与专业性紧密相关。专业性是职业性的基础，职业性是专业性的纵深。竞技运动的专业性特点，不仅表现在竞技运动活动方面具有卓越的体能、高超的技能和聪慧的心智要素，而且表现在竞技运动理论方面具有相关的知识、系统的理论和多样的应用能力。竞技运动的职业性特点，不仅表现在竞赛过程拼搏向上的意志品质、流畅多变的攻防变化和高难动作的技艺表演等等方面，而且表现在赛场上下公众场合的言谈举止、参赛服饰的艺术搭配和观众态度的互动效果等方面。职业竞技运动奉献的产品既是人类运动的文明记录，也是人类艺术的文明形态，更是人类传承的文明精神。因此，必须高度重视竞技运动的职业教育思想。

职业性的教育思想的贯彻不能仅仅依靠教练员本人的主导作用。西方职业竞技运动的成功经验证明：职业教育思想始终纳入职业竞技运动的规划与实践范畴之内。一个优秀的职业运动员都有一支职业教练团队作为支撑。一支优秀的团队运动项目都有体能、技能和心理教练，同时，还有生理监控师、技术摄像师、战术分析师、心理咨询师和装备服务师。主教练或总教练只是这支团队的 CEO 而已。高水平的职业队通常每周一次集中学习理论。除了专业理论之外，学习内容可谓包罗万象，甚至还要涉及赛事举办地区的宗教事物、王室礼仪、首脑会见、媒体沟通。如有可能，还要学习广告形象设计。总之，凡是涉及竞技运动职业领域的一切，都应纳入竞技运动的职业教育思想的内容体系。

（二）终身性的教育思想

终身性的教育思想主要根据竞技运动是人类一项造福终身的活动而提出的。竞技运动并不全是学校体育、社会体育、竞技体育三者共有的唯一发展手段，但是，确实是需要共同依靠的发展工具。3种体育范畴内的同一竞技运动项目如有不同，那也就是竞技运动发展所依赖的平台、水平和目的不同而已。我国学校体育的竞技运动是以促进学生身体发育、掌握运动基本技能、活跃校园体育氛围等为首任；我国社会体育的竞技运动是以促进人际交往、增强机能体质、活跃社会文化生活等为目标；我国竞技体育的竞技运动则以不断深入挖掘自身生理和心理的潜力，并在高水平竞赛中创造优异成绩为目的。可见，竞技运动具有显著的层次性特征。因此也就客观地决定了终身体育教育思想的土壤。

终身性的教育思想与人的终身运动理念有关。现代人类的运动形态尽管花样繁多，但是，实际上是由日常性、行业性、健身性、表达性和竞技性5种活动类型组成。其中，鉴于运动素质的时空维度、运动技术的技艺难度、运动战术的娴熟程度、运动心理的表现强度等因素的比较，毋庸置疑，竞技运动应该属于人类活动复杂程度的最高层次。由此可见，学习和掌握竞技运动某一项目的运动技能，对于提高终身运动的质量和终生生活的质量有百益而无一害。终身性的教育思想还在于提高科学从事竞技运动的保护意识。由于从事竞技运动需要不断挖掘自身的身心潜力和承担相对较大的负荷强度，这就难免造成机体器官或功能部分损伤。因此，终身教育思想有助于强化机体防护意识。

终身性的教育思想对于从事竞技运动的践行者还有一层重要意义。竞技运动毕竟属于年轻人的主要身体运动。从事职业性竞技运动的运动员，到达一定年龄之后都要面临职业转型问题。因此，优秀职业运动员在役期间无不重视未来职业的选项和学习。至于从事非职业性竞技运动或处于非职业化竞技运动阶段的运动者，更是十分注重某一领域的文化学习和技能培养。例如入选日本男足国奥队的选手，几乎都由日本某些大学的学生组成。专业的高等教育过程、适宜的校园集体生活和有效的足球全面训练，促使日本男足的运动训练与高等教育融为一体。同时，吸引了大批高校的科研人员参与日本足球的发展。显然，高等教育与高级训练的高度结合，为终身教育思想的落实奠定了坚实基础。

终身性的教育思想是联合国教科文组织自成立以来多次倡导的重要教育理念，许多国家为此构建了终身教育体制。伴随着我国竞技运动的发展，我国各级体育部门出台了多种强制性的培训计划，例如我国教练员的晋升也都必须具有任职期间的岗位培训证书，作为职称申报的资格条件。甚至承担我国竞技运动后备人才培养的业余体校教练或传统体育学校的体育教师也必须四年一次地接受轮训。许多欧美体育强国更是构建了自己独特的终身教育制度。美国许多教练员都具有本科以上学位和教练员资质双重身份。除此之外，教练员职业的细化使得终身教育领域不断扩大，例如"运动师""体能教练""心理咨询师"等资质的设置和等级考试制度，就是终身教育体制下的新型职业岗位。

四、培养目标与教育模式

（一）科学确定培养目标

一般认为，教育目的是国家对于人才培养预期达到的行为结果；教育目标是指预期达到的教育结果具有量化特征的指标体系；培养目标则是某类教育领域的具体标准。显然，三者各有其义。其中，教育目的与培养目标的关系是抽象与具体的关系。教育目的是对所有接受教育者提出的较为概括和抽象的要求；培养目标是围绕教育目的和针对特定对象所做出的具体、明确的规定；教育目标则是培养目标各个方面变化的定量化指标的集合。培养目标与管理目标不同。管理目标是指"管理组织系统在一定时期内预期达到的目的和收到的成果"，它关心的是人、财、物、职、权、责的运行机制和有效程度。管理目标的制定要依据培养目标，并为促成培养目标的全面实现起着服务保证作用。

运动训练是教育的一种特殊形式。尽管运动训练本身具有特殊专门的规律，但是，它的过程仍然具有教育的基本规律特征。由此可见，竞技运动的运动训练过程，必须遵循教育过程的一般规律。根据对教育的上述几个概念演绎，我们不难看出竞技运动的运动训练目的、训练目标、培养目标、管理目标是有根本区别的。一般认为，我国竞技运动的训练目的十分明确。但是，竞技运动的培养目标确有分类分层的特点，例如学校体育与竞技体育的竞技运动培养目标并不相同。即便是竞技体育的竞技运动，不同训练阶段的培养目标也是不同。自然，各个阶段训练目标和培养模式更是不同的。由此可见，实际上优秀选手的培养正是不同训练阶段训练任务的不断完成和培养目标的逐步落实而实现的。

科学地确定培养目标的意义十分重大。运动员培养目标的确定不仅使训练目的具体化，重要的是不同训练阶段的训练大纲、训练目标、训练结构和训练内容的制定有了明确依据。换言之，整个训练过程不同阶段训练大纲的制定、训练内容的选择、训练课程的设计、训练目标的确定都必须围绕不同阶段的培养目标深入展开。运动员培养目标的确定，也是各个不同类型组织机构布署训练工作的前提条件、开展服务工作的重要依据、检查服务质量的主要尺度。运动员培养目标的科学确定还为教练员监控训练过程提供了科学依据。运动员培养目标实际上也是训练质量监控的终极指标，这种终极指标决定了质量监控的过程指标体系。显然，科学转化和分解培养目标有助于提高训练质量监控的效果。

（二）科学设计培养模式

教育思想是教育的方向，人才培养是教育的核心，教育结构是教育的基础，教育体制是教育的条件，教育机制是教育的保障，由此构成教育模式。运动员培养模式是根据特定的训练思想、训练方针、训练理论、训练目的和训练任务，为实现培养目标而采取的具有系统性和规范性的制度、机制和措施的总和。培养模式的内容包括培养目标、基本规格、培养过程和评价体系等要素。培养目标是根本，它是依据不同类型、不同层次项目的实际，确定相应的任务和要求；基本规格是主体，它明确规定培养对象应具有的知识、能力、素质和运动成绩；培养过程是关键，它由过程规划、过程实施和过程监控组成；评价体系是保障，它决定了实施过程和结果的检查质量，从而保证培养目标的实现。

运动训练的培养模式贯穿于整个训练过程。其中，专项大纲模式、训练计划模式、训练内容结构、教学组织形式、训练方法手段、非训练培养途径等要素，组成了相互联系、互相影响的系统。其中，专项大纲模式主要有专门大纲模式和全面大纲模式。专门大纲模式强调专项的针对性，全面大纲模式强调专项的全面性。通常，前者用于专项提高阶段和成绩保持阶段，后者用于基础训练阶段和专项初级阶段。训练计划模式主要有刚性计划模式和弹性计划模式，刚性计划模式主要强调标准统一的整体训练，弹性计划模式主要强调因人而异的个体训练。通常，前者用于基础训练阶段、专项初级阶段和集体项目训练；弹性计划模式主要用于专项提高阶段、成绩保持阶段和个人攻坚项目的训练。

运动训练的培养模式不容忽视的重要构成部分是训练内容体系。运动训练内容体系主要是由机能训练、素质训练、技术训练、战术训练、心理训练和智力训练等主要内容组成。这些内容本身不仅具有各自的系统特点，而且也是竞技能力的具体要素。训练内容体系主要考虑的是各项训练内容、竞技能力与训练过程的时空搭配。科学的时空搭配决定了运动训练的进程。毋庸讳言，运动训练内容体系的构建历来就是运动训练规划的难点和重点。非训练培养途径是指训练课以外的各种学习、实践活动，也称"隐性训练"，是智力训练的重要途径。因此，应该加强引导，使之成为培养过程的有机组成部分。培养模式应该包含管理，管理工作是培养过程科学、合理、有效、经济的重要保障。

第三节　运动训练工程基础

运动训练工程基础是运动训练理论与方法研究的主要理论依据。由于运动训练的目的是充分挖掘自身潜力和创造优异运动成绩的过程，因此，运动训练是一项系统工程。运动训练作为工程，自然具有工程结构、工程设计、工程实施、工程监控、工程质量、工程成本和工程管理的基本属性和内容。因此，根据工程理论和基本知识，对于构建、认识和掌握竞技运动工程结构、运动训练工程结构和运动竞赛工程结构，具有重要的理论意义和现实意义。

一、工程含义与系统工程

（一）运动训练工程含义

众所周知，所谓工程具有狭义和广义之分。狭义的定义是指：以某种目标为依据，应用相关科学知识和技术手段，通过有组织的群体活动，将某个或某些现有实体转化为具有预期使用价值的产品过程。广义的定义是指：某类群体为达到某种目的，通过较长时期进行协同合作的活动过程。显然，无论是从狭义还是广义角度来看，所谓工程，一定至少是由如下几个方面的要素组成，即工程目标、工程人员、工程技术、工程设备、工程方案、工程规划、工程施工、工程监理、工程质量、工程周期、工程环境和工程产品等要素。另外，大型工程还要包括工程概算、工程预算和工程核算等经济要素。可见，任何大型工程建设都需多种技术渗透和多种类型人员参加，否则无法实现工程建设的目的。

一般而言，工程的含义主要包含5层意思：一是工程竣工形态具有产品形式。这种产品可以是物质产品或是精神产品，总之要有产品的表现形态。二是工程产品的形成具有逐渐升级的特点。换言之，具有初级产品、中级产品和最终产品的不同类型形式。三是工程建设过程具有分期特点。这种分期特点的体现具有阶段目标和阶段成果。四是工程建设具有多种技术参与特点。这些技术主要包括各种科学和艺术方面的技术。五是工程建设具有多类人员协同活动的特点。简言之，任何工程过程都是不同人员通力合作的过程。由此可见，工程建设目标、工程建设技术、工程建设周期、工程人员协同是工程含义的主要精髓。因此，掌握工程建设相关精髓和各个要素是实现工程建设目的的关键要素。

所谓运动训练也有狭义和广义之分。狭义的含义是指在教练员的科学指导下，运动员积极努力，不断挖掘自身潜力并不断提高运动成绩的一种专门组织的过程。广义的含义是指为提高竞技能力和创造运动成绩的全部准备过程。其中，狭义的运动训练是广义的运动训练最为重要的组成部分。由此可见，广义的运动训练就是一种工程。运动训练的过程实质上具有一切工程建设属性和元素。运动训练过程同样具有训练产品形态、训练过程目标、训练过程技术、训练过程周期和多种人员协同参与的特点；同样具有训练目标、训练人员、训练技术、训练设施、训练方案、训练设计、训练实施、训练监控、训练质量、训练周期、训练环境等要素。由此可见，运动训练必须遵循工程建设的规律。

（二）运动训练系统工程

毋庸置疑，运动训练不仅是一种特定含义的工程，而且还是一个系统工程。所谓系统是指为了实现某种目的，相互联系、相互依存、相互制约、相互作用的若干部分，按照一定方式组合成为具有一定功能的有机整体。当然，任何整体又是它所从属的更大整体的组成部分。例如运动训练工程是由内部各个相关系统组成的整体。但是，运动训练工程从属于竞技运动这一整体。竞技运动的这一整体又从属于人类身体活动的整体。一般认为，运动训练作为相对独立的整体系统，其内部的各个系统集中反映在三维空间的 X、Y、Z 维度上。其中，X 轴是运动训练的时间轴，Y 轴是运动训练的内容轴，Z 轴是运动训练的方法轴。换言之，竞技运动训练的内部要素，都有三维的时空特征和链接方式。

任何系统都有整体性、结构性、层次性、关联性 4 种基本属性。运动训练的整体性表现在训练目标、训练过程和训练结果等要素的整体一致；运动训练的结构性表现在训练时间、训练内容、训练方法等要素的时空位置；运动训练的层次性表现在训练目标、训练内容、训练过程等要素的内部排序；运动训练的关联性表现在训练目标、训练内容和训练方法等要素的内部联系。揭示运动训练整体性，有利于提高对运动训练的辩证认识；揭示运动训练结构性，有益于理解运动训练的内部构造；揭示运动训练层次性的特点，有助于推动运动训练的科学进程；揭示运动训练关联性的特征，有利于促进运动训练的整体效益。由此可见，深刻认识系统的基本特征是科学从事训练的前提。

运动训练系统工程最终实现的产品形态具有两个标志性的特征：一个是优异运动成绩创造过程的展示；一个是承载这一成绩的优秀选手。前者是后者的表现结果，后者是前者的物质基础，两者都是运动训练系统工程的目标产品。根据工程建设过程规律，任何系统工程的建设都必须历经工程设计、工程施工和工程监控 3 个重要系统或环节的过程。其中，工程设计系统是由工程目的和目标决定，并且提供工程施工的依据；工程实施系统是由工程设计、技术决定，并且提供工程过程的结果；工程监控系统是由设计监控和实施监控组成，主要提供设计质检和施工质检的报告。运动训练工程同样具有设计、实施和监控 3 大系统或环节的特征。因此，必须高度重视 3 大系统的内部要素及其关联。

二、工程设计与工程实施

（一）运动训练工程设计

设计是指人类通过严密思考，采用视觉的表现形式把构想结果传达出来的活动过程。设计是人类通过劳动改造世界、创造人类文明的一种物质财富的中介产物或精神财富的思维产品。设计也是在创造产品，目的是为造物提供科学依据。工程的设计通常需要历经项目策划、项目构思、制定方案、初步设计、整体设计、实验设计、验收设计等几个重要环节。其中，项目策划主要考虑从事何种项目效益最大；项目构思主要是对工程项目进行系统、层次和物化的整体考虑过程；制定方案主要是对工程项目的主体功能、结构和要求粗略设计；初步设计、整体设计和实验设计则是不同相关设计人员共同参与的具体设计，这种设计结果将是实施的具体依据；通过审查的工程设计则是合法实施的依据。

显然，运动训练的设计亦有工程项目设计的特征。从某种意义上讲，运动训练目的、目标和对象与一般工程目的、目标和对象大不相同。因此，运动训练工程设计难度远远高于一般工程的设计。这是因为运动训练的周期相对较长、运动训练的对象主要是人，运动训练的本质是争标夺冠。通常，运动训练的设计主要依据训练任务、训练目标、训练结构和现实状态、竞争对手等要素。运动训练的设计主要分为竞标设计和训练设计两类。前者主要是竞聘上岗的方案设计，目的是获得项目的执教资格和身份；后者则是获得上岗资格后的训练计划或规划。竞聘方案的设计内容主要包括形势分析、队伍状况、执教任务、成绩目标、主要对策、经费概算等。训练计划的设计参见第三章的专题论述。

运动训练计划是工程设计进入初步设计、整体设计和实验设计阶段的总体设计。由于这一阶段属于各个设计人员共同参与的设计阶段，因此，运动训练计划实际上应是所有参与人员的集体智慧结晶。由于运动训练工程具有整体性、结构性、层次性、关联性4种基本属性，因此，参与人员必须高度协调地共同设计训练计划，这对从事职业竞技运动的参与人员来说格外重要。通常，从事职业竞技运动的各方人员，涉及的专业更为细致，训练分工更为具体。当然，涉及的训练计划类型更多。例如：按训练内容分类，可分体能、技能、心智等要素性的训练计划；按训练过程分类，可分多年、年度、周期、阶段、小周和单元等分期性的训练计划。因此，必须综合考虑各个要素才能科学设计。

（二）运动训练工程实施

运动训练计划的实施含义还有执行和施行之意。尽管实施含义十分明确，但是实施的内容相对更为复杂，通常包括方案实施、计划实施、措施实施等。实践中，影响训练实施效果的主要因素是选手诊断结果、训练任务规定、训练时间分配、训练内容进度、训练方法遴选、训练手段设计、训练负荷安排、训练器材选用、训练环境营造等系列要素，这些要素都会或多或少地影响运动训练实施的效果。通常，训练计划设计需要依靠"工程思想"，训练计划实施需要"工艺技术"。具有较高素养的教练员或运动队，为了更好地实施训练计划，都会相应制定运动训练实施细则。这些实施细则，小到具体动作规范和大到训练负荷安排都有详细要求。因此，教练指导团队必须提高实施工艺技术。

教练员指导的训练实施细则，是训练计划内容细节的细化，是训练计划实施工艺的守则。因此，训练工程的实施细则具有规范性、辅助性和操作性特点。其中，实施细则的规范性主要表现在对训练场地、器材、服装、时间、内容、方法、手段、负荷等训练要素做出严格的规定；实施细则的辅助性主要表现在对训练思想、训练目的、训练目标、训练过程和训练要求做出科学的细化；实施细则的操作性主要表现在对从属于竞技能力和训练内容的各个要素的训练和流程做出详细的说明。训练工程实施细则所体现的规范性内容、辅助性方案和操作性方法，使抽象的训练计划更为丰富，使具体的训练实施更为完善。显然，运动训练工程的实施，需要更为详细的训练实施细则作为实施依据。

运动训练的实施与训练计划的设计一样需要多方人员协同参与。其中，主管教练、助理教练、住队领队、科医人员、后勤人员和运动员是主要人员。尽管训练计划已经注明这些成员的各自职责，但是，运动训练的实施过程中，这些成员的协调合作程度直接影响着运动训练的发展进度和最终效益。显然，主管教练的专业素养和协调能力至关重要。另外，由于训练计划存在一定误差、个体训练存在较大差异和实施过程存在不良干预等因素的影响，运动训练实施过程难免出现临时性的技术变更或方向性的内容变更，这种变更甚至会影响随后训练计划的变更。如果这种变更是为了适应训练过程的变化，当然应该予以肯定。需要预防的则是缺失严密计划的变更实施和没有科学依据的变更实施。

三、工程监控与工程质量

(一) 运动训练工程监控

任何工程的设计与实施都需专门进行过程监控。一般来说，工程建设的设计人员和实施人员都有自律的监控体系。但是，为了提高工程设计和工程实施的质量水平，工程建设的负责单位都会聘请专门的监控机构，承担设计和实施两个重要过程的监控任务。运动训练工程的监控对象理应如此。目前，西方竞技体育强国的各个职业竞技运动项目，十分关注运动训练过程的监控。这些从事职业运动项目的董事机构、俱乐部队出于对效益和成本的考虑，一方面积极采取鼓励提高运动成绩的各种措施，另一方面积极设法降低各种训练成本。因此，积极组织具有专业素养的专家作为监控主体。监控的内容主要包括成绩目标预测、竞标应聘报告、运动训练计划、运动训练实施和训练成本预算等方面。

运动训练计划监控亦称计划评估。训练计划制定的评估项目可分两类：一是竞标应聘报告内容，二是运动训练计划内容。竞标应聘报告的评估重点是：形势判断和现实诊断的依据与结论、目标设定和指标细化的依据与数据、指导思想和具体措施的正确与可能、训练过程和参赛过程的经费和成本等。运动训练计划的评估重点是：总体目标和阶段目标的确定与分解、训练目的和训练任务的内涵与要义、本队情况和竞争对手的诊断与分析、训练过程和阶段划分的依据与衔接、一般赛事与重大赛事的安排和目的、训练内容与主要手段的对应与布置、检查指标与检查方法的规定与测试、运动负荷与竞技状态的匹配与趋势、主要措施与措施要求的可能与可行、训练经费和参赛经费的预算与成本等。

运动训练实施过程是运动训练监控的重点。通常，按照训练工程监控指标的分类，运动训练主要监控内容可分为生理学、生化学、营养学、技能学、战术学、心理学、智能学、教育学、训练学等指标。其中，生理学、生化学、营养学监控指标，主要用于监控体能训练效果；技能学、战术学监控指标，主要用于监控技术和战术训练效果；心理学、智能学监控指标，主要用于监控赛前训练的心智状态；教育学和训练学监控指标，主要用于监控训练过程的进度。这些监控指标应用目的，就是监控机体的负荷反应和恢复状况、技术的动作规范和质量水平、战术的合成变化和成功效益、心理的应激表现和控制能力、智力的思维过程和赛事阅读水平等。可见，运动训练实施的监控内容更为复杂。

（二）运动训练工程质量

运动训练工程质量简称训练质量。训练质量具有广义和狭义之分。广义的训练质量是由3类质量内容组成：一是计划设计质量；二是实施效果质量；三是监控过程质量。狭义的训练质量主要是指实施效果质量。一般而言，人们特别容易忽略计划设计质量和监控过程质量的工作。但是，工程建设特别关注计划设计和监控过程的质量要求。因为计划设计质量决定了工程设计的顶层设计效果，监控过程质量决定了工程建设的实际质量功效。因此，职业性的竞技运动项目高度重视广义的训练质量的监控。我国运动训练领域多年总结出来的"从难从严从实战出发"的训练原则，就是对训练设计、训练实施和训练监控的质量要求。由此可见，我们应该基于工程质量的角度全面实施质量训练工作。

运动训练实施过程的质量监控尽管具有多种多样的指标特征，但是各个专项的质量监控指标都有鲜明的专项特征。例如：周期性体能类项目阶段性所创造的优异运动成绩就是"质量"的一种反映；对抗性大球类运动项目竞赛时的"战术组成率"或"战术成功率"也是"质量"的一种反映，其中排球比赛中85%的"一传到位率"和篮球比赛中65%的"三分球命中率"，就是获胜条件中的一种"质量"的要求。从能量代谢比例来看，职业足球、篮球的无氧代谢比例高达90%以上，这种负荷强度是这类项目训练质量的一种鉴别指标。哲学认为：世上没有无量之质，同样没有无质之量。事物的量变是持续的、绝对的，质变是间断的、相对的。因此，不断提高量变是提高训练质量的关键。

运动训练的监控质量是当前影响我国训练质量的重要因素。竞技运动成绩的提高主要依托运动的人体科学和人体的运动科学两个方面的共同作用，前者关注的是运动的人体机能变化，旨在为竞技运动提供科学的内在的训练依据，例如人体运动的血脂、乳酸、睾酮等指标的变化；后者重视的是运动的人体行为变化，旨在为竞技运动提供科学的外在的训练依据，例如步法衔接、动作编排、技术串联、战术配合等指标的变化。前者属于生物学监控指标内容；后者属于运动学监控指标内容。但是，前者可能缺乏与训练内容、训练方法、训练负荷的有机联系而失去监控作用；后者可能缺乏自然科学、生物科学监控指标的协助说明而失去监控方向。可见，两者的高度融合，才是质量监控的根本。

四、工程管理的基本原理

运动训练工程管理是指根据工程人力、物力、财力、信息等资源，通过计划、组织、领导、控制及创新等手段，以期高效地达到组织目标的过程。显然，科学地进行训练过程管理是提高工程质量的重要途径。因此，我们必须完善掌握运动训练工程的管理原理。运动训练工程的科学管理主要是由系统、人本、动态和效益原理组成。

(一) 系统原理基本要点

运动训练工程管理的系统原理是指为了实现训练目标，运用系统理论，对管理对象进行细致的系统分析理论。系统原理要点在于系统的目的性、整体性和层次性。系统的目的性是指运动训练工程中的每个系统都有自己的明确目的。每个系统只有一个目的。因此，要根据系统目的和功能设置各子系统，并建立其结构。系统的整体性主要揭示整体与局部、整体效应与个体效能的关系。系统的整体功能要大于部分功能之和。系统整体功能是由要素功能决定。要素功能协调才能取得整体效应。系统的层次性是内部层次结构决定的。因此，要求管理必须分层次进行，各司其职。从运动训练工程的管理角度上看，可以划分为规划管理、实施管理、全程监督管理，各类管理系统相互关联和互为支撑。

(二) 人本原理基本要点

运动训练工程管理的人本原理是指以人为本，通过能够满足适宜的需求的激励方式，达到提高训练效果的基本理论。人本原理要点在于系统的需求性、激励性和适应性。其中，需求性是根据马斯洛的需求层次论提出的。生存、安全、归属、尊重和自我实现需求是需求的目的。我们必须高度注意教练员和运动员不同时期的需求。激励性是满足需求的所采取的措施的特性。面对运动训练过程的不同需求，我们需要采取不同的激励措施，以便提高运动训练的质量和效益。适应性是指人对外界环境和内心变化而产生的相应承受力。高度的心理适应是长期实践和艰苦磨炼造就出来的，并能使人应付各种复杂环境的变化。因此，管理者必须理论联系实践，做到以人为本，这样才能提高训练管理能力。

(三) 动态原理基本要点

运动训练工程管理的动态原理是指运动训练工程管理活动中，根据管理对象变化，不断调节各个环节从而实现整体目标的基本理论。动态原理要点是关联性、反馈性和时空性。关联性主要表现于构成训练管理系统的诸要素之间的相互关系和相互作用。由于运动训练过程各个要素之间的连接方式和结构经常发生变化,因此,必须动态地预测地制定各种预案,以便应对可能发生的各种变化。反馈性是指任何训练过程都有动态信息的反馈。因此,管理者必须不断根据反馈信息的变化,调节自己的控制方案,使训练结果不断逼近训练目标。时空性是指任何管理系统的结构都会随时空变化而变化。因此,管理工作需要利用时机、把握时机,发挥时机的作用,这样才能达到事半功倍的训练效果。

(四) 效益原理基本要点

运动训练工程管理的效益原理是指运动训练工程管理过程中,能够以最小代价创造最大的社会、经济效益的基本理论。效益原理要点是目标性、成本性和效益性。其中,目标性虽说工程管理的目标是由目的决定的,但是,训练目的必须细化或转化为训练目标,这样可以通过定量分析,确定工程管理的社会、经济的效益目标,以便比较训练成本。成本性是运动训练工程管理的核心内容。应当指出,在取得同样效益的前提下,运动训练过程的人力、物力、财力的投入成本越低,说明管理效益越高。效益性是指通过比较成本投入、比较成本消耗、比较产品价值的过程,比较运动训练工程管理的效益。由此可见,管理过程中,我们必须合理使用运动训练各种资源,以期获得更大的训练效益。

第四节　运动训练竞略基础

竞略是竞技运动的战略、战役和战术的统称。由于竞技运动的活动形态与军事活动具有强烈的相似性,因此,本节主要从军事理论的角度,讨论竞技运动的战略、战役和战术的理论基础,旨在为运动训练提供相应的理论依据。其中,竞技战略与战略规划是竞技运动科学筹划的理论基础;竞技战役与战役指挥是运动竞赛科学谋划的行动指南;竞技战术与临场指挥是参赛指挥的智慧表现。三者既是竞技运动谋略的科学依据,又是运动训练的竞略基础。

一、竞技战略与战略规划

(一) 竞技战略理论基础

战略的初意是指指导战争全局的计划和策略。战略的引申含义是指决定全局的总体策略。通常,竞技运动总体形势的评估分析;竞技运动强国的政治、经济、社会、科学等因素的形势分析;奥林匹克运动项目增减趋势的分析;竞技运动发展战略的方针、任务、方向、目标的确定;发展战略阶段划分及其任务、指标、措施的确定;运动项目发展的区域划分和后备人才建设的研究;项目总体发展对策与措施研究;运动项目训练基地布局与设置的研究;竞技运动人才培养和科技支撑的计划研究;竞技运动战略资源的储备与利用研究;竞技运动理论建设和技术的研发研究;竞技训练工程体系的研究、竞技运动战略指挥系统的组建和完善研究等等重大课题,都是现代竞技运动战略研究的主要问题。

竞技运动战略的基本特性主要表现为全局性、方向性、对抗性、预见性和谋略性5个方面。其中,全局性主要体现高层的全局谋划与决策水平。全局性强调空间方面能够调动各方力量,时间方面能够指导整个过程;方向性主要反映国家根本利益的发展方向,方向性强调战略发展的重点和重心;对抗性主要体现竞技运动发展的竞争规律,强调遵循竞争法则和竞争意识;预见性主要反映战略决策的前提和条件作用,强调现实分析、过程推演和结果预测的科学性;谋略性主要提出实现全局整体目标的主要策略和措施,强调深谋远虑的全局谋划和智谋取胜的具体措施。竞技运动战略的对抗性、谋略性特征是战略的根本特征。显然,很有必要深刻认识竞技运动战略基本特性。

竞技运动战略主要是由战略目的、战略方针、战略力量和战略措施等基本要素共同构成。其中,战略目的是战略规划、战略行动所要达到的预期结果,它往往包含战略目标。战略目标是体现战略目的的具体指标,它是制定和实施战略的主要依据。战略目的的确定必须考虑战略形势和国家利益。战略方针是指导全局行动纲领和制定战略计划的基本依据,它规定战略任务、战略重点、战略方向、战略布局。战略力量主要包括项目布局、人才梯队、建设规模、科教支撑、经费概算等内容。当然,竞技运动的战略力量要与全民健身战略协调发展,同时要与国家总体力量相适应。战略措施是实现战略目的的根本保障，是实现全局战略目的各种有效方法和步骤的总和。

（二）竞技运动战略规划

竞技运动战略规划是战略构思之后，将竞技运动的战略目的、战略方针、战略力量和战略措施的具体内容，通过文字方式表达出来的一种正式文本。竞技运动战略规划的制定，往往需要经历 3 个阶段方可正式通过。第一个阶段：研究和确定战略目的、战略方针和战略力量。这是任何竞技运动管理机构都须认真分析和论证的主要内容。其中，战略目的中的战略目标是重点。第二阶段：研究和确定实现战略目的或目标的战略措施。这是整个战略规划设计的重点。其中，实现战略目的的战略措施应该包括各种政策、机制、路径、方法、手段的具体内容和流程。第三阶段：战略规划分类撰写之后，统一撰稿形成完整文本。此稿需要通过内部再次研讨修改后，提交高层组织审议通过才算批准。

省市一级的从事竞技体育或竞技项目的管理机构，通常制定的竞技运动战略规划可分两类：一类是《竞技运动战略发展规划》；另一类是《专项运动战略发展规划》。前者由政府职能部门负责制定，后者由单项运动管理单位负责制定。通常，《竞技运动战略发展规划》的撰写体例是 1. 形势分析：（1）历届全运会成绩；（2）近届成绩详析；（3）主要对手情况；（4）国家体育总局政策简析。2. 战略思想。3. 战略任务。4. 战略目标：（1）总体目标；（2）成绩目标；（3）发展目标。5. 战略对策。这一规划的重点是战略目标和战略对策。其中，战略目标中的竞技运动成绩目标和阶段发展目标、战略对策中的各项具体措施更是重中之重。《竞技运动战略发展规划》一旦经由政府批准就具有法规属性。

经由单项运动组织负责制定的《专项运动战略发展规划》属于项目战略发展规划。相对来说，《专项运动战略发展规划》的撰写体例类似《竞技运动战略发展规划》。但是，《专项运动战略发展规划》更为具体，更为重要，它是《竞技运动战略发展规划》的重要组成部分和延伸内容。因此，各个专项组织无不重视《专项运动战略发展规划》的研制与应用。日本男排曾以参加 1964 年东京奥运会为契机，所制定的日本男排 10 年发展战略规划，指导日本男排先后获得 1964、1968、1972 年奥运男排的第三、第二和冠军。同样，美国男排曾以参加 1984 年洛杉矶奥运会为契机，制定了 8 年战略发展规划，结果先后获得 1984、1988 年奥运冠军。可见，专项运动战略发展规划的科学制定与执行何等重要。

二、竞技战役与战役指挥

（一）竞技战役理论基础

战役理论是研究战役规律、指导战役实践的理论。战役理论位于战略理论与战术理论之间，是军事理论的重要部分。军事理论认为：战役是战争的一个局部，直接服务、影响和受制于战争全局。它由多个战斗组成并受战斗成败直接影响。所谓战役是指在一定空间和时间内进行的一系列大小战斗的总和。战役的基本特点是战争的一个局部并由多个具体战斗组成。类比可见，奥运会许多专项运动的联赛类似战役。专项运动的联赛同样只是奥运会的一个局部，同样须由多场比赛组成。因此，专项运动的联赛可以称之为竞技战役。所谓竞技战役是指专项运动在竞赛规则和规程规定的一定时空范围内所进行的系列赛事的总和。提出这一概念的重要意义，在于借鉴军事科学的战役理论指导运动实践。

军事理论的战役应用基本原则共有 10 条。通过类比，竞技战役可以借鉴并加以修改的主要原则是：根据客观情况，选定相应作战方法原则；精心筹划，周密做好战役准备原则；适时隐蔽，建立有利战役对阵原则；灵活机动，务必保持战役主动原则；各方协调，持续保持准确协同原则；信息有效，形成高效战役指挥原则；强化思想，激励参赛人员斗志原则；重视科医，确保全员参赛能力原则；善用赛隙，积极休整战役军团原则。应该说，竞技战役原则涵盖了几乎所有专项的联赛式"会战"必须应用的基本战役原则。这些原则主要涉及战役对策、战役准备、战役动员、战役对阵、战役指挥、战役战法、战役力量、战役保障、战役间歇方面。显然，掌握这些原则对于创造优异成绩十分重要。

由于专项竞赛规则、成绩计分方法不同，因而影响竞技战役的因素各不相同。影响竞技战役的重要因素很多，但是竞技的比赛地点、时间、轮次、场间、对手、打法是主要变化要素，应是战役指挥的重点。其中，尽快熟悉赛场和适应赛时是战役参赛前的重要准备；比赛轮次是由赛制决定，淘汰、循环、混合和预决赛的赛制直接影响轮次或场次；场间则由不同专项的竞赛规则规定，例如摔跤场次间歇时间大约2小时之内，足球场次间歇时间至少24小时；竞技对手则由初期抽签、后期对阵决定，因此，实行循环赛的项目可以利用规则选择对手，以使战役成绩趋向最大；战役打法是战役指挥针对不同对手确定的不同战法。显然，科学掌握战役的各个要素，是创造优异运动成绩的制胜法宝。

（二）竞技运动战役指挥

竞技战役理念、原则和要素概括起来可以称之为竞技战役制胜原理。教练员之所以历来重视战役赛事的系列准备，就是源于对竞技战役制胜原理的认识。竞赛规则不同，各个项群战役指挥的方法亦不相同。最能反映竞技战役原理作用的就是集体球类项目。例如：足球世界杯最后进入决赛的两支队伍，应该说都是历经残酷的小组单循环和随后淘汰赛的优秀队伍，最终无论他们的胜负如何，他们的战役经历就是遵循竞技战役制胜原理的经历。曾经多次打进决赛的德国队就是如此，他们每次战役都有详细的总体方案，每场比赛都有几套具体战法预案。德国队严谨、细致的战役准备和战役过程，甚至具体到了挂在赛场休息室墙上的毛巾和换洗的服装，犹如列兵排队，其战役指挥准备的细致程度可见一斑。

竞技战役原则是对抗性项群各个项目参加重大比赛的重要战役原则。这类项群由于赛制复杂、参赛人多，加之成绩计分方式和竞赛规则不同，因而战役的比赛场数较多。所以，科学地应用竞技战役原则是取得最终胜利的关键。例如：2004年雅典奥运会中国女排最终问鼎的"雅典奥运战役"之路，是典型的灵活应用竞技战役原则取胜之路。透过相关网页的视频，不难发现当时的主帅陈忠和已将竞技战役原则领悟到了极致。回溯小组赛中国队以2:3负于古巴和半决赛3:2逆转而胜古巴的艰苦之战、中国队与俄罗斯队决赛在先负两局最终3:2实现逆转的惊天之作，都能看出主教练在战役对策、战役准备、战役动员、战役对阵、战役战法、战役力量、战役间歇方面的组织、分析和指挥的能力。

竞技战役因素是竞技运动各个项目参加重大比赛的主要思考依据。其中，球类比赛规则和赛制更是影响战役的重要要素。特别是篮球、排球、足球等项目习惯采用的混合赛制，留有更多的战役对策思考空间。例如：2004年奥运会获得冠军的那支中国女排，曾在2002年世锦赛的小组赛中输给希腊队。进入第二阶段复赛分组结果是E组：意大利、古巴、俄罗斯、希腊。F组：韩国、保加利亚、中国、波多黎各。G组：美国、巴西、德国、荷兰。显然，E组实力最强，G组实力不凡。最无悬念的当数F组。可见，第一阶段中国女排输给希腊的目的是为了更快、更顺地晋级。尽管此役曾经遭到媒体、公众的质疑和批评，但是从战役对策角度看，不失为是利用战役因素指挥战役的成功范例。

三、竞技战术与临场指挥

（一）竞技战术理论基础

如果说奥运会或全运会的赛会是一场"战争"，如果说参加赛会的系列赛事是一次"战役"，那么运动员所进行的每场、每局比赛就是一场"战斗"；如果说制定竞技战略是为打好一场竞技"战争"，制定竞技战役则是为了打好一场竞技"战役"，那么制定竞技战术就是为了打好一场竞技"战斗"。显然，竞技战术的制定主要针对每场比赛的竞技。竞技战术又称运动战术，是指根据竞赛规则，为战胜对手或取得理想成绩而采取的各种谋略和行动的总称。其中，"谋略"是指赛前预谋和临场的策略；"行动"是指贯彻赛前预谋和临场计策的行为方式。运动战术是由战术观念、思想、原则、意识、知识、方案、形式和行动等内容组成。内容多样性、形式多样性和运用多变性是战术的主要特征。

战术观念是指战术训练和比赛实践所形成的有关战术思想；战术指导思想是指在战术观念的作用下，根据不同比赛彼此竞技能力的具体情况所提出的有关参赛的战役、战术或一场赛事的行动思路；战术原则是制定具体参赛方案、实施战术计划的基本准则；战术意识是指运动员临场支配自己行动的思维活动过程；战术知识是指比赛战术理论与实践运用经验的知识的总和，它是掌握和运用具体战术的理论基础；战术方案的制定水平，往往取决于战术知识的广度和深度的掌握水平；战术形式是指战术活动中，具有相对稳定形态的行动方式，例如篮球战术中的掩护、盯人、联防等形式；战术行动是指为达到特定战术目的，而采用的应变运动技术、变异组合技术或相应技术动作及其各种变化。

竞技战术的形成是各种技术动作变异组合的过程或是人与人时空范畴下技术效果的组合过程，是运动员个人战术行为和集体战术配合的综合体现。因此，运动战术行为不仅取决于单个队员的实力基础，还有赖于集体智慧和团结协作的密切程度。竞技战役原则是竞技战术谋划的理论基础。竞技战术原则是竞技战术谋略的理论依据。球类运动的竞技战术原则主要有按战术结构设计战术、按攻守平衡设计战术、按独特风格设计战术、按灵活多变设计战术、按对策方法设计战术等原则。球类运动比赛实际上也是一种智力竞赛。其中，时间与空间、形式与变化、动态与静态、局部与整体、集体与个人、串联与衔接、主动与被动、攻防与进退、筹划与诡奇、有序与无序 10 种战术观念十分重要。

（二）竞技运动临场指挥

竞技运动临场指挥是指在比赛过程中，教练员根据比赛进程的情况对运动员进行调整的方法和手段的总和，主要表现在每场赛事的过程指挥。竞技运动临场指挥是以战役指挥目的作为指挥依据，也是战役指挥的具体体现。如前所述，战役指挥必须考虑如下几个重要问题，如竞赛规则与竞赛规程和赛制问题、主场客场和裁判特点问题、优选对手和战术保密问题、战力布局和实力分配问题，以及赛事之间的训练安排问题等。但是，临场指挥则必须根据即将到来的赛事情况做到具体赛事具体分析。通常，富有经验的教练员确定某场赛事目标之后，会相应制定一套比赛和若干个比赛预案作为临场指挥依据。然后，根据比赛方案要求将各项任务和环节要求布置给相应助手或在相应环节中去演练并执行。

竞技运动临场指挥的要素主要是 4 个，即教练员、运动员、指挥手段、指挥信息。其中，教练员就是指挥者。集体项目中，除教练员之外，具有威信的指挥者还有队长、核心球员；运动员是作战指挥的主要客体，也称为指挥对象。运动员主要职能是以执行者的身份，按照教练员的意图创造性地完成作战任务。指挥手段是指挥活动中所运用的工具及方法。竞赛中的指挥手段有语言分析法、肢体语言法、赛前指挥法和赛中指挥法。指挥信息是实施作战指挥活动所需要的情报、指令、报告和资料等的统称。竞技运动临场指挥信息主要是指指挥者的传出信息和信息意图。显然，我们必须掌握教练员指挥的时限性、运动员执行的灵活性、指挥手段的有效性和指挥信息的准确性等方面的特征。

竞技运动临场指挥的工具主要是语言、手势、表情等视觉和听觉信号。这些信号对于集体项目临场指挥意义重大。集体项目的教练员必须在训练中对各种战术动作和配合形式做出信号规定。通过信号依次培养运动员在竞技战术的运用中做到形式融通、语言贯通、心灵相通。其中，竞技战术的心灵相通是根本，语言贯通是媒介，形式融通是表象。如此类推，教练员也应做到。事实证明，我国球类项目多年来聘请的外籍教练成功甚少的原因之一，就是"教"与"练"的语言贯通出现障碍。很多运动员由于不懂外语或翻译不懂战术，从而出现沟通障碍。这种障碍甚至严重误解教练员的临场指挥，进而导致全队陷入战术行动混乱或战术应用僵化的窘境。可见，指挥信息的通识性是何等重要！

小　结

　　本章主要提出生理学理论、教育学理论、工程学基础和竞略学基础是运动训练的科学基础。重点阐述了运动训练生理基础中的能量代谢与血液循环、骨骼肌肉与神经控制、运动适应与运动应激；运动训练教育基础中的全面教育与创新教育、民主教育与纪律教育、职业教育与终身教育和培养目标与教育模式；运动训练工程基础中的工程含义与系统工程、工程设计与工程实施、工程监控与工程质量、工程管理的基本原理；运动训练竞略基础中的竞技战略与战略规划、竞技战役与战役指挥、竞技战术与临场指挥。这些内容是现代竞技运动训练必须依靠的科学理论体系。

第二章　竞技运动双核结构

竞技运动双核结构是深入探讨运动训练工程结构和运动参赛工程结构的理论基础。揭示竞技运动的双核结构，有助于深入研究运动训练工程结构、层次、要素及其各自特征，有助于深入发现运动竞赛工程结构、层次、要素及其各自特征。分析和认识竞技运动的双核结构，对于全面掌握运动训练工程和运动参赛工程的内部结构具有引导和指导作用。本章内容重点是竞技运动的基本结构及其层次要素、运动训练的工程结构和运动参赛的工程结构。

第一节　竞技运动基本结构

结构是指构成整体的各个部分及其结合方式，竞技运动结构则是指构成竞技运动整体的各个部分及其结合方式。竞技运动的主体结构主要是由运动训练和运动竞赛板块结构组成。因此，运动训练结构和运动竞赛结构就是竞技运动的双核结构。结构具有不同类。竞技运动的双核结构可分为过程结构、系统结构、信息结构和工程结构4种类型。结构决定功能。竞技运动双核结构的不同类型具有不同功能。本节重点讨论这些结构类型及其各自的功能。

一、竞技运动框架结构

框架结构又称结构框架。框架结构概念主要来自系统理论和工程设计。框架结构是指由梁和柱以刚接或者铰接相链接而成，构成承重体系的结构，即由梁和柱组成框架共同抵抗适用过程中出现的水平荷载和竖向荷载。由此类比，竞技运动框架结构主要是指竞技运动的重要构件及其链接方式。系统理论认为：不同元素组成的复杂系统中，元素之间有一种成团现象。某一部分元素更紧密地关联在一起，在整个系统中形成一个相对独立的小系统。这种由特定的关联方式和整体性质组成的局部，称为子系统。复杂系统可以而且必须从不同角度划分为子系统，这是认识整个系统结构的重要途径。显然，基于研究竞技运动框架结构的需要，通过解析各个子类系统内部结构的路径可能更为方便有效。

研究发现，运动选材和运动管理置于竞技运动体系之内貌似合理，但是运动训练过程的本身实质上已经具有运动选材、运动管理的职能要素。因此，竞技运动的主体结构当属运动训练和运动竞赛两个重要板块。换言之，竞技运动框架结构是由运动训练和运动竞赛两大互相独立、互为依存的结构体系组成。其中，运动训练是不断挖掘和提高运动员竞技能力的过程，运动竞赛是运动员展示竞技能力并创造优异成绩的过程。两者蕴藏于竞技运动之中，并对人与社会共同产生积极的影响。运动选材和运动管理都是围绕运动训练和运动竞赛的核心任务而定的。缺乏竞技运动平台，运动选材或运动管理的存在毫无意义。显然，竞技运动框架结构是主要由运动训练和运动竞赛及其链接方式构成。

提出竞技运动框架结构的目的，就是便于展开对竞技运动结构、竞技运动训练结构、竞技运动竞赛结构的研究，就是为了更加深入地抓住竞技运动内部结构及其特征研究的本质。本章适度地剔除竞技运动结构体系中相关的辅助部分，就是为了更为深刻地揭示竞技运动结构体系的内部特征。毋庸赘述，运动训练结构与运动竞赛结构，犹如微机双核处理器（Dual Core Processor）的作用，共同支撑着竞技运动的主体。所以，我们又可将运动训练结构和运动竞赛结构看成"竞技运动双核结构"。引入"双核结构"概念的目的，就是为了强化运动训练与运动竞赛各自独立的功能和有机联系的整体效能。显然，揭示竞技运动框架结构的双核结构形式，便于后文分别讨论运动训练的基本结构和运动竞赛的基本结构。

二、竞技运动结构类别

竞技运动框架结构的构成板块主要是运动训练和运动竞赛。但是由于内部的关联方式不同，竞技运动框架结构的形态自然不同。一般认为，竞技运动框架结构的类型主要由4种类型组成，分别称为竞技运动的过程结构、竞技运动的系统结构、竞技运动的信息结构和竞技运动的工程结构。现将这些结构类型表述如下。

(一) 竞技运动过程结构

过程结构是指事情进行或事物发展所经过的程序及其关联。因此，狭义上可以认为竞技运动的过程结构就是特指运动训练和运动竞赛的发展进程及其关联。这种结构可以简化为如图 2-1 所示。其中，运动训练过程主要由训练准备过程、训练实施过程和训练结束过程 3 个部分构成；运动竞赛过程主要由竞赛准备过程、竞赛实战过程和竞赛结束过程 3 个部分构成。由此可见，竞技运动过程结构的主要特点是：可将运动训练和运动竞赛的主要环节，划分为程序清晰的过程步骤，并在双核结构之间形成有机衔接。这样，有助于对运动训练和运动竞赛的全部过程实施全程监控和重点检查，以便运动员的各项竞技能力的发展，在整个训练过程中不断向预期目标靠近，最终实现预期结果，取得优异成绩。

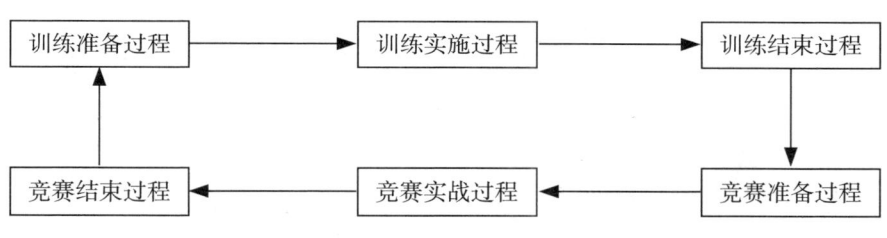

图 2-1 竞技运动过程结构

(二) 竞技运动系统结构

系统结构是指系统内部任何相互依存的集或群暂时的互动部分及其关联。因此，狭义上可以认为：竞技运动的系统结构就是特指运动训练和运动竞赛的内部各个系统因素及其关联。系统理论的精髓是把系统内部与外部等因素，看成是相互联系、相互影响的整体。由图 2-2 可见，竞技运动系统结构主要由运动训练系统和运动竞赛系统构成。其中，运动训练系统主要由训练规划系统、训练实施系统和训练评估系统构成；运动竞赛系统主要由竞赛规划系统、竞赛实战系统和竞赛评价系统构成。竞技运动系统结构的主要特点是：可将运动训练和运动竞赛看作子类系统,以便全面把握整体与局部、局部与要素之间的关系,并协同落实各个子系统要素的功能,最终最大程度地实现整个系统效益。

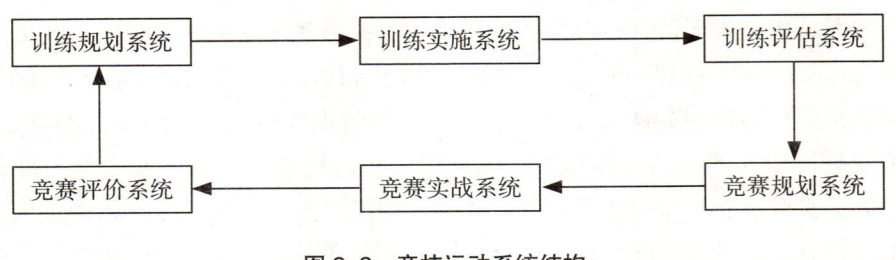

图 2-2　竞技运动系统结构

(三) 竞技运动信息结构

信息结构是指以物质介质为载体,传递和反映事物存在方式和运动状态的信息内容及其关联。信息论认为,物质、能量和信息是构成世界的 3 大要素。信息既不是物质,也不是意识,而是物质联系的形式。根据信息理论,竞技运动的运动训练中,教练员和运动员之间的信息传递存在着大量信息,这些信息的处理得当与否直接影响着运动训练和运动竞赛的最终成效。图 2-3 表示的是竞技运动信息结构,其中,运动训练信息是由训练信息采集、信息处理和信息反馈构成;运动竞赛信息是由竞赛信息收集、信息反馈和信息决策构成。竞技运动信息结构的主要特点是:通过训练和竞赛信息,以便科学控制运动训练的进程与方向,以便科学制定参赛方案和提供指挥依据,以便创造优异的成绩。

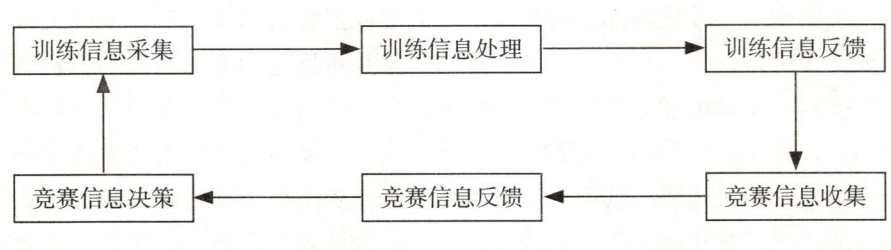

图 2-3　竞技运动信息结构

第二章 竞技运动双核结构

（四）竞技运动工程结构

工程结构是指在特定周期内为达到某种目的各方进行协作的活动及其关联。因此，竞技运动工程结构是指为取得优异运动成绩，各方进行通力协作的工作及其关联活动。任何工程通常是由工程设计、工程施工、工程监理等环节组成。竞技运动工程结构主要是由运动训练工程、运动竞赛工程及其内部环节综合构成，如图2-4所示。其中，运动训练工程主要由工程规划、工程实施、工程质量监控三大环节构成；运动竞赛工程主要由参赛策划、竞赛实战和赛后评价三大环节构成。竞技运动工程结构的主要特点是：突出工程规划、工程实施和工程监控、参赛策划、竞赛实战和赛后评价等六大环节。实践中，竞技运动工程结构及其内部，始终处于过程有规划、实施有依据、全程有监控的模式当中。

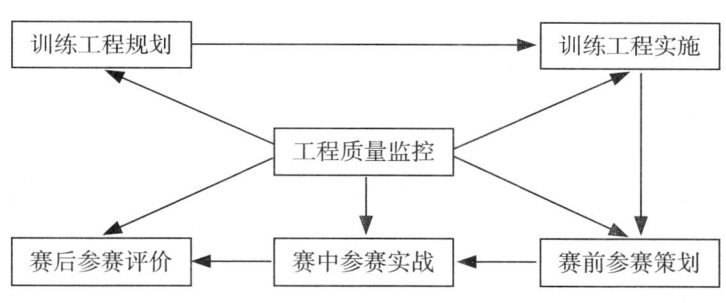

图2-4 竞技运动工程结构

三、框架结构类别特征

（一）过程结构基本特征

竞技运动过程结构体现了竞技运动过程进程的程序性特征。这种特征是由过程进程的衔接性、过程环节的稳定性、过程要素的相关性综合决定。其中，过程进程的衔接性是首要特征，它强调运动训练和运动竞赛的各个环节的有机衔接；过程环节的稳定性是第二特征，它强调整个过程的各个环节不可缺少，以便以程序化的理念指导运动训练和运动竞赛实践；过程要素的相关性是第三特征，它是指运动训练和运动竞赛过程的各环节要素密切相关、互为基础，它强调整个竞技运动的过程结构及其要素是互相依存和相互作用。竞技运动的过程结构特别重视过程的链接。竞技运动过程结构中任何构成要素或环节都有至关重要的作用，对于竞技运动的过程推进和发展进程，发挥着各自的特殊效力。

（二）系统结构基本特征

竞技运动系统结构体现了竞技运动主体内容的关联性特征。这种特征是由各子系统的协同性、主体结构的层次性和要素联系的普遍性共同决定。其中，各子系统的协同性是首要特征，它强调竞技运动系统结构中各子系统的协同目的，就是充分发挥竞技运动系统中"1+1>2"的效应；主体结构的层次性是第二特征，它强调竞技运动系统是由许多相互关联又相互作用的构成要素所组成的不可分割的整体，更强调系统结构内部各个层次之间的架构关系与逻辑关系；要素联系的普遍性是第三特征，它强调运动训练和竞赛的各个要素之间并不孤立存在，它们之间的联系应是紧密相关，例如竞技能力各个要素就是相互依存、互相联系的关系。认识系统结构的意义在于科学驾驭竞技运动各个系统。

（三）信息结构基本特征

竞技运动信息结构体现了竞技运动过程反馈的适时性特征。这种特征是由信息种类的多元性、信息监控的时效性和信息反馈的准确性综合决定。其中，信息种类的多元性是首要特征，竞技运动信息结构中的单一信息不能反映竞技运动信息结构的全部，只有全方位多角度地认识和掌握各类信息并有效筛选和反馈，才能最大程度地提高竞技运动成绩；信息监控的时效性是第二特征，信息技术的运用是现代科学训练和竞赛的重要标志，因此，必须掌握信息技术、捕捉和监测来自训练和竞赛的信息，以便动态调控信息决策；信息反馈的准确性是第三特征，竞技运动的各种信息必须通过甄别、筛选和分析，才能做到由表入里、去伪存真。显然，竞技运动的科学信息是做好训练和参赛的重要依据。

(四) 工程结构基本特征

竞技运动工程结构体现了竞技运动主体活动的控制性特征。这种特征是由工程规划的科学性、工程实施的可控性和工程质量的客观性统一决定。其中，工程规划的科学性是首要特征，它是工程实施、工程监控和质量评价的主要依据之一，因此必须科学规划好训练和参赛工程；工程实施的可控性是第二特征，它是按照规划和设计进行具体训练或参赛的过程，这一过程实际上是集人员、环境、条件、管理于一体的整体运行过程，因此，需要设置监控指标和方法，以便及时调整实施过程的运行状态；工程质量的客观性是第三特征。运动训练的质量评定应该通过专门的质量监控工作进行，这样才能保证训练质量的落实。显然，竞技运动工程结构的功能实现，必须依赖多方协同才能取得最大效益。

由此可见，竞技运动的4种框架结构都有各自鲜明的特点。其中，过程结构体现了竞技运动主体过程的程序性特征，系统结构体现了竞技运动主体内容的完整性特征，信息结构体现了竞技运动主体运行的反馈性特征，工程结构体现了竞技运动主体结构的控制性特征。

第二节　竞技运动层次要素

相对来说，竞技运动工程结构不仅包含了其他结构的基本要素，而且突出了工程结构的完整性、系统性、信息性和控制性的特点。全面架构竞技运动工程结构体系，是研究竞技运动训练结构和运动竞赛结构的基本前提；系统剖析竞技运动工程结构层次，是研究竞技运动工程结构要素的基本条件；科学辨析竞技运动工程结构的要素功能，是深入研究竞技运动训练工程和竞技运动竞赛工程的理论基础。本节重点讨论的是竞技运动工程结构要素功能。

一、竞技运动框架层次

根据认识论原理，揭示事物的规律应该遵循从宏观到微观、从抽象到具体的基本过程。完整的竞技运动系统除去宏观结构框架外，理应具备中观结构层次和微观结构要素。根据系统论原理，任何系统都具有整体性、层次性、开放性、目的性、稳定性、突变性、组织性和相似性等基本特征，都应该表现出结构的功能相关律、信息反馈律、竞争协同律、涨落有序律和优化演化律等基本规律。都应在信息论、控制论、结构论和系统论的指引下，不断深入地认识系统、改造系统，直至不断促进系统的进步与完善。由此可见，竞技运动工程结构更能完整反映竞技运动的结构模型。竞技运动工程结构不仅包含了其他结构的基本要素，而且突出了工程结构的完整性、系统性、信息性和控制性的特点。

竞技运动所有类型的结构都由运动训练、运动竞赛及其连接构成。结构主要特征是整体的层次性和要素的关联性。竞技运动的框架层次主要体现在其核心要素的结构层次之中。竞技运动的结构层次如图2-5所示：竞技运动框架结构由运动训练和运动竞赛两大核心板块构成。作为核心子系统，运动训练和运动竞赛又各自独立地具有自身的结构框架。其中，运动训练结构框架由工程规划、工程实施和工程监控构成；运动竞赛结构框架由赛前策划、赛中实战和赛后评价构成。由此可见，具有普遍意义的竞技运动框架层次至少是由3级层次要素构成，并可继续无限分解下去直至专项运动框架结构的深层层次。由图2-5可见，框架性的竞技运动双核结构，具有鲜明的主体性、层次性和衔接性。

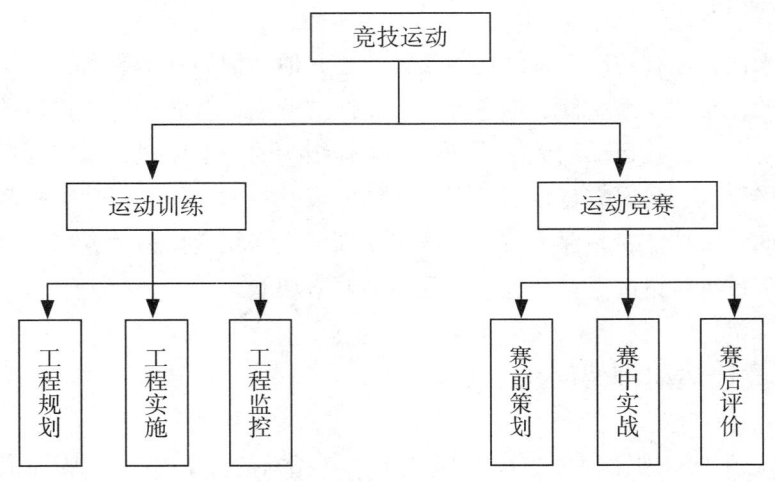

图2-5 竞技运动基本结构

主体性是首要特征，运动训练和运动竞赛是竞技运动的主体，它不仅充分反映了竞技运动是通过运动训练来充分挖掘运动员潜能和提高运动员竞技能力的过程，而且也鲜明体现了竞技运动是通过运动竞赛来充分发挥运动员竞技能力和创造优异运动成绩的过程；层次性是第二特征，它不仅清晰展现了竞技运动框架结构的内部构造，而且也揭示了竞技运动框架结构内部各个层次要素的链接方式；衔接性是第三特征，竞技运动框架层次的衔接性主要体现于二级层次要素之间表现出来的双核结构的融合链接，以及三级层次及其下辖层次中的同层或异层要素之间所表现出来的有机链接这两个方面。由此可见，竞技运动内部结构的主体性、层次性和衔接性，共同构架着竞技运动的工程结构。

二、层次要素基本特征

竞技运动层次要素的基本特征是竞技运动框架层次要素的集中表征。从宏观上讲，根据竞技运动框架层次，竞技运动是第一级层次要素；运动训练和运动竞赛是第二级层次要素；工程规划、工程实施、工程监控、赛前策划、赛中实战和赛后评价是第三级层次要素。如果细化下去就是各个专项运动的层次要素基本特征。

（一）一级层次要素特征

竞技运动的基本特征主要包括身体的运动性、规则的严格性、对抗的激烈性、运动的极限性、技艺的难美性、充分的娱乐性、广泛的国际性、高度的科学性、环境的模拟性、竞争的博弈性、结果的难测性等特征，这些特征的体现集中反映了竞技运动的整体特征。

身体的运动性是竞技运动区别于人类其他文化形态最显著的重要标志。竞技运动是以人的身体运动方式展示，又以身体教育的方式推广。人类可以通过竞技运动的身体活动获得机体机能的提高、心理个性的完善、身心品质的健康。规则的严格性集中体现为规则的公约性、完善性和执行性，因此，严密、严谨的规则以及严肃地执行规则，是竞技运动健康发展至今并深受社会各界效仿的重要因素。对抗的激烈性是竞技运动的重要属性，无论这种对抗是直接或间接形式，其激烈程度都会使身体和心理留下深刻痕迹。运动的极限性是指竞技运动过程中生理与心理的耗能所表现为极限的特征状态。因此，优秀运动员身上表现出来的超人能力，就是不断挑战和突破身心极限所获得的丰硕成果。

技艺的难美性反映了竞技运动从游戏走向艺术的结果。技艺的难美性主要表现在过程的流畅与节奏、动态的狂涌与漫柔、静态的塑造与内敛、动作的难度与风险等等方面，可见，运动技艺是运动技术、战术走向成熟应用的重要标志。充分的娱乐性主要表现在运动员健壮的体魄、高超的技艺、惊人的力量、和谐的美态，使人观看犹如欣赏一场优美而富有魅力的艺术表演，使人在精神上得到美好的享受。广泛的国际性主要表现在竞技运动的肢体动作是超越民族、国界的世界语言，正因如此，统一规则规范下的竞技运动传遍五湖四海。高度的科学性主要反映在现代竞技运动不断刷新的成绩纪录，始终烙有思维创新、技术创新、方法创新、手段创新、材料创新和理论创新的科学创新痕迹。

环境的模拟性主要体现在许多运动项目的形态和运行（例如职业足球和篮球运动），是对现实社会关系的形态仿真和过程的模拟，因此，比赛的环境具有明显的社会属性。竞争的博弈性指出竞技运动属于零和思维的一种竞争活动，充分体现了竞技运动的随机、动态和变化的特点，这是竞技运动的魅力所在。例如竞技运动的阵形布局、轮次安排、战术应用等等都充满了博弈思想，因此，为了最大程度地取得竞争效益和降低成本，科学把握竞技运动的博弈特点十分重要。结果的难测性正是基于竞技运动竞赛过程的复杂、多变和博弈特点而使竞技运动展现出的另一特性。无数赛事证明，现代竞技运动以弱胜强的惊天逆转案例比比皆是，因此，竞技运动赛事结果的不确定性也是其魅力所在。

（二）二级层次要素特征

运动训练和运动竞赛是二级层次的要素。应该说有关运动训练和运动竞赛特征的研究较为多见，运动训练的基本特征主要是训练内容的专门性、训练方法的多样性、训练工程的系统性、训练适应的长期性、训练负荷的极限性、训练监评的定量性、训练器材的科学性、训练氛围的适宜性等；运动竞赛的基本特征主要是参赛目标的竞争性、竞赛过程的公平性、竞赛内容的观赏性、竞赛规则的制约性、参赛结果的难测性等。

1. 运动训练特征

训练内容的专门性是由运动专项性质决定的。不同运动项目的具体训练内容是有很大区别的，即使个别极有运动才能的运动员，在几个性质接近的运动项目的训练中，也只能主次有别，所以，为了取得某项运动项目的优异成绩，应当科学认识有关训练任务、内容的性质，并且专门设计专项运动的具体内容和训练流程。训练方法的多样性是由训练内容的多元性和训练手段的多样性特点决定的。目前，已经形成了以模式、程序、微机辅助训练法为代表的控制性方法群，已经具有分解、完整、重复、持续、间歇、变换、循环、比赛、高原训练法为代表的操作性方法群。这些训练方法和手段的形成，为训练过程的针对性和有效性训练提供了充分依据，进而为提高运动成绩奠定了方法论基础。

训练工程的系统性强调运动训练工程是一种包含时空因素和训练内容的系统。从训练过程来看，由启蒙到最后创造和保持优异成绩，可分成多种时间跨度不同的阶段；从训练结构来看，对运动成绩起影响作用的因素更多，因此，运用系统工程理论，强化训练工作的系统性和整体性，是提高竞技运动成绩的重要途径。训练适应的长期性是指竞技运动成绩提高的过程，就是运动员在身体形态、生理机能、运动素质、心理素质、技术、战术等各方面产生与之相应的训练适应过程，这种适应是这些方面长期训练积累的结果。因此，训练任务的圆满完成、最佳运动成绩的取得，都须经过长期不间断的系统训练和不断完成不同阶段、不同训练目标的科学积累而获得。所以，必须长期系统地科学训练。

训练负荷的极限性是竞技运动的特点决定的。在现代运动训练中，运动员所承担的训练负荷是很大的，甚至有时接近人体承受能力的极限。实践证明，科学地贯彻"三从一大"训练原则，从难、从严、从实战出发进行训练，才能产生承受紧张激烈的比赛负荷。因此，在运动训练中，必须不断地科学地提高有机体对极限负荷的承载能力。训练监评的定量性是现代运动训练工程建设的要求，科学采集和分析各种训练反馈信息，是促进运动训练科学化的重要手段，也是当代科学训练的重要标志。实践证明，在训练课和训练阶段中，严格地进行训练监督，不断适时采集反馈信息，可以及时发现训练问题、确诊训练结症、纠正训练偏态、提高训练质量，可以最小的训练成本取得最佳的训练成果。

训练器材的科学性是运动训练积极引进现代科学技术，研制或采用先进的科学训练器材与仪器指导训练工作的又一重要特点。实践表明，积极研制先进的训练器材与仪器，并借此进行训练，是有效提高人体机能、发展运动素质、改进运动技术、确定运动对策、实施运动恢复的重要途径和手段。当然，没有经过科学检测的训练器材也会误导训练方向和质量，甚至造成训练事故。训练氛围的适宜性是现代运动训练的重要特征，积极营造适宜的内外环境和氛围应该引起高度重视。适宜的氛围主要体现在训练场所的卫生状况、训练器材的科学配置、周边环境的视觉感受、训练噪音的积极预防、不良干扰的及时消除等。研究发现，适宜的训练环境与氛围，对于提高和保持运动员精神十分重要。

2. 运动竞赛特征

参赛目标的竞争性强调竞技运动最为鲜活的表现是运动竞赛，运动竞赛最直接的目的就是夺取比赛优胜。以现代奥林匹克运动为代表的竞技运动追求的是"更快、更高、更强"的竞技体育精神。参赛的目的体现于参赛者都想最大限度发挥自身竞技能力，创造优异的比赛成绩，夺取比赛优胜，所以，参赛目标的竞争性是运动竞赛的主要特征之一。竞赛过程的公平性强调的"公平、公正、公开"是竞技运动的基本原则，迄今为止，竞技运动竞赛的公平性应该是众多社会活动的典范。无论职业性竞技运动参与者，还是业余性竞技运动参与者，都须不约而同地自觉自愿遵守运动竞赛规则，通过公正、合法的竞技运动较量，从而决出比赛的真正优胜者，为社会价值观的教育提供学习的典范。

竞赛内容的观赏性是竞技运动的特点决定的。运动员应该具有职业素养，积极通过赛事最大限度地发挥自身的运动天赋，将身体运动表现的运动之美、艺术之美和极限的进取精神，赋予人类生活的娱乐元素和教育思想；竞赛规则的制约性强调比赛是以规则作为依据，遵守比赛规则，才能促使世界各个不同国家、不同民族的运动员合理进行竞技较量，才能更好地普及、理解、推动和维护竞技运动的健康发展；参赛结果的难测性是竞技运动特点决定的。事实证明，越是高水平的比赛，比赛结果的不确定性就越明显。竞赛结果的不确定性使竞赛过程充满悬念，从而强烈地吸引着人们追求刺激与好奇的眼球。比赛过程跌宕起伏和复杂变化的情景，强烈地刺激参赛者的关注和观众的好奇心理。

(三) 三级层次要素特征

1. 训练工程规划特征

运动训练工程规划是运动训练工程启动的首要环节和工程实施的条件。主要工作是完成训练过程的整体或阶段规划。其主要任务是诊断训练过程的起始状态、划分训练过程的各个阶段、确定训练过程的系列目标、制定训练过程的计划方案等。训练工程规划基本思路，首先必须科学确定训练目标和任务；其次是科学划分训练阶段和内容；再次需要明确训练方法与手段；然后需要科学规定负荷趋势和安排；最后提出各阶段检查项目和指标。当然，整个训练过程应该适度安排和参与必要的赛事。因为比赛既是检验训练效果的有效途径，又是提高训练效益的重要杠杆。总体上讲，训练工程规划的主要特征表现为训练设计的导向性、训练进程的规划性、过程监控的指标性和训练工作的计划性。

2. 训练工程实施特征

运动训练工程实施主要工作是落实运动训练过程的规划和方案。其主要任务是提供训练保障条件、分配助理教练职责、落实阶段具体任务、采取相应方法和手段、强化训练过程环节和细节等。实践中，教练员根据变化需要变更已定计划或方案。当然，由于运动员实施的效果不同，计划内容（目标）与实施内容（效果）往往可能出现不同程度的差异。因此，实践中要求教练员及时详细记录过程实施质量与效果。另外，需要不断借助于训练工程监控体系和训练诊断报告，及时准确全面地调整运动员竞技状态。应该说，科学实施训练就是创造性地落实科学训练规划。总体上讲，训练工程实施的主要特征表现为规划实施的进程性、过程实施的控制性、方案落实的调整性和训练过程的实践性。

3. 训练工程监控特征

运动训练工程监控主要工作是对训练过程进行系统和阶段性监控。其主要任务是检查训练计划设计、监察训练工程实施、评定训练工作的效益；监控内容主要是体能、技能和心智监控。监控过程分为起始监控、过程监控和终极监控3类。实践中，往往通过教练团队展开监控工作。通常一个高水平教练团队是由训练学、生理学和心理学等多学科专家组成。训练学专家的任务主要是监控训练进程组织方式、方法应用等问题；生理学专家的任务主要是机能评定和负荷效应等问题；心理学专家的任务主要是应激评定、状态调整等问题；当然，运动医学方面的专家必不可少。总体上讲，训练工程监控的主要特征表现为过程监控的全程性、过程监控的全面性、监控重点的迁移性和赛事预测的前瞻性。

4. 赛前参赛策划特征

赛前参赛策划的主要工作是对运动竞赛的总体过程及相关工作进行规划和部署。其主要任务是诊断运动员的赛前竞技状态、收集和分析主要对手情报、制定竞技参赛的目标、设计竞技参赛的战役方略、制作竞技参赛的程序、提出重大赛事的参赛要求。应该说，赛前最大限度地做到各个工作环节责任到人、部署到位和演练娴熟。特别是要详细无误地制定程序化参赛的工作流程和注意事项。其中，状态调整是赛前训练重点，这是教练员在重大赛事之前的重要工作。教练员应依据竞技参赛目标和运动员竞技状态，力争促使运动员产生与赛事相适应的竞技状态水平。总体上讲，赛前参赛策划的主要特征表现为战略部署的规划性、参赛方案的程序性、参赛状态的适宜性和参赛准备的充分性。

5. 赛中比赛实战特征

赛中比赛实战的主要工作是指导运动员充分发挥竞技能力，力争获得优胜。其主要任务是密切关注参赛各方的竞技表现、科学应对竞赛场上的各种变化、合理选用战术备选方案、及时传递战术指挥信息、最大限度鼓励和激励运动员发挥竞技能力和创造能力，努力争取优异运动成绩。由于竞赛过程不确定因素的存在，教练员要针对自己队员和对手临场表现、参赛环境的多种干扰、裁判员执裁的评判水平，善于应用比赛规则的规定，为运动员在逆境中创造扭转战局的机会，顺境中提出再接再厉的要求，避免比赛过程出现意外风险。要善于利用比赛间隙部署应变措施。总体上讲，赛中比赛实战的主要特征表现为竞技状态的高昂性、教练指挥的艺术性、比赛竞争的有效性、应对手段的多样性。

6. 赛后参赛评价特征

赛后参赛评价的主要工作是对整个运动竞赛过程进行总结与评价。其主要任务是对运动训练效果做出客观评价，反思和梳理运动竞赛过程存在的问题，总结参赛过程的各种经验和教训。参赛评价是指评价者通过参与相关参赛过程的备战准备、临场观察、现场统计和赛后调查等工作，对参赛过程与结果做出正确评估的过程和可靠结论。按照竞技运动工程理论的要求，运动员、教练员及相关参赛的人员应在赛后对参赛过程各项环节进行全面、深刻、系统的回顾，把参赛过程零散和感性的认识材料，整理成具有系统的、理性的书面材料，形成全面客观的参赛总结。总体上讲，赛后参赛评价的主要特征表现为参赛评价的客观性、参赛内容的专题性、参赛总结的导向性和参赛结论的启发性。

第三节 运动训练工程结构

运动训练工程结构是竞技运动双核结构的重要组成部分。竞技运动训练工程的提出，是因应训练理论发展的需要，是根据训练实践工作的需要。竞技运动训练工程隐含着工程规划、工程实施和工程监控的各自体系、层次要素、关联方式和应用技术。为此，本节重点讨论竞技运动训练工程的结构、层次及其要素。

一、运动训练框架结构

运动训练框架结构主要由训练工程规划、训练工程实施和训练工程监控3个板块要素构成。其中，训练工程规划的主要特征表现为训练过程的导向性、训练进程的规划性、过程监控的指导性和训练工作的计划性；训练工程实施的主要特征表现为规划实施的进程性、过程实施的控制性、方案落实的调整性和训练过程的实践性；训练工程监控的主要特征表现为过程监控的全程性、内容监控的全面性、监控重点的迁移性和赛事预测的前瞻性。为了全面认识运动训练内部构造、构建运动训练结构层次、理清运动训练层次要素，必须科学地根据系统工程关于事物整体性、层次性和关联性的普遍规律，深刻认识运动训练的系统性、动态性和效益性原则，以便动态地、辩证地认识运动训练工程结构。

运动训练的系统性原则是指为了实现训练目标，运用系统理论对运动训练结构进行系统构建的准则。系统性原则的要点是系统的目的性、整体性和层次性。其中，目的性是首要要点，运动训练过程中的每个系统都有自己的明确目的，各子系统的目的或目标是由系统目的分解而来；整体性是第二要点，它主要揭示整体结构与局部构造、整体效应与个体效能的关系，强调整体功能要大于部分功能之和；层次性是第三要点，它强调系统内部是由不同层次组成。运动训练工程结构可以划分为工程规划、工程实施、工程监控等工程系统，它们都有各自的子类系统、内部层次及其相关要素。

运动训练的动态性原则是指根据运动训练的千变万化态势，需要动态性地不断调整结构内部要素相关联系的准则。动态性原则的要点是关联性、反馈性和时空性。其中，关联性是首要要点，事物的变化是永恒的，随着运动训练水平提高的进程，运动训练的系统结构自然随之变化，因此，运动训练需要动态地制定各种预案；反馈性是第二要点，任何训练过程都有控制和反馈信息的通道，都是信息变化的过程，教练员必须根据反馈信息，调整运动训练方案，使训练过程结果不断逼近预期目标；时空性是第三要点，时间与空间是物质的存在形式，任何系统结构往往要随时空变化而变化，例如同一训练方法在不同时间的应用，可能产生不同的训练效果，因此需要动态地认识运动训练的结构。

运动训练的效益性原则是指尽量以最小的经济代价或时间代价，创造最大的训练效益或最高的训练质量的准则。运动训练的效益性原则要点是目标性、成本性和效益性。其中，目标性是首要要点，运动训练的目标是由运动训练的目的所决定，职业化竞技运动训练目的的内涵已经有了鲜明的经济因素；成本性是第二特点，运动训练的科学标志，就是保证在实现训练目标的前提下，有效地利用或降低运动训练的投入成本，换言之，即在取得同样效益的前提下，运动训练的投入成本越低，说明训练科学化程度越高；效益性是第三特点，竞技运动衍生功能无法采用经济指标衡量，但是通过比较成本投入、成本消耗和产品价值，仍能比较训练效益，因此，必须高度重视运动训练的效益性原则。

运动训练工程结构主要由训练工程规划、训练工程实施和训练工程监控3个一级层次要素构成。其中，训练工程规划是由现实状况诊断、训练目标确定、训练计划制定3个二级层次要素组成；训练工程实施则由训练条件保障、训练方案实施、训练方案调整3个二级层次要素组成；训练工程监控则由计划质量评估和实施质量评估两个二级层次要素组成。结构及其层次要素，以图2-6和图2-7示之。

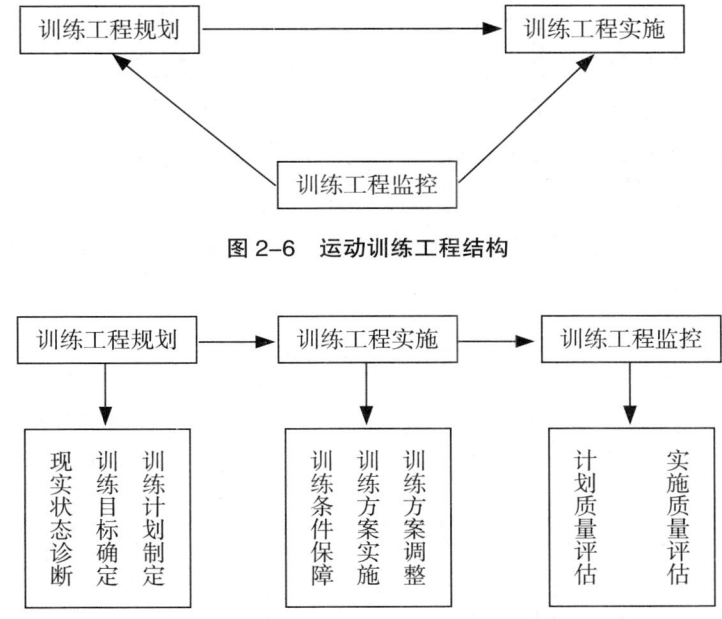

图 2-6 运动训练工程结构

图 2-7 运动训练工程结构层次要素

图 2-6 反映的是运动训练工程结构及其一级要素相关的框架，图 2-7 反映的是运动训练工程结构的二级层次要素的框架。运动训练工程结构的二级层次要素是由现实状态诊断、训练目标确定、训练计划制定、训练条件保障、训练方案实施、训练方案调整、计划质量评估和实施质量评估 8 个要素构成。其中，每一个二级层次要素又由若干个三级层次要素组成。显而易见，运动训练工程结构已经鲜明地表现出结构的整体性、内容的系统性、要素的层次性、层次的关联性。运动训练工程结构的解析，对于科学梳理训练工程的内部层次及其要素，科学地把握运动训练整体结构、主要环节和发展方向，以便全面规划、科学实施、有效监控整个运动训练的过程具有十分重要的意义。

二、运动训练层次要素

运动训练层次要素是根据运动训练的过程结构、系统结构、信息结构和工程结构的基本原理，采用文献资料和专家访谈方法确定。其中，采用工程原理构建了运动训练工程结构。图 2-8 和表 2-1 反映的是这一工程结构中的运动训练工程规划、运动训练工程实施和运动训练工程监控及其要素的关联，是运动训练通用结构的内部构造及其要素的集中体现。由表 2-1 可见，运动训练工程结构的层次，主要由 3 个级别层次要素构成。当然，按照工程理论分析，运动训练结构的层次可以无限细分下去，直至专项运动训练结构的层次体系。从普遍性意义角度来看，表 2-1 所示的工程结构及其层次要素，已为所有专项运动训练工程结构和层次要素的构建提供了设计的依据。

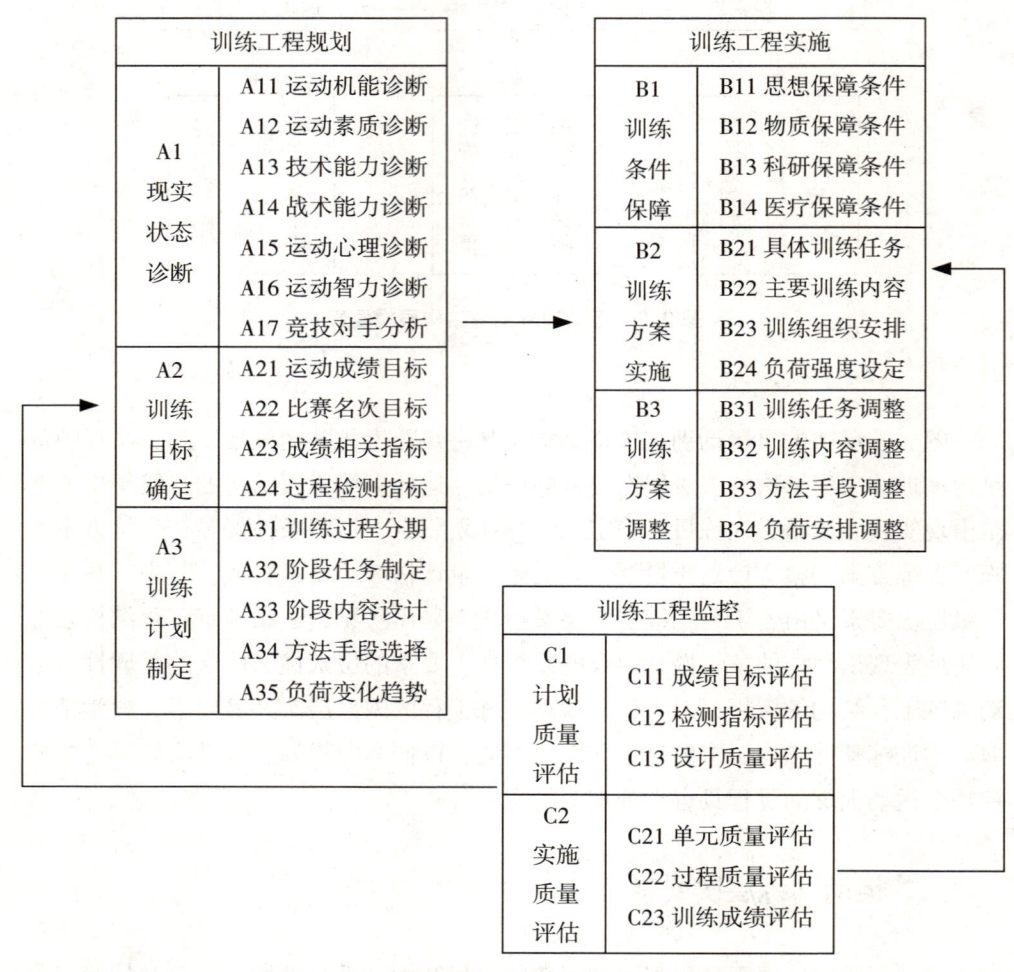

图 2-8　训练工程要素及其关联

（引自胡亦海. 竞技运动特征研究［M］. 北京：人民体育出版社，2013.）

表 2-1 运动训练工程结构、层次及其要素

一级层次要素	二级层次要素	三级层次要素
A 训练工程规划	A1 现实状态诊断	A11 运动机能诊断
		A12 运动素质诊断
		A13 技术能力诊断
		A14 战术能力诊断
		A15 运动心理诊断
		A16 运动智力诊断
		A17 竞技对手分析
	A2 训练目标确定	A21 运动成绩目标
		A22 比赛名次目标
		A23 成绩相关指标
		A24 过程检测指标
	A3 训练计划制定	A31 训练过程分期
		A32 阶段任务制定
		A33 阶段内容设计
		A34 方法手段选择
		A35 负荷变化趋势
B 训练工程实施	B1 训练条件保障	B11 思想保障条件
		B12 物质保障条件
		B13 科研保障条件
		B14 医疗保障条件
	B2 训练方案实施	B21 具体训练任务
		B22 主要训练内容
		B23 训练组织安排
		B24 负荷强度设定
	B3 训练方案调整	B31 训练任务调整
		B32 训练内容调整
		B33 方法手段调整
		B34 负荷安排调整

续表 2-1

一级层次要素	二级层次要素	三级层次要素
C 训练工程监控	C1 计划质量评估	C11 成绩目标评估 C12 检测指标评估 C13 设计质量评估
	C2 实施质量评估	C21 单元质量评估 C22 过程质量评估 C23 训练成绩评估

（引自胡亦海. 竞技运动特征研究 [M]. 北京：人民体育出版社，2013.）

依据宏观向微观、抽象向具体的认知规律，从外在特征看，运动训练工程结构的 3 个层次体现了运动训练结构层次及其要素的内在联系。表 2-1 所示的运动训练工程结构，为研究运动训练、项群训练和专项训练特征提供了新的研究平台。从内在特征来看，表 2-1 所示的运动训练工程结构，清晰体现出各级层次及其要素的彼此相关、有序链接的关联。可见，运动训练工程结构鲜明地表现出清晰的层次性、高度的仿真性、严格的逻辑性。为了全面揭示和科学认识训练工程内部结构，现对二级层次要素的现实状态诊断、训练目标确定、训练计划制定、训练条件保障、训练方案实施、训练方案调整、计划质量评估和实施质量评估 8 个二级要素，逐一概要地解析主要的构成成分及其主要的特征。

现实状态诊断主要包括体能能力、技术能力、战术能力和心智能力诊断等。其中，体能能力诊断包括身体形态、机体机能和运动素质 3 个方面诊断，由此判定队员体能水平。技术能力诊断主要是指对技术动作特点、技术运用效果诊断，以判断队员的技术质量和技巧运用特点。战术能力诊断是指对运动员的战术意识和战术行动进行诊断，以判断运动员的战术素养和能力。心智能力诊断是指对心理素质和专项智力的诊断，以判定心理的稳定性和阅读比赛的水平。现实状态诊断对象自然包括诊断对手的竞技能力。科学的现实状态诊断结果是制定训练目标的科学依据。一般来说，现实状态诊断的特征通常表现为诊断手段的多样性、诊断要素的全面性、诊断过程的定期性、诊断结果的准确性。

训练目标构成要素是由3种目标或指标组成，即运动成绩目标（比赛名次目标）、运动成绩相关指标和训练过程发展指标（检测指标）。其中，运动成绩目标应该是运动训练工程的产品目标；运动成绩相关指标是指与运动成绩高度相关的竞技能力指标；训练过程发展指标（检测指标）则是运动训练工程的过程指标。运动成绩相关指标反映的是运动员获取优异成绩的竞技状态。训练过程发展指标（检测指标）反映的是训练过程不同阶段专项竞技能力各个要素应达到的指标。这些发展指标阶段性地反映训练工程的各个阶段目标。可见，明确训练目标意义是何等重要。一般来说，训练目标确定的特征通常表现为训练思想的指导性、训练目标的明确性、运动成绩的关联性、训练过程的目标性。

训练计划制定可分多年训练计划、年度训练计划、周期训练计划、阶段训练计划、小周训练计划和单元训练计划的制定。一般地说，训练计划设计要素是指构成训练计划的基本要素，主要是由训练目标、过程分期、阶段任务、训练内容、训练手段、检查指标、负荷安排和基本措施等要素组成。训练计划的制定依据主要是训练过程划分依据、竞技能力构成依据、工程控制结构依据。其中，单元训练、日训练、周训练、阶段训练、周期训练、年训练、多年训练等过程因素是训练分期依据；生理机能、运动素质、运动技术、运动战术、运动智力、运动心理因素是竞技能力构成依据；计划制定、过程实施、全程监控等环节是训练控制的结构依据。一般来说，训练计划制定的特征通常表现为训练过程的规划性、训练进程的纲领性、训练要素的偶联性、训练控制的时空性。

训练条件保障主要包括思想条件、物质条件、科研条件和医疗条件保障。其中，良好的政治思想和训练动机是训练方案实施的前提；物质条件保障是指运动队的训练场馆设备等基础设施的保障、运动员的日常生活保障以及运动员的个人待遇保障等；科研条件保障是指科研服务训练的科技团队组织保证、科学研究与训练仪器和设备的完备、训练过程的科学检测和分析方法等方面；医疗条件保障是指为运动员的身心医疗的服务、科学恢复和饮食营养保障等等内容。可见，训练条件保障是充分挖掘运动潜力、避免无谓的运动损伤、提高竞技表现水平的重要关键因素。一般来说，训练条件保障的特征通常表现为思想保障的前瞻性、物质保障的基础性、科技保障的辅助性、医疗保障的及时性。

训练方案实施实际上就是一次训练课的过程或多次训练课的集合。主要内容是训练内容、训练手段、负荷承载、组织方法等。通常，训练内容主要是体能、技能、心智能力方面的某一要素。其中，体能训练主要通过素质训练的途径，达到提高机体运动能力的目的。技能训练是指提高技术运用实效、培养运动战术素养、形成娴熟战术配合等。心智训练主要提高运动心理稳定能力和实战临场比赛经验。训练方案是训练计划的具体深入。训练方案的实施主要着眼于训练的组织安排、训练手段的具体应用、训练内容的明确提出、训练负荷的详细布置和训练任务的落实等。一般来说，训练方案实施的特征通常表现为训练内容的具体性、训练手段的针对性、训练组织的合理性、训练负荷的有效性。

训练方案调整是指依据训练的实时状态对原有训练方案所进行的适度变更。训练方案调整要素主要包括阶段内容调整、方法手段调整和负荷安排调整等。其中，阶段内容调整是指在训练过程遇到突发情况或者与既定计划出现偏离时，需要变更训练内容以便保证完成总体任务；方法手段调整是指根据训练的任务和调整后的训练内容，针对性地改变训练的方法和手段；训练负荷调整是指根据训练内容和方法的变化，以及运动员的现实状态，对各项训练内容的负荷安排进行调节。总体上讲，训练内容变更、训练手段变更和训练负荷变更，是训练过程应对变化的措施。一般来说，训练方案调整的特征通常表现为过程调整的必要性、内容调整的适应性、手段调整的针对性和负荷调整的有效性。

计划质量评估主要是对运动训练工程的规划设计和训练计划设计质量进行科学评估。计划质量评估的重点主要是训练计划设计的质量。其中，运动成绩目标、检测指标、设计布局，更是训练计划质量评估的重点。由于运动成绩目标和检查性指标具有高度的关联性，因此必须根据现实状态和对手情况，科学评估运动成绩目标确定的适宜性。由于检查性指标需要充分反映专项运动的本质特征，因此必须根据专项运动特征，科学评估检查性项目和指标的性质。由于训练计划涉及训练过程、内容、方法和负荷的关联性，因此必须科学地评估训练计划内容的时空布局。一般来说，计划质量评估的特征通常表现为各类计划的衔接性、计划设计的全面性、计划内容的针对性和检查指标的有效性。

实施质量评估包括单元质量评估、过程质量评估和训练成绩评估。其中，单元质量评估是指训练课的质量评估；过程质量评估是指某一训练阶段训练效果的评估；训练成绩评估主要是指非重大赛事比赛成绩的评估。实施质量评估的目的是检查训练过程的阶段性效果，以便根据训练计划和实施效果，检查计划设计或实施过程的主要问题。其中，训练课的质量评估是一项常态化的工作，过程质量评估则是一项阶段性的工作，训练成绩评估则是重大赛事之前的一项考核性工作。单元质量评估、过程质量评估和训练成绩评估三者之间的关系既是相互独立又是互相关联。一般来说，实施质量评估的特征通常表现为质量检查的常态性、阶段考核的目标性、训练效果的甄别性和重大赛事的预测性。

第四节　运动竞赛工程结构

运动竞赛工程结构是竞技运动双核结构的重要组成部分。竞技运动竞赛工程的提出，是因应竞赛理论发展的需要，是根据竞赛实践工作的需要。竞技运动竞赛工程隐含着工程规划、工程实施和工程监控的各自体系、层次要素、关联方式和应用技术。为此，本节重点讨论竞技运动竞赛工程的结构、层次及其要素。

一、运动竞赛框架结构

运动竞赛有广义和狭义之分。广义的运动竞赛包括竞赛组织在内的一切竞赛活动；狭义的运动竞赛主要是指运动员的参赛过程。这里主要采用运动竞赛的狭义含义。运动竞赛框架结构类似工程结构。这一工程结构既是广义运动训练工程结构的重要组成部分，也是与狭义运动训练工程并蒂的独立工程。运动竞赛框架结构主要由赛前参赛策划、赛中比赛实战和赛后参赛评价3个板块要素构成（图2-9）。其中，赛前参赛策划的主要特征表现为战役部署的指导性和参赛方案的程序性；赛中比赛实战的主要特征表现为选手竞争的激烈性和教练指挥的艺术性；赛后参赛评价的主要特征表现为参赛评价的客观性和参赛总结的导向性。这里介绍的内容主要以运动竞赛结构框架为基础，力图构建运动竞赛框架结构，理清框架结构的基本要素，从宏观层面解析竞赛工程的构造及其要素的交互关系。

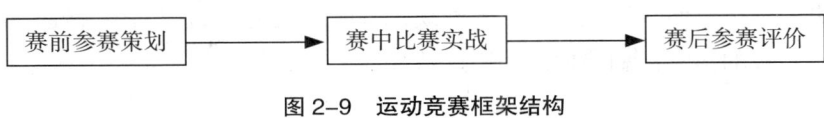

图2-9　运动竞赛框架结构

正如图 2-9 所示，竞技运动的工程结构中，运动竞赛的主体框架由赛前参赛策划、赛中比赛实战和赛后参赛评价 3 要素构成。换言之，即 3 大要素构成了运动竞赛框架结构。但是，运动竞赛与运动训练的框架特征相比略有不同。运动竞赛的框架结构特征表现为相对开放。图 2-10 不仅反映的是赛前参赛策划、赛中比赛实战和赛后参赛评价三大要素的内容体系，而且提供了运动参赛工程的要素结构模型。由图 2-10 可见，运动竞赛框架结构的一级要素分别是由参赛策划、比赛实战和赛后评价要素组成，二级要素主要是由赛前分析诊断、赛前计划设计、竞技状态调整、选手竞技发挥、教练临场指挥、参赛环境影响、竞赛规程影响、竞赛保障影响、竞赛结果评价和工程质量总结等要素组成。

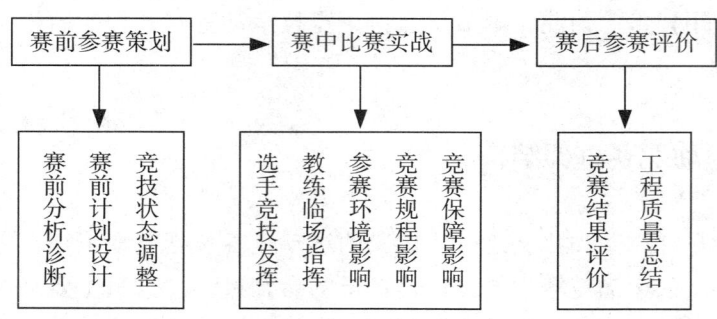

图 2-10　运动竞赛结构层次要素

运动竞赛工程结构清晰地展现了运动竞赛过程的主要工作环节，反映了运动竞赛主体内容的交互关系。其中，赛前参赛策划是竞技参赛的准备，主要内容是赛前分析诊断，制定切实可行的参赛方案，做好赛前训练和竞技状态调整工作；赛中比赛实战是运动竞赛结构的核心，教练临场指挥、适应场馆设施、遵循赛程安排、提供科医支撑等都是影响竞赛实战的基本要素；赛后参赛评价是一个重要环节，通过对每场赛事或战役赛事的客观分析，旨在肯定成绩、总结不足并提出发展措施。如图 2-11 所示，竞赛工程结构的揭示，使运动竞赛的基本过程及其影响要素，得以全面、系统、有序地展现，鲜明地表现出结构的系统性、框架的层次性、参赛的仿真性和结构的稳定性特征。

第二章 竞技运动双核结构

赛前竞技策划	
A1 赛前分析诊断	A11 竞技状态诊断
	A12 竞技对手分析
	A13 竞赛环境分析
	A14 竞赛规程分析
A2 参赛计划制定	A21 参赛目标定位
	A22 参赛策略确定
	A23 参赛方案制定
	A24 参赛程序制定
A3 赛前状态调整	A31 体能状态调整
	A32 技术状态调整
	A33 战术状态调整
	A34 心智状态调整

赛中竞技实战	
B1 临场竞技发挥	B11 比赛体能分配
	B12 比赛技巧应用
	B13 比赛战术默契
	B14 比赛心理自控
B2 教练临场指挥	B21 敏锐观察能力
	B22 准确判断能力
	B23 良好心理素质
	B24 流畅表达能力
B3 实战环境适应	B31 裁判尺度适应
	B32 观众氛围适应
	B33 赛区气候适应
	B34 场地设施适应
B4 严循竞赛制度	B41 最新规则影响
	B42 竞赛赛制影响
	B43 竞赛分组影响
	B44 竞赛赛程影响
B5 运动参赛保障	B51 科研服务保障
	B52 医疗服务保障
	B53 后勤服务保障
	B54 管理服务保障

赛后竞技评价	
C1 参赛结果评价	C11 竞赛状态评价
	C12 比赛成绩评价
	C13 相关指标评价
C2 工程质量总结	C21 周期工作总结
	C22 参赛工作总结
	C23 参赛专题总结

图 2-11 竞赛工程要素及其关联

（引自胡亦海．竞技运动特征研究 [M]．北京：人民体育出版社，2013．）

二、运动竞赛层次要素

揭示运动竞赛工程结构的层次及其要素，是为了深入细化运动竞赛工程结构的模型和要素体系，是为了深入研究竞技运动竞赛通用结构的内部构造及其要素内涵。由表 2-2 所反映运动竞赛工程结构、层次及其要素可见，运动竞赛工程结构的主体层次至少是由 3 个级别的层次要素构成。当然，按照系统理论的观点，运动竞赛工程结构的层次，当然可以无限细分下去，直至专项运动的竞赛结构及其层次体系。表 2-2 所示的运动竞赛工程结构的层次要素，只是所有专项参赛结构的基础。即便如此，运动竞赛工程结构的层次及其各个要素，同样鲜明地表现出清晰的层次性、高度的仿真性、严格的逻辑性。显然，分析运动竞赛工程的层次及其要素，对于科学驾驭运动竞赛的意义重大。

表 2-2　运动竞赛工程结构、层次及其要素

一级层次要素	二级层次要素	三级层次要素
A 赛前竞技策划	A1 赛前分析诊断	A11 竞技状态诊断 A12 竞技对手分析 A13 竞赛环境分析 A14 竞赛规程分析
	A2 参赛计划制定	A21 参赛目标定位 A22 参赛策略确定 A23 参赛方案制定 A24 参赛程序制定
	A3 赛前状态调整	A31 体能状态调整 A32 技术状态调整 A33 战术状态调整 A34 心智状态调整

续表 2-2

一级层次要素	二级层次要素	三级层次要素
B 赛中竞技实战	B1 临场竞技发挥	B11 比赛体能分配
		B12 比赛技巧应用
		B13 比赛战术默契
		B14 比赛心理自控
	B2 教练临场指挥	B21 敏锐观察能力
		B22 准确判断能力
		B23 良好心理素质
		B24 流畅表达能力
	B3 实战环境适应	B31 裁判尺度适应
		B32 观众氛围适应
		B33 赛区气候适应
		B34 场地设施适应
	B4 严循竞赛制度	B41 最新规则影响
		B42 竞赛赛制影响
		B43 竞赛分组影响
		B44 竞赛赛程影响
	B5 运动参赛保障	B51 科研服务保障
		B52 医疗服务保障
		B53 后勤服务保障
		B54 管理服务保障
C 赛后竞技评价	C1 参赛结果评价	C11 竞赛状态评价
		C12 比赛成绩评价
		C13 相关指标评价
	C2 工程质量总结	C21 周期工作总结
		C22 参赛工作总结
		C23 参赛专题总结

（引自胡亦海. 竞技运动特征研究［M］. 北京：人民体育出版社，2013.）

依据宏观向微观、抽象向具体的认知规律，从外在特征看，运动竞赛结构的3个层次不仅体现了运动竞赛工程结构的层次体系，而且反映了运动竞赛结构各个层次要素的内在联系。应该说，表2-2所示的运动竞赛工程结构及其要素，为研究运动竞赛、项群竞赛和专项竞赛特征，提供了新的研究思路。从内在特征来看，运动竞赛结构的层次，同样清晰地体现出各个要素隶属关系和相关作用。为了更好地全面认识运动竞赛工程结构的内部，我们可从二级层次要素入手，即从赛前分析诊断、赛前计划制定、赛前状态调整、临场竞技发挥、教练临场指挥、参赛环境影响、竞赛规程影响、竞赛保障影响、竞赛结果评价和工程质量总结10个二级要素入手，逐一地讨论和解析相应的要素及其特征。

赛前分析诊断包括体能状态、技术状态、战术状态、心理状态诊断。其中，体能状态诊断是指赛前对运动员的体能状态进行全面检测和分析；技术状态诊断是指对运动员的技术运用特点进行分析；战术状态诊断是指对运动员战术组成和效率的分析；心理状态诊断是指赛前对运动员心理变化情况进行测试和分析。通常赛前的诊断方式往往与重大赛事之前的热身赛等赛事融为一体。教练员通过比赛观察、分析运动员竞技状态的形成态势。当然，赛前诊断对象包括了解对手情况。同时不可忽略对竞赛环境分析和竞赛规程分析。这些要素不仅都是制定参赛方案和赛前训练计划的重要依据，而且影响着参赛准备的质量。总体上讲，赛前分析诊断的主要特征表现为诊断的客观性和信息的全面性。

赛前计划制定是指对竞技参赛各方工作的部署和安排。参赛计划制定的要素包括参赛目标定位、参赛思想动员和参赛方案制定等。其中，参赛目标定位是指根据参赛任务、对手水平和运动员赛前状态，合理预设比赛成绩的工作。其中，成绩相关指标应是参赛目标定位的依据。参赛思想动员是指赛前对运动员参赛思想和心理进行激发和调动的过程。适宜的心理应激可以帮助运动员尽快进入参赛的竞技状态。参赛方案制定是参赛计划制定的核心工作。参赛方案制定是以程序化的内容和文本体现。因此，对于运动竞赛而言，正确分析彼我竞技情况、合理地定位竞技参赛目标、科学地制定参赛制胜方略是十分重要的。总体上讲，赛前计划制定的主要特征表现为方案的明确性和部署的周密性。

赛前状态调整是指在赛事之前为调整运动员竞技状态而进行的专门性训练活动。赛前状态调整的要素包括体能状态、技术状态、战术状态、心理状态调整等。有研究认为，初级阶段的赛事体能因素对其成绩的影响权重约占80%；高级阶段的赛事心智因素对其成绩的影响权重约占70%。尽管这一观点值得商榷，但是体能、技能和心智因素对不同级别运动员的影响程度不同应是不争的事实。因此，必须高度重视这一现象。赛前训练及其调整是运动训练过程向运动参赛过程过渡的重要衔接环节。通常，需要根据运动员赛前状态、日程安排、个性特点和竞技状态变化规律，采取针对性措施，力使其形成良好竞技状态。总体上讲，赛前状态调整的主要特征表现为目的的针对性和调控的适宜性。

临场竞技发挥的影响要素包括比赛体能分配、比赛技术运用、比赛战术应变和比赛心理自控等。其中，比赛体能分配往往反映运动员体能分配的艺术，合理分配和调整体力是预赛走向决赛直至最终取胜的基础；比赛技术运用是运动员技术运用的实效、风格以及稳定性的总称，是优秀运动员必备的能力之一；比赛战术应变是运动员赛中斗智斗勇的最高表现形态；比赛心理自控是指在赛中运动员心理活动的调节和控制。运动员比赛失常、正常、超常发挥的现象，往往与其参赛态度和应激状态有关。我们应坚持"从难、从严、从实战出发"的训练思想，力争为运动员的参赛准备状态和赛中竞技状态出现奠定良好基础。总体上讲，选手竞技发挥的主要特征表现为能力的全面性和运用的合理性。

教练临场指挥能力是衡量教练员指挥艺术的重要标志。教练员的临场指挥要素包括敏锐观察能力、准确判断能力、良好心理素质、流畅表达能力等。其中，观察能力主要反映教练员能够及时发现比赛场上彼我存在的问题；判断能力主要反映教练员能够根据丰富的比赛经验、逻辑的分析能力、敏捷的思维能力，预判过程的演变并能及时做出应变对策；良好的心理素质主要反映教练员抵抗不良心理因素干预的能力，并以此影响和鼓舞运动员充满信心地去奋力拼搏；表达能力主要反映教练员利用各种信息通道及时准确传递信息的能力。教练员临场指挥能力的核心体现，是能够及时地做出正确的指挥决策和明确的指令。总体上讲，教练员临场指挥的主要特征表现为谋略的时效性和指挥的艺术性。

实战环境适应是指对竞赛活动发生的自然环境和人文环境的适应。实战环境适应要素包括裁判尺度影响、观众氛围影响、赛区气候影响、场地设施影响等因素。其中，裁判尺度影响是指比赛中裁判执裁的个人习惯和标准对成绩评定带来的影响。观众氛围影响是指比赛中观众对比赛表现所做出种种反应而给比赛带来的影响。赛区气候影响是指异地参赛的运动员面临陌生的环境给比赛带来的影响。场地设施影响是指比赛场馆、器械设施等对运动员造成的影响。一般来说，表现类和对抗性项群应高度重视裁判因素。富有经验的运动员和教练员往往根据比赛进程和竞赛规则，很会适应裁判和利用裁判技术裁决失误。总体上讲，竞赛环境因素的主要特征表现为环境的适应性和氛围的利用性。

严循竞赛制度是指根据竞赛组委会所规定的赛事制度参赛。其主要内容包括竞赛的名称、目的、任务、时间、地点、举办单位或承办单位、竞赛的项目、组别、参加方法、竞赛办法、竞赛规则、录取名次与奖励、报名和报到、食宿安排、消防与安全知识及逃生路线示意图、裁判员与仲裁委员会、注意事项或未尽事宜以及规程解释权的归属单位等。相对来说，规则往往蕴含着制胜规律。因此，运动员应主动适应竞赛规则。竞赛规则与竞技项目发展互为驱动，竞赛规则的不断完善推动着竞技运动发展，发展的竞技运动又需竞赛规则的适度修改。两者相辅相成互为依存，共同协调和制约着竞技运动和竞赛过程。总体上讲，竞赛规程因素的主要特征表现为规则的正义性和规程的公平性。

运动参赛保障是指为运动员参赛过程中提供参赛科技服务、医疗服务和后勤服务的总称。运动竞赛保障的3级层次要素包括科研服务、医疗服务、后勤服务保障等。其中，科研服务保障的内容是向教练员提供潜在对手的参赛能力及其信息，以便为教练员临场决策、赛中调整和赛后分析提供依据；医疗服务保障是因应现代竞技运动商业化的趋势和机体机能尽快恢复的需要；后勤服务保障是指为竞技战役所提供的后勤服务。战役赛事的备战往往涉及许多生活用品以及异地参赛所带来的交通、通讯、住宿、安全等问题。因此，为了促使参赛人员集中精力参赛，必须根据竞赛工程的要求，确保运动参赛保障体系的科学运转。总体上讲，竞赛保障因素的主要特征表现为服务的高效性和过程的细致性。

参赛结果评价是指整个竞赛结束时对比赛结果和相关工作效果进行客观检验。竞技参赛评价是参赛体系的自控系统，是衡量参赛效果的评判手段。竞技参赛评价的主要功能集中体现在3个方面，即诊断功能、激励功能、导向功能。参赛结果评价的要素包括比赛成绩评价、成绩相关指标评价和比赛名次评价。其中，比赛成绩评价是指对某场比赛成绩进行评价；成绩相关指标评价是指对运动员取得比赛成绩所对应的各项相关指标的评价；比赛名次评价是指对运动员参加比赛所取得的名次的评价。参赛结果评价有助于探寻胜负的主要原因，发现影响参赛质量的因素，积极把握制胜规律，提出下场赛事制胜手段。总体上讲，参赛结果评价的主要特征表现为评价的客观性和结论的公正性。

工程质量总结又称竞技工作总结。它是指整个运动竞赛结束时对整个训练及参赛过程进行工作总结。竞技工作总结是探寻竞赛制胜规律的主要手段，是提高训练效益的重要途径，是提炼竞赛经验的认知环节，是深化认识竞赛教训的工作方法。竞技工作总结可分周期工作总结、参赛工作总结和参赛专题总结。其中，周期工作总结是指对整个训练周期工作的全面总结；参赛工作总结是指赛后对整个战役赛事的全面总结；参赛专题总结是指赛后针对主要问题进行专项总结。从表2-2可见，竞赛工程结构的要素十分庞杂。因此，需要全面进行质量总结和专题总结，这是世界各个高水平运动队普遍采用的做法。总体上讲，工程质量总结的主要特征表现为总结的辩证性和结论的导向性。

小　结

本章主要提出运动训练和运动参赛是竞技运动的两大核心部分。重点讨论了竞技运动框架结构、结构类别及其特征；竞技运动的框架层次基本特征和层次要素基本特征；运动训练工程结构中的运动训练框架结构和运动训练层次要素；运动竞赛工程结构中的运动竞赛框架结构和层次要素。分析并指出了竞技运动的工程结构为主体结构。因此，提出了运动训练工程结构中的3个一级层次要素、8个二级层次要素和34个三级层次要素；同时提出了运动竞赛工程结构中的3个一级层次要素、10个二级层次要素和38个三级层次要素，以此作为解析竞技运动工程要素基础。

第三章　运动训练工程规划

运动训练工程规划是运动训练工程思想、设计、计划的总称。运动训练工程规划既是竞技运动发展规划的重要组成部分，更是运动训练工程的重要构成部分。运动训练工程规划与运动训练工程计划略有不同，前者规定着后者，后者延伸着前者。运动训练工程规划具有长远性、全局性、战略性、方向性、概括性的特征；运动训练工程计划具有阶段性、局部性、技术性、操作性和详述性的特征。本章着重讨论包含训练工程计划在内的工程规划内容。

第一节　训练工程规划设计

运动训练工程规划是运动训练工程的重要工作。规划的内容如同人的机能，规划的形式如同人的外形。显然，科学的运动训练工程规划（训练计划），不仅需要丰富的规划内容作为依据，而且需要适宜的形式作为表现。运动训练工程规划与运动训练工程计划不同。前者是后者制定的重要依据，后者是前者落实的具体方案。显然，运动训练工程规划具有特殊的重要作用。本节着重讨论的是竞技运动训练工程规划的意义、原则、内容和主要方法。

一、训练工程规划内容

运动训练工程规划是一种专项规划，是专项运动发展规划的组成部分，是运动训练工程实施的理论依据。制定科学的运动训练工程规划，对于提出明确的预期目标、训练的指导思想、内容的重点方向、整体的内容设计、工程的要素协调和具体的措施对策，具有十分重要的意义。其中，预期目标是运动训练工程规划的设计目的，同时也是专项运动训练工程的预期产品形式，因此，预期目标的定位必须切合实际；训练的指导思想是指导工程规划制定和实施的基本思路与观念，同时也是指导运动训练的理论依据和行动指南。训练指导思想包含有规划理论、形势分析、目标预测等规划要素的思维成果。因此，确定训练工程的预期目标和指导思想，对于科学制定训练工程规划具有引领作用。

运动训练工程规划制定的基本原则主要是全面性原则、重点性原则、先进性原则、可行性原则。其中，全面性原则要求训练工程规划具有全局观念、整体观念，能够调动运动训练参与各方的积极性和使命感，能够提出参与各方的具体目标；重点性原则要求训练工程规划必须明确训练工作重心，抓住训练主要矛盾，凝聚参训各方协力，避免分散精力和资源；先进性原则要求训练工程的目标制定具有挑战性、训练内容具有时代性、训练措施具有创新性，参训人员的工作目标应该形成梯度递进发展之势；可行性原则要求训练工程的预期目标通过努力可以达到，训练内容经过努力能够完成，训练措施客观实际、切实可行。因此，遵循运动训练工程规划制定的基本原则是十分重要的基本准则。

训练工程规划类型分为两类：一类包含在专项运动发展规划的专题内容之中，通常以专项运动训练大纲的形式体现；另一类是以独立的训练工程规划体现，通常是以专题的多年训练计划的形式体现。无论何种形式的运动训练工程规划，主要内容都是由目标部分、指导部分、分析部分、规划部分和措施部分5个部分组成。目标部分主要包含终极目标和阶段目标；指导部分主要阐述规划制定的指导思想；分析部分往往要与历史分析、现实分析、对手分析等结合起来进行剖析；规划部分通常涉及目标分解、时期划分、阶段任务、过程重点等内容；措施部分包括教练分工、物质条件、环境建设、奖惩制度、竞争机制、文化教育、赛事安排等多种对策。显然，这是运动训练工程规划的内容要点。

运动训练工程规划的分析部分要求事实客观、观点辩证、内容全面。这项内容往往涉及工程目标和指导思想的确定，因此，应该给予高度重视。通常，分析部分主要包括现实状态分析和发展预测分析两个方面，其中，现实状态分析是做好工程规划的前提。现实状态分析要从国内和国际两个方面入手。分析的要点主要是专项运动的区域发展水平和国际与国内的发展水平、影响专项区域发展关键因素或主要因素、近年来主要成绩和存在的主要问题、主要对手的现实状况和未来趋势，以及训练工作需要解决的主要问题。发展预测分析主要包括专项运动规律的发展趋势和运动训练目标的发展趋势。因此，运动训练工程规划的分析部分要求制定者具有系统思想，这样才能做到结论可靠。

运动训练工程规划的规划部分要求目标明确、内容全面、重点突出、方向准确、过程清晰、指标具体、配套协调。其中，规划目标主要由成绩目标、名次目标和分解目标等组成。这些目标既有定量规定又有定性描述，但是所有目标本身都应该既有压力又有激励特点；重点突出必须指出运动训练的重点内容和各个阶段训练的内容重点，重点内容和内容重点的确定必须符合专项运动特征和专项运动制胜规律；方向准确是指运动训练的指导思想和训练内容的安排符合现实要求和未来发展趋势；过程清晰要求运动训练的工程规划应该明确各个时期的训练目标、训练任务和训练重点，并能使之衔接成链。由此可见，运动训练工程规划的内容繁多、涉面较广，因此应该高度重视系统地设计规划。

运动训练工程规划的措施部分要求办法可行、条款具体、易于操作。运动训练工程规划的制订本身是为了落实规划，落实规划就要采用系列的政策与手段予以实施。显然，运动训练工程规划能否得到最终落实，主要依据切实可行的措施。措施的可行性和可操作性是衡量政策措施是否可行、是否合理的主要依据。当然，政策、对策和措施是否可行、合理，主要依据3个方面的标志性内容：其一，运动训练工程规划的措施内容必须具体，必须明确领导主体、执行主体、执行方法、执行手段、执行时间、具体范围、执行客体；其二，运动训练工程规划的措施内容必须可行，必须选择符合实际、能够量力而行的政策措施；其三，运动训练工程规划的措施任务必须明确，实施的目标必须清晰、准确。

二、训练规划制定方法

制定运动训练工程规划的方法主要采用定量分析与定性分析相结合、运动规划与训练计划相结合、规划研究与规划论证相结合的方式。定量分析与定性分析相结合要求现状分析和发展目标必须有定量指标说明问题，形势分析、政策建议、发展方向、战略对策可以采用语义清晰的定性描述；运动规划与训练计划相结合要求整个训练工程规划必须符合上一层次专项运动发展规划要求，并能与之衔接，同时能为下一步制定不同阶段的训练计划提供明确依据；规划研究与实证研究相结合要求制定的规划既要有理论分析的依据，又要有实践事实的证明。换言之，运动训练工程规划的制定必须以事实为依据，以规律为指南，以案例为佐证。总之，运动训练工程规划的制定方法应该科学、全面。

训练工程规划制定的流程是：第一，组织规划队伍。除教练员、运动员代表之外，参与人员应该有相关专业专家。第二，搜集相关资料。根据设计要求搜集更多的有关资料。第三，评价以往规划。找出问题、发现结症，提出改进思路。第四，制定规划初稿。正式规划的制定需要经过多次讨论才能完成。第五，做好规划衔接。要求运动训练工程规划与训练计划做到无缝衔接。第六，广泛征求意见。应将训练工程规划初稿在一定范围内征求意见，以便修改和完善。第七，定稿提交论证。属于编制系列的教练员所制定的训练规划，在送审之前必须答辩论证，并由组织论证单位出具论证报告。第八，报批以及存档。规划获批之后必须尽快传达到相关部门执行。此后，规划进入了实施阶段。

第二节　运动训练工程分期

完整的运动训练过程通常历经 5 个不同的训练时期，优异运动成绩的创造和优秀运动员的成长，都是历经 5 个不同时期组成的多年系统训练的结晶。因此，多年训练过程实际上是由不同训练阶段组成。多年培养的优秀运动员和最终创造的优异运动成绩，实际上是运动训练工程中不同时期工程的系列活动的成果。因此，研究和讨论运动训练工程的工期划分，是一项极有意义的工作，它有助于深刻认识运动训练过程不同时期（工期）的结构与特点。

一、运动训练工程分期

运动训练工程分期与运动训练过程划分有关。运动训练过程划分是指将整个运动训练过程，根据优秀运动员竞技能力提高的规律和不同时期训练目标的需要，合理地分解成不同的训练时期。从系统工程建设的角度来看，可将优秀运动员从启蒙基础训练阶段直至保持运动寿命阶段分解成相应的工程建设工期。由此可见，全程训练过程划分，既是遵循竞技能力发展规律和满足不同训练时期目标要求的需要，也是整个竞技训练工程科学推进的工期安排。两者内部的过程分期与工程工期划分具有高度的相似性和类比性（图 3-1）。通常，优秀运动员创造优异运动成绩的成长时期特点是 1 年入门、3 年成形、5 年成材、8 年成器。显然，揭示训练过程划分特点有助于理解运动训练工程分期。

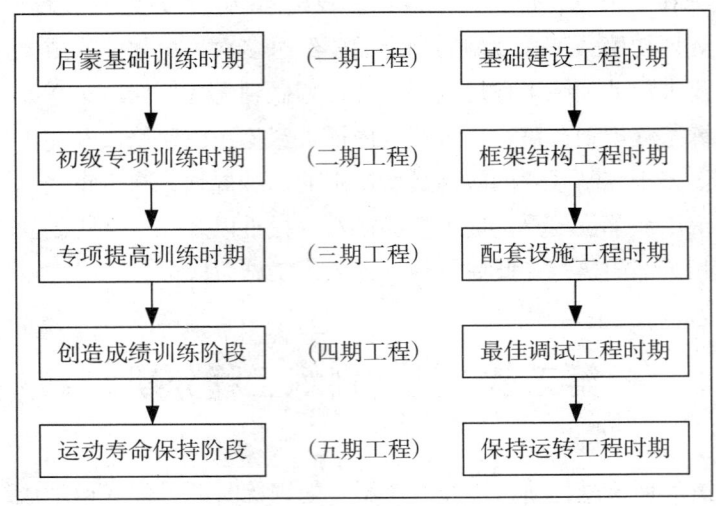

图 3-1 训练过程分期与工程工期划分

由图 3-1 可见，理论上讲的运动训练全部过程可以划分为启蒙基础训练、初级专项训练、专项提高训练、创造成绩训练和运动寿命保持 5 个阶段。这 5 个阶段的根本任务和训练目标，正是运动训练整个工程不同工期的主要任务。从训练过程的划分角度上看，全程训练过程的划分主要依据竞技能力提高规律、各个时期训练任务和各个阶段的时间跨度等。但是，从运动训练工程的工期划分角度上看，运动训练工程工期的划分不仅需要依据上述主要依据，而且需要考虑运动训练工程结构的内部层次、要素布局、工期内容和工期进度等具体问题。显然，从运动训练工程分期的视域角度，能为科学地规划训练工程、制定训练计划和确定训练方案，提供更为科学的认知理论和设计思想。

运动训练工程工期是指运动训练工程建设过程所经历的时间。显然，运动训练工程工期与运动训练过程划分高度相关。运动训练过程同任何事物发展过程一样，主要存在于时间和空间形式之中。从时间形式上看，一个理论上完整的运动训练过程是由基础训练、初级专项训练、专项提高训练、高级专项训练、保持运动寿命等几个不同的、相互独立又互为联系的时期组成。换言之，也是由 5 个相互联系、逐步推进的训练工程共同组成。其中，每一时期又由几个不同的相互独立又互为联系的阶段组成，依此细化，可以将训练过程细分至一堂训练课。从空间形式上看，训练过程主要是由不同训练时期及其各个阶段的训练时间所承担的训练任务、目标、内容、方法、手段、负荷安排等要素组成。

通常，实践中的运动训练工程工期的划分，是将多年训练过程划分为若干个年度训练过程；每一个年度训练过程，根据赛事安排划分为一个或若干个周期训练过程；每一个周期训练过程划分为3个训练阶段；每一个训练阶段划分为若干个小周训练过程；每一个小周训练过程划分为若干训练单元。训练单元又称训练课，是整个运动训练工程的最小时间单位。由表3-1可见，运动训练过程实际上是将多重嵌套的训练过程有机地联系为一个既相互独立又互为衔接的时间序列，以便使不同的训练目标、任务、内容、方法、手段、负荷等内容与不同时间跨度的训练过程形成整体。显然，训练过程注重的是时间的衔接，而训练工程不仅注重时间衔接，而且更加关注的是这些时段与训练内容的科学匹配。

表3-1 运动训练过程的分解

步骤	过程	分解
1	多年训练过程	若干年度训练过程
2	年度训练过程	若干周期训练过程
3	周期训练过程	三种不同阶段训练
4	一个阶段训练	若干小周训练过程
5	小周训练过程	若干最小训练单元

二、训练周期及其结构

训练周期是指根据运动员竞技状态的形成和发展规律以及重大比赛日程，合理安排训练工作的一种形式。这是运动训练工程工期划分的一个重要依据，也是运动训练工程工期安排的主要方式。提出训练周期的理论依据就是竞技状态形成的周期性特点、重大赛事安排的周期性特点和运动训练适应的周期性特点。正因如此，任何一个训练周期的过程都须分为3个既相互独立又紧密衔接的阶段，即准备期、竞赛期、过渡期。正是由于多个训练周期的有机衔接，从而相继组成多年、全年、阶段、小周期的训练过程。训练周期的3个阶段又称为准备阶段、竞赛阶段、过渡阶段。实践中，深刻认识训练周期结构和类型，对于科学制定全年、周期、阶段、小周，乃至单元训练计划意义十分重大。

训练周期的各个阶段目的是：准备阶段旨在保证竞技状态的初步形成；竞赛

阶段旨在保持、巩固已获得的竞技状态，并促使其向最佳水平发展，争取在比赛时能够创造最佳运动成绩；过渡阶段旨在进行积极性调整，消除身心疲劳，并为下一训练周期的训练做好准备。显然，科学地安排训练周期，对于提高训练质量，尤其是在赛季形成最佳竞技状态、创造优异运动成绩具有十分重要的意义。当前，随着竞技体育某些项目商品化的趋势和竞赛体制的改变，国际职业化运动员训练周期的时间跨度有日趋减短趋势，以往全年训练的多为单个、双个或三个训练周期的安排方式，正被多个训练周期的安排趋势所取代。但是，业余性或专业性运动员训练工期的安排，仍然遵循训练周期安排的一般规律。

准备期是训练周期的基本组成部分之一，是训练周期的第一阶段。该期总任务是全面提高运动员身体素质，学习有关现代训练理论，改善运动技术和战术，培养优良的心理和道德品质，保证竞技状态的初步形成。准备期可分为一般训练阶段和专项训练阶段。前者的任务是全面发展身体素质和运动素质以及基本运动技术和战术，运动负荷的安排是以逐渐增大负荷量为主；后者的任务是重点提高运动技术和战术的应用能力，以及专项运动素质的水平，运动负荷的安排是以逐渐增大负荷强度为主。通常，准备期的时间安排是：全年为单个训练周期的准备期占 5~6 个月，全年为双个训练周期中的一个准备期占 2~3 个月。显然，全年训练周期的数目越多，一个训练周期的准备期将会越短。

竞赛期是训练周期的重要组成部分之一，是训练周期的第二阶段。该期总任务是培养优良的竞赛心理和拼搏精神，形成与竞赛环境相符合的适应能力，积极形成竞技状态，力争在比赛中创造优异运动成绩。竞赛期可分为赛前准备阶段和比赛阶段，前者的任务是协调各竞技能力关系，获得更多比赛经验，使已获得的竞技状态向最佳水平发展。运动负荷安排是在保持必要负荷量的前提下，继续逐渐增大负荷强度，尤其是心理负荷强度；赛前一周适度保持负荷强度，减少负荷量。后者的任务是努力创造优异运动成绩。一般认为，全年为单个训练周期的竞赛期占 4~6 个月，全年为双个训练周期中的一个竞赛期占 1~2 个月。显然，全年训练周期数目越多，训练周期的竞赛期将会越短。

过渡期（调整期）同样是训练周期的组成部分之一，也是训练周期的最后阶段。过渡期的安排必须考虑赛事的特点。如果赛事属于多场连续比赛的战役性质，则必须认真考虑比赛场次之间参赛队员机能恢复的问题。当然，过渡期主要针对整个战役赛事结束后的阶段。该期的总任务是消除因比赛引起的身心疲劳，巩固训练成果，为下一训练周期的训练工作做好准备。此阶段的负荷安排相对较低。过渡期时间安排相对较短，一般视运动员的赛后疲劳程度、训练周期的数目等因素而定，少者几天，多者半个月。显然，训练周期的训练过程，正是由这些相对独立又互为联系的准备期、竞赛期、过渡期的训练过程组成。认识训练周期的这种结构特点，就是为了科学驾驭整个运动训练的全部过程。

如前所述，任何一位优秀运动员的成长过程就是一个完整训练过程的反映。其实，任何一位优秀运动员所经历的完整训练过程，也是多个不同类型训练周期的集合。一般认为训练周期可分为超大周期、大周期、中周期、小周期 4 类。超大周期是一种根据运动员竞技能力的形成和发展规律以及奥运、全运重大比赛日程的准备时间，合理安排 4 年乃至 8 年左右时间的训练工作的一种形式，其主要内容是由若干个大周期的主要内容组成。超大周期的安排通常是以运动训练工程规划的形式体现。因此，超大周期训练工程规划（又称多年训练计划）必须具有长远性、全局性、战略性、方向性和概括性特征，必须经历规划制定的设计、论证、审议和报批程序。唯有如此才能体现科学、系统、全面。

大周期主要是根据年度训练任务和重大比赛安排，布局全年训练工作的一种形式。大周期可分单训练周期、双训练周期、多训练周期。单周期是指全年安排一个大周期，双周期是指全年安排两个大周期。中周期是大周期的组成部分，亦称"训练阶段"，由 2~12 个小周期构成。提出中周期的主要依据是超量恢复原理以及运动适应规律。在实践中，中周期的合理划分有利于教练员根据训练任务更为细致地安排训练内容、方法、手段、负荷以及恢复措施。小周期是中周期的组成部分，时间通常为 1 个星期，即由 7 个训练日构成。小周期的划分，可使训练工期的训练内容、时间安排更具有操作性。

第三节　训练周期类型特点

训练周期既是运动训练过程科学安排的一种方式，也是运动训练工程工期划分的基本依据。训练周期可以分为超大周期、大周期、中周期、小周期 4 类。但是每类周期划分的理论依据并不相同。一般而言，超大周期的确定是根据奥运战略和工程规划而定；大周期的划分则是依据赛事、竞技能力发展、竞技状态形成规律而定；中周期的划分则是根据阶段任务和目标而定；小周期则是根据负荷性质而定。总之，各类训练周期及其亚类特点并不相同。

一、大周期的结构特点

训练周期通常置身于一个全年训练的过程之中。由于竞技体育商业化特点和竞赛赛事剧增趋势的左右,高水平运动员的全年训练工作开始了转入以完成当年比赛任务为重点的趋势,这就造成现代运动训练过程的单、双周期结构的安排呈现出向多周期结构变化的特点,从而促使不同水平运动员的全年训练过程的周期安排形成了多元化特点。但是,非职业性的运动训练工期的安排,仍然遵循着训练周期安排的一般规律。因此,对于从事非职业性的竞技运动训练工作的许多教练员和管理人员而言,竞技运动训练过程的单、双周期结构的安排,仍然是运动训练工程的主要周期结构。为了深刻说明全年训练过程不同训练周期的安排,现将训练周期的单周期、双周期、多周期结构特点说明如下。

(一) 单周期的结构特点

单训练周期是指一年安排一个训练周期。单训练周期类型是典型的为初级或中级运动员全年训练安排的一种方式。有时单训练周期类型也可为优秀运动员迎接后两年的年度重大比赛,如为奥运会年比赛而专门组织旨在进行基础训练的一种安排。单训练周期安排的依据是全年仅有一次重大比赛任务。一般认为,全年为单个训练周期的准备期占6~7个月,竞赛期占3~4个月,过渡期约为10天或半个月。其全年训练周期的安排如表3-2所示。单训练周期安排特点是系统地进行专项基础内容的训练,全面地发展运动员的全面身体素质,重点地提高专项运动素质、基本技术和战术。其主要的目的是为完成一年一次的重大比赛任务或为下两年后的重大比赛任务奠定坚实的训练基础。

表3-2 全年单训练周期安排模式

月份	12	1	2	3	4	5	6	7	8	9	10	11
赛事										★		
周次	1 2 3 ……											52
分期	准备期								竞赛期			过渡期
阶段	基本准备阶段				专项准备阶段				赛前	参赛		

注:★是重大比赛赛事及其日期 (依胡亦海. 竞技运动训练理论与方法 [M]. 武汉:湖北人民出版社,2005.)

（二）双周期的结构特点

双训练周期是指一年安排两个训练周期。双训练周期类型是典型的为中、高级运动员全年训练安排的一种方式。另外，双训练周期类型也是优秀运动员为迎接年度冠军赛或全运会决赛而专门组织训练的一种安排方式。双训练周期安排的依据是全年至少有两次重大比赛任务，其中第一次比赛成绩决定第二次参赛资格。一般认为，全年双训练周期的准备期占2~3个月，竞赛期占1~2个月，过渡期为10天左右。全年双周期的安排模式如表3-3所示。双训练周期安排的特点是系统地进行专项体能、技能的训练，重点发展运动员的专项素质、技术、战术以及形成高水平竞技状态。其主要目的是为完成一年两次比赛任务或为获得下次参赛资格或为取得国际比赛资格奠定坚实的基础。

表3-3　全年双训练周期安排模式

月份	11	12	1	2	3	4	5	6	7	8	9	10
赛事					★						★	
周次	1 2 3 ……											52
分期	准备期				竞赛期		过渡	准备期			竞赛期		过渡
阶段	基本准备		专项准备		赛前	参赛		基本准备		专项准备	赛前	参赛	

注：★是重大比赛赛事及其日期　（依胡亦海. 竞技运动训练理论与方法 [M]. 武汉：湖北人民出版社，2005.）

（三）多周期的结构特点

多训练周期是指一年安排3个或3个以上训练周期。多训练周期安排方式是近10年竞技体育领域中具有商业价值的高水平运动员或运动队全年训练过程安排的一种方式。多训练周期类型通常也是为潜力较大的优秀运动员尽快获取比赛经验而安排的一种方式。多训练周期安排的依据是全年至少有3次以上的重大比赛或商业性比赛任务。一般认为，全年为多训练周期的时间安排，视重大比赛的次数和训练周期的个数而定。全年多训练周期的安排如表3-4-1所示。多训练周期安排特点是系统地保持专项体能、技能，重点地保持运动员高水平的竞技状态，丰富参加重大比赛的经验。其主要目的是完成一年多次比赛的积分任务或获得重大比赛的参赛资格或谋取较大的经济利益。

表 3-4-1　全年多训练周期安排模式

月份	11	12	1	2	3	4	5	6	7	8	9	10
赛事				★				★			★	
周次	1 2 3 ……											52
分期	准备			竞赛		过渡	准备	竞赛		过渡	准备	竞赛 过渡
阶段	基本	专项	赛前	参赛			基本 专项	赛前 参赛			基本 专项	赛前 参赛

注：★是重大比赛赛事及其日期　　（依胡亦海. 竞技运动训练理论与方法 [M]. 武汉：湖北人民出版社，2005.）

随着职业化竞技运动的发展，全年多周期训练模式已经成为一种运动训练安排的常态模式。例如：澳大利亚网球公开赛、法国网球公开赛、英国的温布尔登网球公开赛、美国纽约的网球公开赛，通常情况下分别于 1 月底、5 月底、6 月底、8 月底举行，每个赛区的整个赛程为期两周。四大公开赛间隔时期，许多男子优秀运动员需要参加国际职业网球联合会举办的 ATP 巡回赛总决赛，女子优秀运动员需要参加国际女子职业网联举办的 WTA 巡回赛总决赛。许多选手甚至参加由其他国家举办的公开赛，如北京、瑞士网球公开赛等。这样一来赛季累计超过 10 次。优秀运动员往往利用休赛期进行专门的体能训练，并在重大赛季之前进行针对性训练。表 3-4-2 是某位选手周期安排模式。

表 3-4-2　网球全年训练周期安排模式

月份	10	11	12	1	2	3	4	5	6	7	8	9
赛事				☆ ★				★	★		★	☆
训练	◇……◆◆◆			◇◆	▽▽	◇……		◇◆◆◆	▽◆◆	▽▽◆◆	▽◆	
地点	德国			北京 深圳	澳国	北京 深圳		北京 法国	德国 英国	北京 美国	北京	
周次	2 4 6 8										51	
分期	训练期			强化适应	比休赛 整	训练期		强化训练	比调整赛	比调整赛	强化训练	比调整赛
重点	体能		专项	适应赛		强化专项体能和技能						

注：★为重大比赛赛季；☆为次大比赛赛季；　◇为体能训练；◆为针对性训练；▽为休整性训练）

二、中周期的结构特点

(一) 中周期的基本结构

中周期亦称"训练阶段"。为了系统地驾驭训练过程,教练员通常会进一步地将准备期、竞赛期和过渡期分解为一般准备阶段、专项准备阶段、赛前准备阶段、主要比赛阶段和过渡调整阶段等时间跨度甚至更小的训练阶段。因此,任何一个中周期实际上是由至少两种以上不同功能性质的小周期的衔接而成,并由适应过程、基本过程和调整过程形成中周期的基本结构。其中,适应过程的训练时间一般相对较短,基本过程的训练时间一般相对较长,调整过程的训练时间一般相对更短。显然,中周期中的适应、基本、调整过程及其衔接,实质上更能反映超量恢复过程、运动适应过程、竞技状态形成过程和训练周期分期过程的周期性特点。因此,将"中周期"过程称之阶段训练不无道理。

一般来说,适应过程的主要训练任务是积极促进机体做好应激准备、力图形成新的内环境平衡、做好预防不良干扰的心理准备等。适应过程的目的是使运动员能够逐渐承受高强度的训练负荷与比赛负荷;基本过程的主要训练任务是积极促进体能尽快得以提高、不断破坏和恢复机体的内环境平衡、全面提高竞技能力各个因素的水平等。基本过程的训练目的是使运动员的各项竞技能力得以均衡发展。调整过程的主要训练任务是积极消除训练和比赛引起的身心疲劳、促使机体尽快得以超量恢复、调理身心为迎接重大比赛或大负荷训练做好准备等。调整过程的目的是使运动员消除疲劳、调理身心。因此,必须根据大周期的不同训练阶段(中周期)训练任务,抓好阶段重点内容训练这个关键。

(二) 中周期的安排特点

中周期的训练安排通常置身于大周期中的一般准备阶段、专项准备阶段、赛前准备阶段、主要比赛阶段的训练过程之中。因此,需要注重中周期的安排特点。一般准备阶段的训练任务是全面发展身体素质和运动素质,提高基本运动技术和战术水平、学习和掌握运动素质和运动技术发展的基本理论与知识。此阶段周期负荷安排的特点是前期阶段负荷强度小、负荷量逐渐增大，负荷性质多样化，负荷呈现波浪趋势，训练内容主要为身体素质、机体机能的训练；中期阶段在维持负荷量的前提下，逐渐增大负荷强度，负荷性质全面化，训练内容主要为运动素质、基本技能的训练；后期阶段负荷强度和负荷量逐渐呈现交叉增大趋势，负荷的性质专项化，训练内容为专项素质、机能和基本技术。

专项准备阶段的训练任务是重点掌握关键专项技术的环节和战术的基本形式，提高专项运动素质的水平，学习和掌握主要关键技术和战术的基本理论与知识。此阶段运动负荷的安排特点，是前期阶段通常在保持负荷强度的前提下逐渐增大负荷量，负荷性质专项化，训练内容主要为专项素质、专项机能、专项技术；中期阶段在维持负荷量前提下逐渐增大负荷强度，负荷性质着重体现速度、力量，训练内容主要为专项素质、专项技术、专项战术；后期阶段负荷强度和负荷量逐渐交叉增大，负荷性质着重体现爆发力，训练内容主要为专项技术、专项战术。一般准备阶段与专项准备阶段的训练任务、目标和内容应该高度链接、有机衔接，逐步深化和科学地向前推进。

赛前准备阶段的周期训练任务是重点发展专项运动素质，提高专项技术和战术的应用水平，协调各项竞技能力因素之间的关系，获得更多的比赛经验，促使竞技状态最佳化水平发展。此阶段运动负荷的安排特点是：在保持必要的负荷量的前提下，继续逐渐增大负荷强度，尤其逐渐施加心理负荷。整个阶段的训练内容主要为专项技术、专项战术、智力、心理。主要比赛阶段的周期训练任务是努力形成最佳竞技状态，创造优异运动成绩。赛前3天负荷安排的特点是全面降低负荷强度和负荷量，使机体得以超量恢复并做好赛前身心调整。场次间歇期间的安排是适度地热身活动，温习关键技术环节和比赛战术，合理安排作息时间，同时安排时间观摩主要竞争对手的比赛状况。

三、小周期的结构特点

（一）小周期的基本结构

训练小周期的基本结构是由若干训练课和调整课（恢复课）构成。其中，若干训练课与一次调整课（恢复课）的组合构成一个循环链。通常，训练小周期的基本结构是由两个或两个以上的循环链组成。训练小周期内部的这种循环结构具有微型周期的特点。小周期结构的这种安排主要依据超量恢复基本原理。小周期结构的这种安排意义是现代运动的各种体能需要日积月累地训练方可提高、发展和维持。现代运动的各种技能是需要周而复始地训练才可形成、掌握和应用。现代运动的各种竞技能力因素是需要循序渐进地训练方可提高、融会和展现。因此，教练员应深刻认识和理解训练周的这种结构特征与意义。根据训练小周期循环链数和课次数量，训练小周期的基本结构可分4种类型。

（3+1）三循环是由3个循环链组成训练周，其中每个循环链都由3个训练课和1个调整课组成，其结构如表3-5所示，此结构适合准备期第二阶段的训练安排。

表3-5　（3+1）三循环结构

星期	一	二	三	四	五	六	日
上午	训练	训练	训练	训练	训练	训练	休息
下午	训练	调整	训练	调整	训练	调整	休息

（4+1）+2二循环是由两个循环结构组成训练周，其中每个循环结构都是由4个训练课和1个调整课组成，第二个循环链接两个训练课，其结构如表3-6所示，此结构适合准备期第一阶段的训练安排。

表3-6　（4+1）+2二循环结构

星期	一	二	三	四	五	六	日
上午	训练	训练	调整	训练	训练	训练	休息
下午	训练	训练	训练	训练	调整	训练	休息

（5+1）二循环是由两个循环链组成训练周。其中每个循环链都是由5个训练课和1个调整课组成，其结构如表3-7所示，此结构适合准备期和竞赛期第一阶段的训练安排。

表3-7　（5+1）二循环结构

星期	一	二	三	四	五	六	日
上午	训练	训练	训练	训练	训练	训练	休息
下午	训练	训练	调整	训练	训练	调整	休息

（4+1+1）二循环是由两个循环链组成训练周，其中每个循环链都是由 4 个训练课和 1 个调整课组成，其结构如表 3-8 所示，此结构适合一般赛事之前一周的训练安排。

表 3-8 （4+1+1）二循环结构

星期	一	二	三	四	五	六	日
上午	训练	训练	调整	训练	训练	调整	休息
下午	训练	训练	训练	训练	调整	休息	比赛

（二）小周期的基本类型

训练小周期可以分为 7 种，即引导性训练周、适应性训练周、强化性训练周、调整性训练周、检查性训练周、赛前训练周、比赛性训练周。其中强化性训练周是训练周的主要类型。下面逐一介绍各个训练周的基本特点。

引导性训练周特点突出表现为运动负荷较小、训练内容不多、训练要求不大。此类训练周是以引导运动员逐步适应日渐增大运动负荷的趋势为主要任务。教练员关注的主要问题是运动兴趣与机体适应能力。通常，过渡期结束或准备期开始的一二周为引导性训练周。

适应性训练周特点突出表现为相对较高而稳定的负荷特征，训练内容单一。主要是使运动员机体内环境的不平衡状态向适应性平衡状态变化，进而获得使其各项竞技能力因素在更高的基础上得以全面协调发展。

强化性训练周的特点突出表现为运动负荷较大、训练内容较多、训练任务较重。此类训练周是以提高运动技巧、增强运动体能、提高负荷能力为主要任务。教练员关注的主要问题是技能与体能的发展与保持水平。通常，准备期、竞赛期的各个阶段都会安排强化性训练周。

调整性训练周的特点突出表现为负荷总量较小、练习内容多样、练习手段有趣。此类训练周是以机体获得超量恢复、加速恢复竞技状态为主要任务。教练员关注的主要问题是运动员机体恢复的程度、运动员下周训练的精神状态等问题。通常，此周放在连续两三个强化性训练周后，并与强化性训练周结合组成中周期过程。通常，强化性训练周负荷强度或负荷量的安排最大。随后安排的调整周则是为了机体及时有效恢复。

检查性训练周的特点突出表现为负荷强度最大、检查内容多种、训练环境接近比赛、心理压力很大。此类训练周以检查一段时期训练工作的质量为主要任务。教练员关注的主要问题是训练质量、方向是否符合竞技实战的要求。通常，检查周多放在全年训练过程各个阶段的中期或后期。

赛前训练周的特点突出表现为此周前段负荷强度高、负荷量大、训练课次多，训练内容紧密联系实战，赛前3天运动负荷急剧下降。总体任务是根据比赛规程、参赛任务和比赛性质做好机体调整工作，以使运动员在赛中出现最佳竞技状态。

比赛性训练周的特点突出表现为根据比赛规程和项目特点，在赛次或场次间歇的过程中，需要合理安排运动员的训练和调整，并最大限度地提高、维持最佳的竞技状态。

第四节　运动训练计划制定

运动训练计划有狭义和广义之分，狭义的训练计划主要是指针对全年、周期、阶段、小周和单元训练过程所制定的训练计划；广义的训练计划是指包括狭义的训练计划在内的，甚至对整个运动训练工程整体设计的规划。这里所指的训练计划主要是指狭义的训练计划。与训练工程规划不同的是，训练计划通常具有现实性、局部性、多变性、变更性和具体性特征。因此，教练员了解和掌握训练计划的制定，对于驾驭整个训练过程的意义重大。

一、训练计划制定依据

训练计划是指为了在未来训练过程中，有目的、有组织、有步骤地进行训练，而对运动员的某一训练过程或某一训练阶段所做的科学设计。训练计划的制定是教练员为使运动员达到某种目标，在训练前对未来训练过程实施训练工作的一种理论设计。这种理论设计在实践中的作用，主要体现在建立训练过程模型、提出运动训练纲领、发挥过程监督作用、提供结果评价依据。其中，建立训练过程模型着重体现在将多重嵌套的训练过程有机地联系为一个既相互独立又互为衔接的整体，使不同的训练目标、任务、内容、方法、手段、负荷、要求等内容与不同时间跨度的训练过程溶入在一个直观且系统的网络之中，从而使教练员能够预测未来训练过程的基本变化和掌握运动训练各个因素的发展进程。

制定任何一份训练计划时，都需对训练计划的各项内容提出十分具体的要求。因此，它是教练员在现代运动训练过程中实施训练工作的训练纲领；利用训练计划对现代运动训练过程实施监督与调控，是提高训练效益的重要一环；运用训练计划对现代运动训练过程实施监督与调控，可以将训练过程真正置于现代运动训练的控制之下，可以随时记载下有关运动员的各类现代运动训练的信息，以便为以后训练工作的改进提供科学的依据；同时，训练计划可以帮助教练员评价训练目标与训练结果的差异性，有利于教练员正确认识训练过程的成功经验与失败教训，有利于教练员科学地调整训练计划和训练过程中的偏差，使训练结果科学地逼近训练计划的目标。显然，科学制定训练计划的意义重大。

运动训练计划制定依据之一是运动训练和运动参赛工程结构。训练工程结构由训练工程规划、训练工程实施、训练工程监控3大环节构成；参赛工程结构主要由赛前竞技策划、赛中竞技实战和赛后竞技评价3大环节构成。从工程角度分析，优异运动成绩的创造就是训练工程与参赛工程综合作用的工程竣工标志。因此，必须按照工程设计、实施和监控的流程做好训练计划的设计工作。训练计划是训练工程设计的主要内容，做好训练工程的设计有助于提高训练工程实施质量、强化训练工程监控功能，从而达到建立训练过程模型、提出运动训练纲领、发挥过程监督作用、提供结果评价依据的目的，进而将专项运动发展始终置于过程有规划、实施有依据、全程有监控的工程构建模式之中。

运动训练计划制定依据之二是训练工程分期和训练过程分期理论（训练工程分期和训练过程分期理论如前所述）。现代竞技运动的发展历史证明，优异成绩的获取和优秀运动员的成长是一个内容复杂、周期较长的系统工程，从过程时间序列角度看：整个训练过程可以分解为单元训练（课）、日训练、周训练、阶段训练、周期训练、年训练、多年训练等不同时间跨度的训练过程，其中，每前一个过程都嵌套在后一个过程之中，每后一个过程都是若干前一个过程的有机串联。从工程工期序列角度看：整个运动训练工程中的兴趣启蒙训练、专项初级训练、专项提高训练、创造成绩训练、保持运动寿命5个训练时期，就是不同的训练工期。其中，每一工期又可分为不同时段的子期。可见，训练工程分期和训练过程分期理论，是科学制定和实施不同训练计划的重要依据。

运动训练计划制定依据之三是竞技状态形成机理。竞技状态是指运动员适时获取理想成绩的最佳状态。竞技状态表现的显著特征就是竞技能力的和谐和优异成绩的突破。竞技能力是竞技状态的基础条件,竞技状态是竞技能力的和谐体现。竞技状态形成机理主要是超量恢复原理和重大赛事制度安排。因此,竞技状态呈周期变化。竞技状态从获得到保持再到消退这一过程,都是周而复始循环往复地螺旋式提升。由于运动超量恢复的效果取决于负荷与恢复的作用、重大赛事制度的安排取决于赛程和规则的设计,因此,竞技能力发展进程、竞技状态出现时机与训练计划科学设计和科学实施休戚相关。由此可见,竞技状态形成机理或呈现机制,是正确制定和实施不同类型训练计划的重要原理。

运动训练计划制定依据之四是竞技运动竞赛规则。竞技运动竞赛规则是保障竞技运动训练工作符合竞技比赛要求的准则,是构建完善的竞技运动工程体系的依据。没有运动竞赛规则,竞技运动无从谈起,运动训练毫无意义。竞技运动竞赛规则的各项条款、具体内容、规则思想,不仅规定着竞赛过程的走向,而且指引着运动训练的方向。其中,竞赛规则蕴藏的竞技制胜综合规律、主导规律、突前规律、更迭规律是确定运动训练指导思想的重要依据。制胜规律主要由两个方面组成,即制胜基本因素及其相互关系。我国竞技运动的实践证明,首先必须深刻认识制胜因素,其次必须充分认识内在关系。由此可见,对蕴藏在竞赛规则中的制胜规律的认识和把握,是制定运动训练计划的理论前提。

二、训练计划类型特点

由于运动训练工程的工期划分、训练过程的分期和多年训练过程的细化,运动训练计划的种类相应可以分为单元训练(课)计划、周训练计划、阶段训练计划、周期训练计划、年训练计划、多年训练计划6种计划(表3-9)。其中,前一种训练计划都是依据后一种训练计划的任务和时间划分而定的。例如:一个阶段的训练计划既是周期训练计划的组成部分,也是小周训练计划制定的依据。6种训练计划的特点并不相同,一般认为,多年训练计划具有框架、稳定和远景性的特点,因此,具有训练工程规划设计特征。阶段训练计划、小周训练计划,特别是单元训练计划(训练课教案),则具有现实、具体和多变性特点。应该说,不同工期或时期的训练计划具有不同任务、内容、功能与目的的特点。

表3-9 不同类型训练计划的基本特点

计划特点	计划种类	计划功能	时间跨度
远景、稳定、框架	多年计划	远景目标规划	2~8年以上
	年度计划	中期目标规划	1~3个周期
	周期计划	近期目标规划	3~6个月
	阶段计划	较为详细设计	1~3个月
	周计划	确定内容重点	7天左右
现实、多变、具体	单元计划	具体训练方案	1~3小时

（依胡亦海. 竞技运动训练理论与方法［M］. 武汉：湖北人民出版社，2005.）

（一）多年训练计划特点

多年训练计划是指教练员根据多年训练过程或奥运（全运）周期的时间跨度，对这一训练过程（工程）所做的科学规划。通常，围绕奥运或全运目标的4年训练计划又可称为奥运周期或全运周期计划。多年训练计划具有鲜明的框架式、远景式、稳定式的特点。多年训练计划可分为全程性和区间性两类。其中，全程性多年训练计划是指对启蒙阶段伊始直到运动寿命结束的整个过程所做出的训练规划；区间性多年训练计划是指对两年以上的某一特定训练过程所做出的训练规划。多年训练计划主要栏目有总体目标、队员基本情况、全程阶段划分、各个年度目标、各年训练任务、全程负荷趋势等。其中，总体目标、年度目标、分期任务和主要对策是多年训练计划主要设计要点（表3-10）。

表3-10 国家女网北京奥运周期多年训练计划（节选）

年度划分	第一年度 2004-11—2005-10	第二年度 2005-11—2006-12	第三年度 2007-1—2007-10	第四年度 2007-11—2008-8
排名目标	双打2人力进25 单打2人力进50	双打2人力进20 单打2人进位40	双打2人力进10 单打2人进位30	力争取得4单两双奥运参赛资格
成绩目标	四大公开赛：力争单打1人进入前16名 力争双打1对进入前8名	力争在多哈亚运会夺取1~2枚金牌	四大公开赛：力争单打1人进入前8名，1~2人进入前16名，力争双打1对进入前4名	奥运赛事：力争双打进入前4；单打实现历史突破

续表 3-10

年度划分	第一年度 2004-11—2005-10	第二年度 2005-11—2006-12	第三年度 2007-1—2007-10	第四年度 2007-11—2008-8
主要任务	完成新一轮国家队的组建工作；调试和考察双打配对组合；科学选赛，提高参赛成功率和单双打排名；努力形成攻坚团队	围绕亚运会任务，提高参赛成功率和目的性；提高参加大赛抗压能力和自调能力；加强亚运选手情报收集和反馈；赛前与男队合作强化系统训练	确定奥运攻坚队员主攻方向；明确双打重点攻坚配对队员；强化选手参赛获胜轮次要求；参加国际职业联赛，积累比赛经验；重点收集主要对手情报，强化针对性训练	根据奥运规则制定应对措施；科学选赛、提升排名、满额入围；加强科技服务，研究主要对手技术、战术打法，并模拟比赛；赛前周密策划，精心组织，强化科医保障，确保万无一失

（依陈亚林. 国家女子网球队奥运备战训练安排特征分析［C］// 国家体育总局竞技体育司. 备战 2012 年伦敦奥运会训练理论与实践创新文件. 北京：北京体育大学出版社，2009.）

（二）年度训练计划特点

年度训练计划是多年训练计划的组成部分，也是多年训练计划细化的计划文本，同时也是周期训练计划制定的依据。年度计划又称全年训练计划，是对运动队或某一运动员年度训练过程所做出的科学设计，主要用于专项提高训练阶段、创造成绩训练阶段和保持运动寿命阶段的过程设计。由于竞技水平的提高、商业赛事的安排、竞赛制度的改革，优秀选手年度训练计划的制定方式逐渐由单、双周期向多周期结构的特点演变。年度训练计划主要栏目有年度训练目标、队员状态分析、训练过程划分、各个阶段任务、过程检查指标、运动负荷趋势、基本措施要求。其中，训练目标、过程分期、阶段任务、检查指标、负荷趋势是主要设计要点。表 3-11 是 2008 年国家男子体操队年度计划。

表 3-11　国家男子体操队年度训练计划（节选）

月份	10	11	12	1	2	3	4	5	6	7	8	9
赛事				奥运选拔赛☆					奥运决赛★			
时期			准备期						竞赛期			
分期	第一阶段			第二阶段			第三阶段		竞赛前期		竞赛后期	

续表 3-11

月份	10	11	12	1	2	3	4	5	6	7	8	9
周数	12			12			8		8		8	
重点任务	发展难度提高A分 改进成套动作编排 发展专项运动体能 解决"掉"的问题 抓好自由体操训练 单杠弱势项目训练			提高专项能力耐力 强化成套质量训练 巩固高难新的动作 加入连接成套训练 抓好下法质量训练 减少扣分提高质效			成套训练为主 实战训练为主 稳定质量为主 适度参赛检验		成套实战训练 强化首套成功 精雕细刻动作 提高动作艺术 参加赛前赛事 提高抗压能力		保持强度训练 保持成套训练 保持质量训练 强化首套质量 确保稳定训练 适度心理训练	
比赛测验	2007年12月28日 难新技术动作测验						内部比赛测验 奥运会选拔赛		国内、国际 相关的赛事		准备奥运参赛 各项事宜	

注：★表示重大赛事及其日期。

（依黄玉斌. 中国男子体操队备战北京奥运会策略研究 [C] // 国家体育总局竞技体育司. 备战2012年伦敦奥运会训练理论与实践创新文件. 北京：北京体育大学出版社，2009.）

（三）周期训练计划特点

周期训练计划往往蕴藏在年度训练计划之中。如有必要可以单列一份周期训练计划。年度训练过程中，通常根据年度重大赛事数量规定训练周期的数量。由于竞技状态的表现总是周期性地呈现形成、稳定、衰退变化特点，因此，任何训练周期的过程必须划分3个阶段，即准备、竞赛、过渡阶段，又称准备期、竞赛期、过渡期。即使年度训练过程的多周期计划也应反映这种特点。通常，周期训练计划的主要栏目有周期名次目标、队员状态分析、周期阶段划分、周期训练内容、主要训练方法、过程检查指标、负荷变化趋势、基本措施要求等。其中，周期目标、周期划分、阶段任务、训练内容和检测指标是主要设计要点。周期训练计划的内容特点可以参考表3-11和表3-12内容。

第三章 运动训练工程规划

表 3-12 吴静钰的冬季训练计划（节选）
2011.12.1—2012.3.15

训练目的	强化技、战术训练，增强专项体能，强化创新技、战术并形成实战能力					
成绩目标	奥运测试赛夺金					
指导思想	根据"体能出众、技术全面、战术多样、特长突出、心理过硬、作风顽强"的项目特点，按照"快、全、连、变、高"的项目制胜要求，遵循"塑造精神、改造技术、不断创新、强化对抗"的指导思想来实施训练，充分把握 Daedo 电子护具的得分规律，以核心运动员为主体，以实战对抗为核心，重点培养核心运动员的时机创造与捕捉能力、距离和重心控制能力以及专项技、战术应用能力					
主要对手特点	台湾的杨淑君：属于2号种子选手。左腿在前：开式前腿双飞进攻，换势后腿横踢进攻有连续，反击有后踢和后横踢反击。右腿在前：开式后腿调动抢攻／前腿双飞攻／有后踢迎击；两边技术相对平衡有连续 西班牙的选手：布丽希达的左腿在前：开式步法比较活；调动、晃动，以右后腿（横踢进攻、下劈抢攻）攻击为主，但有明显的前滑，换架如对手进攻有右腿有前横踢高位迎击，进攻是单击反击有连续。与吴静钰打时针对性比较强：1. 在吴静钰想进攻刚启动时，用下劈抢攻。2. 调动前滑吴静钰后撤，使用长距离右后腿横踢进攻右腿在前：习惯左腿后横踢进攻，但看不出具备得分能力 克罗地亚选手：鲁齐娅·扎妮娜维奇的击头技术是她的主要得分技术。右腿在前：开式 1. 左腿反击；2. 换闭式左前腿垫步抢攻；3. 近距离左右连击、左右单腿连击；4. 开式：右后腿抢但得分能力不强 摩洛哥的选手：萨娜习惯左腿在前，以右后腿进攻为主，踢击的距离很长，近距离有连击、反击边撤边打。右腿在前时，上步下劈／左腿有后踢是其反击主要得分技术。右后腿长距离进攻和反击；左腿垫步下劈进攻					
阶段划分	准备期Ⅰ				准备期Ⅱ	
	第一阶段	第二阶段	第三阶段	第四阶段	第五阶段	第六阶段
周次	3	3	3		3	3.5
天数	20	19	18	3	20	24
训练任务	增强专项运动体能；研究创新实用技术动作；提高进攻和防守的能力；掌握创造机会、把握时机能力	增强专项体能，加强强对抗能力，重点培养其击头时和击头后针对不同技术的反击要有防范措施	组建训练营，聘请高手交流对抗；提高单击、连续变化能力	调整机体，使机体得以充分恢复	增强专项体能，加强强对抗及应对能力；重点培养其对时机、距离以及合理应对技术储备的能力	转训期掌握决赛场地的环境资料，了解与掌握奥运资格选手信息，锻炼运动员国际赛事的适应性，进入奥运模式

（摘自王志杰教练关于吴静钰备战伦敦奥运的冬训计划及其论证录音报告，高平博士整理）

(四) 阶段训练计划特点

阶段训练计划是指对某一周期中特定训练阶段所做出的设计。通常，阶段训练计划的时间跨度为 0.5~3 个月。当然，针对不同季节或重大赛事之前所做的计划，也可称为阶段训练计划。阶段训练计划可分为两种类型：一种是系统训练过程的一个有机组成部分的计划，往往具有系统性、连续性特点；另一种是短期临时集训的计划，往往具有临时性、独立性特点。阶段训练计划的主要栏目有阶段训练任务、队员状态分析、阶段过程划分、阶段训练内容、主要训练手段、阶段检查指标、负荷变化趋势、基本措施要求等。阶段训练是周期训练计划的细化，内容较为具体。为了能够深刻认识阶段训练计划的特点，现将 2012 年奥运女子跆拳道冠军吴静钰教练的训练计划摘录如表 3-12 所示。

(五) 小周训练计划特点

小周训练计划是训练计划中重要的计划种类。小周训练计划的特点是训练任务具体、训练内容清晰、训练方法明确、负荷指标定量，并具有重复性和节奏性特征。因此，小周训练计划科学与否，是落实年度、周期和阶段计划的关键。通常，小周训练计划的主要栏目由训练任务、内容、方法、手段、负荷指标等具体内容组成。过程划分是以课为基本单位，循环链为基本结构。制定小周计划的依据是阶段计划、现实状况、小周训练类型等。为了了解小周计划制定特点，现将孙海平教练制定的有关刘翔一周训练的计划作为范例。表 3-13 是刘翔受伤复出后于 2010 年第 16 届亚运会以 13.09 秒获得 110 米栏金牌时，前 10 周中一份周训练计划，从中可见，该周主要是以提高强度为主。

表 3-13　刘翔参加 2010 年第 16 届亚运会赛前 10 周中的 1 周训练计划（节选）

周一	上午：文化学习。基地统一安排 下午：综合专门练习。主要安排全面力量、速度和技术练习
周二	上午：专项训练。着重提高专项节奏和专项速度。主要采用 7.50 米的栏间距。6~8 组 下午：休息
周三	上午：速度能力。采用 150 米多组跑。总量为 800~1000 米 下午：专门力量。各部位肌群对抗练习。要求动作速度或力量、强度
周四	调整练习。一般安排轻松的球类练习或一般性练习
周五	上午：专项长短栏练习。先进行 9.20~9.25 米的 6 个长间距离栏的练习。尽量按标准栏距的速度、力量和节奏完成。用难于专项的练习练能力。接着，用 8.8 米的栏距练快节奏，以便提高动作速度和神经调控能力。必要时，采用加大难度、加长距离或栏架数量提高专项能力 下午：休息
周六	上午：速度练习。100 米及其以下距离的速度训练。主要强度训练。总量为 800~1000 米 下午：大力量训练。一般采用杠铃训练
周日	休息

（摘自孙海平教练的 2010 年度的周训练计划）

由表 3-13 可见，孙海平教练该周训练指导思想是，在保证刘翔康复的同时，通过凝练内容和手段、强化强度和质量、提高专项运动能力、确保机体恢复的途径，力争取得训练效益。后来亚运会成绩证明，这样的小周训练思想十分正确。

三、训练计划制定内容

训练计划制定内容往往因训练计划类型不同而有所增减或详略。一般地说，训练计划制定内容主要由 10 个方面组成，它们分别是计划名称、训练目标、现实状况、过程分期、训练内容、训练方法、检测项目、运动负荷、措施要求和责任签标等。现以年度训练计划和阶段训练计划为例详细介绍具体内容。由于现代运动训练计划的设计格式多为图表式，因此必须注意图表的平面几何设计的要求。通常，X 方向为时间轴，Y 方向为内容轴。训练计划的内容轴的内容，应该随着时间轴的时间序列，逐渐精细化、变异化和综合化。其中，竞技能力的训练逐渐转入竞技状态的调试。训练计划的名称必须明确。通常，主要包括单位、运动员性别、运动级别、运动项目名称、训练计划使用的时间。

（一）训练任务与目标

训练任务与目标是训练计划中的主要项目。此栏内容可阐述此阶段的训练指导思想。训练任务多为定性、抽象性地撰写，训练目标则应定量、具体性地体现。训练任务是训练目标确定的指南，训练目标是训练任务具体的表述。通常，训练目标分为3类，即比赛成绩目标、成绩相关指标和训练过程指标。其中，成绩相关指标主要是指与比赛成绩目标密切相关的竞技能力指标。换言之，只有运动成绩相关指标达到既定要求，运动成绩目标才有可能实现。训练过程指标是指训练过程影响运动成绩提高的高度相关指标。训练过程指标通常表现为二维特征，即内容维和时序维指标。训练过程指标表达是定量化数字。训练过程指标主要是指为与运动成绩的递增高度相关的各项竞技能力发展指标。

（二）现实状态基本诊断

现实状态基本诊断是教练员对本队和对手现实情况分析的结论，是教练员科学制定训练目标（比赛成绩目标与比赛名次目标）、运动成绩相关指标、运动训练过程指标和阶段训练任务的主要依据。现实状态诊断的内容主要为生理机能、专项素质、运动技术、运动战术、运动心理、运动智力等内容。一般来说，基础训练阶段训练计划关注的现实状态诊断内容主要是生理机能、运动素质和运动技术，训练的重点也是这些方面的内容；高级训练阶段训练计划关注的现实诊断内容主要是运动战术、运动心理和运动智力。当然，体能类项群主要关注体能诊断的内容；技能类项群除了同样关注体能诊断内容之外，更多地关注技能和心智的内容，甚至包括对手的基本情况、技术风格或战术打法等等。

（三）运动训练过程分期

运动训练过程的阶段划分是竞技训练工程科学实施所需，是竞技能力和竞技状态科学形成所需，是运动竞赛周期安排的工作所定，是训练周期阶段划分特点所定。不同类型的过程分期具有不同特点，例如全年训练计划的过程分期主要依据训练周期的数量而定，训练周期的数量则由重大赛事的数量决定。通常，全年训练计划可以分为单周期、双周期和多周期年度训练计划，其过程分期模式可参见表 3-14、表 3-15 和表 3-16。一般来说，单训练周期安排的依据是，全年仅有 1 次重大比赛任务。一般认为，全年为单个训练周期的准备期占 6~7 个月，竞赛期占 3~4 个月，过渡期约为 10 天或半个月。其全年训练周期的安排如表 3-14 所示。单周期训练主要用于基础阶段的训练。

表 3-14　全年单训练周期安排模式

月份	11	12	1	2	3	4	5	6	7	8	9	10
赛事											★	
地点										上海		
分期	准备期									竞赛期		过渡
阶段	基本准备阶段					专项准备阶段				赛期准备	比赛	调整
周次	1	3	5	7	9	11	13					50　52

注：★是重大赛事及其日期　（依胡亦海. 竞技运动训练理论与方法 [M]. 武汉：湖北人民出版社，2005.）

表 3-15　全年双训练周期安排模式

月份	11	12	1	2	3	4	5	6	7	8	9	10
赛事					☆						★	
地点				武汉						广州		
周期	周期Ⅰ							周期Ⅱ				
分期	准备期			竞赛期		过渡	准备期		竞赛期			过渡
阶段	基本准备		专项准备	赛前、比赛			基本	专项	赛前、比赛			
周次	1	3	5	7	9	11	13					50　52

注：★是重大赛事及其日期　（依胡亦海. 竞技运动训练理论与方法 [M]. 武汉：湖北人民出版社，2005.）

表 3-16 全年多训练周期安排模式

月份	11	12	1	2	3	4	5	6	7	8	9	10
赛事				★			★			★		
地点		海口				北京				广州		
周期		周期 I				周期 II				周期 III		
分期	准备		竞赛		过渡	准备	竞赛		过渡	准备	竞赛	过渡
阶段	I II		I II			I II	I II			I II	I II	
周次	1	3	5	7	9	11	13				50	52

注：★是重大赛事及其日期 （依胡亦海．竞技运动训练理论与方法 [M]．武汉：湖北人民出版社，2005.）

双周期安排的依据是，全年至少有两次重大比赛任务。一般认为，全年为双训练周期的准备期占 2~3 个月，竞赛期占 1~2 个月，过渡期为 7 天或 10 天左右。其全年训练周期的安排参见表 3-15。双周期安排主要用于初中级训练阶段，或该年度具有重大赛事的准备；多周期安排的依据是，全年至少有 3 次或 3 次以上的重大比赛或商业性比赛任务。一般认为，全年为多训练周期的准备期、竞赛期与过渡期的时间安排，视重大比赛次数的数目和训练周期的个数而定。重大比赛次数的数目和训练周期的个数越多，每个训练周期中的准备期、竞赛期与过渡期的时间越短。其全年多训练周期的安排参见表 3-16。多周期安排主要用于职业性优秀运动员的训练。训练内容主要是现实存在问题。

（四）运动训练具体内容

训练计划中的训练内容主要是指各阶段应该训练的具体内容，主要是指竞技能力构成因素中的各项具体内容。运动训练的基本内容主要是机能训练内容、素质训练内容、技术训练内容、战术训练内容、心理训练内容、智力训练内容及其构成因素。运动训练的具体内容与各项竞技能力及其要素高度相关。各项竞技能力要素既然具有系统性、层次性和关联性，运动训练的具体内容当然也具有这些属性。因此，运动训练的内容需要根据竞技能力的构成要素，科学地、辩证地解析，以便随着训练进程的推进能够有机地、系统地整合。下列图 3-2—图 3-7 只是各项竞技能力训练内容的三级层次图示，实践中专项计划训练内容可能细致到 5~8 级层次内容，这就要以扎实的专项理论作为基础。

1. **运动机能训练内容体系**

运动机能训练内容如图 3-2 所示。

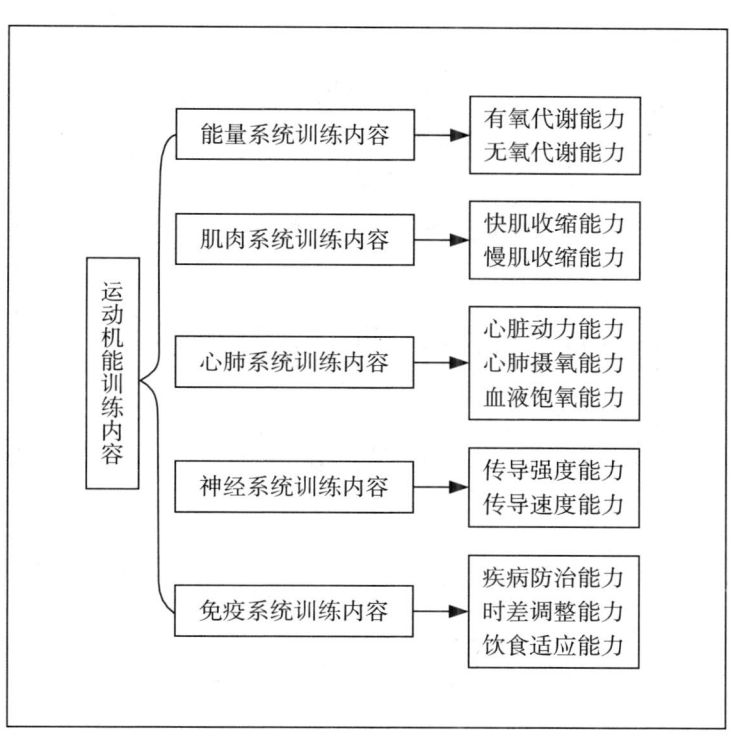

图 3-2　运动机能训练内容

2. 运动素质训练内容体系

运动素质训练内容体系如图3-3所示。

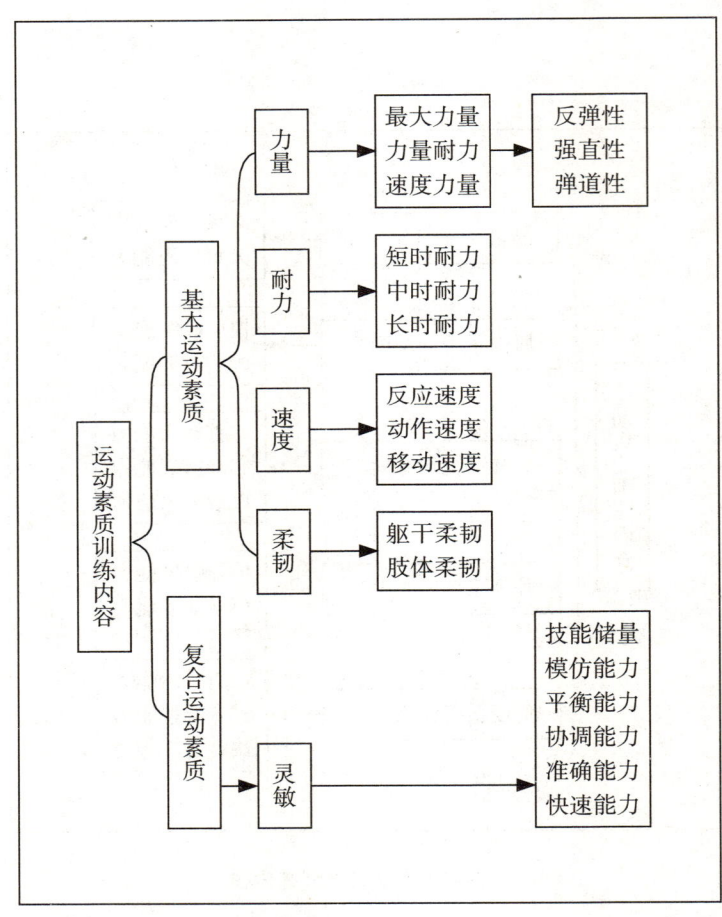

图3-3 运动素质训练内容

3. 运动技术训练内容体系

运动技术训练内容体系如图 3-4 所示。

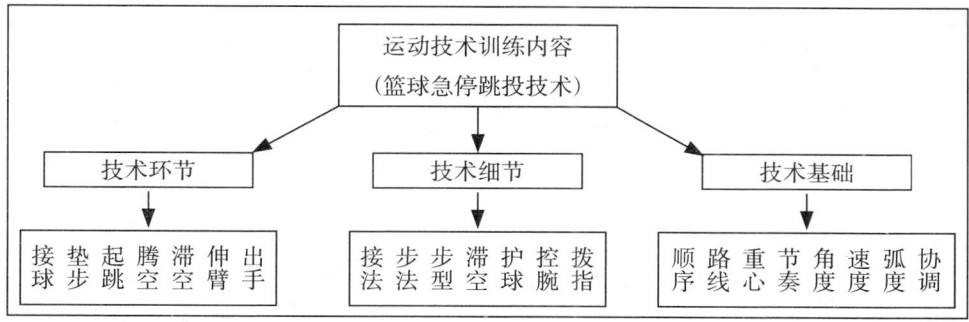

图 3-4 运动技术训练内容

4. 运动战术训练内容体系

运动战术训练内容体系如图 3-5 所示。

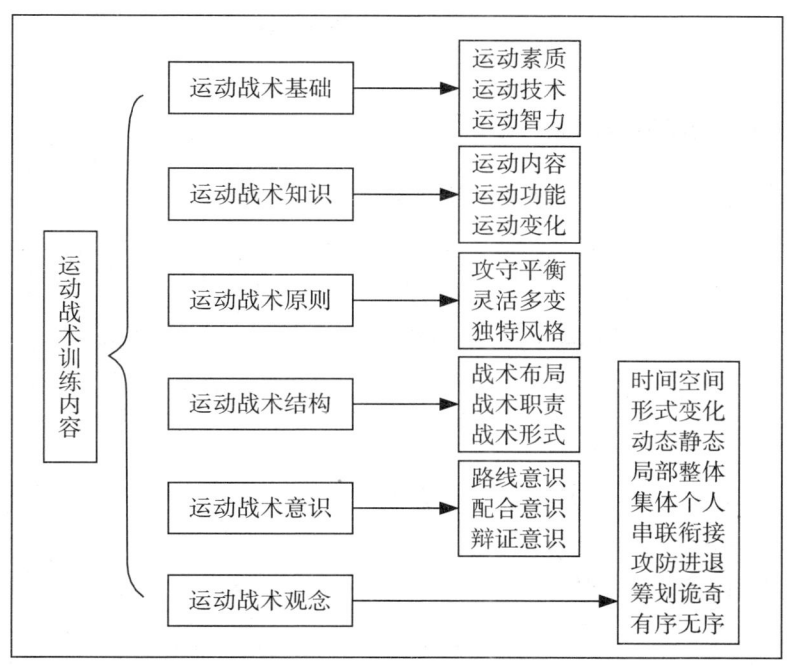

图 3-5 运动战术训练内容

5. 运动心理训练内容体系

运动心理训练内容体系如图 3-6 所示。

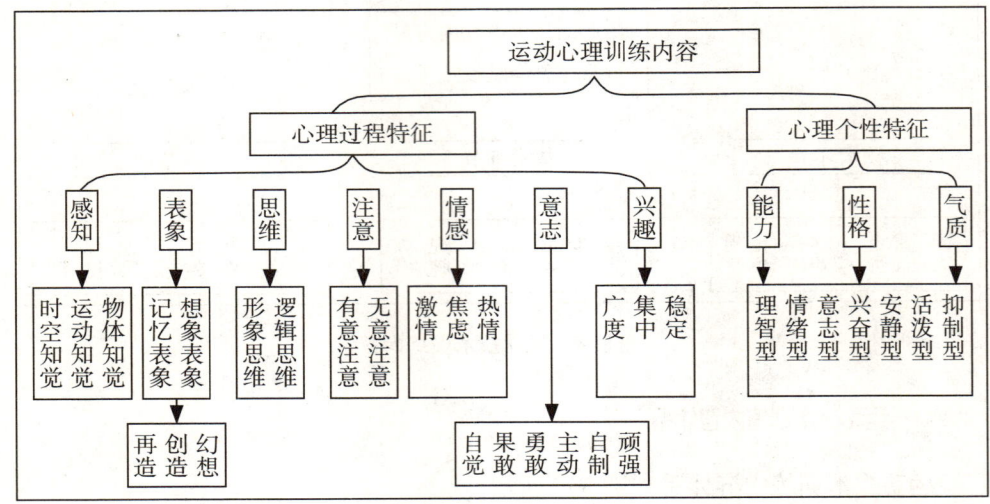

图 3-6 运动心理训练内容

6. 运动智力训练内容体系

运动智力训练内容体系如图 3-7 所示。

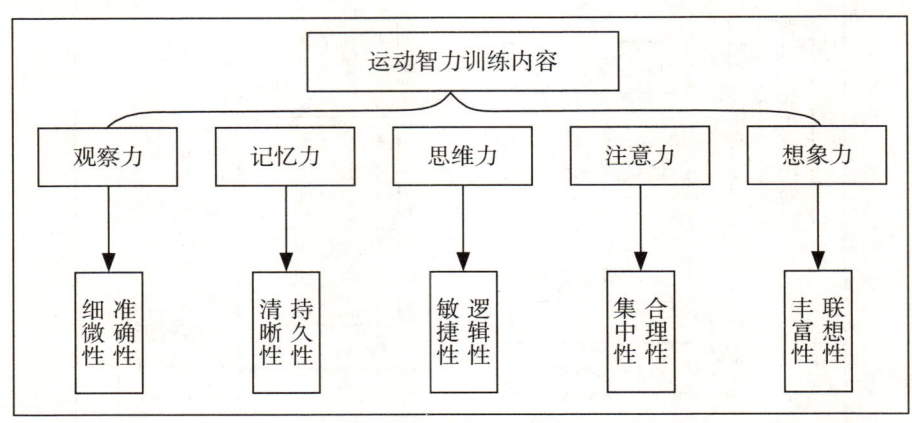

图 3-7 运动智力训练内容

（五）运动训练方法手段

训练方法是教练员赖以执教的工具，训练手段是运动员训练的身体练习。训练方法共有两大类，即运动训练的操作方法和运动训练的控制方法。运动训练的操作方法通常是指训练现场实际指导和教练的方法，运动训练的控制方法通常是指运动训练工程实施的工程控制方法。前者主要解决的是具体的现实问题；后者主要解决的是工程的控制问题。运动训练操作方法主要是分解、完整、重复、间歇、持续、变换、循环、比赛训练法等；运动训练控制方法主要是模式、程序、微机辅训法等。当然，实践中针对不同的具体问题还有相应的训练方法，如心理训练的音乐调整法、语言暗示法等，智力训练的正误对比法、引进植移法等。"立定五级蛙跳""后蹬跑"等身体练习则是练习手段。

（六）检查性比赛的测验

检查性比赛测验是为了检查训练效果，科学调控训练过程，纠正训练中的偏态。设置检查性比赛测验一栏（参见《附件：【格式范例 1】—【格式范例 6】）是现代运动训练计划的重要标志，也是训练工程科学设计和实施的主要特征，更是训练实施过程科学监控的主要依据。检查性比赛测验主要是指采用比赛方式测验运动员的各种竞技能力指标或竞技状态指标。这些指标可以是单因素或多因素的。但是它们必须与专项运动成绩及其发展指标高度相关。表 3-17 是指与 100 米女子蛙泳运动成绩高度相关的过程指标体系。通常，训练计划目标中的过程指标就是检查性比赛测验需要检查的达标指标。按照竞技能力类别的划分，这些测验指标可以是体能类、技能类或心智类的指标。因此，应该高度重视检查性比赛测验的项目设置、检查方法等。

表 3-17　阶段训练计划中检查性项目和指标的设计模型

周次	1	2	3	4	5	6	7	8	9	10	11	12	13	14	15	16	17	18	19	20
X1	4.700							4.666							4.632					
X2		224.29							225.66							227.03				
X3			21.41							22.22							23.03			
X4				18.88							18.62							18.36		
X5					64.18							64.49							64.80	
X6	28.88							29.31							29.74					
X7		32.82							33.20							33.58				
X8			42.71							42.51							42.31			
X9				39.16							38.96							38.70		
X10					172.64							173.33							174.02	

（依胡亦海. 竞技运动训练理论与方法［M］. 武汉：湖北人民出版社，2005.）

（七）运动负荷安排说明

运动负荷的安排一栏是训练计划中的重要一栏（参见《附件：【格式范例1】—【格式范例6】）。现代运动项目阶段以上时间跨度的训练计划，负荷指标通常用外部负荷指标表示。运动负荷的安排着重体现运动强度与运动量度的搭配关系。阶段以上训练计划的负荷安排通常采用强度曲线、量度曲线以及竞技状态曲线3条曲线表达，主要说明负荷强度、量度安排的趋势（图 3-8）。当然，某些项目可以更加具体地采用具体数据说明运动负荷强度和运动负荷总量。值得说明的是竞技状态的曲线往往需要与机能评定结合，或者说需要通过机能评定的方式，了解和掌握运动员训练过程竞技状态的反映。一般来说，较大的负荷强度与较高的竞技状态的曲线发展趋势保持相对一致。自然，这里所指的是训练过程的相对竞技状态。

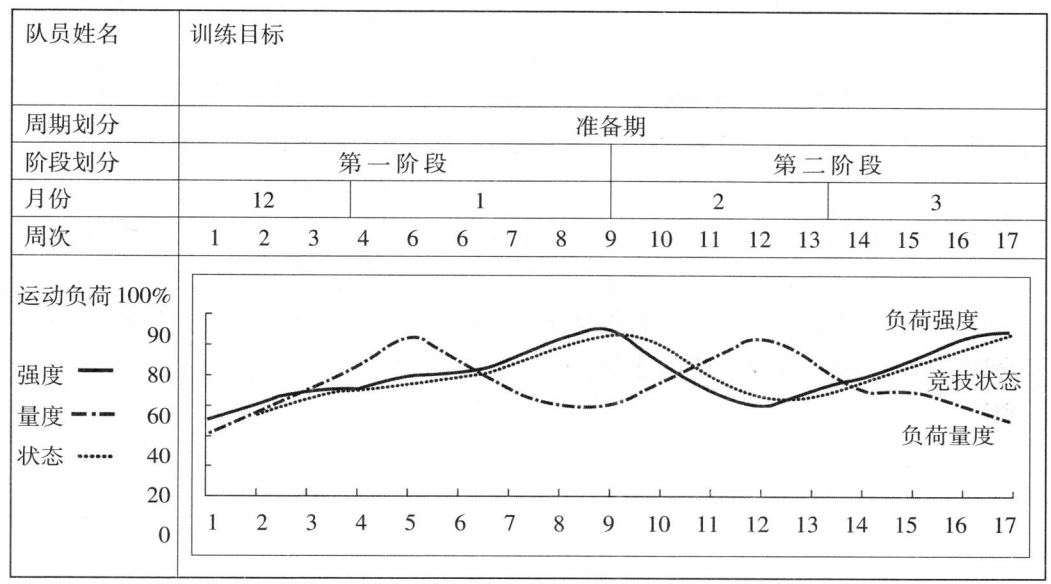

图 3-8　冬训阶段训练计划中的负荷与状态的递进示意

（八）运动训练措施要求

训练计划中的基本措施与要求一栏的内容（参见《附件：【格式范例 5】），是实现本计划的必不可少的保证条件之一。通常，该栏内容应包括对训练设施的要求，对训练经费的要求，对外出比赛地点及次数的要求，对运动员思想、作风、纪律的要求，对教练员诸方面的要求，对教练员的分工和医务监督的要求，对比赛对手情报收集的要求等。同时，还应考虑意外事故发生的应变措施。值得指出的是训练计划也是一份具有合同效应的文本。因此，为了完成规定任务，教练员必须提出解决现实问题的具体措施和条件。训练计划一旦审议通过，主教练、领队、主管部门负责人，应在训练计划责任签标栏中签署本人姓名，以示负责。训练计划责任签标的署名，可使各方深刻认识各自的职责，以便各司其职。

小　结

　　本章主要讨论了运动训练工程设计范畴、内容、特点等问题。其中，主要涉及两项内容，即规划和计划的设计。指出了运动训练工程规划具有长远性、全局性、战略性、方向性、概括性特征，运动训练工程计划具有阶段性、局部性、技术性、操作性和定量性特征。运动训练规划设计主体是训练组织机构，运动训练计划的设计主体是运动队的主教练。通常，训练规划的设计包含规划意义、总体任务、设计原则、基本内容、工期划分、工作流程、主要策略；训练计划设计包含训练目标、现实状况、阶段分期、训练内容、训练方法、监控指标、负荷安排和训练措施等。

第四章 运动训练工程实施

运动训练工程实施是运动训练工程思想、设计、计划的落实或执行的简称。运动训练工程实施是运动训练工程的具体建设，也是运动训练工程的施工过程。工程实施与工程设计不同，前者是后者的科学践行，后者是前者的预期设计。运动训练工程实施具有目标性、实践性、组织性、方法性、进程性特征。运动训练工程设计需要工程思想作为指南，运动训练工程实施则需要工艺技术作为基础。因此，本章着重介绍有关运动训练工程实施的基本范围。

第一节 运动训练实施组织

运动训练工程设计是运动训练工程实施的依据。但是，运动训练工程实施需要考虑的问题相对运动训练工程设计更为复杂。一般来说，运动训练工程实施的主要构成要素是由实施范围、实施工期、实施成本、实施质量等组成。其中，运动训练的实施工期主要是由运动竞赛的赛事周期决定；运动训练的实施成本主要是由专项运动的组织机构决定；运动训练的实施质量则在第十章运动训练工程监控中专门阐述。本节专门讨论实施范围的组织机构。

一、运动训练实施机构

运动训练的实施范围主要包括运动训练的实施机构、实施条件、实施内容和实施单元等内容要素。其中，运动训练的实施机构主要是指运动训练的具体组织单位或机构。根据运动训练水平和承担训练任务的不同，运动训练实施机构的组成人员和职责也不相同。通常，运动水平的层次越低下，实施机构的组成越简单。但是，进入省市一级以上的专业队或俱乐部队，乃至国家层面的国家队或国家集训队，该机构构成成分相对复杂。随着竞技运动水平的不断提高，高水平运动队或运动员的比赛环境更为复杂、竞技对抗更为激烈、运动成绩创新难度更高，因此，训练分工更加细致，训练场所更为专业，训练内容更为繁多，训练方法更为多样。因而，运动训练工程实施必须依靠专门机构实施训练。

各个省市单项运动的职业运动俱乐部队，属于职业项目优秀运动队的组织机构；优秀运动队（俱乐部队）的二线和三线队伍、国家体育总局优秀后备人才队伍，属于竞技运动后备人才的组织机构；各个省市的一线运动队，属于专业运动队的组织机构；各级学校竞技项目的运动队，属于业余优秀运动队的组织机构。组织机构成员包括住队领队、主管教练、助理教练、科医人员、后勤人员、运动员。其中，住队领队、后勤人员均可视为运动队的行政管理人员，主要负责运动队的行政组织和后勤管理；主管教练、助理教练、科医人员则是运动队的指导人员，主要负责运动队的训练组织和实施进度；运动员则是运动训练工程实施的主体，担负着提高竞技能力和力争创造优异运动成绩的任务。

随着竞技运动职业化的不断深入，许多竞技运动项目的训练机构日趋完善，职业化的运动队的人员构成，包括专业化的运动队，已经不像传统运动队的组织结构那样，仅仅由运动员、教练员或领队组成。实际上，目前参加世锦赛、世界杯或奥运会的各个项目运动队的人员大幅增加，某些单项运动，如百米、跳高或网球项目的优秀运动员，实际上是由一个 5~8 人的教练团队参与平时训练或共同参赛。集体性的球类项目除了运动员外，更是由众多的管理人员、科医人员和服务人员共同组成教练团队或参赛集体。例如：参加 2013 年世界女排大奖赛的意大利队、美国队、日本队等国家队，仅报名参赛的教练员和辅训人员就有 7 人以上。可见，平时组织训练时辅助的人员肯定高于这个数字。

二、运动训练实施分工

实践中，运动训练实施机构的各个成员工作职责分工十分明确。这是运动训练工程实施的组织保证。依据运动训练工程结构、训练过程和比赛指挥的主要环节，运动训练工程实施机构的内部具体分工如表 4-1 所示。由表 4-1 可见，主管教练、住队领队、科医人员的主要职责是不同的。其中，主管教练自始至终起着主导作用；住队领队与有关人员则共同负责机构管理和过程监督；科医人员则与有关人员负责训练诊断和监督评定工作。除主管教练外，所有其他相关人员在相应的工作范围内起着特定的协助和辅助作用。毋庸讳言，正是这种协助和辅助才使运动训练的任务得以落实。当然，任何训练机构的主管教练都应具有科学调配人力、物力的能力。唯有如此，才能充分发挥团队的作用。

表4-1　不同人员主要职责的分工与协调*

人员	机构管理	训练诊断	确定目标	制定规划	组织实施	监督评定	指挥比赛
住队领队	△△△	△	△△	△	△	△△△	△
主管教练	△△△	△△△	△△△	△△△	△△△	△△△	△△△
助理教练	△△	△	△	△	△△△	△△	△△
科医人员	△	△△△	△△	△△	△△	△△	△
后勤人员	△△	△	△	△	△△	△	△

*　△△△为主要职责；△△为协助职责；△为辅助职责　（依胡亦海．竞技运动训练理论与方法［M］．武汉：湖北人民出版社，2005.）

运动训练工程实施过程中，主管教练始终起着指导或主导作用。为了充分体现主管教练的主导地位，主管教练的具体工作职责应是：组织所有业务人员钻研业务，分析动态，改革创新，总结经验，接受考核；主持制定项目发展规划和重大比赛的各类训练计划工作；组织训练过程各个阶段乃至训练课的各项训练计划的实施工作；组织训练课和训练阶段的检查与监控工作；组织相关人员充分做好赛前准备工作，并负责做好临场指挥和赛后总结工作；组织并配合科医人员做好技术诊断、医务监督、课程评定等研究工作；协助领队共同做好教育管理、生活管理工作等。由此可见，主管教练应是运动训练工程的总设计师，也是运动训练实施的现场工程师，更是运动训练质量保障的质量监控师。

运动训练的对象主要是运动员。运动员是具有复杂思想和心理活动的特殊人才。由此可见，对于运动队（员）的生活管理、思想教育、心理疏导和制度建设需要政治素质较高的人员专门管理。显然，领队一职的设立就是源于此理。住队领队的具体工作职责是：组织相关人员做好教育管理、生活管理工作；主要承担训练阶段乃至训练课的组织检查与评定工作；协助制定项目发展规划和重大比赛的各类训练计划工作；协助组织训练过程各个阶段乃至训练课的各项训练计划的实施工作；协助落实相关人员做好赛前准备工作的各项事宜；协助做好临场指挥的幕后工作；积极配合主教练做好赛后总结工作等。由此可见，住队领队不仅承担运动队的直接领导责任，而且应是科学运动训练的助手。

随着竞技运动水平的不断提高和科学技术的不断渗透，现代竞技运动对于科学技术的依靠日益增强。现代竞技运动各个项目的高水平运动队（员）背后都有一支高水平的科技队伍和医学人员作为支撑。因此，许多优秀运动队配有专业素质较高的科医人员，负责运动训练的科医保障工作。科医人员的具体工作职责是：负责制定科技服务和攻关的计划；完成不同训练过程起始阶段的训练分析和诊断任务；协助制定运动项目发展规划和重大比赛各类训练计划；具体承担训练阶段乃至训练课的负荷检查、机能评定和医务监督工作；协助落实赛前情报收集、医疗配备、营养调理等各项事宜；积极配合主教练做好赛后总结工作等。可见，科医人员已经成为教练员和运动员不可或缺的重要动力资源。

目前，国际上高水平运动员或运动队的训练执教工作，都由一支高水平的复合型教练团队承担。我国竞技项目的管理中心往往根据项目特点、成员素质和参赛目标，在国家队内相继组建过队委会、总教练、主教练、领队领导下的教练复合团队。通常一支复合型教练团队的组成成员，至少是由领队、主教练、助理教练、体能教练、科医人员、后勤服务人员组成。其中科医人员包括生理监控、技术摄像、战术分析、心理咨询师等，必要时需相关专家加盟参与。随着重点赛事的逼近，教练复合团队的成员将随着训练内容的增多或减少有所变动，但是主要骨干始终伴随着训练过程和参赛过程。当然，一支高效的教练复合团队的组成，如同运动员的培养，也是具有周期性特点（参见图4-1）。

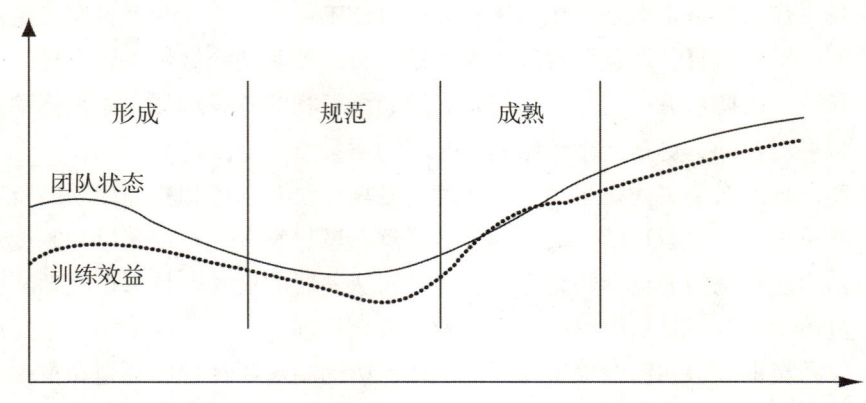

图4-1 教练复合团队成长周期

通常，一个周期的开始阶段为团队形成阶段，此阶段如同新婚夫妻对于未来的远景生活抱有美好的期待。正因如此，团队成员共同合作的姿态较高，配合工作的效益较大。接着团队进入一个震荡阶段，此阶段的成员由于个性、方法、价值观念等不同，开始出现分歧、矛盾和摩擦，整个工作效益出现了低潮。随后团队进入一个规范阶段，这一阶段是复合型教练团队成长的关键时期，有经验的负责人会积极通过制度建设和机制建设，找到约束和鼓励团队成员的办法，使团队成员能够相互协调地工作。最后团队进入成熟阶段，此阶段的重要标志是：成员定位准确、熟悉工作流程、语义环境清晰、相互协作默契。当然，复合型教练团队负责人的个人素养和业务能力，对于团队建设至关重要。

优秀复合型教练团队通常是由一支人数适量、人员称职、人才配套和关系融合的队伍组成。团队的管理是一项艺术性很强的工作。国际上许多优秀队伍的管理大致有 4 种模式，即独裁式、精英式、参与式和目标式的管理。这些管理模式的选用主要依据运动项目的复杂程度和竞技赛事的目标难度（图 4-2）。独裁式管理是为了确保责权利的高度集中；精英式管理是为了充分发挥整个管理班子的智囊、决策作用；参与式管理是为了调动所有团队成员的积极作用；目标式管理是将总体任务和目标分成子类，规定人人肩上有目标，个个身上有责任。由于竞技运动的性质决定，运动训练的过程必须坚持两严方针，即严格管理、严格训练。过分强调民主管理，则有可能导致不良的训练恶果。

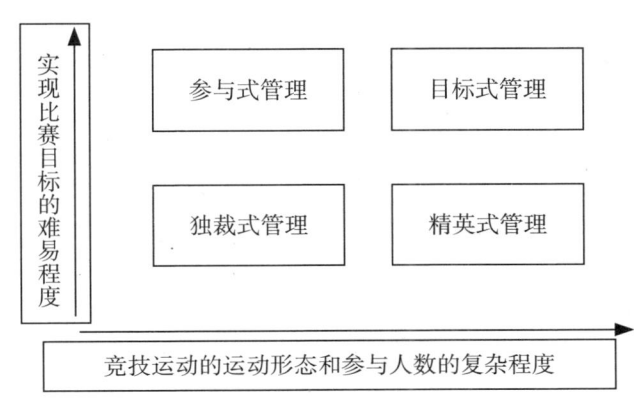

图 4-2　4 种管理模式

三、教练员的执教能力

现代竞技运动的训练过程和重大赛事，都以正反两面的经验与教训证明：优秀教练员对现代科学知识的合理掌握和创新应用，是推动整个竞技运动迅速发展的动力之一。一般认为，一名优秀教练员的知识结构，除应具有其他专业技术人员所应具有的基础知识之外，还应具有竞技运动领域的理论知识体系。这些理论知识集中反映在5个方面，即竞技运动的哲学基础知识、竞技运动的生物基础知识、竞技运动的教育基础知识、竞技运动的军事基础知识、竞技运动的工程基础知识。由于不同项目的主导因素、动作结构和比赛形式不同，客观地决定了不同项目教练员专业知识结构的权重。此点，可参见表4-2—表4-5。相对来说，技能对抗性项群的各个项目对于教练员的业务要求更全面。

表4-2　不同项群教练员应具有的生物类学科知识结构的权重*

项群	力量性	速度性	耐力性	准确性	难美性	隔网性	同场性	格斗性
运动解剖学	△△△	△△△	△△	△	△	△	△△	△△
运动生理学	△△	△△	△△△	△	△	△△	△△	△△
生物力学	△△△	△△	△	△△	△△△	△△	△	△△
运动医学	△	△	△△	△	△	△	△	△△
运动营养学	△△	△	△△	△	△	△	△	△△
运动生物化学	△	△	△△	△	△	△	△	△

　*△△△为必要知识；△△为重要知识；△为一般知识　（依胡亦海.竞技运动训练理论与方法［M］．武汉：湖北人民出版社，2005.）

表4-3　不同项群教练员应具有的社科类学科知识结构的权重*

项群	力量性	速度性	耐力性	准确性	难美性	隔网性	同场性	格斗性
教育学	△△	△△	△△△	△△	△△△	△△	△△	△△△
体育哲学基础	△△	△△	△△	△△	△△△	△△	△△	△△△
体育人文学	△	△	△	△	△	△△	△△	△△
运动心理学	△	△	△	△	△△△	△△	△△	△△△
体育社会学	△△	△	△	△	△	△△	△△	△△
体育伦理学	△	△	△	△	△	△	△△	△△
体育美学	△△	△	△	△	△△△	△	△	△

　*△△△为必要知识；△△为重要知识；△为一般知识　（依胡亦海.竞技运动训练理论与方法［M］．武汉：湖北人民出版社，2005.）

表 4-4 不同项群教练员应具有的自然类学科知识结构的权重*

项群	力量性	速度性	耐力性	准确性	难美性	隔网性	同场性	格斗性
体育统计学	△	△	△	△△	△△	△△△	△△△	△△△
测量与评价	△△△	△△△	△△	△△	△△	△△	△△	△△
体育控制理论	△△	△	△△	△△	△△	△△	△△	△△
体育科研方法	△△	△△	△△	△△	△△	△△	△△	△△
计算机基础	△△	△△	△△	△△	△△	△△	△△	△△
多媒体技术	△△	△△	△	△	△△	△△	△△	△△
体育经济学	△	△	△	△	△△	△△	△△	△△

* △△△为必要知识；△△为重要知识；△为一般知识 （依胡亦海.竞技运动训练理论与方法［M］. 武汉：湖北人民出版社，2005.）

表 4-5 不同项群教练员应具有的训练类学科知识结构的权重*

项群	力量性	速度性	耐力性	准确性	难美性	隔网性	同场性	格斗性
竞技运动理论	△	△	△	△	△	△△	△△	△△
运动训练学	△△△	△△△	△△△	△△△	△△△	△△△	△△△	△△△
项群训练理论	△△	△△	△△	△△	△△	△△	△△	△△
体能训练学	△△△	△△△	△△△	△	△△	△△	△△	△△
技能训练学	△△	△	△	△△	△△△	△△	△△	△△
运动方法学	△△	△△	△△	△△	△△	△△	△△	△△
运动选材学	△△	△△	△△	△△	△△	△△	△△	△△
运动竞赛学	△△	△△	△△	△△	△△	△△	△△	△△
奥林匹克史	△	△	△	△	△	△	△△	△△

* △△△为必要知识；△△为重要知识；△为一般知识 （依胡亦海.竞技运动训练理论与方法［M］. 武汉：湖北人民出版社，2005.）

主管教练执教能力的高低直接决定了专业知识和职业素质的转化程度。业务素质是基础、品德素养是主导、职业能力是主体。三者互为渗透，相辅相成。其中，品德素养主要由政治素质、思想素质、道德素质构成，这是任何具有强烈事业心和高度责任感的教练员必须具有的基本素养。职业能力是教练员专业技术的职能体系中的主体。教练员的职业能力主要包括专项技术能力、训练观察能力、训练分析能力、训练规划能力、训练组织能力、训练监控能力、训练创新能力、人际交往能力、语言文字能力、身体素质能力、临场指挥能力等。除此之外，优秀的教练员还应具有全局、系统、动态、人才、竞争、效率、信息、市场等意识，以及独特的人格魅力与健全的体魄和心理素质。

不同运动项群教练员的知识结构不同，因此，对不同项群教练员的职业能力与素养的要求也是不一样的。表4-6启示我们，不同项群教练员的基本职业能力与素养是不同的，必须根据运动项目的性质，不断培养和提高适合本项目的职业能力，才能最大限度地发挥教练员的主导作用。值得注意的是，由于教练员团队的执教对象是人，尤其是优秀的教练团队的执教对象是优秀的运动员，因此教练员与运动员的沟通能力是至关重要的能力之一。很难想象教练员与运动员之间存在语言不通或心理难以沟通的障碍，能够带出一支优秀的运动队。目前优秀的教练员日益成为国际化或流动性岗位的高薪人才，运动项目决策机构或组织机构慎之又慎选聘教练员的一个重点，就是选聘具有沟通能力的教练员。

表4-6 不同项群教练员应具有的基本职业能力和素养*

项群	力量性	速度性	耐力性	准确性	难美性	隔网性	同场性	格斗性
专项技术能力	△△	△△	△	△△	△△	△△	△△	△△
训练观察能力	△△△	△△	△△	△△	△△	△△	△△	△△
训练分析能力	△△	△△	△△	△△	△△	△△	△△	△△
训练计划能力	△△△	△△	△△△	△△	△△	△△	△△	△△
训练组织能力	△△	△△	△△	△△	△△	△△	△△	△△
训练监控能力	△△△	△△	△△	△△	△△	△△	△△	△△
训练创新能力	△△	△△	△△	△△	△△	△△	△△	△△
人际交往能力	△△	△△	△△	△△	△△	△△	△△	△△
语言文字能力	△△	△△	△△	△△	△△	△△	△△	△△
身体素质能力	△△	△△	△△	△	△△	△△	△△	△△
临场指挥能力	△△	△	△	△△	△△	△△	△△	△△

* △△△△为必要能力；△△为重要能力；△为一般能力 （依胡亦海.竞技运动训练理论与方法［M］.武汉：湖北人民出版社，2005.）

第二节 运动训练实施条件

运动训练实施条件是运动训练工程实施范围的重要内容之一。运动训练实施条件主要包括运动训练环境条件和运动训练保障条件。运动训练实施条件是运动训练工程科学实施的客观条件和主观条件的总和。其中，运动训练工程实施的客观条件是运动训练工程实施的物质基础；运动训练工程实施的主观条件是运动训练工程实施的组织支柱。认识工程实施主客观条件，对于适应和应变客观环境、疏导和改变主观情景以提高训练质量的意义作用独特。

一、运动训练环境条件

按环境的属性，可将运动训练环境分为自然环境、人工环境和社会环境。运动训练的自然环境，是指未经过人的加工改造而天然存在的环境，如划船运动训练所依靠的天然湖泊、水库、河流等；运动训练的人工环境，是指在自然环境的基础上经过人的加工改造所形成的环境，或人为创造的环境，如体操、球类或田径运动训练所依赖的人工建造的各种室内训练场馆或室外训练场地等；运动训练的社会环境，是指由人与人之间的各种社会关系所形成的环境，主要包括舆论导向、队友关系、教练关系、师生关系、媒体关系等。运动训练的环境条件对于激发训练热情、确保训练进度、提高训练质量具有重要的影响作用。各个竞技运动发达国家无不高度地重视运动训练环境的建设与管理工作。

运动训练自然环境条件相对较为复杂，主要构成要素是气候、气温、湿度、风向、水流、路况、光照等相关要素。对于某些户外竞技运动项目，这些自然环境因素既是影响运动训练过程的重要因素，也是构成比赛过程的自然要素。所以，这些户外竞技运动项目特别重视自然环境条件的利用和掌控。一般来说，水上运动，如赛艇、帆船、帆板运动，特别重视通过不同风向、水流和水浪的变化，掌握多种驾驭自然环境变化的运动技术；公路自行车项目和铁人三项，更是关注不同自然环境的条件变化下的科学训练。这些项目，除了要与对手竞技之外，还要充分利用和驾驭各种自然环境。因此，此类项目的训练工作不仅需要掌握流体力学和机械维修技能，而且还需要具有高度的环境保护意识和措施。

运动训练人工环境条件相对较为简单，主要是指运动训练的场馆、设施、设备的硬性条件等。相对来说，运动训练的人工环境较为封闭，外界干扰因素较少，加之这些人工建造的场馆、设施和设备通常会有专人管理。因此，教练员和运动员容易疏忽这些人工环境条件的潜在危害。其实，这些人工环境的条件如果管理不善，或者管理环节脱节，极易造成伤害事故或病毒传染。例如：摔跤、柔道运动的垫子如不经常晾晒，极易滋生危害运动员皮肤的细菌；篮球、排球、体操设备等运动员经常操控的运动器材如不定期彻底清洗，也会滋生一些危及皮肤的疾病。竞技运动发达的国家十分重视运动训练人工环境的卫生清洁、器材维护和场馆维修，许多体育院校专门开设了这方面的维护课程。

运动训练社会环境条件相对压力较大。相对来说，运动训练的社会环境对于运动训练质量的影响相对更大。其中，队友关系、教练关系、师生关系、媒体关系等，潜移默化地影响运动训练的管理、效率和质量。不良的队友、教练关系往往影响运动员情感、情绪和信心，甚至导致球队失去战术配合，更甚者还会引起整个团队解体，国内外这种案例并不少见。同样，不良的媒体报道也会引发运动训练的停滞，例如运动员由于某场赛事的失利或者赛后表述得不妥，往往导致媒体的质疑或失真报道。这些媒体舆论往往影响运动员的情绪，甚至严重挫伤信心。因此，高水平运动队的教练员，特别注意营造和谐的团队环境和人际关系，并且积极采取疏导或屏蔽措施，积极预防不良舆论的干扰。

二、运动训练保障条件

运动训练的保障条件是实现运动训练目的的精神和物质基础。通常，运动训练的保障条件主要是4个，即思想保障、科医保障、后勤保障和管理保障。其中，良好的思想保障是科学贯彻和实施训练方案的主观条件；科医保障是科学训练和质量监控的支撑体系；后勤保障是提供科学训练和良好恢复的物质基础；管理保障是科学实施训练的组织体系。运动训练的实践证明，运动训练保障条件中的任一要素的缺失，都会严重影响运动训练的质量。因此，必须做好政治思想工作，确保树立正确的训练动机；必须做好科医支撑工作，确保提高训练的监控质量；必须做好后勤服务工作，确保训练的物质保障；必须做好训练管理的工作，确保最大限度地提高运动训练的人、财、物等资源的充分利用。

运动训练的思想保障是训练工程科学实施的主观条件。运动训练的具体对象是人，积极调动和发挥人的主观能动性，是科学实施运动训练的重要前提。运动训练的过程实际上是一个不断挑战自身能力的过程，因此，就必须充分发挥主观能动性，这样才能运用抽象思维能力，透过事物的现象揭示事物的本质与规律，从而正确地指导人们的行动；这样才能利用规律和条件，才能改造自身、影响社会、创造优异运动成绩；这样才能正确面对种种困难、挫折，甚至暂时的失败，从而展示充沛的活力和旺盛的斗志。运动训练始终存在"教"与"练"、"导"与"学"、"论"与"争"的3组矛盾。各组的前者是以教练员为主导，后者是以运动员为主体，充分发挥主体作用就是体现运动训练的思想保障。

运动训练的科医保障是科学训练和质量监控的支撑体系。科医保障包括科技条件保障和医疗条件保障。科技条件保障包括专项运动科研服务的科技组织、科研仪器和相应设备的保证、科学检测和分析方法的提供、质量监控和效果监控的工具等方面；医疗条件保障包括运动机能的正常维护、物质代谢的合理补充、骨骼肌肉损伤的功能恢复、膳食营养的科学搭配、不良应激的心理干预等方面。可见，科医保障是充分挖掘运动潜力、避免无谓损伤、提高竞技水平的重要举措。运动训练的科医保障往往沿着两条路径发展：一条是利用现有科医原理为运动训练水平的提高做好科医服务；另一条是通过科医服务过程发现或揭示运动的人体特点。可见，科医保障是推动竞技水平不断提高的重要动力。

运动训练的后勤保障是运动训练实施过程的营养物资供应、异地转场训练、器材装备维修、体能医疗恢复、交通运输工具等各项专业勤务保障的总称。随着现代竞技运动赛事的不断增多，随着现代人类生活方式的极大转变，战役性的赛事规模和异地性的赛点布局，给竞技运动和运动训练的组织带来规模逐渐扩大、异地赛场增多、旅途消耗巨大、装备损坏几率提高的特点，因此，训练和参赛对后勤的依赖越来越大。后勤保障已经成为竞技能力和竞技状态形成的重要因素之一。目前后勤保障已经成为高水平运动队管理机构的中心工作。后勤保障的一般原则是：统筹兼顾，突出重点；力争主动，避免被动；立足实际，适应需要；厉行节约，讲求效益。因此，必须重视后勤保障的建设工作。

运动训练的管理保障主要是指管理体制和运动机制的建立与落实的总称。运动训练的管理保障的目的，是确保充分挖掘运动训练过程中人、财、物的资源潜力，从而最大程度地发挥管理职能。由于运动训练工程的实施是一个多方的协作活动，因此，建立运动训练管理保障体系至关重要。运动训练的管理体制往往根据项目特征、水平、人数和管理难度而定。通常有主教练负责制、领队负责制、队委会领导下的总教练负责制等。运动训练运行机制是指根据运动训练各个因素结构、功能和相互关系所制定的引导和制约决策的各项活动的基本准则及相应制度，例如人员分工制度、目标责任制度、质量奖惩制度、定期协调制度等。由此可见，建立运动训练工程实施管理制度的意义十分重大。

第三节 运动训练实施内容

实践中，运动训练实施内容和运动训练具体内容往往被简称为运动训练内容。但是，运动训练实施内容不同于运动训练具体内容。运动训练实施内容的含义要比运动训练具体内容更广、更多、更宽。因此，运动训练内容有广义和狭义之分。运动训练实施内容主要包括运动训练具体内容、运动训练方法手段、运动负荷结构要素、训练过程组织安排等系列内容；运动训练具体内容主要是指高水平运动员需要掌握的竞技能力、思想观念和行为方式的总和。

一、运动训练内容体系

我国田径著名教练员冯树勇博士根据国际著名训练理论方面的专家 Tudor O. Bomp 的观点和自己长期执教国家队的经历，认为在过去的几十年中，我国在高水平跳远运动员的训练方面已经积累了大量丰富的成功经验，并形成了许多符合我国跳远运动员特点的训练规律，同时认为我国运动科研人员在跳远项目专项技术和专项训练方面取得了大量的研究成果，这些研究成果和成功经验为建立我国高水平跳远运动员训练内容体系提供了丰富素材。冯树勇博士认为，除了运动员的身体条件外，专项素质、专项技术以及比赛心理素质等因素是影响跳远专项成绩的重要因素（图4-3），这些因素既相互联系和促进，又相互影响和制约，构成了我国高水平跳远运动员训练内容体系主要内容。

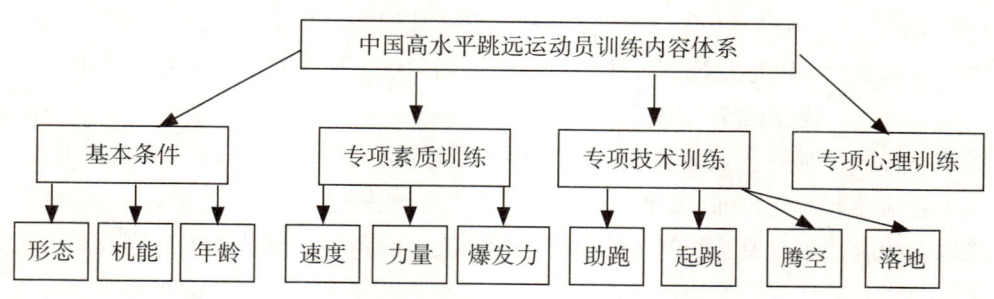

图4-3 高水平跳远运动员训练内容体系

（引自冯树勇博士论文. 中国高水平跳远运动员训练内容体系的研究 [D]. 2001.）

来自实践的证明和理论的分析，充分说明运动训练具体内容主要是由6种竞技能力的具体训练内容组成的一个完整体系。换言之，运动训练具体内容体系主要包括生理机能、运动素质、运动技术、运动战术、运动心理、运动智力竞技能力及其要素。其中，组成整个运动训练具体内容的每项竞技能力系统，又由若干更小的子系统及其构成要素组成。以此类推，化至最小要素可以鲜明地体现专项运动的最小具体内容。由此可见，机能、素质、技术、战术、心理和智力不仅是整个竞技能力的构成部分，而且也是运动训练具体内容的组成部分。运动训练具体内容的内部具有严格的系统性、层次性和关联性特点。正是这些训练内容要素有序地排列，才使各项竞技能力有步骤地得以不断提高。

运动训练内容体系的系统性是指整个训练内容是由各个要素构成的系统体系，它强调训练内容的完整性和全面性；运动训练内容体系的层次性是指整个训练内容各个要素的内部层次结构，它强调整个训练内容的内部的层次性和程序性；运动训练内容体系的关联性是指整个训练内容各个要素之间的关联方式，它强调整个训练内容要素之间的相关性和影响性。认识和掌握运动训练内容体系的系统性、层次性和关联性的意义十分重大。通过科学认识训练内容的系统性，便于科学构建训练内容的基本框架；通过科学认识训练内容的层次性，便于科学推进训练内容的发展进程；通过科学认识训练内容的相关性，便于科学处理训练内容及其要素的内部关系。图4-4充分反映了内容体系。

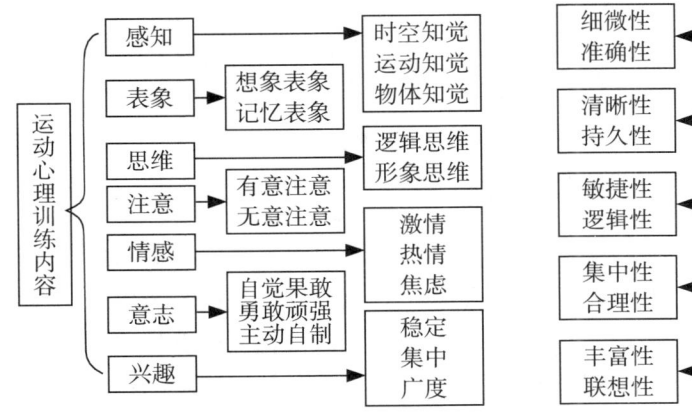
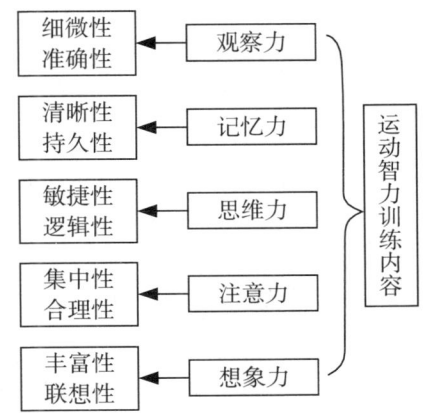

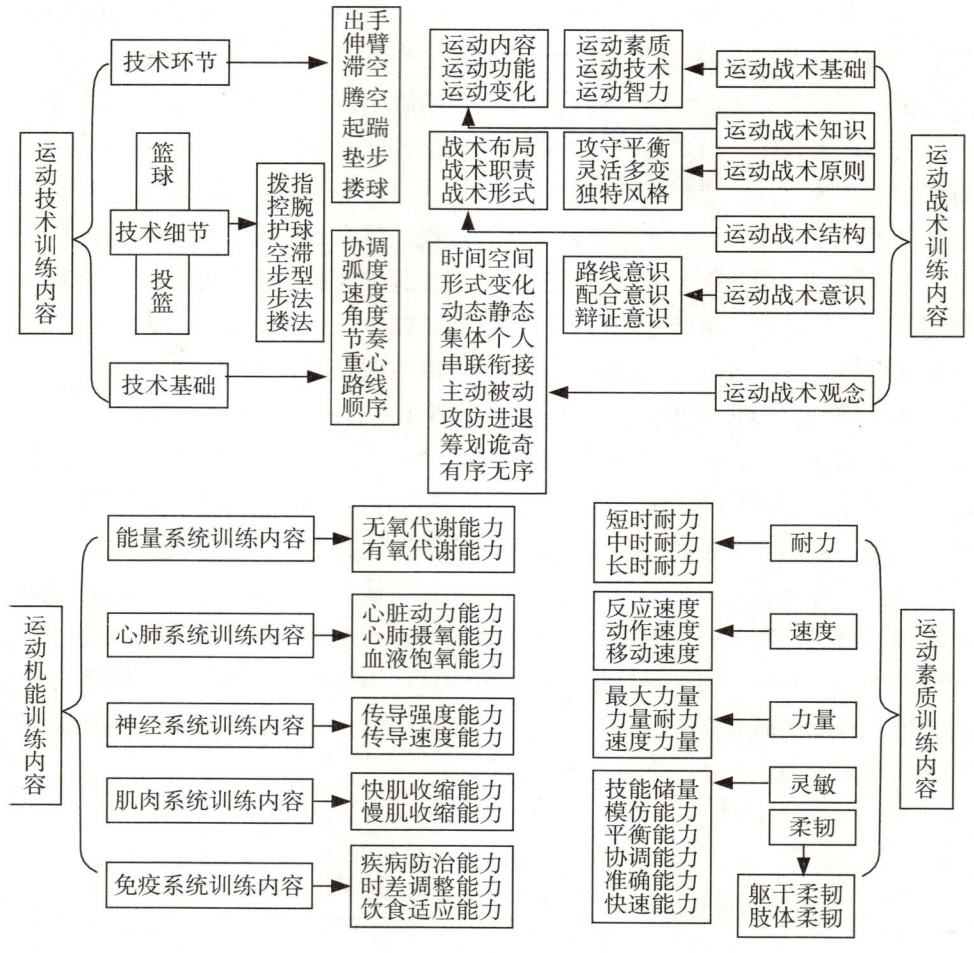

图 4-4　运动训练内容体系

(引自胡亦海.竞技运动特征研究 [M]. 北京：人民体育出版社，2013.)

辩证唯物主义认为，关系是事物相互联系的必要因素，不同关系表现着事物或特性的不同联系方式，每一种关系都是不同事物、特性的具体统一形式。训练内容的内部结构也是如此。其中，最能反映竞技运动本质特征的就是"充分发挥自身潜力，创造运动成绩"的竞技能力，是运动员有效参加训练和比赛所具备的身心条件。因此，竞技能力的展示必然具有生理特征、运动特征和心智特征。其中，反映生理特征的体能、反映运动特征的技能、反映心智特征的心智因素不仅是构成竞技能力主体部分的核心模块，而且也是运动训练内容的主体模块，同时更是构成竞技运动本质结构的主要因素。这三类模块都是通过各部分的独立功能和交互作用构成整体，并共同体现在运动训练的内容之中。

体能训练的主体内容主要是人体内部的生理机能要素和人体表现的运动素质要素。体能训练的目的就是改善和提高人体能量代谢、骨骼肌肉、血液循环和中枢神经系统的结构与功能，就是提高和发展基本运动素质和复合运动素质的功效和能力。体能训练的基础平台是人体动作范式。任何体能训练都是以人体动作形式展示。显然，体能训练的前提必须具有范式的身体动作作为基础。可见科学的体能训练必然包含正确的动作范式和多维的动作元素。上个世纪70年代初期由苏联学者提出的风靡全球的模式训练，就指出模式训练中的体能训练手段必须具有标准的动作模式，以便科学地进行过程训练、适时监控和结果评价。显而易见，体能训练基础练习就是科学地掌握训练的动作方法。

技能训练的主体内容主要是运动技术以及战术。这里所指的技能是广义技能。因此，技能训练的目的就是改善和提高"能在实战中合理、有效地充分发挥运动员身体能力的动作方法"，就是形成和发挥"能在实战中为战胜对手或取得理想成绩而制定和采取的各种谋略与行动"的战术。技能训练中的技术训练内容主要是身体姿势、动作轨迹、动作时间、动作速度、动作速率、动作力量、动作节奏等内容；技能训练中的战术训练内容主要是战术观念、战术指导思想、战术原则、战术意识、战术知识、战术形式和战术行动等内容。显然，技术训练必须根据技术结构的环节划分、细节特点和基础参数进行有序训练；战术训练必须根据战术理论、战术形式和战术配合形成规律进行科学训练。

心智训练的主体内容主要是由心理过程的感知、表象、情感、意志、兴趣等要素内容组成。其中，感知部分的时空知觉、运动知觉、物体知觉，表象部分的记忆表象、想象表象，情感部分的激情、焦虑、热情感受，意志品质的各个组成部分，兴趣部分的广度、程度和稳定特点，是心理训练的重点；运动智力训练的重点主要集中在观察力、记忆力、思维力、注意力和想象力方面。其中，思维力训练的目的主要提升对运动原理的理解和比赛进程的阅读能力，战术运用的灵活和战术机会的把握能力；想象力训练中的目的是丰富训练经验、提炼训练认识、发挥逻辑联想和形成创造思维。实践中，运动心理和运动智力的科学训练，对挖掘自身潜力、提高竞技水平、创造优异成绩具有重要的意义。

体能、技能和心智是竞技运动训练的三大板块内容，它们共同构成了竞技能力的支柱内容，并共同影响着竞技能力的整体水平。人们从理论上分解运动训练内容或竞技能力要素的目的，是为了从认识论角度全面认识训练内容和竞技能力的内部结构。但是，在实践中必须从方法论角度有机性地给予整体训练。如果说竞技能力是体能、技能和心智要素的函数，那么体能、技能和心智要素则是竞技能力的自变量。事实上，生理机能的提高促进着运动素质的发展，运动技术参数的变化反映着运动素质的提高，运动战术的形成缘于运动心智的支撑，运动心智的发展又必须依靠卓越的体能和完善的技能。因此，体能训练技术化、技能训练战术化、战术训练体能化的辩证训练是运动科学训练的真谛。

二、训练方法手段体系

（一）训练方法手段意义

运动训练方法是指运动训练工程实施过程中，为提高竞技运动水平、完成训练任务所采取的途径和办法的总称。运动训练方法是运动训练工程实施过程的各种具体训练方式和办法的概括，是对各种具体训练方法的集中表述，例如重复训练方法就是对所有具有反复多次且组间恢复时间不做特殊规定的练习手段的集中概括。所以，训练方法实际上是训练指导思想的具体体现，是训练内容和训练任务转化为竞技能力的具体工具。运动训练手段是指运动训练工程实施过程中，为提高某一竞技能力或完成某一具体的训练任务所采用的具体身体练习，例如高抬腿跑、后蹬跑、深蹲杠铃等练习手段就是运动训练手段的具体形式。运动训练手段是具体身体活动的方式，是运动训练方法的具体体现。

运动训练方法和运动训练手段的作用各不相同。在运动训练工程实施中，运动训练方法是教练员确定训练内容、完成训练任务、提高竞技能力的思想工具；运动训练手段则是运动员执行训练任务和完成训练内容的应用工具。现代竞技运动发展历史表明，一种新的科学训练方法的诞生，既是科学训练原理的具体体现，也是科学训练实践的高度总结。因此，正确地认识和掌握不同训练方法的功能和特点，有助于顺利完成运动训练过程不同时期的训练任务，有助于有效控制各种竞技能力的发展进程，有助于科学提高运动员的整体竞技能力。运动训练手段的不断创新和科学运用的作用同样重要。科学地认识和应用不同训练手段的功效和特点，有助于科学地完成运动训练工程不同工期的具体任务。

(二)方法手段结构要素

运动训练方法的构成因素共有 A、B、C、D、E 5 种,即练习动作及其组合方式、运动负荷及其变化方式、过程安排及其变化方式、信息媒体及其传递方式、外部条件及其变化方式。其中,因素 A 主要是指运动员为完成具体训练任务而进行的身体练习以及动作的组合方式;因素 B 主要是指身体练习对有机体所施加的刺激及其变化形式;因素 C 主要是指对训练过程的时间、人员、器材、内容、步骤等因素的安排及其变化形式;因素 D 主要是指教练员指导训练工作时,所采用的诸如语言、挂图、影视等信息手段及其信息传递方式;因素 E 主要是指训练气氛、场地、设备、器材、工具等因素的影响及其变化方式。正是这些因素的不同组合及其变化,从而形成了具有不同功能的多种训练方法。

训练手段的基本结构可从身体练习的动力特征、动作构成和动作过程 3 个层面予以解析。它的动力特征包括力的支点、力的大小和力的方向 3 种要素。动作构成包含动作的姿势、轨迹、时间、速度、速率、力量及节奏 7 种要素。动作过程包含动作开始、进行和结束 3 个阶段。由于动作的动力要素、构成要素和过程要素的变化较多,因此可组合出 N+1 个多种多样的训练手段。通常,训练手段的体现主要就是身体练习动作。由于竞技运动的动作负荷需要挑战人体极限、动作形态多为复杂多变和竞技过程需要协调灵敏,因此,各个练习手段的设计、创新和实施必须注意练习动作的规范性、多样性和敏捷性要求。整个练习动作的设计与安排必须符合人体解剖学、生理学和生物力学的基本要求。

(三)方法手段基本分类

运动训练方法是多种多样的,有些方法具有广泛的适用性,对各种主要竞技能力的发展具有不同的作用,如重复训练法、持续训练法和比赛训练法等;有些方法对于部分项目如球类运动、格斗运动项目具有重要作用,如变换训练法;有些方法对某一竞技能力具有特殊的发展作用,如用于发展爆发力的超等长力量训练方法、用于发展无氧耐力的短时耐力训练方法等;有些方法属于阶段控制性质的方法,即在某一阶段对运动员竞技能力的提高进程具有控制作用,如模式训练法、程序训练法等;有些方法为发展某一竞技能力,需要较强的训练组织能力的方法，如间歇训练法、循环训练法等。因此，科学分类和建立运动训练方法体系是十分必要的。表4-7是本书采用的运动训练方法体系。

表 4-7　运动训练基本方法的分类体系

方　法	亚　　　　　类			
分解训练方法	单纯分解训练	递进分解训练	顺进分解训练	逆进分解训练
完整训练方法	动作完整训练		技术完整训练	战术完整训练
重复训练方法	短时重复训练		中时重复训练	长时重复训练
间歇训练方法	高强性间歇训练		强化性间歇训练	发展性间歇训练
持续训练方法	短时持续训练		中时持续训练	长时持续训练
变换训练方法	负荷变换训练		内容变换训练	形式变换训练
循环训练方法	循环重复训练		循环间歇训练	循环持续训练
比赛训练方法	教学性比赛	检查性比赛	模拟性比赛	适应性比赛
高原训练方法	亚高原训练		准高原训练	超高原训练

任何事物的类别划分与体系建立，均须确定分类标准，依不同分类标准可建立若干不同的分类体系。例如，依发展竞技能力的目的，可分为体能训练方法、技能训练方法和战术能力训练方法，再进而区分，可分为力量训练方法、速度训练方法和耐力训练方法等；依训练内容的组合特点，可分为分解训练法、完整训练法、变换训练法和循环训练法等；依训练负荷与间歇的关系，可分为持续训练法、重复训练法和间歇训练法等；依训练负荷时氧代谢的特点，可分为无氧训练法、有氧训练法及无氧/有氧混合训练法等；依训练过程不同的外部条件，可分为语言训练法、示范训练法、助力训练法和加难训练法等。由此可见，运动训练方法的分类，主要是出于便于区分方法的功能和作用。

当然，人们可以列出许多不同的关于运动训练方法的分类标准和体系。考虑到理论上的相对完整和实践应用的方便，本书依不同训练方法的基本作用和适用范围，将它们分为基本方法和控制方法两大类。前者包括完整训练法、分解训练法、持续训练法、间歇训练法、重复训练法、变换训练法、循环训练法、比赛训练法以及高原训练法9种具体的直接操作的训练方法；后者包括模式训练法、程序训练法和CAD训练法3种具有整体控制特征的训练方法。这种划分的目的是为了区别训练课中采用的具体操作方法和训练阶段中采用的过程控制方法。应该说明的是，这种分类体系只是便于构建方法体系和分解内部结构而已，实际应用各种训练方法时，必须艺术性地综合应用各类的训练方法。

依训练手段应用目的可将训练手段分为发展体能训练手段、改进技术训练手段、提高战术能力训练手段、改善心理状态训练手段；依训练手段专项效果可将训练手段分为一般训练手段和专项训练手段；依训练手段的应用价值可将训练手段分为基本训练手段和辅助训练手段；依训练手段的结构特点可将训练手段分为周期性练习、混合性练习、固定性练习、变异性练习手段；依机体康复和竞技发展的直接作用可将训练手段分为功能性练习和功效性练习手段。在运动训练实践中，教练员通常根据不同训练任务和不同分类体系，选择具体的练习手段。本书主要是以动作结构特点为基本依据，介绍常用训练手段的基本特征。表4-8主要是根据训练手段的动作结构特点作为分类依据。

表4-8 训练手段的分类体系

一级	二级	具体手段范例
单一动作结构类	周期性	跑步、游泳等徒手、器械练习
	混合性	各种跑+跳等徒手、器械练习
		各种跑+投等徒手、器械练习
多元动作结构类	固定性	各种跑+跳+投（挥、踢）+滚翻等动作的组合、套路练习
	变异性	各种跑+跳+投（挥、踢）+滚翻等动作的组合、游戏练习

（依胡亦海.竞技运动训练理论与方法[M].武汉：湖北人民出版社，2005.）

三、运动负荷因素体系

（一）运动负荷基本含义

运动负荷是负荷一词的衍生，负荷是中心词，运动则是负荷的定语。负荷是一个多义词，它有背负、负载、肩荷、担任等含义。由于它多义性的特点，使得对运动负荷的定义至今仍然很有争议，不同的学科对于运动负荷赋予的定义完全不同。因此，有关运动负荷的分类，成为协调不同学科认知上的一种方式。例如：将运动负荷分为外部负荷和内部负荷，其中内部负荷又分为生理负荷和心理负荷。同样，为了区分运动训练和运动参赛的负荷，人们将运动负荷分为训练负荷和比赛负荷两类。另外，根据负荷的预期规定和实际承受的负载程度，人们又将运动负荷分为计划负荷和实际负荷两类（图4-5）。可见，运动负荷的使用具有一定的语义环境。

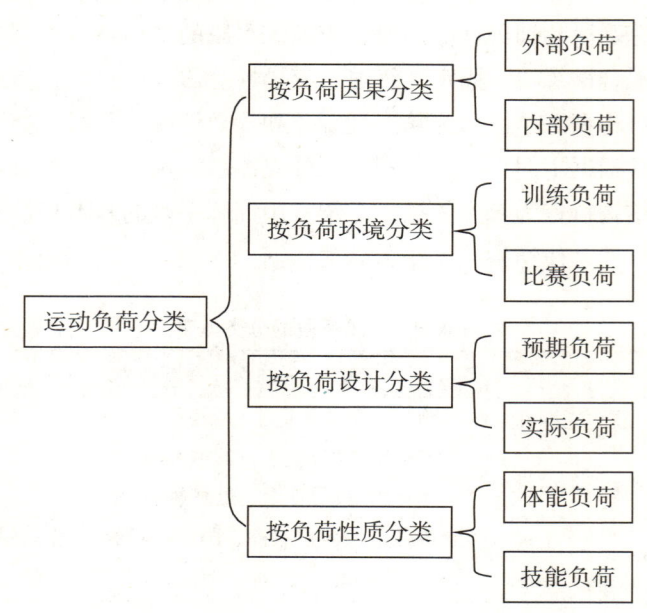

图4-5 运动负荷基本分类

显然，运动负荷的分类及其含义的不同解释，既使多种学科渗透运动训练内部的可能成为现实，又为运动训练工程的计划、实施和监控提供了多学科的手段，更为运动训练的负荷安排和运动参赛的负荷评估提供了更多的研究思路和方法。本书从运动训练实践应用的角度，确定运动负荷的基本定义如下，即运动负荷是指身体活动对运动员有机体刺激的工作量值。这一概念蕴含3层意思：一是运动员是承担运动负荷的主体；二是身体活动包含运动训练的身体练习和运动竞赛的运动方式；三是反映运动负荷的工作量值来源于身体活动。本书采用这一定义的目的是：承接Tudor O.Bomp的关于运动负荷的理论思想，便于教练员的计划设计、现场实施和实际监控，便于运动训练单元的组织实施。

应该说，这一定义是从外部作用的角度赋予运动负荷的含义。本书提到的关于训练负荷、比赛负荷、预期负荷或者实际负荷，都是这一定义的具体限制。采用这一定义不是否定运动生理或运动心理等学科赋予运动负荷的定义，恰恰相反，应高度重视这些学科有关运动负荷（内部负荷）的研究。因为这些学科从运动生理和心理方面，可能会更深刻地揭示运动负荷的本质。由于运动专项特征的多样性和运动负荷本质的层次性决定，有时必须依靠具有外部负荷特征的运动负荷设计、实施训练工程，如篮球、排球、足球、网球、乒乓球、拳击等项目；有时必须依靠具有内部负荷特征的运动负荷设计、实施训练工程，如游泳、划船和中长跑等项目，毋庸置疑，内部负荷更有利于训练监控。

（二）运动负荷基本结构

从运动实践的意义上说，运动负荷主要是由负荷量和负荷强度两类元素组成。两者之间不同数值（工作量值）的搭配与组合，能够形成不同形式的负荷结构，进而产生不同的训练效果。负荷结构中某一因素的变化，都可促使整个负荷的性质发生相应的变化。不同形式的负荷结构具有不同的性质，单一形式负荷结构的系统刺激，自然就会产生与之匹配的训练适应，如跳深练习的负荷高度安排，通常要与原地纵跳高度相等。这样安排强度不仅能有效地引起神经肌肉的牵张反射性，而且能够唤起更多的运动单位参与收缩，从而产生神经肌肉的适应性变化。当然，不同形式负荷结构的组合刺激，自然会产生与之适应的竞技能力，例如空中转体360°的灌篮动作，就是体能、技能负荷的结果。

负荷性质是指不同形式、结构组成的运动负荷的实施，具有促使不同运动机能发展的特点，例如力量性的运动负荷刺激会促使力量素质发展，速度性的运动负荷刺激会促使速度素质发展。同一性质运动负荷的不同搭配，会促使同一运动机能内部不同因素的发展。例如：力量性运动负荷的不同搭配，会促使不同类型力量素质的发展；速度性运动负荷的不同搭配，会促使不同类型速度素质的发展；耐力性运动负荷的不同搭配，会促使不同类型耐力素质的发展。由此可见，科学确定运动负荷的性质与合理搭配负荷强度、负荷量，是提高有关运动机能、运动素质、运动技术、运动战术的基本条件。运动训练实践中，教练员通常采用图4-6所示的运动负荷及其各个元素设计或实施运动训练工作。

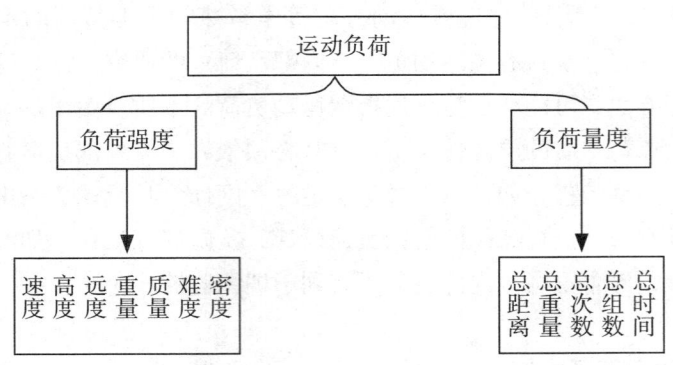

图 4-6　运动负荷结构

负荷强度主要由密度、速度、远度、高度、负重量、难度、质量等因素组成。其中，速度、远度、高度、负重量是指不同专项训练时身体动作的用力程度；难度是指身体动作掌握或运用的难易程度；质量是指完成身体动作的优劣程度；密度是指一次训练课中各种练习的累计时间与课的总时间的比例。负荷量主要由总重量、总时间、总距离、次（组）数等因素组成。其中，总重量是指负重训练是重量累加数量；总时间是指各种练习占用时间的总和；次（组）数是指身体动作的次数或组数；总距离是指运动员地面位移距离的累计数量。运动负荷上述构成因素的变化和组合，可以产生具有不同性质的训练效果。由于专项特征和训练内容的不同，不同专项使用这些负荷元素的权重影响亦是不同。

训练中，安排运动负荷应该考虑的主要因素是：身体动作的性质、强度、难度、练习内容的持续时间、身体动作重复的次数、练习的密度、负荷性质等。必须再次强调：运动负荷中这些因素的相互关系，决定着负荷对运动员机体的作用方向和强弱。运动员机体适应过程的强度、大小和作用方向是由运动员承担运动负荷的强度、大小和性质决定的。由此可见，运动负荷（外部负荷）的各个元素，实际上就是运动训练工程具体实施的基本元素。它既是训练计划负荷安排的主要内容，更是训练实施过程的具体元素。认识运动负荷的结构，不仅有助于科学设计训练计划，更有助于提高训练实施质量。当然，运动生理、运动心理等方面所设计的内部运动负荷，也是运动训练负荷安排的重要依据。

四、运动训练原则体系

从教育学角度来看，运动训练原则是由两类原则所组成：第一类包括对任何教学和教育过程都适用的一般教学论原则；第二类是指运动训练中所特有的原则。一般教学论原则包括科学性、自觉性、积极性、直观性、牢固性、系统性、循序渐进性、可接受性等原则。运动训练反映的原则主要包括专项训练深化、系统不间断、合理安排负荷、区别对待训练原则等，它反映着训练刺激与有机体的反应，以及各种训练内容、方法、手段、负荷、时间的内在规律。运动训练原则是指运动训练过程客观规律的反映，是指运动训练实践普遍成功经验的总结和概括，是进行运动训练必须遵循的准则。运动训练原则是随着人们对运动训练过程客观规律认识的广度和深度而逐步形成的专门认知体系。

（一）自觉的积极性原则

自觉的积极性原则是指从不断地激励运动员训练动机的角度组织训练过程的训练原则。此项原则是从一般教学和体育教学中引入运动训练过程的一项原则，它是指，在运动训练过程中，要促使运动员深刻认识参加的目的，自觉、积极地进行训练，独立思考，创造性地完成训练任务。自觉是对认识、思想上的要求，积极是对行动、实践上的要求，两者关系为：自觉是积极的前提，积极是自觉的外在表现。积极行动的程度取决于认识上的自觉性和认识水平的高低。我们强调运动员深刻认识参加训练的目的，旨在提高其参加训练的自觉性、激发其行动的主动性、调动其刻苦训练的积极性，以便能动性地、创造性地取得优异的运动成绩。唯有如此才能最终实现运动训练工程设计的目的。

在训练的全过程中，必须使运动员明确训练目的，树立起努力攀登技术高峰、为国争光、为振兴中华而奋斗的崇高目的。运动员只有明确训练目的，才能在任何情况下，即在胜利、荣誉面前，或在挫折、失败逆境之中，始终不渝地为实现目的任务而努力奋斗。运动员投身运动训练的动机有各种各样，作为教练员要善于正确引导运动员，使其动机与为国争光的训练目的保持一致，只有这样，才能唤起其刻苦训练的巨大动力。与此同时，在训练中，教练员及其团队还要积极促使运动员使其懂得达到训练目的与完成具体训练任务、要求的关系；教练员应该使其认识到完成各项具体任务，是实现训练目的不可缺少的环节，从而促使他们以稳定的积极态度对待每项具体练习，完成每项具体任务。

要创造条件使运动员参与研究训练工作，增加其责任感。由于运动员是训练的主体并负责竞技运动的具体操作，因此，必须创造条件使其参与运动训练工作的设计与实施，尤其是训练规划的制定、训练结果的评定，以激发和增强其训练责任心。一般来讲，对儿少运动员可经常向他们讲解训练的要求，并启发他们懂得练习的基本原理，正确掌握运动技术的规范动作；对高水平运动员，教练员可与他们一道研究长期与近期的训练目标，制定训练计划，确定训练任务，以此激发他们的责任感；对高级运动员来讲，教练员拟定的各类规划指标宜公之于众，以使运动员做到心中有数，使其主动积极地投身训练之中。

(二) 专项训练深化原则

专项训练深化原则是指不断深化专项内容地组织训练过程的训练原则。专项训练深化原则十分肯定一般训练的意义，更强调专项训练的重要作用。一般训练是指运动训练中采用多种多样的身体练习以提高机体机能，发展运动素质，改善身体形态，掌握一定运动动作和知识，改善一般心理品质的过程；专项训练是指在运动训练中以专项运动本身的动作或以解剖学、生物力学、生理能量供能特点与专项相似的练习，来提高专项运动所需的各器官系统的机能，发展专项运动素质，掌握专项运动技术、战术、理论知识，以及改善专项运动所需的心理品质的过程。专项训练深化原则的重点主要反映在训练内容、手段、方法的设计与安排上，并强调训练内容、方法必须符合专项比赛要求。

在初级训练阶段和高级训练阶段，适度安排运动员的一般训练尤为重要。初级训练阶段，重视一般训练是为了在神经系统形成较丰富的暂时性神经联系，使运动员掌握较多的动作方法，从而获得较全面的动作储备。随着专项运动成绩的提高，要科学地逐渐加大专项训练的内容比重，训练方法及手段也应逐渐体现有效性、针对性特点。影响竞技能力提高的诸因素结构搭配，应更加逼近专项运动所需的比例状态，所安排的运动负荷也应更加符合专项比赛的特点。要科学地设计专项训练任务、内容、方法、手段、负荷安排的系统结构，正确处理好专项训练整体与局部内容的关系，正确安排专项运动的一般、辅助、专门、比赛训练的各项内容，正确地实施由一般训练向专项训练的有机过渡。

(三) 系统不间断性原则

系统不间断性原则是指系统地、持续地、循序渐进地组织训练过程的训练原则。此原则强调从训练初期到出现优异运动成绩直至运动寿命的终结，都应根据训练结构中各因素间的内在联系，以及人体运动能力发展规律，有序且持续地进行训练。运动训练是一个多层次、多因素、结构复杂的系统工程。从纵向看，一个优秀运动员的成长过程大体须经启蒙基础、初级专项、专项提高、创造成绩和运动寿命保持5个阶段（见图3-1）。各个阶段依次相连而有机衔接。运动员通过这些阶段的持续训练直至终结运动寿命；从横向看，寓于这一过程的诸多因素互为影响且具有明显的时空性和内容性。其中，每一环节的内容又具有明显的层次性、系统性。因此，在训练过程中需要贯彻系统不间断性训练原则。

系统不间断性原则强调必须科学遵循系统训练的训练规律。训练内容的选择和安排以及训练手段的采用，都应充分考虑它们的内在联系和本身的系统，要做到由易到难、由简到繁、由浅入深地选择和安排适宜的训练内容及手段，要根据过程中训练内容的层次性、时序性、运动员训练程度的离差性、训练条件的变化性来全面考虑训练内容。训练全过程的系统不间断性原则还须体现在系统的训练体制上。各训练阶段的组织形式之间要有机地联系和结合，这包括中小学代表队、体育传统学校、业余体校、体育运动学校，直至优秀运动队等各级组织。在训练内容的安排上、指标的规划上、比赛的要求上都应层层衔接。各级训练组织都须根据各自的任务、内容制定出相应的具体训练大纲和计划。

要坚持全年、多年的不间断性训练，保证有机体取得显著的良性适应变化是取得优异运动成绩的关键。为此，在全年、多年训练中，必须使这一过程的每次课，每个训练周、阶段、周期有机地联系起来，使运动员在逐渐产生适应的基础上，不断提高运动水平直至创造优异成绩。当然，这种不间断性并不是指在训练过程中不需要安排适宜的间歇和调整时间，恰恰相反，只有科学地安排积极性间歇活动和恢复时间，才能更好地保证训练不间断的系统性。值得注意的是，由于岁时节日的安排（休假累计24天）和每周两天休息日的存在（累计104天），从某种意义讲，会使正常的训练过程受到影响，甚至影响运动员机体的不断适应的进程。因此，必须科学地安排假日的训练内容。

(四) 周期安排训练原则

周期安排训练原则是指根据运动训练的结构特点、重大赛事的安排规律和竞技状态的呈现特征，组织训练过程的训练原则。这一原则主要强调训练过程的周期性、竞技状态提高的规律性和训练周期确定的计划性。一般来讲，现代世界性重大竞技运动赛事安排的特点多具有周期性规律，如：四年一次的奥运会、全运会和世界四大网球公开赛的开赛时机和日程等都是如此进行。为了有效地提高成绩，教练员必须根据这种周期性规律，制定训练计划、组织训练实施和监控训练过程。由于运动竞赛组织、竞技状态形成具有鲜明的周期性特征，因此训练过程的内容组织与工程进度安排必须符合这种周期性的特点。另外，运动适应过程也有一定的周期性特点。显然，周期安排训练原则意义重大。

竞技状态形成规律具有周期性特点。竞技状态是指运动员在竞技比赛前所呈现出最适宜的准备状态，它是创造优异运动成绩的关键要素。但是竞技状态的形成须经 3 个阶段：第一阶段称为获得阶段，此阶段的前期需要促使身体素质、运动技术、心理品质得到形成和发展，后期需要促使这些条件有机结合并形成竞技状态；第二阶段称为相对稳定阶段，此阶段需要促使竞技状态的所有特征全都表现出来并得到巩固和发展，以便创造优异运动成绩；第三阶段称为暂时消失阶段，这一阶段的竞技状态的特征会出现暂时性消失或紊乱，训练水平会出现暂时性的下降。整个运动训练过程的竞技状态形成→相对稳定→暂时消失的特征，以及新一过程的重新开始，决定了运动训练过程训练周期的安排。

任何训练周期的准备、竞赛、过渡时间的长短，都要依据重大赛事的日程进行安排。实践证明，不适宜地缩短准备期，会导致竞技状态不易形成的不良后果；同样，过多参加比赛很易形成厌赛心理状态，从而有损运动员的身心健康。由此可见，必须科学安排周期训练的各项事宜。科学安排、实施小周期训练工作是落实训练周期任务的关键。应该说训练周期的任务是各个中、小周期训练任务的高度集合。训练周期的训练任务，实际上是通过完成小周期任务而累积落实的。实践中，小周期是由周内循环链数，训练课数，休息日数（时数），训练负荷安排的节奏，各次课的任务、内容、方法、手段以及作息制度等因素所构成。因此，小周期训练任务的圆满完成，是完成大周期训练任务的关键。

(五) 适宜负荷训练原则

适宜负荷训练原则是指根据运动员现实可能和机能训练的适应规律，以及提高运动员竞技能力的需要，在训练中给予适宜量度的负荷，以取得理想训练效果的训练原则。运动员在训练中承受一定运动负荷后，必然会产生相应的训练效应。但并非只要施加负荷，就一定会产生良好的训练效应。实践中，合理地安排训练负荷主要体现在：能够根据训练任务、对象水平，逐步且有节奏地按照人体机能适应规律加大运动负荷，直至最大限度。这里所提出的"逐步且有节奏地按照人体机能适应规律加大运动负荷"，就是要求在运动训练中，遵守"加大→适应→再加大→再适应"的规律去安排运动负荷。合理地逐步加大负荷是现代竞技运动科学训练的重要发展趋势之一。当然，负荷的递增是在一定生理变化范围内，通过人体适应过程的规律而实现。因此，切忌盲目加大负荷。

在运动训练的过程中，运动员有机体在承受一定的有效负荷后，就会呈现疲劳（能量消耗）→恢复→超量恢复的能量变化特点。在一定的生理范围内，负荷刺激越大，机体能量消耗则越多，疲劳程度就会越强烈；负荷解除后，如能科学地安排一定的休息时间和方式，那么能量物质的恢复就会越快，产生超量恢复的水平就会越高。自然，人体在此基础上所表现出的运动能力也就越强。这就是超量恢复的原理所在。在生理极限范围内，有机体在承受一定负荷的过程中会产生某种适应性反应，当有机体适应这一负荷后，会出现"机能节省化"和竞技能力提高的现象。这就是运动适应原理的作用。因此可见，科学认识和掌握运动训练过程中的"超量恢复"和"运动适应"原理的意义十分重大。

应当指出，运动负荷的大小是相对的，对于绝对值同等的运动负荷，它对不同人体的刺激反应是不同的，这是人体存在着个体差异特点所决定的。因此，科学安排运动负荷的前提条件是，必须科学分析每位运动员所能承受负荷的生理临界限及其变化阈值。教练员只有随时掌握这条临界线的动态变化特点，才能使负荷安排做到有的放矢，富有针对性。实践中掌握这条生理界限往往通过测量运动员的脉搏变化、血乳酸 BLa、血清睾酮 T、血清皮质醇 C、血清肌酸激酶 CK、无氧阈、尿蛋白、血红蛋白 HB 等指标，确定运动员的负荷强度等级、安排具体实施的训练负荷、检查运动员机体机能的恢复状况。借助于生理生化指标分析、确定和安排运动训练负荷，是运动训练负荷安排的重要方法。

科学安排运动负荷必须考虑负荷与恢复的关系。一般来讲，处理两者的关系多从训练方案的设计、实施及分析负荷性质的角度入手。图 4-7 表示训练课之间的间隔时间过长，其训练结果只能使有机体能力保持在原有的水平上；图 4-8 表示一段时期内训练课之间间歇时间过短，其训练结果会使机体机能水平呈下降趋势，甚至可导致过度疲劳产生；图 4-9 表示训练课之间安排适宜，后次课是机体正好出现"超量恢复"后进行，其结果可逐步促使机能能力提高；图 4-10 表示训练课之间是通过若干间隔时间段的课次之后，又通过较长时间的间歇方式安排的，其目的是使运动员机体产生疲劳并有所积累后，通过适宜的恢复期，促使有机体的能量物质得以超量恢复，从而获取较高的训练效益。

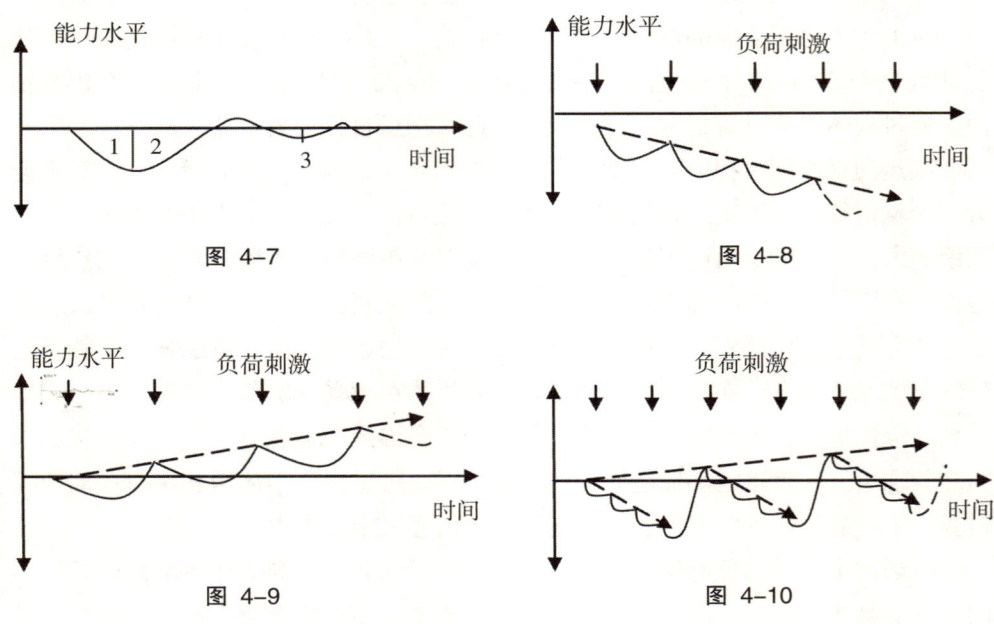

实践中，努力形成图 4-9、图 4-10 的训练课次的类型，是处理好负荷与恢复关系的首要条件。实践中，运动负荷的安排方式有波浪、阶梯、跳跃和综合 4 种类型。波浪型运动负荷表现为波浪式的动态变化（图 4-11），其高低点的间距差异不大，此类型适用于训练的各周期；阶梯型负荷变化幅度比波浪型大（图 4-12），此类型适用于准备期后期和竞赛前期；跳跃型负荷（图 4-13）安排多表现在高级阶段的训练过程，目的是强化训练，打破平衡，使机体内物质能量消耗

到逼近生理保护线，以便使机体产生深刻反应和获取更大的超量恢复，此类型适合准备期后期及竞赛期前期；综合型负荷（图 4-14）安排是把以上几种类型结合起来运用。实践中教练员可根据需要通过组合不同的形式安排运动负荷。

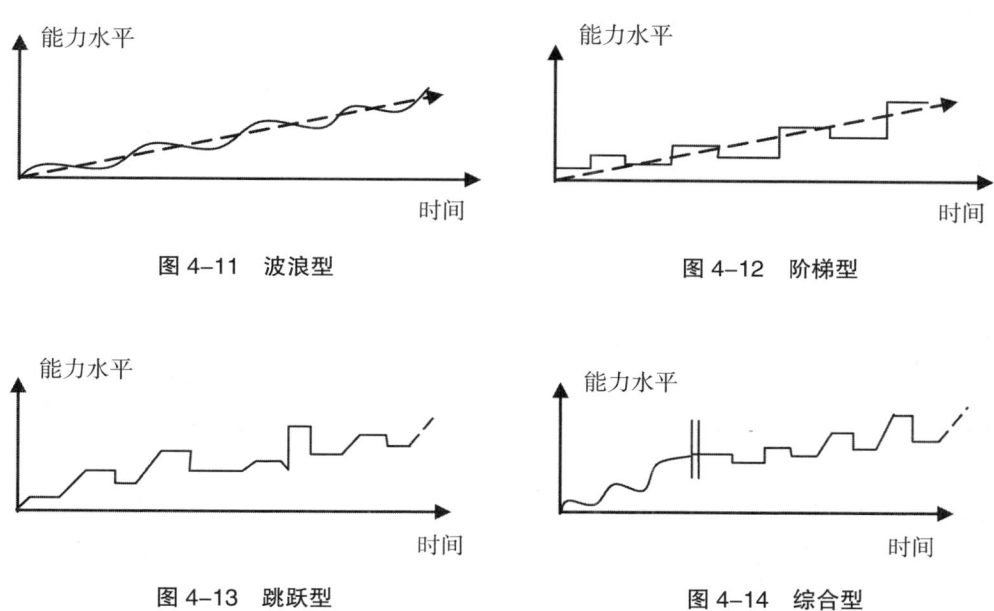

图 4-11　波浪型　　　　　　　　　　图 4-12　阶梯型

图 4-13　跳跃型　　　　　　　　　　图 4-14　综合型

运动负荷是由负荷量、负荷强度两类因素所构成。处理好负荷强度和量度的关系是科学安排运动负荷的又一关键因素。运动负荷的表现形式多种多样，实践中解决运动负荷中的强度与量度关系的组合方式共有 9 种（图 4-15）。但是，这 9 种变化形式不是随意运用在训练过程中的各个周期和阶段，而是需要针对不同类型的周期及不同训练水平和对象的具体情况而决定的。从许多优秀运动员负荷安排的情况看，负荷量与负荷强度在不同类型周期的安排形式多如图 4-16 所示。负荷强度与负荷量的变化是有一定规律的。一般来讲，准备期是以逐渐增加负荷量为主，逐步过渡以增加负荷强度为主；而赛期前段则以提高强度为主，以保持量或略降量为辅；转入调整期时，两者均处于最小量。

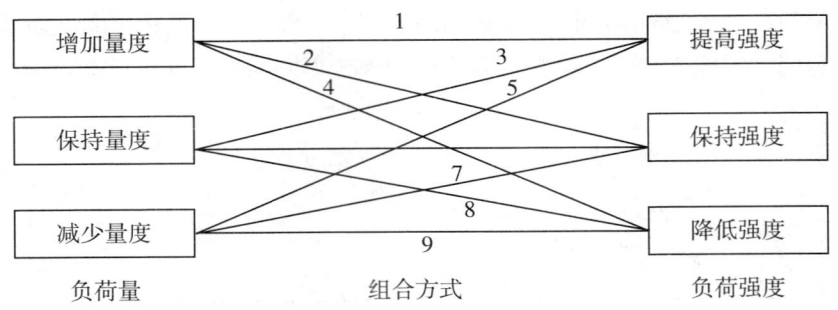

图 4-15 负荷量与强度变化的几种组合形式

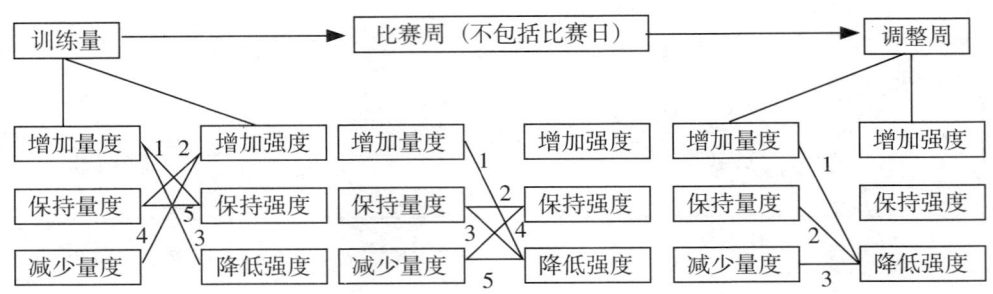

图 4-16 不同类型周训练负荷变化形式

（六）适时恢复训练原则

适时恢复训练原则是指训练过程中，根据不同负荷性质和疲劳产生的机制，及时采取措施延续疲劳产生和消除疲劳，以便提高机体能力的训练原则。机体疲劳的产生和消除是有规律所循的。其中，负荷训练—恢复训练的统一规律，是指在训练过程中客观存在着负荷和恢复两类不同性质的并存过程；负荷刺激—疲劳产生的效应规律，是指在大强度或长时间负荷刺激下，机体必然产生相应程度的疲劳症状；机能下降—机能恢复的异时规律，是指在负荷训练和恢复过程中，机体机能的下降或提高过程均有异时变化的特点；负荷性质—恢复方法的对应规律，是指负荷性质与恢复方法之间存在紧密的对应关系。显然，认识这些规律对于延缓疲劳产生、强化机能恢复和消除机体疲劳的意义十分重大。

必须深刻认识训练过程中负荷训练和恢复训练并存的客观规律。必须深刻认识这种规律不仅表现在负荷训练与恢复训练过程相继和同步进行的特征。实践中，应认真将负荷的强度、时间、方式等与恢复的措施、方法、效果等，放在同等地位上进行考虑。必须掌握不同负荷性质引发的疲劳特征。例如：速度性质的负荷刺激导致机体因 CP 消耗过多、神经细胞缺氧而产生疲劳；力量性质的负荷刺激导致机体因蛋白质消耗、CP 恢复不足而产生疲劳；乳酸能耐力性质的负荷刺激导致机体因代谢产物堆积、血液酸度过高而产生疲劳；有氧耐力性质的负荷刺激导致机体因肌糖元消耗、能源补充不足而产生疲劳；负荷性质单一性的负荷刺激导致机体因神经系统的兴奋性降低、内抑制发展而产生疲劳。

必须掌握不同负荷强度引发的疲劳特征。依负荷刺激的强度不同，产生疲劳的特征通常为：强度中小，持续时间长的负荷刺激下，易出现轻度疲劳，其症状是疲倦、心率加快；一次极限强度负荷刺激下，易出现急性疲劳，其症状是面色苍白、心率过速、白血球总量增多，出现尿蛋白；出现急性疲劳后凭意志继续进行负荷训练或连续进行大强度负荷训练，易出现过度疲劳，其症状是情绪低落，厌烦训练，食欲不佳，体重下降，动作不协调，运动水平下降。因此，从不同负荷强度引发的疲劳特征上看，要特别防止因过度训练而导致的过度疲劳。一旦出现，要采取对策予以消除；从消除体内代谢物质的角度看，应采取措施使体内的代谢物质尽快排出体外，以保证能源输送通道的畅通。

必须掌握不同类型疲劳消除的时间范围。不同能源物质的消耗→恢复→超量恢复具有异时的特性，加之因负荷性质、负荷强度、负荷量的差异性，就会导致机能的下降→恢复→提高过程具有异时的特征。如速度、力量负荷训练后，恢复时间最短；速度耐力（无氧耐力）训练后，恢复时间较长；最大负荷训练后，恢复时间最长；较大负荷训练后，恢复时间减半；中等负荷训练后，则需 10 小时左右。因此，实践中应根据机能恢复的异时规律安排适宜的恢复时间和方法手段非常重要。负荷安排接近极限时，须安排较长的恢复时间，使机体有充分的时间恢复工作能力。在负荷强度为中等或中等以下时（负荷量中等），则不必安排过长的恢复时间，否则会失去运动训练中恢复训练的意义。

必须掌握负荷性质与恢复方法之间存在的紧密对应关系。如有氧耐力训练中，人体因体内大量失去盐分必将导致机体工作能力的下降，如果适当补充含有盐分的饮料并在训练后进行盐水浴，将有助于补充负荷阶段失去的盐分，使机体的内环境恢复平衡；又如进行无氧耐力训练时，人体会因缺氧和体内乳酸堆积引起机能的下降，如果训练后及时采用深呼吸和适度慢跑等恢复方法，就能改变体内的缺氧现状，较易恢复机体能力。必须认真研究目前常用的训练学恢复手段，医学、生物学恢复手段和营养学恢复手段的应用方法，如水浴、蒸汽浴、漩涡浴、氮水浴、苏打碳酸浴、盐浴、珍珠浴、含氧浴等手段，以及按摩、电催眠、紫外线照射、红外线照射等，以便根据需要及时采用。

（七）区别对待训练原则

区别对待训练原则，是指在运动训练中要根据运动员的个人特点，有针对性地确定训练任务，选择训练方法和手段，合理安排运动负荷的训练原则。区别对待训练原则首先是根据不同项目特点和运动员的遗传特点提出的。如速度性项群主要以磷酸盐代谢形式为主，糖的无氧代谢形式为辅，神经过程灵活性高、转换速度快，白肌纤维比例大；耐力性项群的主要表现能量代谢特点变化多样，神经过程稳定，心肺功能良好，红肌纤维比例较大；准确性项群的要求是身体动作的稳定性、灵活性高，具有坚毅、冷静的心理品质；表现性项群的身体形态和心理素质的要求更高；格斗性项群要求骨骼强壮、爆发力好、性情勇敢、斗志顽强和反应迅速的心理品质。因此，必须针对性地区别对待训练。

必须深入了解运动员。由于运动员思想状况、健康状况、个体特征、训练水平以及学习、工作、日常生活等情况均不相同，所以教练员应做到具体情况具体分析，因人而异地在训练中采取区别对待的措施。如制定训练方案和实施训练时，要注意符合运动员的特点。教练员不仅在宏观上要对全队的总体训练做出规划，而且在微观上要对每一位运动员提出要求。这样，所制定的训练指标、任务、内容、方法等就易切合实际。另外，善于科学处理不同水平队员的关系也很重要。在处理这种关系时，教练员应在思想认识和工作作风上一视同仁。要注意以身作则，以人为本，以自己的人品和行为获取运动员的信任，建立良好的权威形象，凝聚全体队员思想，并以此激发全体运动员和教练团队的积极性。

第四节　运动训练实施单元

运动训练的实施单元是指运动训练实施过程中的最小训练单元。它通常是指一堂训练课的教案设计、组织安排和实施过程。运动训练实施单元是运动训练过程的最小时间单位。整个运动训练过程正是多个这样的训练单元的链接，从而组成训练小周期、训练阶段、训练周期和全年训练过程。其中，对于训练小周期的意义重大。由此可见，全面认识运动训练工程的实施单元，即训练课的结构、类型和组织方式，对于提高整个训练工程的质量至关重要。

一、训练课的基本结构

通常，训练课的基本结构是由准备部分、基本部分、结束部分所组成。一般来说，一堂完整的训练课中，3部分时间比例的安排是2:7:1。从训练课3部分内容与功能上看，训练课的准备部分、基本部分、结束部分均由自己的独特内容与功能所组成。任何一堂富有训练效益的训练课，均应充分体现出3个部分各自的功能。

（一）训练课的准备部分

准备部分由两项内容组成，即布置课的基本任务和组织准备活动。准备部分的功能是使运动员深刻认识本次训练课的训练任务及其意义，并充分做好为完成训练任务而需要的身体准备和心理准备。为此，富有经验的教练员，通常在准备部分的开始阶段会向运动员详细说明本课训练任务的具体内容及其意义，以便唤起运动员做好心理应激准备。一般地说，教练员将准备活动分为两类，即一般性准备活动和专项性准备活动。两类准备活动的目的可分3种：第一种是使运动员的心理状态处于高度应激准备；第二种是使运动员的肢体活动处于最大幅度范围；第三种是使运动员的肌肉、内脏系统处于承受较高负荷的准备状态。由此可见，准备部分的内容应是丰富而又多样的，其功能不容轻视。

(二) 训练课的基本部分

基本部分是由 5 项基本内容组成，即主要训练内容、训练要求、训练手段、负荷安排和组织形式。通常，训练内容主要是由训练任务决定，主要由两大部分组成：一是负荷训练内容；二是恢复训练内容。前者主要包括机能训练、素质训练、技术训练、战术训练、心理训练和智力训练几类要素；后者主要是神经系统、肌肉系统和能量系统的功能恢复。

训练要求是落实训练任务，体现训练思想的质量规定。训练要求主要是对内容的重点和难点提出质量要求。如：对某项技术训练提出要求，就应根据训练任务的规定，选择性地分别提出关于动作的规格、质量、效果、重点、难度等具体内容的要求。当然，随着训练进程的推进，每次训练课的训练要求逐渐体现深入、细致的趋势。例如，对动作的细节要求，就要紧密围绕协调、弧度、速度、角度、节奏、重心、路线、顺序等基本要素提出。

训练手段是执行训练任务和体现训练内容的练习动作。训练手段可分单一动作结构和多元动作结构两类手段。其中，单一动作结构类可分周期性和混合型的练习；多元动作结构类可分固定性和变异性两类手段。所有训练手段都可归类在这 4 个亚类之中。训练手段的选择主要依据训练课提出的具体训练任务、安排的训练内容和专项特征要求与动作环节的重点。其中，任何训练手段的主要动作环节和动作细节均应符合训练课的基本要求。

负荷安排是预期训练刺激和力求负荷效果的理论设计。负荷安排历来都是训练课组织实施的难点。通常，训练课中的运动负荷分为 3 种，即训练负荷、生理负荷和心理负荷。教练员主要采用训练负荷指标安排负荷。训练负荷主要有负荷密度、负荷时间、负荷强度（速度、远度、高度、重量等物理指标）、负荷次数（组数）、负荷质量（动作效果、技术效果、战术组成率）等。高水平教练特别注意这些训练负荷对机体和心理的刺激程度。

组织形式是训练课实施的组织方式。训练课的组织形式主要有个体式、分组式、全体式和循环式 4 种。训练课的组织形式得当与否，直接影响着训练课的训练安全、训练密度和训练质量。通常，采用训练课组织形式的主要依据是：专项运动的特征、训练器材的数量、训练场地的情况、参加训练的人数、训练内容的重点、训练任务的性质等。无论采取何种组织形式，训练课出现浪费时间、偏离专项性质、降低训练密度的现象都不可取。

训练内容、训练要求、训练手段、负荷安排和组织形式等要素,不仅需要符合训练任务的要求,而且基本部分的这5种要素应当合理搭配、有机联系。虽然训练课是运动训练过程的最小时间单元,但是它仍然具有时间和空间的基本特征。因此,不同要素的时间安排、顺序安排、节奏安排和有机链接十分重要。训练课的质量、密度、强度都与基本部分各项内容的布局高度相关。因此,应高度重视训练课整体时段的科学设计与安排。

(三) 训练课的结束部分

结束部分是由两种内容组成,即放松活动和课的小结。放松活动的意义是使运动员机体生理反应逐渐接近训练前的状况,以便为使机体得以充分恢复创造条件。放松活动的方式可以根据负荷性质有针对性地安排。例如:力量负荷性质明显的训练课后的放松应以肌肉按摩为主,乳酸负荷性质明显的训练课后的放松应以慢跑加深呼吸的方式为主。课的小结的意义主要在于强化本课的任务和指出本课的不足,以便为下次训练提供参考依据。

二、训练课的基本类型

根据训练任务的性质,训练课的基本类型大致可以分为4种,即教学课、训练课、调整课、检查课。现根据训练任务的性质逐一介绍各个类型课的基本特点。

教学课的特点突出表现为:教材内容较新、负荷强度较小、负荷量度较大、讲解示范占时较多。显然,此类课是以学习、掌握新的技术、战术或改进某些技术、战术为主要任务。教练员关注的主要问题是动作规格与质量。通常,在多年训练的早期阶段或训练周期准备阶段的第一阶段解决此类问题。

训练课的特点突出表现为:教材内容熟练、运动负荷较大、讲解示范较少、训练内容多样、内容安排紧凑。显然,此类课是以熟练掌握技术、战术或提高某种运动素质为主要任务。教练员关注的主要是技术的熟练性、战术的默契性、素质的发展性等问题。通常,在多年训练的中期阶段或训练周期准备阶段的第二阶段或竞赛期的赛前阶段,更是需要强化技术和战术的训练问题。

调整课的特点突出表现为：教材内容明确、运动强度较小、练习手段有趣。通常，此类课是以加快机体恢复速度、加速消除疲劳为主要任务。教练员关注的主要问题是机体恢复的程度、运动员在课中的精神状态等问题。通常，在连续两三次大负荷训练课后安排一次此课，以促使机体得以超量恢复。

检查课的特点突出表现为：检查内容多样、强度相对最大、手段相对集中、过程安排紧凑、形式贴近实战。显然，此类课是以检查训练效果为主要任务。检查内容可以是竞技能力的某一方面、某一因素或整体实战能力。通常，检查此类问题的时间和方式安排应该在设计和制定训练计划时一并考虑。

三、训练课的组织形式

由于训练对象水平不齐、训练任务不同、体重级别各异、场地器材限制等诸多因素的制约，使许多教练员为训练课的组织安排大伤脑筋。实践中，许多富有经验的教练员为了最大程度地提高训练课单位时间内的训练效益，往往根据具体情况采用多种组织方式进行训练。通常，训练课的组织形式主要有个体式、分组式、全体式和循环式4种。

个体式的组织形式是指运动员根据分配的具体训练任务，在无现场监督的情况下，独自进行某一练习内容的方式。这种组织形式的优点是：可使教练员因人而异地安排训练任务，可培养运动员良好的独立性和创造性，可使运动员利用有限时间解决自己的具体问题。这种组织形式的缺点是：运动员心理负荷的刺激较小，缺乏比赛负荷压力。

分组式的组织形式是指教练员根据人数较多、任务不同的情况，将队员分成若干组别同时进行不同练习内容的方式。这种组织形式的优点是：可使不同职责的运动员完成相应训练任务，可培养运动员之间的合作性和集体性，可在同一时间内解决多种训练任务。这种组织形式的缺点是：主教练全面检查训练质量、监督训练的实施会有些困难。

全体式的组织形式是指组织全体队员同时完成同一训练任务而进行的同一练习内容的方式。这种组织形式的优点是：可使全体队员高度集中地完成共同训练任务，可培养运动员之间的竞争性和组织性，可在同一时间段内解决各种共性问题。这种组织形式的缺点是：不易做到因人而异、区别对待的训练，较易限制优秀运动员个性的发展与提高。

循环式的组织形式是指将多种练习设为"站"后，让队员依次循环往返地完成各"站"的练习。此方式亦称循环法。这种组织形式的优点是：可使全体队员相对集中地完成不同的训练任务，可培养运动员训练的自觉性和主动性，可在同一时间段内解决各种具体问题。这种组织形式的缺点是：不易同期安排不同负荷性质的练习内容和练习手段。

四、训练课的教案设计

训练课的教案是运动训练工程规划、训练计划、训练大纲的纵深延伸，是具体训练实施的行动纲领，是训练工程实践活动的指导依据。因此，制定科学的训练教案，是历来深受教练员高度重视和认真践行的工作。但是设计和制定一份好的训练计划并不容易。通常，适宜的训练教案主要体现如下几个特点。

教案内容的连续性。训练课是运动训练过程的最小训练单元。漫长的训练过程实际上是由多种训练单元有机链接而成。因此，各个训练课的教案内容，也应体现系统性和连续性特点。要想做到各个训练课训练内容的连续性，就必须认真研究专项运动训练内容的构成体系和专项竞技能力的构成体系，就必须深入研究不同时期的训练大纲和训练计划的具体内容，就必须懂得各项竞技能力因素之间的相互关联和作用。

教案内容的主体性。训练过程实际上也是一个"教"与"学"的双边活动。教练员起主导作用，运动员起主体作用。显然，训练过程中教练员只起组织指导训练作用，运动员则起通过自身训练，获得竞技能力的主体作用。因此，好的教案不是那些能让教练员指导的教案，而是能让运动员练到、掌握、提高竞技能力的教案。所以，训练课的教案应该围绕运动训练的主体设计，能使运动员通过教案指导获得能力。

教案内容的简明性。训练课的教案与普通中学和高校的课堂教案不同。这是不同专项竞技运动特征和不同专项运动规律所定。因此，训练教案的设计应该体现：因项、因人、因课、因教学内容的不同而不同；应该体现个性化、创新性、开放性和灵活性；应该体现任务上的具体性，内容上的概要性，结构上的框架性。具体地说，教案的设计应注意内容不要过于详尽、形式不要过于琐碎、结构不要过于封闭等。

教案内容的完整性。完整的训练教案至少要由训练任务、器材准备、重点难点、时间安排、训练过程、负荷安排、课后要求等几个主要部分组成。其中，训练任务必须明确具体；训练器材必须明确指出；训练重点难点必须明确提出；训练时间必须明确安排。训练过程及其内容步骤是训练教案设计的重点。教案内容的完整性主要体现在训练内容、训练要求、训练手段、负荷安排和组织形式等要素在时空上的合理搭配与关联。

小　结

本章主要讨论了实施机构、条件、内容和组织。重点讨论了实施机构中的组织成分、工作分工和教练员的执教能力；实施条件中的运动训练环境条件和运动训练保障条件；实施内容中的运动训练内容体系、竞技能力要素体系、训练方法手段体系、运动负荷因素体系；实施组织中的训练课基本结构、基本类型、组织形式、教案设计。其中，实施内容由于庞大复杂，故由第五章、第六章、第七章和第八章专题分述。本章强调了工程实施过程的目标性、组织性、方法性、进程性特征，指出训练工程的设计需要工程思想作为指南，训练工程的实施则需工程方法作为基础。

第五章 体能训练实施内容

体能是运动员身体形态、机体机能、运动素质的综合体现。体能训练是指运用各种有效的手段与方法对运动员身体施加积极影响，从而改善身体形态、提高机体机能和发展运动素质的练习过程。体能训练是运动训练工程实施重要组成部分。本章主要由体能训练一般概述、力量素质及其训练、速度素质及其训练、耐力素质及其训练、柔韧素质及其训练、灵敏素质及其训练、弹跳素质及其训练、运动素质多维转移8个部分组成。本章阐述的重点是相关内容的释义、结构、影响因素与训练方法。

第一节 体能训练一般概述

现代竞技运动的发展趋势表明：科学的体能训练是提高技术、战术训练水平和运动成绩的重要途径与发展平台，是运动员承受高强度负荷训练和比赛的基本条件，是获得、提高、稳定良好心理状态的基本手段，是有效预防伤病、提高竞技状态、延长运动寿命的基本保证。竞技运动许多项目的重大赛事证明，理想运动成绩的成功获得，无不紧密依靠运动员卓越的体能作为基础。可见，认识体能训练的意义和加强体能训练，对于各项运动是何等重要。

一、体能训练理念思辨

我国竞技运动十分重视体能训练理论与方法的建设工作。早在上个世纪60年代，我国竞技体育组织的职能部门根据运动训练状态普遍存在的"娇骄"二气现象，借鉴解放军大比武方式和学习日本女排精神提出了"三从一大"训练方针。这一提法尽管只是一种精神倡导，但是足以体现对于体能训练的重视。人们认识体能训练的重要性，是随着逐渐深化体能要素的认识而不断提高的。最初的认识是从解析身体素质入手，通过实践训练发现身体素质是由健康素质和运动素质组成；通过实验研究发现人体的内部生理机能与外部的运动素质密切关联。正因如此，我国训练界总结和创造了大量的身体训练手段。这些手段不仅有效地提高了我国运动员竞技能力，而且成为我国运动训练的重要法宝。

随着我国竞技运动回归国际奥林匹克运动组织，我国更加注重体能训练。上世纪80年代我国引入的控制理论和模式训练方法，极大地提高了我国科学训练的程度。其中，模式训练理论强化了对训练手段动作模式、训练过程监控模式、训练结果评价模式的认识。另外，曾经来华执教的德国赛艇教练所带来的血乳酸检测方法，强化了体能训练负荷安排需要重视生理依据的认识。"三从一大"方针被赋予了新的理念与内涵、制度与方法、依据与标准的内容，体能训练科学化程度日渐显现。当时女排蝉联三届世界冠军、男排一度跃进世界五强、女篮曾打进奥运决赛、男子跳高三破世界纪录，举重、羽毛球、乒乓球、跳水等项目始终占据优势地位，应该说我国竞技体能训练功不可没。

国际著名运动训练专家B.H.普拉托诺夫和M.M.布拉托娃经过长期研究，汇集了当时的苏联、美国、德国、瑞典、芬兰、西班牙、意大利等国家竞技运动体能训练方面的运动训练和运动生理领域的成果，1992年专门出版了题为《运动员的身体训练》的专著。该书从竞技体能训练理论与方法的角度，着重介绍了耐力训练的能量代谢基础、方法和监控方式；力量训练的骨骼肌肉基础、方法和监控方式；速度训练的时空协调基础、方法和监控方式；柔韧训练的拉伸方法基础、方法和监控方式。该书还详述了田径、自行车、游泳、体操、拳击、摔跤、手球、排球和足球项目的体能训练内容和方法。可以说该书不仅极大地丰富了运动训练理论内容体系，也为康复和健身的体能训练提供了方法基础。

近些年来，由于竞技体能训练的负荷强度逼近人类的极限、运动员运动损伤的康复需要、我国教练员队伍的更新换代、建设教练复合团队的要求、职业教练员的专业细化、体育院校运动科学专业的发展等因素的影响，来自康复、健身体能训练的理念、原理、方法和评价方式，逐渐渗入竞技运动体能训练的理论体系。尽管竞技运动是人类5种运动形态中最为复杂、强烈的运动，但是同样基于解剖学和生理学等学科原理的康复、健身和竞技体能训练理论与方法，有了相互借鉴、互为融合的机会。其中，康复和健身体能训练倡导的功能性、核心、核心区、稳定性力量训练理念，橡皮带、瑞士球、平衡盘等康复、健身领域的训练工具，为竞技体能热身训练、功能训练和放松活动提供了新的手段。

第五章　体能训练实施内容

功能（Function）、功效（Efficacy）是两个物理学的重要概念。人们将其引入体能训练应该是运动科学的进步，但是，不顾词源的初衷或语境会很容易将二者混淆。基于康复或健身理论的体能训练与竞技运动体能训练的目的完全不同，如果说前者强调的是功能性（Functions）训练，后者强调的则是功效性（Effecacy）训练；尽管只有一字之差，但是两者涵义并不相同，前者意指具体作用，后者包含前者还有取效率之意，如灯泡可以照明指的是功能，60W 的灯泡指的是功效。功能性训练源于康复领域，目的是对受伤部位进行功能恢复训练，以使患者尽快康复。但是基于康复体能训练理论的功能性训练及其手段，被人演绎成为能取代现代竞技体能训练理论与方法的说法实在有些偏颇。

康复体能训练的目的是使机体恢复原有功能，竞技体能训练的目的是充分挖掘人体身心潜力。前者致力人体活动能力的康复，后者致力人体竞技潜力的挖掘。前者的重点是动作质量训练，后者的重点是极限负荷适应。两者的目的根本不同。前者提出的多关节、动力链、多维轴、小肌群、模式性练习等，正是许多竞技项目的常用竞技动作特征。例如：篮球运动空中 180°的转体扣篮、体操运动中空翻两周旋下动作，甚至简单的射箭动作都是多元素的动作集成所致。目前强调康复体能训练的方法与手段，就是希望再次引起对竞技体能训练的重视。以挖掘人体身心潜力为目的的竞技体能训练，始终面临因极限负荷下动作质量问题引起的损伤风险。因此，应该重视康复体能训练手段的作用。

实际上，康复或健身体能训练的理论有了较大发展。以美国肌力与体能训练协会（National Strength and Conditioning Association，简称 NSCA）出版的最新认证课程教材《Essentials of Strength Training and Conditioning》（肌力与体能训练）为例，该书之序明确指明的使用对象就是肌力健身教练、运动损伤防护师、整脊师、物理医疗师、个人健身教练、医师以及科研人员。全书共分 5 篇 26 章的体系中，有 9 章与体能训练直接有关，即测验选择与管理、运动测验的实施与评定、伸展与热身、阻力训练与辅助技巧、无氧阻力训练、增强式训练、发展速度及灵敏性与速度耐力、有氧耐力训练、训练周期变化，其余各章属于生理、解剖、力学、生化、营养、测量、心理和管理学等学科基础知识。

汇集 18 位美国相关学科专家负责撰写的此书，收集了 300 多张彩色的照片。其中的部分应该说与竞技体能训练的研究进展有关。当然，竞技体能训练与康复体能训练、健身体能训练的本源理论基础都是一样的，即依托相关生物学科作为基础理论依据。此书所阐述的"测验选择与管理、运动测验的实施与评定"两章内容主要体现在测量学方面，其他 7 章都是来自竞技体能训练的知识体系。显然，当我们关注康复体能训练或健身体能训练方法与手段时，后者已经将竞技体能训练的成熟的研究成果和训练方法，规范地引入了康复、健身领域的体能训练理论之中。正如图 5-1 所示，康复、健身、竞技体能训练手段尽管具有各自领域的特征，但是它们相互借鉴、依托的方式促进了各自的发展。

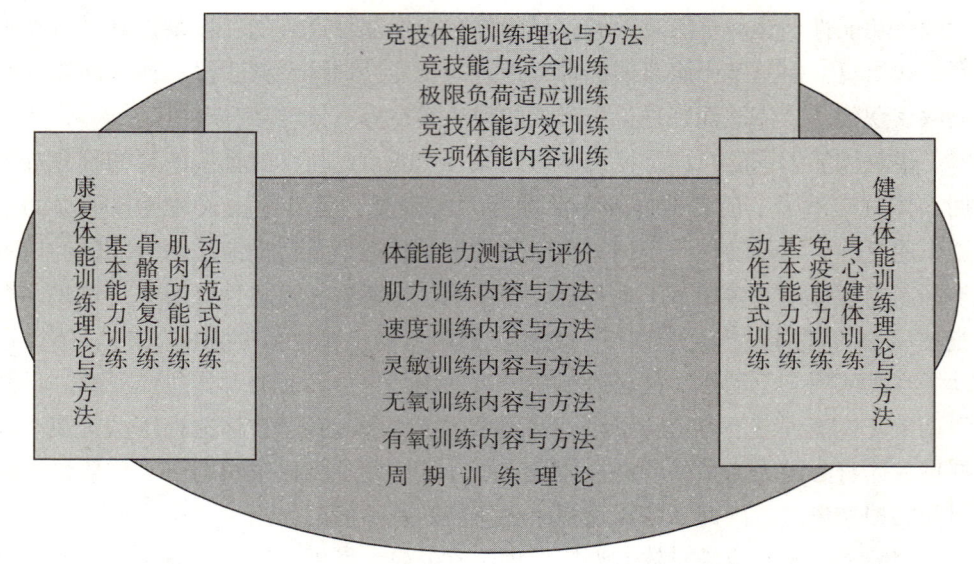

图 5-1　体能训练三种理论体系的比较

目前，竞技运动发达国家的职业运动队都相应配备专职的体能训练师。这些职业运动项目的体能训练师所承担的职能任务相当专业。以李娜的体能训练师艾利克斯为例，艾利克斯之所以能够成为李娜教练卡洛斯·罗德里格斯的助手，就是因为他具有几个方面的专业特长，即深谙网球专项的体能训练、网球专项的营养调配、网球专项的按摩恢复和网球损伤的康复训练。女子网球场上已属高龄的李娜能够夺取 2014 年澳大利亚网球公开赛的桂冠，就是得益于休赛期科学的体能训练和战役间科学的体能恢复。这一点应该归功于卡洛斯·罗德里格斯和艾利克斯的专业技能。显然，竞技体能训练师必须掌握坚实的专项理论、扎实的专项技术、科学的训练方法、娴熟的恢复技巧和损伤的防治手段。

二、体能训练基本内容

一般认为,体能包括形态、机能和素质 3 项基本内容。其中,身体形态是指运动员身体的外部形状,如身高、体重、胸围、四肢围度以及四肢与躯干的比例等;机体机能是指身体各器官、系统的基本功能,如关节的活动范围、神经系统的灵活程度等;运动素质是指身体活动过程中所表现出来的与运动有关的能力,如各种跑、跳、投的基本能力。构成运动员体能结构的身体形态、机体机能、运动素质既相互独立又彼此关联。其中任一因素的发展都会影响体能发展的整体水平。体能结构的 3 种构成要素中,运动素质是体能能力的外在表现。实践中,体能训练是以发展运动素质作为体能训练的主要内容,并以发展运动素质为途径,进而间接地达到改善身体形态和提高机体内部机能的目的。

竞技运动的体能训练,对于提高整体竞技能力水平具有专门的特殊意义。这种特殊意义不仅集中反映在现代竞技运动发展的必然趋势,而且强烈地体现在许多运动项目的特点之中。运动员的体能训练与技术训练、战术训练、智能训练、心理训练具有密切的联系。一般而言,从竞技能力训练的角度看,机体机能的训练和运动素质的训练,是体能训练的主要内容。其中,机体机能的训练内容决定着运动素质的发展方向,运动素质的训练内容决定着机体机能的功能变化。由此可见,体能训练的重点主要是机体机能和运动素质。为此,有必要勾勒竞技能力的体能要素基本结构。表 5-1 虽然只是体能能力四级层次要素结构简表,但是充分体现了竞技运动体能能力的四级层次要素的关系。

表 5-1 体能能力四级层次要素内容结构(简表)

一级层次	二级层次	三级层次	四级层次
体能	机体机能	神经系统	灵活性
			稳定性
			高强性
		肌肉系统	速度性
			协调性
			精细性
		能量系统	无氧性
			有氧性
			混合性

续表 5-1

一级层次	二级层次	三级层次	四级层次
体能	运动素质	力量素质	最大性
			爆发性
			持久性
		速度素质	反应性
			速度性
			持久性
		耐力素质	短时性
			中时性
			长时性
		灵敏素质	协调性
			应变性
			及时性

〔依胡亦海.对抗项目竞技能力层次要素特征的比较研究［J］.武汉体育学院学报，2009（2）.〕

三、体能训练基本分类

体能训练又称身体训练。体能训练的分类是安排、实施训练的重要依据之一。体能训练通常分为一般性、辅助性和专项性体能训练：一般性体能训练是指在运动训练过程中，采用多种多样的身体练习，以增强运动员身体健康、提高身体机能水平、全面发展运动素质和改善身体形态的训练活动；辅助性体能训练是指在运动训练过程中，采用具有将一般身体素质转移到专项身体素质的身体练习，以便使一般身体素质逐渐体现专项化的训练活动；专项性体能训练是指在运动训练过程中，采用与专项运动技术结构本质相似的和与提高专项成绩有直接关系的各种身体练习，以提高专项素质的训练活动。显然，体能训练能否达到体能训练的根本目的，关键在于体能训练所采用的身体练习是否恰当。

身体练习又称练习手段。由于身体练习种类繁多，训练价值殊异，因此，构成了身体练习的不同种类。一般地讲，根据力学特征，可把身体练习分为两类，即动力性练习和静力性练习；根据动作结构的表现形式，可将其分为周期性练习、非周期性练习、混合性练习；根据运动素质特征，可将其分为力量练习、耐力练习、速度练习、柔韧练习和灵敏练习等；根据负荷强度，可将其分为极限强度练习、次极限强度练习、大强度练习、中强度练习、小强度练习。由此可见，身体练习的分类相对较多。在实践中，采用何种分类指导训练，并无严格规定。但是，体能训练所采用的身体练习的动作规格、负荷性质、负荷强度，则是关注重点。因此，采用何种体能训练分类完全取决于体能训练的目的。

实践中，体能训练是以发展运动素质作为主要内容，并以发展运动素质为途径，进而间接地达到改善身体形态和提高机体机能的目的。因此，素质训练是体能训练的核心。从运动机能的基本特征来看，运动素质可分为两大类，即基本运动素质和复合运动素质：基本运动素质是指具有一种运动机能特征或在某一方面的运动机能占主导作用的素质；复合运动素质是指具有两种或两种以上运动机能特征的素质。当然，无论是基本运动素质还是复合运动素质，都不是孤立存在和表现的，而是既相互独立又紧密联系。一般来说，力量、耐力、速度、柔韧素质属于基本运动素质，灵敏、弹跳力则属于复合素质。基本运动素质和复合运动素质的各个要素及其关系如图5-2和图5-3所示。

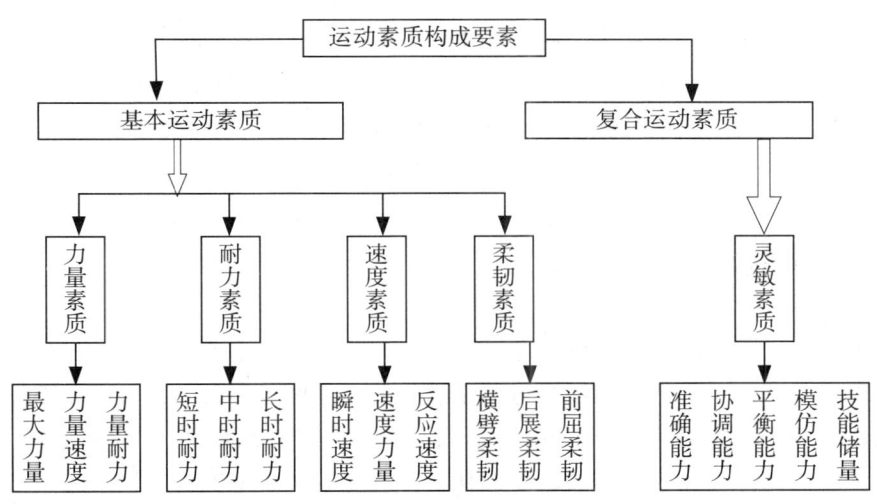

图 5-2　运动素质内部结构及其要素

(引自胡亦海. 竞技运动特征研究 [M]. 北京：人民体育出版社，2013.)

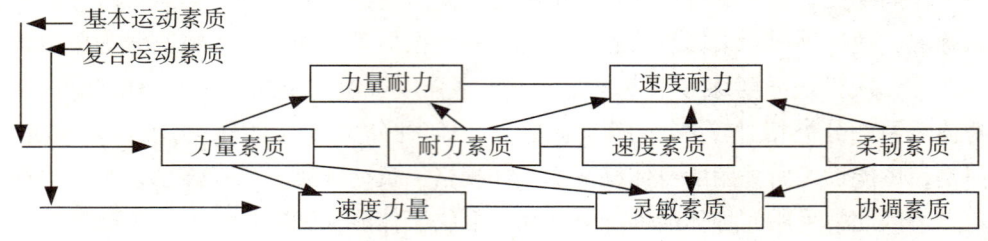

图 5-3 运动素质各个要素关系

(依胡亦海. 竞技运动训练理论与方法 [M]. 武汉：湖北人民出版社，2005.)

第二节 力量素质及其训练

力量素质是运动素质之一，是指肌肉工作时克服内外阻力的能力。力量素质是一种重要的基本运动素质。影响力量素质发展的生理因素是神经过程的强度、快肌纤维的数量、高能物质的储量、雄性激素的含量以及肌肉初长度的效应等因素；影响力量素质发展的训练因素是训练方法、动作方法、负荷性质、负重强度、负重次（组）数、训练频度、恢复方法等因素。力量素质的提高和发展有助于提高短时耐力、速度素质以及某些复合素质水平。

一、力量素质及其关系

关于力量素质的分类多种多样，如图 5-4 所示。图 5-5 反映了力量分类依据以及内在关系，也是选择力量练习手段的分类学依据。实践中，人们习惯把力量分为最大力量、速度力量、力量耐力（后两者具有复合性质）。一般认为，这样划分具有概括性、通俗性、针对性。其中，最大力量对于体重无特殊要求的运动项目，如投掷，就具有决定性的意义；对体重有要求的力量性项目，如摔跤、举重，最大力量的相对力量对其成绩影响显著。速度力量（爆发力）则具有非常重要的专项性质，它是决定技术效果的关键因素。力量耐力则对负荷强度、乳酸能代谢水平、有氧代谢水平要求较高的项目具有特殊的意义。因此，在发展力量素质时，要根据专项运动特点，全面而有选择地发展有关力量素质。

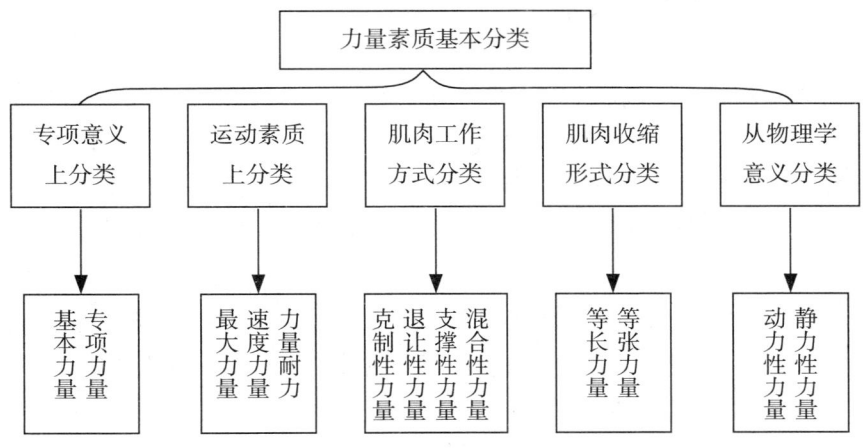

图 5-4 力量素质分类

(依胡亦海. 竞技运动训练理论与方法 [M]. 武汉：湖北人民出版社，2005.)

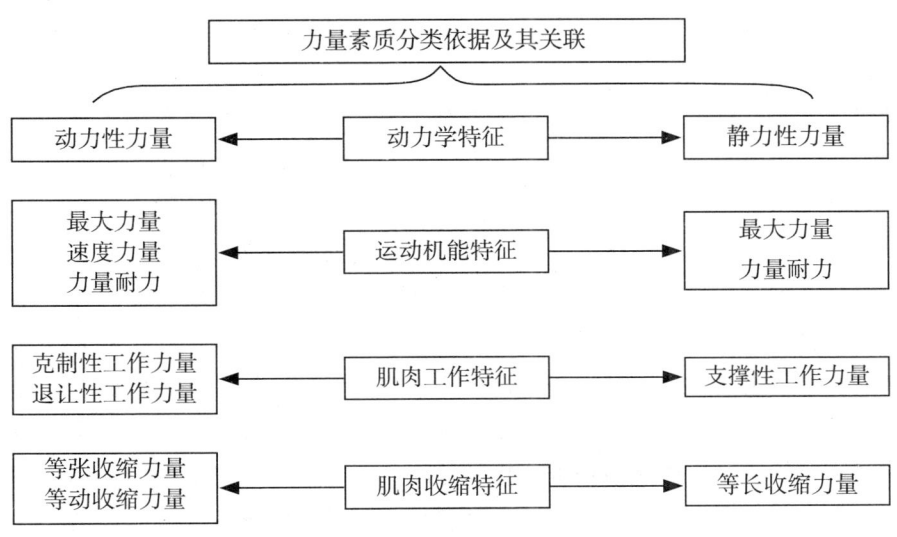

图 5-5 各种力量素质分类间的关系

(依胡亦海. 竞技运动训练理论与方法 [M]. 武汉：湖北人民出版社，2005.)

二、力量素质训练基础

力量素质基础主要是指影响力量发展的因素。实践中，力量素质发展受肌肉横断面积、单位横断面积的肌纤维密度、跨关节杠杆的机械效率、同时收缩的肌纤维数量、肌纤维的收缩速度、肌纤维兴奋的同步化效率、神经纤维的传导速度、与运动无关的肌纤维抑制程度、大直径肌纤维激活的比例、不同类型肌纤维协作的效率、各种牵张反射的效率、作用于肌肉的神经纤维的兴奋阈值和肌肉收缩前的初长度等因素的影响。神经过程的强度、白肌纤维及其比例、能量储备特点、性激素的影响、肌肉收缩前的初长度效应等因素，对力量素质的影响最大。认识和掌握这些影响因素的内在特点，不仅有助于科学地发展相关的机体机能和力量素质，而且有助于科学地选择力量训练的方法和手段。

神经过程的强度往往决定着肌肉参与收缩的运动单位的数量。如前所述，肌肉活动是受神经系统支配的，每块肌肉都具有一定数量的由神经纤维末梢与若干肌纤维相连并组成的运动单位。通常，肌肉中运动单位并不全部或同时导致肌肉收缩，而是在神经系统的支配下，部分地、有序地调节肌肉活动。但是，在从事竞技运动的训练或比赛中，肌力会随着神经过程的强度的提高而提高。这是因为神经强度愈高，神经系统向肌肉发放的神经冲动和频率愈强，肌肉中被动用的运动单位数目也就愈多，并趋于同步支配肌肉收缩，因而产生的收缩力则愈大。因此，力量训练必须唤醒和提升神经过程的强度，以此达到募集更多运动单位参与力量训练的目的。唯有如此，力量素质才能得到有效提高。

白肌纤维又称快肌纤维。它具有收缩速度快、收缩力强的特点，是力量素质表现的主要物质基础。研究发现：白肌纤维数量多、直径大，往往所表现出来的力量素质水平也高。与其他项目相比，从事力量性项目运动员的白肌纤维比例具有显著优势特点。白肌纤维的数量或比例具有遗传度较高的特点，但是，通过适宜的力量训练，可以引起肌纤维选择性的肥大。另外，有研究表明，不适宜的力量训练有可能使亚类纤维的性质转向红肌化，科学的力量训练可使亚类纤维白肌化。显然，力量素质训练特别强调训练方法的正确运用。实验材料证明，极限负荷强度或次极限负荷强度的力量训练，可以提高白肌纤维的收缩质量，进而有助于爆发力的发展。小负荷强度训练则较易发展力量耐力。

ATP、肌糖原、蛋白质储量对于力量素质的影响显著。蛋白质是肌纤维的重要部分，其含量越多，肌纤维充实程度越高，纤维直径就越粗；ATP、CP 含量越高，肌纤维维持快速的收缩速度时间就越长，收缩功率就越高。因此，从能量代谢角度上讲，发展力量素质的关键因素之一是提高肌肉中 ATP、CP、肌糖原和蛋白质的含量以及代谢能力。另外，性激素的影响亦是显而易见的。男女成人在力量素质上可表现出明显的性别差异，引发这一差异现象的重要原因是男女雄性激素具有显著差异。雄性激素是人体蛋白质合成的一种重要激素，它有助于增加肌肉中蛋白质的含量，提高肌肉质量，同时有助于抑制脂肪堆积。正因为它具有这样的作用，促成了男性肌肉发达、女性肌肉纤细的特点。

三、力量训练基本方法

（一）力量素质训练方法

1. 等动力量训练方法（Isokinetic training）

等动力量训练方法又称等速力量训练方法。此方法是指采用专门抗阻力量训练设备，使人体在关节活动范围内动作速度基本不变地进行阻力训练的方法。此方法最大特点是：人体接受外部负荷刺激所产生的生理反应强度在人体动作的变化过程中始终保持恒定，并使关节各个角度肌肉用力呈现出最大用力或恒定用力。此方法优点是：肌肉最大用力可以始终贯穿于全部动作过程，肌肉张力时值总和可以显现最大值，肌肉所受到的刺激量最大；对于提高绝对力量（最大力量）的训练价值很高，负荷强度不必安排在最大重量强度上也可以取得提高最大力量的训练效果；练习后，有关肌肉的酸疼感觉相对较轻；对有关部位的小肌群、弱肌群或其他方法不容易训练到的深层肌群都有直接训练的价值。

此方法对于外阻力系数较大的项目，如游泳、潜水、划船、自行车等具有其他方法无法比拟的效果；对于骨骼肌拉伤后的恢复，具有明显的康复价值；与其他方法相比，在同等时间内可使最大力量的发展取得更好的训练效果。或者说，可在较短时间内，在最大力量发展方面可以取得与其他训练方法同等功效的训练结果。此方法的缺点是对于爆发力、动作速度要求很高的运动项目（如田径的跳跃和排球的扣球起跳动作等），则不宜过多采用。原因是此方法的本质是在损失动作速度的情况下，通过始终进行最大用力过程来提高力量素质，这有碍于技术动作的速度提高。因此，爆发力要求很高的项目，应适当地控制采用此法。不过此法有助于科学提高跳跃项目中肌肉被迫退让收缩的力量。

2. 等张力量训练方法（Isotonic training）

此方法是指抗阻力训练时肌肉以克制性工作方式呈现向心收缩时，肌肉长度发生缩短而张力保持不变的力量训练方法。此方法当肌肉收缩中所承受的负荷小于肌肉收缩力时可使物体产生位移，因此可以做功。此方法最大特点是动作速度快、功率大（$W=FS/T$）。此方法优点是：可以利用刺激强度的不断累积，提高最大力量和爆发力；动作起始阶段的肌肉张力水平最大，对于提高动作速度和爆发力均具有直接的训练价值；便于运用多种练习手段，提高多关节运动的技能储备量。此方法缺点是：力量训练的肌张力最大值的时值较短，每次动作刺激总量较低，且不能使肌肉在连贯动作过程中各关节角度呈现出最大用力；不易训练小肌肉和弱肌群，如果动作不够规范容易出现伤害事故。

3. 等长力量训练方法（Isometric training）

等长力量训练方法又称静力性力量训练方法。此方法是指人体采用相对静止的动作，利用肌肉收缩长度不变、张力变化的特点进行训练的练习方法。此方法最大特点是物理上表现的功为零，但生物体存在做功的功能。此方法优点是：动作简单易行，无须复杂的训练器材，对于提高静力性的最大力量效果明显；对于提高小肌群、弱肌群颇为有效；负荷强度与肌肉张力的增加成正相关性；对于软组织损伤康复具有积极作用。此方法缺点是：对于各种速度力量、爆发力要求甚高的运动项目，不能作为主要训练方法；过多采用此法，易使肌肉失去弹性，形成爆发力的发展障碍，从而难以继续提高；易使肌肉横断面增加，并与毛细血管的发展出现失衡的状态，容易影响肌肉的代谢物质的交换。

4. 超长收缩力量训练方法（Plyometric training）

超长收缩力量训练方法又叫增强式力量训练法或称反射性力量训练方法。此方法是利用肌肉弹性、收缩性及牵张反射性，引起神经系统反射性地产生更强烈的兴奋冲动，从而募集更多的运动单位参加收缩，以产生更大的肌肉收缩力，进而达到提高爆发力的目的。跳深练习就是最典型的超长收缩力量训练的手段。此方法优点是：可以更强烈地刺激肌肉，使肌肉张力能产生更高的峰值；可以有效提高肌肉在被迫退让阶段收缩时的抗拉力水平；可以有效提高向心收缩时的肌肉收缩速度。显然，此方法对于提高爆发力水平的训练价值最大。实践中，各种跳跃练习就是此方法的练习手段。此方法缺点是：如果动作结构不合理，易导致肌纤维拉伤。另外，对肌力较弱的少年儿童不宜过多地使用此法。

5. 四种训练方法比较

力量训练方法主要分为等动、等张、超长、等长力量训练方法。"游泳等动器"练习就是等动力量训练方法运用的范例。此方法最大特点是可使关节各个角度的肌肉用力呈现出最大用力，其目的是发展克服系数较大的外阻力能力。"高翻杠铃"的练习是等张力量训练方法运用的范例。此方法最大特点是动作速度快、功率大，其目的是发展速度力量。"跳深练习"是超长收缩力量训练方法运用的范例。此方法最大特点是可使有关肌群得到更深刻的刺激和反应，其目的是发展爆发力。"倒立支撑"练习是等长力量训练方法运用的一个范例。此方法最大特点是简单易行，其目的是发展静力性力量。显然，这些力量训练方法对于发展不同力量素质各具有独特作用，如表 5-2 所示。

表 5-2 四种力量训练方法的比较

比较类别	等动	等长	等张	超长
最大力量增长率	最大	较低	较大	一般
爆发力发展程度	一般	较低	较大	最大
力量耐力增长率	最大	较低	较大	一般
动作力量增长率	最大	较低	较大	一般
训练时间的经济性	较大	最大	一般	一般
训练器材的经济性	较小	最大	一般	一般
训练实施的简易性	较小	最大	一般	一般
评定方法的方便性	较小	一般	最大	一般
肌肉酸痛感的程度	较小	较大	一般	较大
训练受伤的可能性	较小	一般	较大	最大
训练器材的科学性	最大	最小	较大	一般
练习部位的多样性	较小	最小	较大	一般

（依胡亦海. 竞技运动训练理论与方法［M］. 武汉：湖北人民出版社，2005.）

(二) 力量训练负荷安排

1. 最大力量负荷安排

根据力量训练负荷等级（表5-3），动力性最大力量的训练负荷强度必须采用次极限以上的负荷强度，即最大力量的85%~100%进行训练，力量发展效果才能显著。在这种等级范围内，每单元训练的组数可为5~8组，每组练习的次数可为2~5次。具体组、次数的安排，以引起局部肌肉显现疲劳状态为宜。负荷强度与量的具体安排有4种变化形式，即强度与量度恒定；强度提高，量度恒定；强度恒定，量度提高；强度与量度均为下降。用次极限或极限负荷强度发展最大力量是高水平运动员力量训练中一种常用的且合理的负荷安排方式，但是，初级运动员最大力量发展的负荷安排不同于高、中级运动员。一般来讲，初级运动员应选择中等或偏大强度的负荷级别进行力量训练为宜，次数可安排略多一些。另外，在疲劳状态下中等负荷强度的负荷训练也具有极限负荷的某些特征。

表5-3 力量训练负荷等级

类型 等级	动力性		静力性	
	负荷强度（%）	负荷次数	负荷强度（%）	负荷时间（秒）
极限负荷	90~100	1~2	100	2~3
次极限负荷	85~89	3~5	80~90	4~6
大负荷	70~84	6~8	60~75	7~15
中等偏大负荷	60~69	9~12	40~55	16~30
中等负荷	50~59	13~18	30~39	31~60
小负荷	20~40	19~	~20	60~

用次极限或极限负荷强度发展最大力量是高水平运动员力量训练中一种常用的且合理的负荷安排方式。但是，初级运动员最大力量发展的负荷安排不同于高、中级运动员。一般来讲，初级运动员应选择中等或偏大强度的负荷级别进行力量训练为宜，次数可安排略多一些。另外，在疲劳状态下，这种负荷强度下的训练，也具有极限的特征。发展最大力量时遵循的负荷原则是：每组练习的次数不宜多，而且在准备性负重练习后，要很快进入次极限或极限负荷级别进行训练，以保证机体在最佳训练状态下承受最强烈的外部刺激，争取获得较好的训练

效果。各组练习的间歇中，必须采取适宜恢复手段以促使有关肌群的暂时性疲劳得以消除。一般情况下，间歇时间平均 2~5 分钟为宜。

2. 速度力量负荷安排

爆发力训练负荷的安排取决于两个条件：一是提高肌肉收缩速度；二是提高肌肉收缩力量。由于各运动项目都需要爆发力，且爆发力表现形式不同，因此根据肌肉张力的变化程度及动作的基本形式，可将爆发力细分为强直性爆发力（如抓举杠铃的爆发力）、弹道性爆发力（如掷标枪所需的爆发力）、反弹性爆发力（如弹跳力）。研究表明：速度、力量因素对发展爆发力的影响程度不同。强直性爆发力是在保持或不降低肌肉收缩速度的前提下，着重通过提高最大力量来促使其发展的；弹道性爆发力是以一定的力量为基础条件，着重通过提高肌肉收缩速度来促其发展的；反弹性爆发力则是以努力发展肌肉被迫拉长转入缩短收缩速度为前提，通过逐步的发展肌肉最大张力和力量来促其提高的。

因此，以发展弹道性爆发力为主的训练，通常表现为负荷重量强度小、速度负荷强度大的特点。一般情况下，采用两种负荷形式进行训练：一种是在恒定小负重的情况下进行动作速度训练；另一种是在变化负重强度的情况下进行动作速度训练。如在负重强度略大的练习完毕后，马上进行轻负重或无负重的训练，以利用肌肉在较大刺激的作用下所产生的效应，发展动作速度和提高爆发力水平。以发展强直性或反弹性爆发力为主的训练中，负荷强度应以次极限或大强度负荷级别安排为宜。因为该强度下的训练，动作速度下降并不明显，有利于在不损失动作速度的前提下提高力量，进而提高爆发力。特别指出：反弹性爆发力的每组练习后应注意进行适宜性恢复，恢复方法以肌肉按摩放松为好。

无论何种爆发力的训练，都不能在损失速度的前提下通过追求最大力量求得爆发力的提高，否则有可能产生速度障碍。在安排负荷练习时，负荷的有效刺激强度应在中枢神经系统处在最佳良性状态下施加于机体。每组练习可以进行 5~8 次，练习的组数、次数应以不产生动作迟缓为原则，组间休息应稍长一些。另外，爆发力负荷强度安排的另一种方法是"8M"负荷法，这种方法的理论依据是有效负荷强度刺激效果和运动适应原理。8M 负荷法的规定是：以能够承受重负 5 次负荷量的最大强度为限，在此强度下进行重复训练。当机体经过若干周的训练适应之后，如果能在这一强度承受每组 8 次重复的负荷量后即可提高负重强度，如图 5-6 所示。8M 负荷法简单易行，有助于提高爆发力。

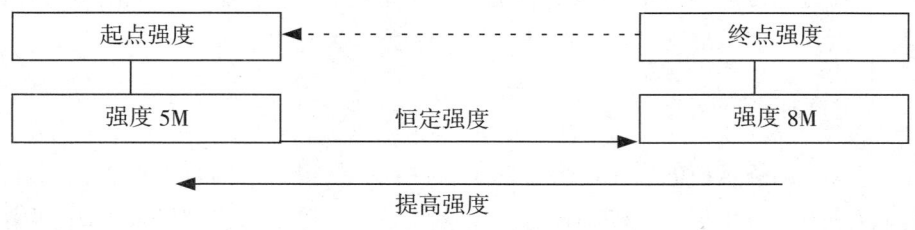

图 5-6　8M 训练负荷示意图

3. 力量耐力负荷安排

对某些项目来说，如划船、游泳、摔跤等，绝对力量的大小在一定程度上决定着力量耐力的水平。一般地说，在负荷强度值（实际阻力数）相等的情况下，绝对力量愈大，力量耐力则愈强。因此，适当进行最大力量训练有助于提高力量耐力。由于力量耐力取决于机体糖原水平，因此适当地采用具有耐力性质的力量负荷训练也是必须的。以此为目的的负荷安排约为最大力量的 50% 左右，一般为 5~8 组，组间休息为 1~3 分钟。力量耐力训练的外加阻力形式多种多样。专项力量耐力负荷强度应类似比赛强度。负荷量则是比赛负荷量的 120%~140% 之间即可。力量耐力训练对动作频率和幅度要求是严格的，其中动作幅度受功率的影响，动作频率则受耐力速度影响，两者共同影响它的发展。

（三）力量训练基本要求

抗阻力训练是提高力量素质的重要途径。采用抗阻力练习手段必须注意练习手段对各部肌群的影响。练习动作必须符合解剖学原理及专项要求，要根据目的有效地采用不同的训练方法。一般地讲，以提高最大力量为目的，可采用等动力量、等张力量、等长力量训练方法；以提高爆发力量为目的，可采用以等张、超长收缩力量训练方法为主，其他方法为辅的基本原则进行训练。在力量训练中，要重视大小肌群力量素质均衡发展、专项力量素质和基本力量素质的协调训练；要重视力量训练前后的准备、放松活动。准备活动中，首先要使运动员神经与肌肉系统做好承受极限负荷的准备；训练后要充分进行放松，重点要采用拉长放松和抖动放松手段，以便促使肌肉恢复到训练前的初始状态。

第三节　耐力素质及其训练

耐力素质是运动素质之一，是指人体的长时间活动或抵御神经、肌肉疲劳的能力，是一种重要的基本运动素质。生物学方面影响耐力素质发展的主要因素是：神经过程的稳定性、快慢肌纤维的比例、肌糖原的储备量、最大摄氧量水平、人体的负氧债能力、意志品质的坚毅性等因素。训练学方面影响耐力素质发展的主要因素是：训练方法、训练手段、负荷性质、负荷强度、练习次（组）数、训练频度、恢复方法等相关重要因素。因此，应高度重视耐力素质训练。

一、耐力素质及其关系

耐力素质因分类依据不同，认识的角度有异，因而形成目前有关耐力素质种类的称谓或名称繁多。根据耐力素质最本质的特点，这里仅从负荷时间、强度及其相应能量供应的角度来阐述耐力素质的种类及其关系。按负荷时间、负荷强度进行分类，耐力素质可分短时（短时间）、中时（中时间）、长时（长时间）耐力。短时耐力是指人体在 1 分钟内以高强度负荷持续工作的能力；中时耐力是指人体在 1~8 分钟间以较高强度负荷持续工作的能力；长时耐力是指人体在 8 分钟以上以中等或较低强度持续工作的能力。其中，长时耐力又可分 3 个等级，即负荷持续时间 8~15 分钟为长时Ⅰ级耐力；持续负荷时间为 15~30 分钟为长时Ⅱ级耐力；30~90 分钟以上为长时Ⅲ级耐力（表 5-4）。

表 5-4　耐力素质划分的依据及隶属种类

耐力素质种类	分类依据
动力性耐力	运动状态
静力性耐力	
力量耐力	运动机能
速度耐力	
短时耐力	负荷时间、强度
中时耐力	
长时耐力Ⅰ、Ⅱ、Ⅲ	

续表 5-4

耐力素质种类	分类依据
肌肉耐力	组织器官系统
心血管耐力	
有氧耐力	能量供应形式
无氧耐力	
一般耐力	运动专项
专项耐力	

（依胡亦海.竞技运动训练理论与方法［M］.武汉：湖北人民出版社，2005.）

按能量供应形式分类，耐力素质可分为无氧耐力和有氧耐力。无氧耐力是指人体在供氧不足并产生氧债的情况下克服疲劳的能力；有氧耐力则是指人体在氧供应充足或吸、耗氧量处于平衡情况下克服疲劳的能力。各种耐力之间的关系：尽管耐力种类的分类依据不同，但是其隶属种类之间的关系仍具有一定联系。如按负荷时间及强度分类的各种耐力种类，在能量供应方式上均有相应的特点（图 5-7）。当然，按时间负荷、强度分类的耐力素质与按运动机能特征分类的耐力素质之间，也具有紧密的关系。研究表明：力量耐力和速度耐力与耐力素质中的短时耐力高度相关、与中时耐力中度相关、与长时耐力低度相关。显然，耐力素质中的短时耐力与长时耐力的肌肉性能和能量代谢是根本不同的。

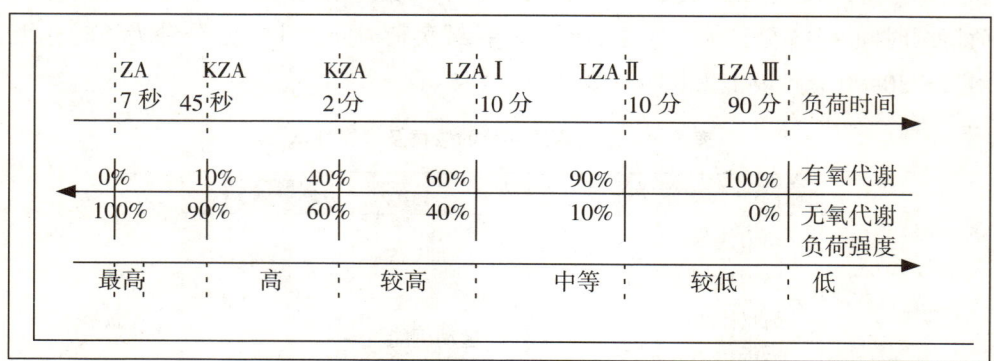

图 5-7 各种耐力在能量供应比例和负荷时间及强度上的示意

二、耐力素质训练基础

耐力素质基础主要是指影响耐力发展的生物学因素。耐力素质的发展主要受神经过程的稳定性、能量物质的储备量、最大摄氧量的水平、红肌纤维及其比例、人体负氧债的能力和人的意志品质的程度等因素影响。其中，神经过程的稳定性影响重大。在长时间的运动中，神经过程是否保持稳定，是决定技术动作是否依然保持高度协调的重要因素之一。在耐力项目训练中，神经过程具有长时的稳定性，将意味着神经机能对疲劳具有高度的抵抗能力。这种能力在运动的后段不仅直接影响着肢体活动的稳定性，而且对提高物质代谢的调节能力具有直接作用。神经过程的稳定性与心理意志力程度高度相关，两者相得益彰，互相促进。神经过程稳定性和意志品质顽强性共同促进耐力水平的发展。

人体体内能量物质，尤其是糖原、游离脂肪酸的储备量，是决定耐力（中、长时耐力）水平的重要因素。一般情况下，在氧供应充足的条件下，体内糖原和游离脂肪酸含量高的运动员在运动中所表现出来的耐力水平通常较高。体内糖原的储备量大，标志着运动员在较高强度的负荷下持续运动的潜力大；体内游离脂肪酸含量多，则意味着运动员连续工作的能力强。长期、系统地训练，可以有效地改善机体能量供应系统的调节能力。如在运动中不必待机体糖原过多消耗，就可较早地动用体内游离脂肪酸参与氧化分解供能。这样，既有利于维持体内血糖的正常数值（血液中的糖原）以满足脑细胞需要，又能使高值能量物质尽早参与供能，当负荷强度提高时又可及时地启动糖原的无氧供能。

最大摄氧量是衡量运动员有氧耐力的客观指标。氧是能量物质氧化释能不可缺少的主要物质，氧供应充足与否，在很大程度上决定于最大摄氧量水平。人体最大摄氧量是由心、肺、血管系统的功能所决定。在运动中，人体体内氧的来源途径是通过呼吸系统将氧吸入肺部；尔后，氧通过肺泡壁与肺循环毛细血管的血液进行气体交换进入血液，并与血液中的血红蛋白结合；最后，经毛细血管进入肌细胞内供能量物质氧化释能，满足肢体活动需要。因此，从本质上讲，肌细胞内能量物质氧化释能所需的氧量，决定着能量供应水平。而肌细胞内氧量充足与否则决定于肺通气量、血液中的红细胞数量和血红蛋白量、心输出量及毛细血管的分布密度。因此，改善心血管系统的功能是关键因素。

人体骨骼肌中的红肌纤维是耐力素质的重要物质基础。在结构上它具有肌原纤维粗、横纹少、神经末梢多的特点；在机能上它具有潜伏期长、不易疲劳、持续收缩时间长、氧化能力强的功能。其收缩主要依赖肌糖原、游离脂肪酸的氧化释能。红肌纤维之所以有此特点，就是因为红肌纤维含有较多的线粒体。线粒体是人体细胞的能量工厂。研究表明，红肌纤维的比例与最大摄氧量水平呈正相关性。在负荷强度要求人体以最大摄氧量的90%以下氧供应运动时，红肌纤维内的糖原随着负荷时间的延续而显著减少，但白肌纤维内的糖原消耗并不显著。这说明在氧供应充足的情况下，人体运动主要是红肌纤维及其内部的能量物质分解释能而起作用。显然，红肌纤维是有氧耐力素质的重要物质基础。

人体负氧债的能力是判断运动员无氧代谢能力的重要标志。人体在氧供应不足的情况下，仍然能够保持较高负荷强度的持续运动能力，这说明体内抗氧债的能力高。人体负氧债能力的高低与人体抗酸能力、糖原无氧酵解能力、氧利用能力有关。一般地说，在氧供应不充分的情况下，糖原无氧酵解释放能量越多，体内氧利用率越高，人体抗酸能力越强，人体无氧耐力水平就会显得越好。研究证明，系统无氧耐力的训练，可以有效地提高上述诸种能力，使人体在缺氧状态下，能够体现出高水平的无氧耐力。人体在相对最高强度下不同竞技时间与能量代谢系统的关系，详见表5-5。人体负氧债能力对于短时耐力、速度耐力和力量耐力等运动素质要求甚高的运动项目来说，是一种重要生理机能。

表5-5 相对最高强度下不同竞技时间与能量代谢系统的关系

类型	吸氧量	氧债	乳酸	ATP、CP	肌糖原	游离脂肪酸
0~8秒	很少	低	非常低	高	低	无
6~15秒	非常少	低	低	中高	中	无
12~30秒	低	中	中	中	高	无
25秒~1分20秒	中低	高	高	中低	高	无
1分10秒~3分	中高	高	高	低	高	少
2分30秒~7分	高	高	高	低	高	少
6~12分	高	中	中	低	中高	低
10~25分	高	中低	中低	低	中	中高
20~45分	高	低	低	低	低	高
35~240分	高	低	低	低	低	高
备注						

（依胡亦海. 竞技运动训练理论与方法 [M]. 武汉：湖北人民出版社，2005.）

三、耐力素质训练方法

(一) 各种耐力训练方法

1. 持续训练方法

此方法是指运动员以比较恒定的强度持续不间断地进行长时间练习的方法。此方法的主要功能是提高长时耐力水平。此方法特点是：可提高机体内游离脂肪酸储备水平，有助于提高体内有氧代谢能量物质的含量；在负荷时间长时耐力Ⅰ、Ⅱ级范围内，安排心率为 165 次/分的负荷强度进行训练（在此强度下，负荷总时间也可延续到 30 分钟以上），对于提高肌糖原代谢水平、糖原储备量都具有实际价值，同时有助于提高心血管系统功能；在负荷时间为长时耐力Ⅲ级时，安排心率为 150 次/分的负荷强度进行训练（在此强度上，负荷时间也可延续到 90 分钟以上），对于改善人体心血管系统机能及提高人体脂肪代谢水平具有功效。此方法的变化形式为变速持续练习或者法特莱克练习方法。

2. 间歇训练方法

此方法是指在相对固定的条件下，按照严格规定的间歇时间休息并进行反复练习的方法。它与重复训练方法的最大的区别是对间歇时间赋以严格的规定。此方法的主要功能是提高中时耐力水平效果显著。此方法特点是：间歇时间是以运动后心率恢复到 120 次/分为确定具体间歇时间的主要依据，具有严格的指标；对于提高人体心脏每分输出量的影响最大，可显著提高心肌收缩能力，提高心脏输送血液的能力；对于提高中时耐力、长时耐力Ⅰ级耐力具有较高训练价值；较高强度负荷下，通过分段持续负荷和不断缩短间歇时间方法，可有效地提高专项耐力水平。此方法的不足是：对初级运动员不易过多采用；负荷量不易掌握。实践中倘若运用失当或负荷间歇掌控不好，易发生速度障碍。

3. 重复训练方法

此方法是指在相对固定的条件下（不改变动作结构和负荷），按照一定的要求，反复进行练习的方法。此方法特点是：多次重复训练的平均负荷强度最大，每次重复练习时间不长，间歇时间要求不严，一般均以不影响下次重复练习的强度为原则；练习的动作结构固定；对于提高肌肉中 ATP、CP 和肌糖原的含量颇为有效，可取得明显的超量恢复效果。持续时间为 6~8 秒内，强度为最高的运动负荷下，对提高 ATP、CP 能量物质有利；持续时间为 6~30 秒内，强度为较高的负荷下，对提高糖的无氧酵解能力及无氧耐力有利；在持续时间为 30 秒~2 分钟左右，强度安排偏高，对提高以糖的无氧为主的混合供能能力有利。显然，耐力训练的每组负荷时间至少应安排 30 秒~2 分为好。

（二）耐力训练负荷安排

根据人体主要供能特点和不同状态下能量供应比例，Tudor O.Bompa 提出六级负荷等级。由表 5-6 可见，耐力训练负荷等级的划分较为复杂，它主要根据耐力素质的负荷时间、负荷强度与能量代谢的关系进行分类，并辅以外部负荷指标。由表 5-6 可见，在发展耐力素质上，根据短时、中时、长时耐力的划分标准，针对性地采用相应的某一等级负荷指标，科学地设计训练计划、合理地安排运动负荷和有效地实施训练是耐力素质训练的关键。其中，认识耐力素质运动负荷的各级生理指标，是科学设计训练计划、合理安排运动负荷和有效实施训练的主要依据。由表 5-6 可见，负荷强度 2 级直到 6 级都是耐力训练的主要负荷区域，对于提高不同系统的能量代谢能力具有不同的功效。

表 5-6　速度 - 耐力素质的负荷等级划分

强度	持续时间	强度程度	主要供能系统	能量供应比例	
				无氧	有氧
1	<6s	最大	磷酸盐系统	100~95	0~5
2	6~30s	次大	磷酸盐系统和快速糖酵解	95~80	5~20
3	30s~2min	较大	磷酸盐系统和慢速糖酵解	80~50	20~50
4	2~3min	中等	慢速糖酵解和有氧供能系统	50~40	50~60
5	3~30min	较低	有氧供能系统	40~5	60~95
6	>30min	低	有氧供能系统	5~2	95~98

（引自 Tudor O.Bompa，等. Periodization:Theory and Methodology Of Training -5th Edition [M]. 李少丹，等，译. 北京：北京体育大学出版社，2011：66，并改制.）

1. 短时耐力负荷安排

短时耐力的训练负荷应以体现明显的无氧供能为特点，以提高肌糖原、血糖、无氧酵解释能水平及机体抗氧债能力为目的。其练习过程应引起强烈的无氧代谢反应。短时耐力的负荷强度多以耐力等级中的次高强度级为主。因此，其生理负荷指标应体现出氧债高、乳酸量大、心率快的特点。为此，负荷持续时间可根据训练目的，在 30 秒~1 分之间选择。练习次数则因训练水平、强度变化而变化。各次练习的间歇时间安排，可以按机体充分恢复或不充分恢复两种方式考虑。组织方法是：对初学者而言，应以重复训练方法为主，间歇时间以充分恢复为安排原则；对训练有素的运动员或高级运动员，其练习方法的安排较为复杂，但多以重复训练方法、强化性间歇训练方法以及比赛训练方法为宜。

2. 中时耐力负荷安排

中时耐力的负荷时间通常为 1~8 分钟。显然，中时耐力素质的训练最为复杂。许多项目的比赛时间或者局赛时间都是在这一时间范畴。因此，耐力训练至关重要。中时耐力的运动负荷安排，应以鲜明地体现出无氧、有氧代谢混合供能的特点，以提高肌、肝糖原水平、糖的无氧和有氧分解释能水平为目的。中时耐力负荷强度所跨过的级别较多，因此，须具体问题具体分析。一般地说，中时耐力比赛负荷强度、持续时间愈接近短时耐力项目的性质，其运动负荷强度的性质就会愈接近以无氧代谢为主的特点。由表 5-6 可见，磷酸盐系统和快速糖酵解系统的参与比例越大，负荷强度则应越大。反之，负荷时间越接近长时耐力或接近 8 分左右，有氧代谢供能的比例越大，运动负荷强度越低。

通常，接近 1 分左右负荷时间的负荷强度应以 3 级为主，适度地进行 4~6 级的负荷强度训练，以确保身体具有较高的有氧代谢能力，从而为中时耐力的无氧能力奠定有氧代谢基础。一般来说，每次负荷持续时间多为 1~3 分钟，适当地进行短时间、高强度、短间歇的负荷练习，总有效负荷时间为 20~45 分钟不等。中时耐力的比赛负荷愈接近长时耐力项目的性质，其负荷性质就愈接近于有氧代谢负荷的级别。总的说来，其负荷强度安排多为 5~6 级。必须适度安排 2~3 级强度的训练，以便提高运动员最后冲刺的耐酸能力。由于中时耐力是很多项目的耐力基础，加之能量代谢混合供能的形式复杂，因此，需要辩证地认识无氧与有氧代谢之间的关系，合理地安排中时耐力的负荷强度和时间。

中时耐力训练的组织方法同样比较复杂。因此，中时耐力的组织训练，往往根据训练水平、专项特点、训练目的，通过采用不同的变化负荷元素的方式训练达到训练组织目的。实践中，变化不同负荷元素的负荷安排有如下几种典型方式：第一，负荷强度、时间、数量、间歇时间均为恒定，主要用于适应性训练；第二，负荷强度、时间、数量恒定，间歇时间缩短，主要用于分段后整体衔接的耐力训练；第三，强度提高、数量及其间歇时间均为恒定，主要用于提高负荷强度的训练；第四，负荷时间、数量提高，负荷强度、间歇恒定，主要用于提高负荷量的训练。显然，这些方式所要达到的目的根本不同。因此，需要根据训练过程不同阶段的任务和运动员的实际水平，科学地安排不同负荷。

3. 长时耐力负荷安排

长时耐力训练的负荷安排，应体现以有氧供能为主、以无氧代谢为辅的特点，应以提高机体糖原储备量、糖的有氧分解能力、最大吸氧量、游离脂肪酸含量及其氧化能力为目的。一般地讲，长时Ⅰ级耐力的平均负荷强度应以中等强度为主，心率多为 165±5 次/分；每次练习的持续时间多为 8~15 分钟不等，间歇时间充分。长时Ⅱ级耐力的训练强度偏中较低，心率数多为 155±5 次/分，每次练习的持续时间多为 15~30 分钟不等，间歇时间充分。在长时耐力训练中，练习的负荷性质应该是有氧负荷性质。但是，全年的训练过程应该适度穿插无氧代谢训练的安排。训练的主要方法是发展性间歇训练方法和持续训练方法。对于长时Ⅰ级耐力训练，有时可采用强化性间歇训练方法安排负荷。

（三）耐力训练基本要求

耐力训练应遵循能量代谢系统规律。提高短时耐力水平的途径是提高无氧代谢能力；提高中时耐力水平的途径是提高有氧、无氧混合供能能力；提高长时耐力的途径是提高糖原，尤其是游离脂肪酸的有氧分解释能水平。由于中时耐力能量供应方式复杂，因此，必须具体项目具体分析。另外，耐力训练应当与技术训练、战术训练、意志训练高度结合。对于球类运动来讲，每次攻防过程实际上是一个无氧供能为主过程。因此，耐力训练必须注意无氧训练强度要高，变化要多，密度要大，要以有氧耐力训练为基础，无氧耐力训练为目的，以随机变化的负荷强度为练习安排的主要方式。战术训练应该具有无氧耐力训练的性质，这样既有利于提高专项耐力水平，又可确保技术、战术具有高度稳定性。

第四节 速度素质及其训练

速度素质是运动素质之一，是指人体在神经系统支配下，以高能物质 ATP、CP 为主要能源，进行快速运动的能力，是一种重要的基本运动素质。生物学方面影响速度素质发展的主要因素是：神经过程的速度、快肌纤维的数量、高能物质的储备量、肌肉纤维的弹性、速度感知能力等因素。训练学方面影响速度素质发展的主要因素是：训练方法、训练手段、负荷性质、负荷强度、练习次（组）数、训练频度、恢复方法及其手段等相关因素。

一、速度素质及其关系

速度素质是所有运动项目体能训练的重点。速度素质种类因划分依据不同而称谓有异。本节从实践性角度重点介绍速度素质中的反应速度、加速度、动作速度、速度耐力。其中，反应速度是指人体对外界信号刺激所做出的应答能力，它反映了神经冲动在神经系统中的传导速度；加速度是指在规定的条件下，人体重心（局部肢体重心）速度变化的差异与所用时间的比值，它反映了人体由静态转入最高速度动态的变化过程；动作速度是指完成单个动作或整套动作的快速能力，它反映了机体完成动作的整体快速能力（从某种意义上讲也包括了加速度因素）；速度耐力是指人体维持最高速度运动状态的能力，它反映了人体在最高速度运动状态的持久力。因此，必须区分不同速度素质的训练。

发展速度素质除对提高速度性项群的专项运动成绩具有直接作用外，对于其他运动项目亦有重大作用，对于许多运动项目形成某种技术、战术风格具有极大的意义。速度素质既是运动技术关键环节的构成要素，也是运动战术的构成要素。良好的速度素质可以提高基本技术的质量和衔接技术的效果，同时可以形成"以小打大、以快制高"的战术作风。实践中各种速度关系紧密。许多运动项目速度素质正是上述 4 种速度素质的综合反映，如田径 100 米跑就是 4 种速度素质的综合作用，乒乓球运动员的攻守对抗中反应速度起着决定作用，排球运动员扣球动作的动作速度与加速度则起关键作用。因此，训练中应根据专项运动技、战术的要求和各类速度素质的相关作用进行分类分层分级训练。

二、速度素质训练基础

速度素质训练基础主要是指影响速度发展的生物学因素。速度素质的发展主要受神经过程的快速性、白肌纤维及其比例、高能物质的储备量、肌纤维的物理特性、速度心理感知能力和疲劳训练不良效应等因素的影响。其中，神经过程的快速性影响重大。神经过程兴奋与抑制转换速度是速度素质的神经基础，它直接影响着肌肉收缩与舒张交替过程的快慢。由于神经系统占据支配地位，因此，改善神经系统的这一功能是提高速度素质的首要条件。人体神经过程兴奋与抑制的转换能力具有较高的遗传度。在儿童少年的早期阶段，这一能力的改善具有一定的可塑性。速度心理感知能力也是影响速度素质的重要因素，速度感知能力强，可使肌肉收缩协调快速，有利于促使肌肉的协调收缩与放松活动。

白肌纤维是速度素质的肌细胞基础。研究表明：人体骨骼肌中的白肌纤维的数量和体积除与力量素质呈正相关外，还与速度素质呈高度正相关。科学的速度训练可提高白肌纤维的质量，提高肌纤维内 ATP、CP 高能物质的含量及细胞内酶的活性。反之，会使白肌纤维红肌化，形成一定的速度障碍。另外，速度素质依靠的能量物质基础是三磷酸腺苷（ATP）、磷酸肌酸（CP）以及无氧状态下肌糖原的释能水平。其中，细胞内 ATP、CP 的分解释能，可使人体维持激烈活动 6~8 秒（也有研究证明，可多达 10 秒以上）；尔后，肌糖原在无氧状态下分解释能供 ATP 再合成、释能，以继续维持人体快速运动（图 5-8）。因此，提高 ATP、CP 储量和肌糖原无氧状态下释能水平十分重要。

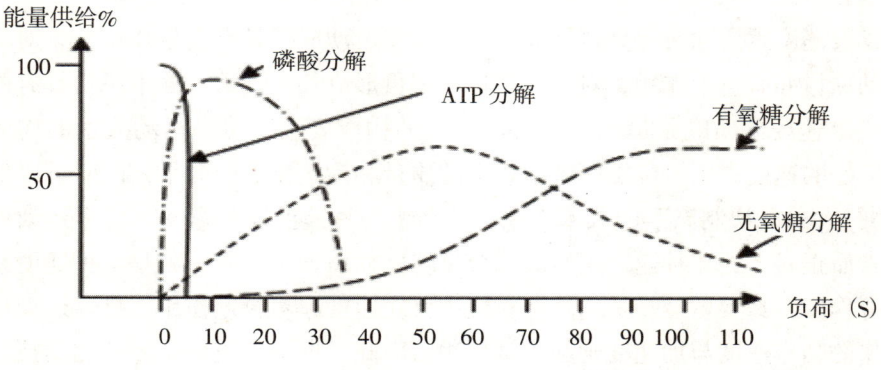

图 5-8　各种能量物质功能的百分比

肌肉的物理特性主要反映在肌肉的弹性、伸展性、黏性及松弛性上。肌肉的弹性大，可产生较快的收缩速度；肌肉的伸展性强，可扩大动作幅度；肌肉的黏性适宜，可减少肌肉内部的摩擦力；肌肉的松弛性，可配合肌肉主动肌的快速收缩。因此，速度训练的一个关键因素是提高肌肉的物理特性，即肌肉的弹性、伸展性、黏性及松弛性。但是，疲劳训练往往造成肌肉的物理特性发生异变，同时严重影响神经过程的传导速度。因此，疲劳状态下进行速度训练是速度素质训练的大忌之一。疲劳状态下进行速度训练，极易引起慢速运动的动力定型，从而导致速度障碍的形成，进而造成速度素质发展停滞不前的不良后果，甚至严重影响速度力量、爆发力的发展。因此，应科学地进行速度素质训练。

三、速度素质训练方法

（一）各种速度训练方法

1. 外力训练方法

速度训练主要采用重复训练方法，但是像田径的 100 米、200 米跑的训练和游泳项目 50 米和 100 米的训练，可以采用外力牵引的训练方法。此方法是指在速度训练中，运动员借助牵引力、顺风力、重力等外力进行活动的练习方法，如牵引跑、顺风跑、下坡跑等。此方法的主要特点是：有利于提高动作幅度和频率，并易使神经肌肉系统形成快速运动的动力定型；有利于心理上形成快速运动的速度感，强化速度训练中快速运动的动作意识；有助于克服速度障碍，使运动员能够较快度过速度训练中的高原期状态；有利于获得快速运动中肌肉收缩与放松交替进行的感受，使神经系统更精细地支配有关肌群。此方法的不足是：运用过多容易淡化运动技术的用力意识，因此，只能适当穿插应用。

2. 比赛训练方法

此方法是指在近似、模拟或真实、严格的比赛条件下，按照比赛规则和方式，以提高训练质量为目的的训练方法。此方法的主要功能是通过调动心理能量进行速度训练。此方法的主要特点：可以最大限度地动员人体生理、心理能量，使机体处于高度应激准备状态，这对于充分发挥体能作用具有十分重要的意义；

可以使神经系统处于适宜的兴奋状态，有助于发挥神经过程兴奋与抑制的转换能力，并易使神经肌肉活动在竞赛条件下趋向协调化；可以使机体形成与竞赛环境相适应的内环境状态，从而产生与之适应的深刻反应。此方法的不足之处是：易使初级运动员产生心理紧张、动作紧张；过多采用此方法训练特别容易形成一定的速度障碍。因此，初级运动员的速度素质训练应慎用此方法。

（二）速度训练负荷安排

通常根据负荷时间、强度来确定速度负荷等级。表5-7是Tudor O.Bompa提出的一种速度训练负荷安排的等级依据。从表5-7中可见，在发展速度素质时，应以发展以磷酸原系统为主的无氧代谢能力为目的。速度训练的运动负荷强度等级的划分，通常根据最佳运动成绩的百分比值来确定。这种计算方法是以最佳成绩为最大运动强度为假设前提。例如运动员100米的最佳成绩为10秒，其速度最大强度为10米/秒，负荷强度等级为6级。值得特别指出的是，表5-7的等级划分也许对于田径运动、游泳运动和划船运动短距离移动速度和球类运动各种脚步变向移动速度的训练具有重要意义。但是，这种分类对于运动技术单一动作（如排球扣球技术、标枪掷枪技术）的速度训练值得深入研究。

表5-7　速度素质的负荷强度等级划分

负荷强度等级	速度能力百分比（%）	强度
6	>100	超强
5	90~100	最大
4	80~90	次大
3	70~80	中等
2	50~70	低
1	<50	很低

（引自Tudor O.Bompa，等. Periodization:Theory and Methodology Of Training -5th Edition [M]. 李少丹，等，译. 北京：北京体育大学出版社，2011：66，并改制.）

1. 反应速度负荷训练

反应速度实际上是由有机体神经系统反射通路的传导时间和肌肉产生收缩的

潜伏期组成。反应速度可分两种，即简单反应与复杂反应。其中，简单反应速度是指人体对外界信号刺激迅速做出预定动作的应答反应；复杂反应速度是指人体对外界信号刺激，迅速做出有选择的应答反应。简单反应训练着重采用重复练习手段，要求运动员尽快对突然出现的信号做出反应。反应动作可采用任何预定动作。负荷安排为强度大、次数少。当运动员的反应速度得以巩固时，可以强化时间记忆训练，即每次练习后，从教练员那儿获得反馈，以形成时间记忆；然后进行时间判断训练，即与教练员实测时间进行比较，以感受其微细差异；最后进行动作的注意训练，即降低相关肌肉收缩潜伏期的速度训练。

复杂反应的训练相对复杂。严格地讲，复杂反应的训练属于运动技术、战术训练的组成部分，是对抗性项群技术、战术训练的重要内容。复杂反应训练的核心是缩短思维过程的选择和判断时间。为此，练习时要特别注意加强"预判"能力的培养，积极捕捉外在刺激可能出现的"隐式信息"，如对手姿势、面部表情等，积极训练对付各种变化的相应动作，并尽可能多地使运动员掌握应答动作的种类数量。复杂反应的训练往往与技术串联训练、衔接技术训练、战术配合训练、变相移动训练高度结合。通常，复杂反应的训练安排，是在运动员精力充沛的条件下进行。复杂反应训练的应答动作，是运动专项的技术动作的开始环节或启动动作。显然，复杂反应的训练负荷与动作负荷高度一致。

2. 动作速度负荷安排

采用各种动作速度手段进行训练时，其负荷安排要注意：动作应该是最高速度完成；练习负荷持续时间不要超过 30 秒，一般情况下在 10 秒左右即可；练习组数的安排应以不降低速度为原则；采用的动作应是练习者熟练掌握的，并把注意力集中在完成动作的速度上；专门性动作速度练习应与专项比赛的动作结构相似，并接近比赛动作施力特点；科学安排抗阻力与无外阻力的训练方法。一般情况下，在进行抗阻力训练后，应及时进行无外阻力的训练；严格掌握间歇时间和休息方式。间歇时间的安排以不降低兴奋性并保持机体充分恢复为宜。加强爆发力的训练。实验研究证明，爆发力的大小与动作加速度的变化呈正相关性。另外，动作速度训练应以速率训练为主，间歇时间应该充分。

3. 速度耐力负荷安排

速度耐力的负荷安排基本上类似短时耐力负荷安排的特点。不同的是，速度耐力的训练更强调维持人体最高运动速度这一要求。其着眼点在于如何提高机体达到最高速度后维持这一速度水平的能力。因此，在训练中应注意：必须使人体进入最快速度状态后，再维持一段时间，该时间的确定以不出现明显减速状态为宜；适当进行次极限强度或大强度的负荷训练，以提高肌肉放松与收缩的交替能力，特别是提高机体在运动状态下肌肉交替放松的能力。速度耐力训练的负荷安排可参考短时耐力的负荷安排方式。这里必须强调的是适度的有氧代谢能力训练对于速度耐力的发展具有积极的作用。因此，在全年训练过程中应该适度安排一定比例的有氧能力的耐力训练将有助于提高速度耐力。

（三）速度训练基本要求

速度素质训练应体现专项运动特征，如：短跑、游泳应着重提高听觉反应速度；乒乓球、排球应着重提高视觉反应能力；体操应提高触觉反应能力。速度素质训练应在情绪饱满、运动欲望强的情况下进行，因此，应安排在课的前半部。速度素质训练原则上应当采用极限负荷强度训练。但是速度耐力训练必须以一定的有氧代谢为基础，防止过早产生速度障碍。"速度障碍"产生的主客观因素很多，如过早发展绝对速度、基础训练不够、技术动作不合理、训练手段单调片面、心理感觉无新异刺激、负荷过度且恢复不好都会导致这一现象产生。因此，应注意多采用一些发展速度力量的力量练习，培养运动员短时间内快速发力的能力。速度训练时应特别注意相关肌肉的收缩与放松的交替训练。

第五节　柔韧素质及其训练

柔韧素质是运动素质之一，是指人体各关节活动范围的大小、肢体运动的幅度和肌肉、肌腱、韧带等软组织的伸展能力。柔韧素质是一种重要的基本运动素质。生物学方面影响柔韧素质发展的主要因素是关节骨的装置结构、关节周围组织的伸展性、肌肉纤维弹性等因素。训练学方面影响柔韧素质发展的主要因素是训练方法、训练手段、环境温度等。柔韧素质水平，取决于运动员关节的灵活性、韧带、肌肉的弹性和神经系统对肌肉的调节能力。

一、柔韧素质训练基础

发展柔韧素质除对某些复合素质和其他基本素质具有重大作用外，对于提高技、战术水平也具有重大意义。实践中，判断运动员柔韧素质水平的标准是测量运动员所做某一动作的幅度。柔韧素质对许多运动项目成绩的提高有着重要的影响，特别是对体操、技巧、跳水、武术等项目的意义更为突出，对球类、田径项目亦有意义。此外，柔韧素质的良好发展将有利于避免伤害事故的发生。柔韧素质分为一般柔韧素质和专门柔韧素质：一般柔韧素质是指机体中最主要的那些关节活动的幅度，如肩、膝、髋等关节活动的幅度，这对任何运动项目都是必要的；专门柔韧素质是指专项运动所需要的特殊柔韧性，是掌握专项运动技术必不可少的重要条件，如武术项目"前踢腿"动作的髋部柔韧性。

影响柔韧素质的生物学因素主要是关节骨的装置结构、关节周围组织的伸展性、神经过程转换的灵活性、外环境温度的适宜性。其中，关节骨结构是遗传因素决定的，训练无法改变结构，只能使人体柔韧性水平接近骨装置固有的最大限度；软组织的伸展性是影响柔韧素质的主要因素之一，从某种意义上讲，软组织的伸展性是动作幅度的约束因素，通过训练可以提高软组织的弹性、伸展性，从而使动作幅度扩大；神经过程兴奋与抑制转换的灵活性也会影响柔韧素质，灵活性好，神经系统对肌肉收缩与放松的调节能力就强，使肌肉紧张与放松的交替变换的协调性好；外环境温度也是重要因素，它直接影响着人体体表温度，人体体表温度适宜，有助于各个关节柔韧素质的充分体现。

二、柔韧素质训练方法

（一）柔韧素质训练方法

柔韧素质训练方法基本上可分两类，即静力拉伸法和动力拉伸法。在这两种方法中，又有主动拉伸和被动拉伸两种不同的训练方式，其关系如图5-9所示。其中，静力拉伸方法是指通过缓慢的动作，将肌肉、韧带等软组织拉长到某一限度时，暂时保持动作静止，使软组织处于拉长状态的练习方法。此方法最大功能是使软组织的伸展性有足够长的时间得以锻炼。此方法的主要特点是：练习简单易行无须特殊器械，训练后练习还有助于课后放松；练习强度相对较小，有助于节省体内能源，且动作幅度较大；可以避免产生牵张反射，发展肌肉伸展性效果好，不易使软组织损伤。此方法的不足是：如果采用此法练习过多，则易使肌肉失去弹性，并对动力性技术动作的身体柔韧性产生不良的影响。

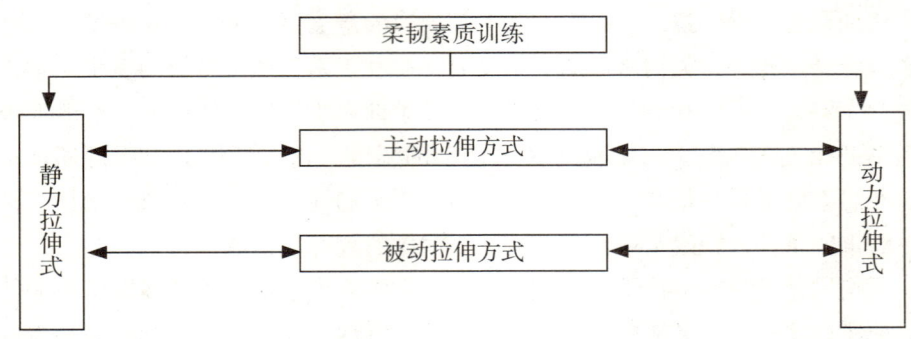

图 5-9　柔韧素质训练方法种类

动力拉伸方法是指有节奏地通过多次重复同一动作的练习使软组织逐渐地被拉长的练习方法。此方法最大特点是主动性拉伸时，肌肉张力变化的高峰值约为静力拉伸的两倍。此方法优点是：可以引起肌肉牵张反射，可以达到提高伸展性和收缩性的双重效果；有利于血液循环，改善局部组织营养，提高局部组织的弹性和质量；动作幅度大，可以不断冲击柔韧素质的极限水平，以扩大动作幅度。此方法的不足是：若训练不慎，极易引起肌肉拉伤。由于静力、动力拉伸法具有主动、被动练习方式，因此，被动拉伸练习时，动作幅度应大于主动拉伸的练习幅度；被动性拉伸练习（静止性）可安排在柔韧训练的准备阶段，也可安排课后练习；通常先进行被动拉伸练习，后进行主动拉伸练习。

（二）柔韧训练负荷安排

柔韧素质训练的负荷强度一般较小，负荷强度的度量指标不同于其他素质，多以幅度指标说明。柔韧素质训练的负荷强度的幅度指标，均以最大幅度为标准。在此强度下，机体自我感觉应是肌肉具有一定的麻木感即可。一次课的负荷量最多约为 50±20 次，具体次数视关节部位而有异，髋关节需多，踝关节则少。动力性练习，每组练习 10~12 次即可。在做静止性练习时，每组持续时间为 15~30 秒。另外，练习中的间歇时间，应保持运动员完全恢复为必要条件。间歇时间应安排肌肉放松练习，使有关关节得以充分放松。柔韧素质训练目前是篮球、足球、排球等项目的重要训练内容。通常，这些项目运动员多以睡卧姿态，采用头脚两端反向运动的方式，主动或被动性地扭曲身体。

（三）柔韧训练基本要求

柔韧训练要与力量训练适当结合，这种结合，这不仅旨在保证两者素质同时增长，更重要的是可以避免或消除两者之间的不良转移。要十分注意柔韧性训练后的放松练习，使肌肉练得柔而不软、韧而不僵。柔韧素质训练应以专项要求为准。柔韧素质的最佳发展程度，不能以运动员争取达到骨骼装置确定的最大限度为原则。对多数运动项目来讲，柔韧素质发展到能够满足专项技术的需要即可，倘若发展过度，则会引起肌肉失去弹性的不良后果。柔韧素质训练应当坚持不懈进行。柔韧素质的发展比较容易见效，但一旦停止一段时间的训练，其效果也易消退。因此，柔韧素质训练要经常进行。高大队员柔韧素质训练的意义重大，通常他们的柔韧素质训练应与协调素质训练结合。

第六节 灵敏素质及其训练

灵敏素质是运动素质之一，是指在各种突然变化的条件下，运动员能够迅速、准确、协调地相应完成动作的能力。灵敏素质是一种重要的复合运动素质，是各基本运动素质、运动技能以及心理感知能力的综合体现，是所有技能类对抗性项群各个项目的核心运动素质之一，也是集体性运动项群运动战术形成的基本能力。衡量灵敏素质的标志主要是快速性、准确性、协调性和应变性。生物学方面影响灵敏素质发展的主要因素是神经过程的灵活性、时空判断的准确性、基本素质的影响性、运动技能的储备量、动作结构的合理性、气质类型的适宜性等。

一、灵敏素质及其关系

衡量灵敏素质的标志主要是快速性、准确性、协调性和应变性。其中，快速性主要反映在运动员的反应速度、判断速度、动作速度、爆发力等因素上；准确性主要反映在运动员的时空判断、本体感受、肌肉用力的准确性上；协调性主要反映在运动员的平衡能力、模仿能力、技能储备数量等因素上；应变性主要反映在运动员能对各种外环境的突然变化具有较高预判能力和应付能力，这是它区别于协调素质的重要标志之一。实践中，衡量灵敏素质的快速、准确、协调性标志如表5-8所示。灵敏素质是对抗性项群的主要运动素质，是掌握、完善高难、复杂技术和战术的物质基础，是正确运用战术、发挥战术功能的前提条件，也是应付意外事件的必备素质，因此应该高度重视灵敏素质训练。

表5-8 灵敏素质结构及其构成因素

特 征	因 素
一、快速性	反应速度；判断速度；动作速度；曲线位移能力；爆发力
二、准确性	时空判断准确性；动作用力准确性；肌肉体感准确性
三、协调性	平衡能力；神经支配能力；模仿能力；运动技能储备量

（依胡亦海．竞技运动训练理论与方法［M］．武汉：湖北人民出版社，2005．）

灵敏素质可分为一般灵敏素质和专项灵敏素质两类：一般灵敏素质是指在完成各种复杂动作时所表现出来的适应外环境变化的能力；专项灵敏素质是指根据专项所需要的与专项技术有密切关系的，以及适应外环境变化的能力。两者都是衔接技术的核心要素和关键能力，一般灵敏素质是专项灵敏素质的基础，因此，实施专项灵敏素质训练前或过程中，绝不能忽视一般灵敏素质的训练；专项灵敏素质是专项技术形成、熟练、运用的基础，由于它具有专项技术的特征，因此其训练的本质是把一般灵敏素质转移在专项技术上。通常，以提高一般灵敏素质为目的的训练手段，都具有广泛性、普遍性和非技术性特点；以提高专项灵敏素质为目的的训练手段，则具有专门性、特殊性和技术性特点。

二、灵敏素质训练基础

灵敏素质基础是指影响灵敏素质发展的生物学因素，它主要包括：神经过程的灵活性、时空判断心理特征、技能储备量、动作结构合理性、适宜的气质类型等。其中，大脑皮质神经过程的灵活性是决定灵敏素质水平的神经基础。神经过程灵活性高，兴奋与抑制过程转换速度快，神经系统对人体肌肉收缩、放松时机、用力程度的控制能力就高，动作的快速性、准确性和协调性就容易体现。人体对时间、空间判断能力是决定灵敏素质水平的心理基础，人体时、空判断力强，灵敏素质在空间、时间上所表现出来的准确性就高，反之，时间、空间判断力差，灵敏素质也不会很好。运动员时空判断力具有明显的专项特点，因此，专项灵敏素质的发展必须以提高专项的时间、空间判断能力为基础。

灵敏素质的基本因子是力量、速度因子。其中，爆发力、动作速度、反应速度、判断速度对灵敏素质的影响最大，因此，系统提高基本运动素质，会使灵敏素质得到发展。运动技能储备量是指运动员掌握各种动作的数量和质量，运动技能储备量愈多，灵敏素质体现的水平就会愈高。灵敏素质主要体现在动作的快速、准确、协调性上。动作结构的合理与否尤为重要，动作结构的合理性应符合解剖学、生物力学、专项技术的要求。灵敏性较强的人，往往在气质上多属多血汁及其亚型。此类气质的运动员多为感受性低，耐受性较高，不随意的反应性强，并具有可塑性和外倾性，情绪高、反应快的特点。许多对抗性项群的优秀运动员都属于此类型气质。由此可见，科学选材也是重要的因素。

三、灵敏素质训练方法

（一）各种灵敏训练方法

1. 因素训练方法

因素训练方法是指根据灵敏素质结构中各类因素对灵敏素质的影响程度，从各影响因素入手，针对性地逐项进行训练或进行主项因素的训练，以达到在总体上提高灵敏素质目的的方法。因素训练方法的内容因素是反应速度、判断速度、动作速度、速度力量、时间判断力、空间判断力、平衡能力、模仿能力、形象思维力和下肢脚步各种起动、移动、制动速度等。同时包括躯干各种转动、屈伸动作的合理性和上下肢、躯干的协调性动作。检查性测试是采用因素训练方法的前提。此方法特点是：训练内容的层次性清楚，便于全面提高影响灵敏的诸因素；

容易确定灵敏素质发展指标以便客观检查、评价灵敏素质发展状况；可以有系统地综合训练，并易使基本素质有机转移在综合性灵敏素质上。

2. 综合训练方法

此方法是指以若干或全部影响因素的各类动作为单元编排一起，在突然变化的条件下，让运动员迅速做出相应变化的组合排列方式的训练方法。此方法最大的训练功能，是有助于提高灵敏素质的应变能力，有助于提升衔接技术的质量，有助于强化变异组合下各种运动技能。例如：在垫子上做各种横滚翻越动作，躲避连绳球体不规则旋转运动的横扫。显然，这种方法有助于提高身体的灵巧性。综合训练方法的特点是可以按比赛规律训练。这样，既可熟练基本运动技术，又可提高专项衔接技术；可以促进运动技巧形成，有助于提高灵敏素质的协调因子；可以促进复杂反应能力的提高，使灵敏素质与运动技巧高度结合。相对来说，综合训练方法是把各种动作变异组成浑然一体的练习方法。

（二）灵敏训练基本要求

灵敏素质是竞技能力中的复合素质，也是竞技体能训练的核心素质，更是所有对抗性运动技巧表现的关键要素。通常，灵敏素质的表现是在重心失衡的情况下所表现出来的一种应答性的再平衡灵活状况。因此，灵敏素质训练前的准备活动十分重要。首先，必须做好全身拉伸练习，使关节韧带和肌肉组织得到充分拉伸，最大程度地扩大身体运动的动作幅度，以免随后的灵敏训练出现骨骼肌肉拉伤现象；其次，必须做好相应的协调性动作练习和动作速度练习，使灵敏素质的动作元素得到预热、预习，最大程度地调动神经系统支配肢体活动的能力；最后将包含反应速度、判断速度、动作速度、时空判断、本体判断、平衡能力、神经支配、模仿能力、运动技能等因子融为一体地进行训练。

灵敏素质的训练手段多种多样。各项竞技运动，特别是球类运动、格斗运动的灵敏素质的训练手段，几乎都是在复杂的重心变化移动过程中完成灵敏素质训练的。灵敏素质的练习手段几乎包括表4-8所提到的所有训练手段。实践中，这些手段的针对性是不同的，周期性、混合性和固定组合性训练手段属于灵敏素质训练的基本手段，这些手段训练的目的主要是提高灵敏素质训练所需要的动作质量和动作元素，进而提高灵敏素质的动作技能和动作速度；变异组合性的训练手段是灵敏素质训练的高级训练手段，因为这种训练手段往往要与复杂反映速度和各自动作变异串联结合起来，进而有目的地提高灵敏素质的协调性、快速性和准确性因子。显然，灵敏素质训练需要针对性地进行阶梯训练。

步法练习是灵敏素质训练的重点内容。一般来说，步法练习主要由并步、滑步、垫步、跨步、交叉步、前碎步、后退步、侧移步步法组成。步法练习的基本形式可以说是多种多样，例如，梯形格内的快速交叉移动、快速并步移动等，米字格内的各种快速跨步、快速交叉步移动等，低台阶式的快速跑台移动、快速跨步移动等都是步法练习的很好手段。步法练习的初级阶段必须注意动作规范、身体姿态和脚步型态；步法练习的高级阶段必须注意掺入与复杂反应速度训练、重心变化训练和不同方向变化训练。步法练习与复杂反应训练、重心变化训练和方向变化训练的有机结合，才能最大程度地提高灵敏素质动作技能的储备、动作元素的衔接、应答反应的速度、脚步移动的灵活等灵敏因子。

垫上练习是灵敏素质发展的有效途径。一般地讲，垫上练习主要由各种滚翻练习和翻跃练习组成。采用垫上练习手段的目的主要是学习某些防守技术、提高防守技巧和学习自我保护动作，例如，排球运动的防守鱼跃救球动作、足球运动守门员的侧身腾空扑球动作和进攻队员的倒钩射门动作等，都需要在腾空甚至失去重心的情况下及时做出灵敏性的防守或进攻动作。垫上练习的初级阶段必须正确掌握各种垫上滚翻、垫上腾空翻跃的基本动作；垫上练习的高级阶段必须逐步加插一些信号变量因素练习，如教练员持有挂球的绳子或竹竿，在垫上进行随机横扫，运动员根据杆子、绳子、球体的横扫速度或高度的变化，进行不同姿势的翻跃变化。显然，这种垫上练习有助于提高全身灵敏素质。

灵敏素质训练一般安排在训练课的前半部分，且训练时间不宜过长，练习次数不宜过多，应在运动员体力充沛、精神饱满、状态较好时进行。练习与练习之间有足够的休息时间，一般控制在 1∶3 左右为宜，否则达不到提高灵敏性的目的。灵敏素质的训练手段应该不断地推陈出新，新颖化的灵敏素质训练手段，不仅可使运动员掌握多种运动技能，而且新的刺激有助于提高复杂动作质量、复杂反应能力、重心动态平衡等能力，从而确保运动员储备更多的运动技能。灵敏素质的敏感期为 7~12 岁，反应速度与动作频率的敏感期为 5~11 岁，运动技能的敏感期为 8~12 岁和 16~18 岁。要把握儿童少年 7~12 岁发展灵敏素质的敏感期，将其训练纳入到体能和技能训练的核心任务之中。

第七节　弹跳素质及其训练

弹跳素质是一项重要的复合素质，是许多运动项目运动技术的重要基础。如篮球运动的急行跳投和空中扣篮、排球运动的扣球和拦网、羽毛球运动的底线扣杀、足球运动的门前头球等集体性球类项目的得分技术手段，都需要运动员具有超群的弹跳素质。另外，弹跳素质也是某些运动项目直接较量的比赛内容，如跳高、跳远和撑竿跳高，都需要卓越的弹跳素质作为技术基础。显然，强化弹跳素质的训练是许多运动项目高度关注的内容。

一、弹跳力的理论分析

弹跳素质是指人对地面施加力后克服引力而腾空的能力，又称弹跳力。弹跳力也是一种复合素质，速度与力量是弹跳力的核心素质。弹跳素质对于跳跃性项目以及球类项目来讲是一项非常重要的运动素质，对这些项目运动成绩的提高具有直接的作用。弹跳素质好，可在远度与高度上表现出复杂的技术动作，亦可完善、创造难新的战术。因此，许多项目无不把它作为体能训练的重点内容。从弹跳力的定义可见，弹跳过程就是指人体起跳的蹬地使地面产生一个大小相等、方向相反的反作用力，这个力使人体获得加速度，从而离开地面腾空而起。在这一过程中，蹬地的加速度愈大，则人体离地的加速度愈大，人体腾空高度就愈高。这样的弹跳高度是物理学原理中动能与势能的转换规律所定。

根据"作用力同时存在并同时消失，其大小相等、方向相反"的力学原理，人体离开地面的加速度越大，人距地面的高度也就愈高。如果借助于上体与手臂的合理运用，人体会跳得更高、更远。弹跳训练中努力提高相应肌群收缩速度，努力改善弹跳动作结构，是提高弹跳素质的关键。弹跳力是一种反弹性爆发力，反弹性爆发力则是在努力发展肌肉被迫拉长转入缩短收缩速度的前提下，通过逐渐发展肌肉最大张力和力量来促其提高的。这是弹跳训练的基本依据。显然，弹跳训练必须围绕3个目的：一是提高肌肉被迫拉长转入缩短收缩的速度；二是提高肌肉被迫退让收缩的张力；三是提高肌肉克制性收缩的速度，因此，弹跳训练主要有最大力量、速度力量、弹性抗阻、超长收缩等方法。

二、弹跳素质训练方法

(一) 弹跳素质训练方法

1. 最大力量训练方法

最大力量训练方法主要采用深蹲力量、半蹲力量和负重提踵等练习手段。练习动作必须符合生物力学动作原理。负荷安排方式是：充分做好最大力量训练的准备活动；逐渐递增负荷强度、负荷次数，通常每组安排 5~8 次；负荷强度增至 85% 以上的有效负荷强度区域。此时，负荷强度应由 85% 以上逐渐递增至 95% 以上，并回至 85% 左右，期间的有效负荷强度区域的练习组数，通常为 8~10 组，每组 5~1 次（随着负荷强度变化逐渐减少或递增）。每组间歇必须安排适度的台阶跳跃或双摇跳绳练习。安排适度的台阶跳跃练习目的，是通过台阶跳跃练习提高肌肉的克制性收缩速度；安排适度的双摇跳绳练习的目的，是为了通过跳绳练习，提高肌肉的被迫性退让收缩能力和放松协调能力。

2. 速度力量训练方法

弹跳力所需肌群主要是伸膝肌群、屈足肌群、腰背肌群、伸髋肌群等。一般而言，弹跳力的速度力量训练必须采用负重练习手段。速度力量的练习动作，同样必须符合生物力学动作原理。负荷安排方式是：充分做好速度力量训练的准备活动；速度力量练习前的准备活动必须进行被动拉伸练习；深蹲力量、半蹲力量和负重提踵练习动作的负荷强度主要安排在 80%~85% 之间，负荷次数通常每组安排 5~8 次即可。速度力量练习的每组间歇，同样必须安排目的同上的台阶跳跃或双摇跳绳练习等。采用抓举杠铃、高翻杠铃、后甩壶铃或负重后仰练习，必须根据动作结构安排负荷强度。速度力量训练的目的是提高速度，因此以损失速度为代价的力量手段，是速度力量训练最为忌讳的安排。

3. 弹性阻力训练方法

此方法是指采用橡皮带、测功仪等具有弹性阻力性质的器材进行训练的方法。传统力量负重练习主要对动作发力角度的各个肌群刺激作用较大。由于物体运动的惯性使然，发力角度过后之后的各个相关肌群受到负荷刺激的作用较小，因而弹跳力所需的许多小肌群没有得到充分训练，橡皮带、测功仪的使用恰恰对此具有独到的训练作用。例如在杠铃架的杠铃两端各挂橡皮带，当杠铃上移时橡皮带则拉紧，这样整个动作过程相关肌群都能获得良好刺激。测功仪（赛艇）是一种集功率测试和力量训练为一体的器材，由于测功仪是一种典型的阻力练习工具，因此，对于躯干、臀部和伸膝肌群的大小肌群都有持续性刺激作用，所以，适当采用橡皮带、测功仪训练，可以弥补其他手段的不足。

4. 各种跳跃训练方法

跳跃是弹跳训练最为直接的手段，按照跳跃时相关肌肉的收缩类型来看，跳跃动作可以分成两类：一是肌肉等张收缩下的跳跃动作；二是肌肉超等长收缩下的跳跃动作。前者的代表性动作是原地跳远，后者的代表性动作是跳深练习。超等长收缩力量训练又称超长收缩训练，是指肌肉先做被迫离心式拉长，继而迅速进行向心式收缩的一种复合式收缩形式。采用此方法的目的是：利用肌肉的弹性、收缩性及牵张反射性，动员更多的运动单位参加收缩，以产生更大的肌肉收缩力。跳深一类的跳跃练习，就是可以更强烈地刺激肌肉，可以显著提高肌肉被迫退让收缩时的抗拉力和转入缩短收缩的收缩力。当然，采用此法倘若不当，则极易导致肌纤维拉伤的后果。因此，务必做好全身性的准备活动。

（二）弹跳训练基本要求

弹跳训练必须常年坚持。弹跳训练需要有多年规划和全年计划，并确定好每一阶段的训练重点，而不能搞突击。一般情况下，冬训阶段弹跳训练的比重较大，竞赛阶段可适当减少。对于初级运动员，弹跳训练的重点首先是速度，其次是力量，再次是耐力；而对高级运动员来说，首先是力量，其次是速度和耐力素质。必须科学安排负重训练。对于初级运动员，在选择训练手段时，应首先采用徒手跳跃手段进行训练，逐步采用负重力量练习手段；而对高级运动员来讲，则应重点进行各种有关弹跳的力量训练，兼练徒手或负重式的跳跃练习。双臂摆动的速度与协调，对于弹跳高度的贡献率为15%，因此，掌握多种跳跃动作是十分必要的。伸膝、屈足、腰背、伸髋肌群是弹跳训练的重要肌群。

第八节　运动素质多维转移

运动素质多维转移是运动训练过程中客观存在的现象，这是因为运动素质中的各种基本素质如力量、耐力、速度、柔韧素质等并不是孤立存在和独立发展的。它们之间具有不同程度的联系，并相互影响，相互促进或制约的。因此，在发展某一运动素质的同时，都会或多或少地影响其他素质的发展。例如通过速度训练，可以提高肌糖原储备和无氧代谢能力，其结果不仅可以提高速度素质，而且也会促进速度力量素质、速度耐力素质和灵敏素质的提高。

一、多维转移基本释义

运动素质的多维转移是指某一素质及其因子的发展，可影响另一素质及其子因子的发展。它们在时空方面反映的运动机能，从本质上说，都源于肌肉的收缩活动。而肌肉的活动是在中枢神经系统的控制下，以各种运动器官为物质条件，以各系统的协调作用和体内产生的相应的生理、生化变化实现的。运动素质的多维转移是实践中经常遇到的实际问题，也是一个很重要的理论问题。转移效果是否良好，关系到主要运动素质的促进与制约。决定转移效果的关键因素有两点：一是各种运动素质之间本质联系的相关程度；二是处理运动素质相互关系的辩证能力。也就是说，转移是有条件的，是有其内在规律的。科学地认识这一规律并能动地运用这一规律进行训练，就能取得事半功倍的效果。

二、素质之间关系转移

力量素质与速度素质具有高度的正相关性。长期系统的速度素质训练，不仅可以提高速度素质，而且可以提高力量素质；长期系统的力量素质训练，同样可使肌肉中高能物质的储备量显著增加，白肌纤维发生肥大化，收缩蛋白质增加，从而有利于速度素质的提高。但是，力量素质与耐力素质之间的关系却既具有互为促进又具有互为约束的关系。力量素质的最大肌力、爆发力、力量耐力的发展，在一定程度上有助于提高短时耐力素质，但并不利于长时耐力的发展。长时耐力的训练，并不能促进力量素质，尤其是最大力量素质的提高，甚至在一定程度上会约束力量素质的发展，尤其是对发展爆发力极为不利。力量素质与耐力素质两者相关程度会随着耐力负荷时间的递增逐渐呈现负相关性。

速度素质与耐力素质之间具有一定联系。通常，速度素质与短时耐力正相关性较高，与中时耐力关系一般，与长时耐力关系则为负相关。因此，速度素质的发展有助于短时耐力的发展，但长时耐力的过分发展并不利于速度素质的提高。力量素质与柔韧素质之间的关系并不密切。在适宜的范围内，软组织伸展性的发展并不影响肌肉收缩性的提高。但是，两者间的任一素质的过度发展则极易限制另一素质的提高。在这一点上，柔韧素质的过度发展对力量素质提高的约束性更为明显。这是因为，过度发展柔韧性，会使肌肉失去弹性，进而影响肌肉的收缩性，从而限制了力量素质的提高。基本素质与复合素质之间的关系前文已述。总之，复合运动素质的发展有赖于基本运动素质的提高和发展。

中时耐力与长时耐力之间具有紧密关系。中时耐力的时间跨度 1~8 分，长时耐力分为 3 个级别，即持续负荷时间 8~15 分钟为长时 I 级耐力；持续负荷时间为 15~30 分钟为长时 II 级耐力；30~90 分钟以上为长时 III 级耐力。中时和长时耐力都需要稳定的神经过程、较高的糖原储量、较强的氧利用率、较多的红肌纤维、较强的负氧债能力等生物基础。因此，中时、长时耐力的合理搭配训练，对于 1~8 分钟和 8~15 分钟的项目具有高度的影响性。中时耐力的力量训练有助于提高中时耐力项目所需的力量和速度素质。长时耐力的有氧训练有助于提高中时耐力项目所需的有氧代谢水平。这就是为什么从事 8~15 分钟中长距项目的某些运动员，能在 1~2 分钟的中短距项目表现突出的原因。

从上述基本运动素质间的关系可以看出：实践中，各素质间的转移可分良性转移和不良转移。良性转移是指某一运动素质的发展可以促进另一种素质的发展，例如短跑运动员训练时，常常采用发展快速力量的手段，其目的在于通过提高运动员的动力性力量促进速度素质的发展；再例如网球运动员适度地进行腰背力量、上肢力量、腕部力量的训练，对于提高发球挥拍速度和力量均有积极促进作用。不良转移是指某一运动素质的发展对另一素质的发展产生不良影响，如柔韧素质发展得不适当，其结果会影响到力量素质的提高，耐力素质的过度训练将会影响短距速度和最大力量以及爆发力的发展。因此，深刻认识不同运动素质发展基础，是认识和防止不良转移现象产生的重要理论依据。

小　结

　　本章讨论了当前体能训练的某些热点问题，指出了基于康复和健身理论的体能训练与竞技运动体能训练目的完全不同。前者强调的是功能性（function）训练，后者强调的则是功效性（effectiveness）训练。我国竞技运动综合实力长期位居世界前列，完全得益于我国独特的体能训练。基于康复和健身理论的体能训练思想和手段确有一定的辅训作用。本章主要讨论了体能训练的基本内容、体能训练基本分类；分节讨论了力量素质、耐力素质、速度素质、柔韧素质、灵敏素质和弹跳素质的训练基础、基本方法、基本要求；最后专门讨论了运动素质之间的关系及其迁移。

　　需要补充的是：近些年来经康复体能、健身体能和竞技体能训练领域相互借鉴，竞技运动体能训练手段得到极大拓展。其中，机械器材、悬空挂带、橡胶阻力、多型绳梯、滑板滑轮、各类球体和辅助器械类等器具，极大地丰富了体能训练手段，有效地提高了体能训练效益。目前，许多职业队将汇集这些器具的体能训练中心，视为培养青少年运动员的"孵化器"、优秀运动员康复的"4S店"、参加重大赛事前运动员的"加油站"。曾在美国EXOS体能中心长期接受训练的德国队，能够获得2014年巴西足球世界杯冠军的案例，足以证明这些新型训练手段群的功效。

第六章 技能训练实施内容

运动技能具有广义和狭义之分。本章采用的是技能的广义定义，即技能是通过练习获得的能够完成一定任务的动作系统。显然，竞技运动的技能是指经过训练或练习而掌握，并能执行完成某种任务的动作体系。由此可见，技术及其技巧、战术及其变化都属于广义技能的范畴，但是本章也会涉及狭义技能的讨论，因为狭义的运动技能与运动动作、技术、技巧和战术形成密切关联。当然，本章讨论的重点是主要介绍技术训练实施内容和战术训练实施内容。

第一节 技能训练一般概述

现代竞技运动的发展趋势表明，竞技运动的技能训练，对于提高整体竞技能力水平具有专门的特殊意义。这种特殊意义不仅集中反映在现代竞技运动发展的必然趋势中，而且强烈体现在许多运动项目的特点之中。国际竞技运动的无数重大赛事足以证明，理想运动成绩的获得，尤其是速度、力量类体能项群和所有技能类项群，无不以娴熟的技能作为保证。可见，技能训练的意义何等重要。因此，我们必须高度重视运动技能的科学训练。

一、技能训练基本内容

运动员的技能训练与机能训练、素质训练、智能训练、心理训练有密切的联系。科学的技能训练是发挥机能、素质训练水平和创造运动成绩的重要途径，是运动员直接进行训练和比赛的基本条件，是专项运动特征表现的直接手段，是有效预防伤病、提高竞技能力、充分发挥体能的基本保证。

广义的运动技能包括基本能力、运动技术和运动战术3项基本内容。其中，基本能力是指运动员的内部机能和运动素质，此点已在第五章专门阐述。运动技

第六章 技能训练实施内容

术是指合理、有效地充分发挥运动员身体能力的动作方法。其中，合理性主要表现在动作符合人体运动的生物力学原理和比赛规则；有效性主要表现在最大限度地发挥人体潜在的运动能力，并使之转化为运动成绩。运动战术是指根据专项运动的竞赛规则，为战胜对手或取得理想成绩而采取的各种谋略和行动的总称。这里，"谋略"是指赛前的预谋和临场的策略；"行动"是指贯彻赛前预谋和临场计策的行为方式。技能结构的三要素中，能力是技能的物质基础，技术是技能的表现形式，战术是技能的谋略变化，三者互为独立紧密相关。

一般而言，从竞技能力训练的角度看，运动技术和运动战术是技能训练的主要内容。表6-1这个"（简表）"表示的虽然是技能的四级层次要素结构，但是足以体现技能各个要素的关系。运动技术高级阶段的表现是运动技巧。运动技术发展到运动技巧的特征是：动作环节连贯、有意注意集中、动觉感受灵敏、技术结构稳定、能量消耗减少、应变能力较高、外在表现轻松。运动战术发展到配合默契的特征是：战术阵形稳固、攻防层次严密、全员配合熟练、串联动作娴熟、衔接程度紧密、战术机遇多样、技巧表现自如。可见，素质是技术基石，技术是战术工具，战术是能力表现。因此，必须强调身体训练技术化、技术训练战术化、战术训练身训化的思想，训练中既要相互独立又要辩证统一三者的关系。

表 6-1 技能能力四级层次要素内容结构（简表）

一级层次	二级层次	三级层次	四级层次
技能	运动技术	动作结构	稳定性 多样性 微调性
		动作组合	衔接性 变异性 节奏性
		动作运用	准确性 应变性 难美性
	运动战术	战术形式	多样性 针对性 转换性
		战术行动	默契性 应变性 预见性
		战术应用	熟练性 针对性 奇诡性

〔依胡亦海. 对抗项目竞技能力层次要素特征的比较研究 [J]. 武汉体育学院学报，2009（2）.〕

技能构成要素的多样性特点是运动技能的首要特征。这一特征集中反映了竞技运动技能因素的复杂性和多元性特点。多样性特点说明：技能构成因素是多种多样的，某一技能因素的特征不能以偏概全地替代竞技运动技能特征的全部，更不能由此推论视为整个竞技运动的特征。同样，某一领域或某一学科，对竞技运动技能的某一方面研究所取得的成果，只能反映某一竞技运动技能的某一方面研究的进展而已，不能由此推论视为整个竞技运动的特征研究。竞技运动技能能力第四级层次要素提出的目的，主要是客观揭示竞技能力技能结构中基本要素的多样性特点，着重反映专项竞技能力结构内部的复杂性和多元性特征，旨在提醒技能训练及其科研中防止以偏概全或以管窥天的现象出现。

技能构成要素的类别性特点是运动技能的第二特征。这一特征集中反映了竞技运动技能因素的类别性和逻辑性特点。类别性特点说明：技能因素的类别性质及其关联是不容忽略的。揭示技能结构因素的类别特点，主要是为了客观认识各个技能要素的性质。例如：运动技术的训练与研究，必须依靠电子技术摄像和动力学、运动学技术解析方可有效获取数据；运动战术的训练与研究，则要依靠电子媒体摄像和数理统计、博弈理论解析方可有效制定对策。显然，这些学科必须有机联系相互协作地形成团队，才能最终实现技能要素的有机联系。当然，技能的发展与提高必须依靠多种学科支持方能实现。类别性特点提示：技能各个因素的发展，必须从类别的逻辑性角度系统地发展和有效地提高。

技能构成要素的专项性特点是运动技能的第三特征。这一特征集中反映了竞技运动技能因素的专项性和目的性的特点。专项性特点说明：技能因素尽管具有多样性和类别性特点，但是不同运动的技能因素特征，决定着不同专项的运动特征。各个专项特征实际上蕴藏在技能要素的特征上。换言之，专项技能各个要素的影响作用或影响权重，实际上决定着专项竞技能力特征，甚至决定着竞技运动特征。例如：跳水运动技能要素中，空中转体动作的影响权重远比其他项目更为重要；乒乓球运动技术要素的"快"和"旋"的影响权重要比其他项目更为重要。因此，我们必须抓住专项技能主要因素训练。专项性特点提示：技能各个因素的发展，必须从专项的目的性角度系统地发展和有效地提高。

二、运动技能功能特征

竞技运动的运动形态主要表现为运动技术和运动战术。竞技运动项目繁多，各个竞技运动项目运动的技术特征、战术特征各不相同，但是，所有竞技运动项目在空间和时间上，不同程度地表现出多变的复杂性、多样性、瞬变性和程序性特征。因此，竞技运动的技能功能特征主要体现为展示竞技运动技巧、拓展人体运动空间、挖掘人体运动潜力、体现群体合作效益等。应该说，竞技运动的这一功能特征，是竞技运动本质功能中最为鲜活的特征。所以，必须积极做好体能训练工作，以便提高技能的表现空间和动作的有效速率；同时，必须抓好各种技术的动作训练，最大程度地提高技术能力的储备量，以便运动训练和重大赛事的过程中，能够积极主动表现出动作创新、技术创新和战术创新。

任何系统从事竞技运动的优秀选手，都必须历经启蒙、初级、提高、高级和创造成绩的阶段。动作的学习与形成、技术的定型与变化、战术的形成与配合，促使运动员获得了丰富的运动技能与技巧；体质的健康与维护、机能的促进与发展、素质的提升与耦合，促使运动员拓展了运动的活动空间与时间。我国竞技运动训练的实践证明：运动素质训练的动作技术化，可使运动员掌握丰富的运动动作和预防伤害；运动技术训练的运动战术化，可使运动员获得有效的战术意识和战术元素；运动战术训练的身体训练化，可使运动员提高运动的时空功效和运动素质。正因如此，优秀选手才能表现出十分娴熟的运动技艺和技巧。我们必须科学地认识技能的变迁和素质、技术、战术三者之间的关系。

竞技运动的目标是创造优异运动成绩，这就需要不断通过深刻挖掘自身运动的身心潜力和合理有效地充分发挥自身的身心潜力的途径给予实现。前者必须通过系统训练途径才能获得，后者必须通过不断参加比赛才能实现。两种途径的根本目的就是占据运动空间的主动和运动时间的优势。优秀选手就是通过竞技运动的方式，辨析运动能力优劣强弱的成因，获得运动竞争优胜劣败的结果。说到底，运动员参加竞技运动的训练和比赛，都是为了在空间和时间上表现出更为卓越的能力和结果。正是这种拓展人体运动空间、开发人体运动能力的活动，使得竞技运动成为人类活动中的独特运动。因此，我们必须高度重视运动技能赋予竞技运动的功能，必须全面注重竞技运动技能因素的科学训练。

第二节　运动技术及其训练

运动技术是竞技能力的主要构成要素，是运动训练的重要训练内容，是反映专项运动特征的主要形式。本节着重介绍运动技术的构成要素、运动技术的基本结构和组合结构、运动技术的形成条件和迁移原理、运动技术的分析方法及其要素、运动技术形成阶段的不同特点、运动技术训练的指导方法和训练方法。其中，运动技术的固定组合和变异组合、运动技术观察分析和力学分析是本节的重点。因此，必须高度重视运动技术训练的基本原理和规律。

一、竞技运动技术概述

（一）运动技术动作要素

运动技术是指在竞技环境或比赛中，能合理、有效地充分发挥运动员身体能力的动作方法。竞技运动的运动技术内涵具有3层意思：首先，强调的是运动技术的表现性是在竞技的环境或在比赛环境中展现出来；其次，运动技术的合理性主要表现在动作符合人体运动的生物力学原理和比赛规则；再次，运动技术的有效性主要表现在能最大限度地发挥人体潜在的运动能力，并使之转化到运动成绩上去。显然，运动技术属于"操作性"技术。具体地说，是运动员操纵身体或器材的身体运动的技术。运动技术（technique）与运动技能（technical ability）、身体动作（action）、运动技巧（skill）密切相关。运动技术的初级特征或许就是一种身体动作，但是运动技术的高级特征则是一种运动技巧。

运动技能具有广义和狭义之分。狭义的运动技能主要是指竞技运动的基本活动能力，如走、跑、跳、投等。身体动作可以认为所有非竞技环境下的身体练习都是动作练习。例如，没有对抗的篮球投篮训练只能称之投篮动作训练，不能称之为投篮技术训练，两者区别的标志就是"实战环境"要素。运动技巧是运动技术发展到高级阶段的技术形态和艺术表现。运动技巧特征是：动作环节连贯、有意注意集中、动觉感受灵敏、技术结构稳定、能量消耗减少、应变能力较高、外在表现轻松。显然，运动员只有获得运动技巧，才能在比赛环境下得心应手。实践证明，基本技能储备得越多，运动技术和运动技巧的形成就越快越好。狭义的运动动作、技能、技术、技巧的递进关系如图6-1所示。

图 6-1　运动技能技巧化的演变过程

运动技术的动作要素是指构成技术动作不可缺少的各个因素。运动技术的动作要素包括身体姿势、动作轨迹、动作时间、动作速度、动作速率、动作力量、动作节奏。这些因素在任何动作中都是普遍存在的。从结构上讲，运动技术是运动学特征和动力学特征的综合结果，如图 6-2 所示。概括起来说是由 5 类动作特征的要素组成，即空间特征动作要素、时间特征动作要素、时空速度特征动作要素、动力学特征的动作要素、时空力量特征动作要素等内容组成。其中，空间特征动作要素、时间特征动作要素、时空速度特征动作要素属于运动学特征要素；

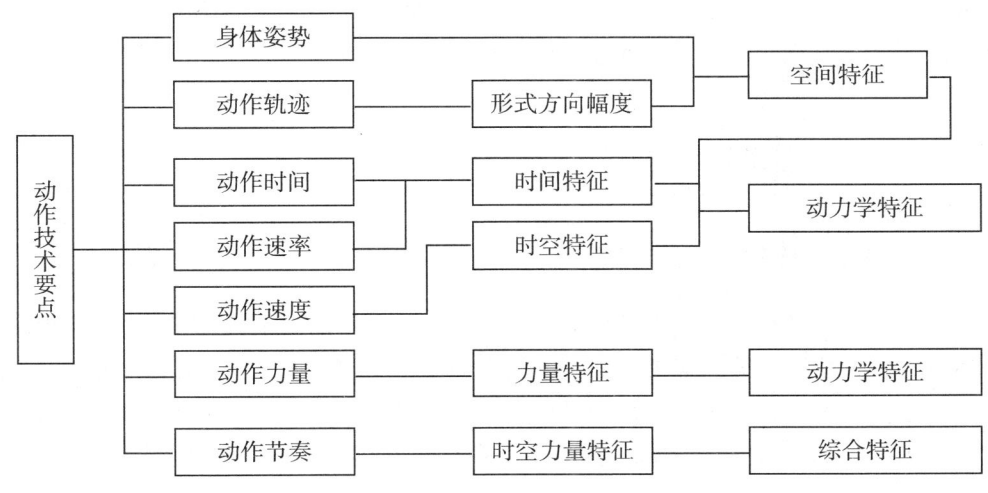

图 6-2　各动作要素及关系

动力学特征的动作要素、时空力量特征动作要素属于动力学特征要素。解析运动技术的动作要素，主要在于科学掌握分析运动技术的原理。

空间特征动作要素包括身体姿势和动作轨迹。其中，身体姿势是指在动作过程中，身体或身体各部分所处的状态及身体各部位在空间所处的位置关系，可分为开始姿势、动作进行过程中的姿势和结束姿势；动作轨迹是指在做动作时，身体或身体某部分所移动的路线，包括轨迹形状（直线、曲线、弧线）、轨迹方向（前后、左右、上下6个基本方向）和轨迹幅度（长度、角度）。时间特征动作要素包括动作时间和动作速率，其中，动作时间是指完成动作所需要的时间，包括完成动作的总时间（完成动作所需的全部时间）和各个部分的操作时间（完成动作的某一环节所需要的时间）；动作速率是指在单位时间内同一动作重复的次数。认识运动技术空间特征和时间特征是运动技术科学训练的基础。

时空速度特征动作要素主要是指动作速度。动作速度是指单位时间内身体或身体某部分移动的距离。动作速度包括动作方向、平均速度、瞬时速度、初速度、末速度、角速度和加速度等。动力学特征的动作要素主要是指动作力量，包括用力的方向、用力的大小和力的作用点，动作力量是指完成动作时身体或身体某部分克服阻力所用力的大小，是人体内力和外力相互作用的结果。时空力量特征动作要素主要是指动作节奏，动作节奏是指完成动作过程中的时间特征，包括动作用力的变化、动作时间的间隔、动作幅度的变化、动作速率的快慢等要素。通常，动作节奏是促使运动技术转向运动技巧的主要要素。换言之，运动节奏是判断运动技术娴熟与否、运动技巧形成程度的一项重要标志。

（二）运动技术动作结构

1. 运动技术基本结构

运动技术基本结构主要是指单一性或周期性的运动技术的动作结构，如田径运动的跑、跳、投等和球类运动基本技术的动作结构，都属于运动技术的基本结构。运动技术基本结构的特征是具有完整的动作过程。运动技术的基本结构均由三维内容组成，即技术环节、技术细节和技术基础。各个要素内容参见图6-3。其中，技术基础是指按一定顺序、路线、节奏等要素所构成的技术基本部分；技术环节是指组成技术动作过程的各个部分，是组成技术动作的基本单位。如以排球扣球为例，准备、助跑、起跳、腾空、击球、落地等环节构成了扣球技术；技术细节是指在不影响动作结构的情况下，技术动作所表现出来的应变性的微调技术。技术细节掌握得越合理，完成动作的效果就越好。

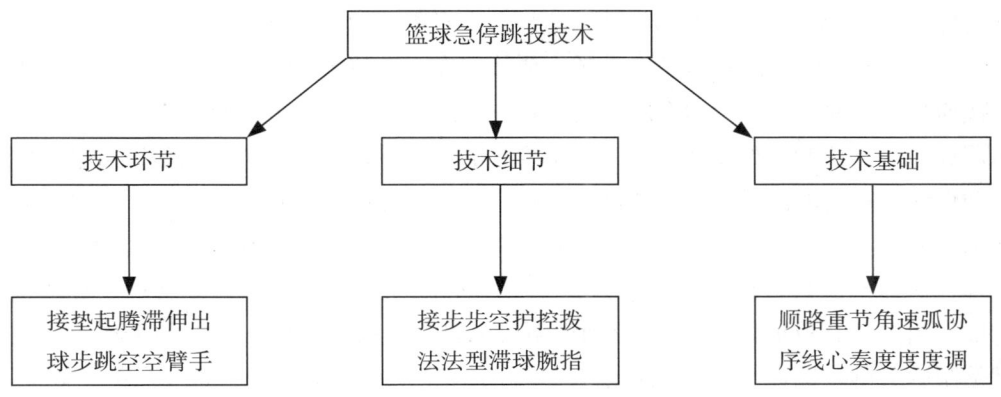

图 6-3　篮球急停跳投技术训练内容

一般来讲，运动技术环节与技术动作练习高度相关，运动技术基础与动作技能储备高度相关，运动技术细节与运动技巧程度高度相关。显然，运动技术基础、运动技术环节是运动技术学习的重点。但是，运动技术细节则是运动技术应用的重点。由此可见，掌握运动技术细节是高级训练阶段的重点。运动技术细节掌握的水平，完全取决于运动员对技术动作各个环节作用的认识水平，同时受心理素质、运动素质、技能水平和运动经验等各方面因素的影响。另外，人体的动作是身体各关节之间发生位置变化的结果。骨骼是动作的杠杆，关节是动作的枢纽，肌肉是动作的动力。因而运动技术训练的前提是要全面研究其动作要素，确定影响技术的主要因素，并以此明确解决问题的主要训练手段。

2. 运动技术组合结构

运动技术组合是指由若干独立的技术动作联结组成的集合，又称组合技术。运动技术组合结构分为固定组合结构与变异组合结构两种；运动技术固定组合结构主要是指若干独立的技术动作之间的联结动作、方式、顺序是单一选择并且相对固定，我们将固定组合结构的技术组成又称之为"套路"，例如体操、艺术体操、跳水、蹦床、武术套路、花样滑冰、花样游泳等项目组合技术的动作，就是典型的运动技术固定组合结构；运动技术变异组合结构主要是指若干独立的技术动作之间的联结动作、方式、顺序是多项选择并且随机应变，例如篮球、排球、足球、手球、水球、冰球、曲棍球等项目组合技术的动作，就是典型的运动技术变异组合结构。两者技术动作结构的组合具有本质的差异。

固定组合结构的技术组合关键主要体现在组合技术内部联结的编排方式和衔接质量上。通常，固定组合结构的编排方式和衔接质量十分强调难度、准确、协调和稳定，技能类难美性项群的技术组合的动作结构均属此类。固定组合结构的动作编排是自由体操、艺术体操、武术套路、花样滑冰、花样游泳等项目设计和训练的重点，例如目前女子体操多采用相对较少的舞蹈动作和相对较多的技巧动作，从而构成具有高价值的一套 A 分动作，是女子自由体操编排选择的总体特征。当然，高价值的一套 A 分动作组合编排仅是取胜基础，组合的完成质量仍是制胜关键。因此，重视固定组合结构的编排方式和衔接质量至关重要。显然，必须强化固定组合结构的动作编排方式和衔接训练质量。

变异组合结构的技术组合关键主要体现在组合技术内部联结的应变方式、串联和衔接的质量上。通常，变异组合结构的应变方式、串联质量和衔接质量十分强调正确、快速、准确、灵敏和变化，技能类对抗性项群的技术组合的动作结构均属此类。其中，串联是指集体性球类项目按照竞技规律，在激烈的对抗之中，由若干队员将两个或两个以上技术，合理地连接成为攻防及其转换形式。例如篮球的后卫传球→中锋策应→前锋投篮，就是一次进攻串联，或称之为进攻技术串联。这一技术串联过程中，后卫、中锋和前锋都有若干技术选择及应变。衔接则是个人的两个基本技术之间的连接技术，是技术串连的纽带。变异组合结构的技术串联和衔接技术，对于培养运动员的战术意识十分重要。

二、技术形成及其迁移

（一）运动技术形成条件

运动技术形成的生理基础是条件反射建立与巩固的神经学依据，其形成过程的基本程序如图6-4所示。运动技术的形成是需要一定条件的，不同难度的运动技术形成时，所依据的主客观条件是不同的。难度愈高，所依据的条件则应愈充分。从难度上讲，形成技术的主客观条件因素如图6-5所示。其中，每一条件因素又由若干因素组成，从而形成技术学习过程中的条件网络系统。其中，身体条件中的协调能力是影响技术形成的重要因素，其水平高低对掌握运动技术和运用运动技术起着重要作用。一般地说，影响技术形成的协调能力有3种，即神经系统的协调能力、肌肉的协调能力、运动的协调能力。实践证明，在基本技能或非专项技术的学习中，注意培养运动员的协调能力十分重要。

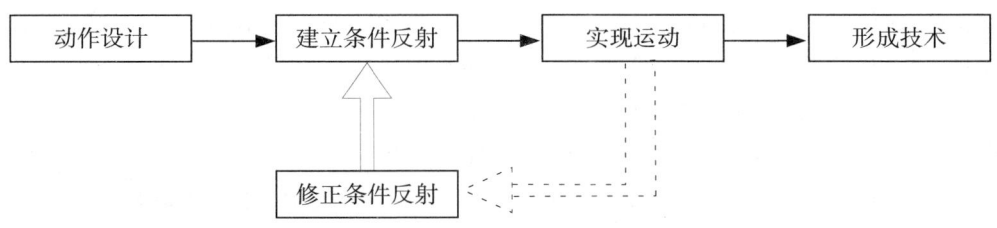

图6-4 运动技术形成示意

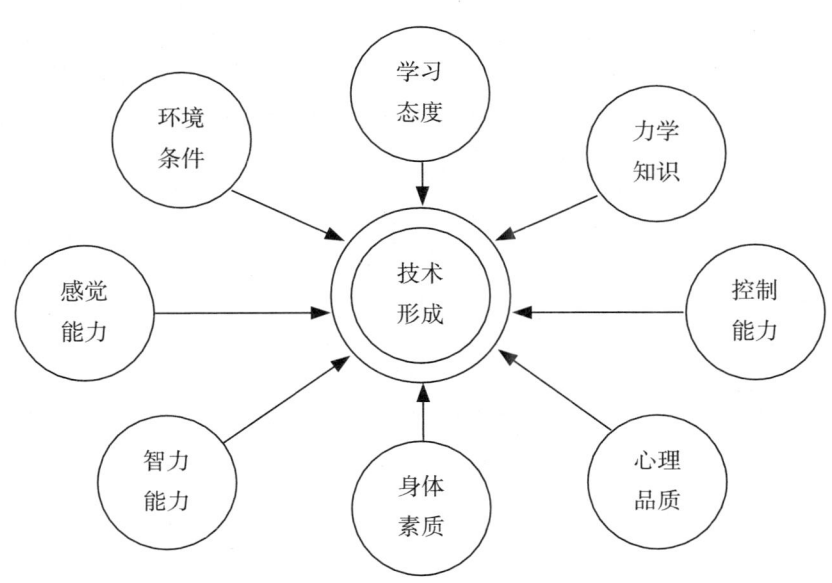

图6-5 运动技术形成的条件因素

(二) 运动技能多种迁移

实践中，大量存在着运动技能迁移现象。一项运动技术的掌握或形成过程中，往往会促进或干扰另外一种技能的学习，这就是运动技能的迁移原理在起作用。迁移原理是指在训练或教学过程中，运动员学习新的技术或者新的动作时，在新刺激的作用下，使得与新刺激有联系的原有的神经暂时联系的痕迹被激活，并参与新刺激联系的建立或对以往的旧有联系的改造，从而使原有的神经系统的暂时性联系得以扩大、漫延、发展，因此对学习新的技术和对旧有的技术或动作具有一定影响。这种影响有时是良性的，有时是劣性的，其结果如何，往往受新旧技术动作结构的相似和差异性、学习时的心理状态、学习者的认知水平、训练场所的条件、教练员的指导方法、技能贮备水平等因素影响。

由于运动技术的学习过程是复杂的，迁移过程是多维的，因此迁移的类型也是多种多样的，如图6-6所示：正迁移是指掌握一种运动技能，对学习另外一种运动技能产生良好影响；负迁移是指掌握一种运动技能，对学习另外一种运动技能产生不良影响；纵迁移是指学习的技能属于同一项目，但所掌握的技能对学习另一种运动技能产生影响；横迁移是指学习的技能不属同一项目，但所掌握或学习的技能彼此可以迁移；顺迁移是指掌握一种较易动作，可对学习同类较难动作施加影响；逆迁移是指掌握一种较难动作，可对学习较易或已掌握的技能施加影响。在实践中，科学地运用迁移原理和迁移方法是学习、掌握运动技能的重要途径。一般认为，根据技术迁移原理采取如下步骤方有成效。

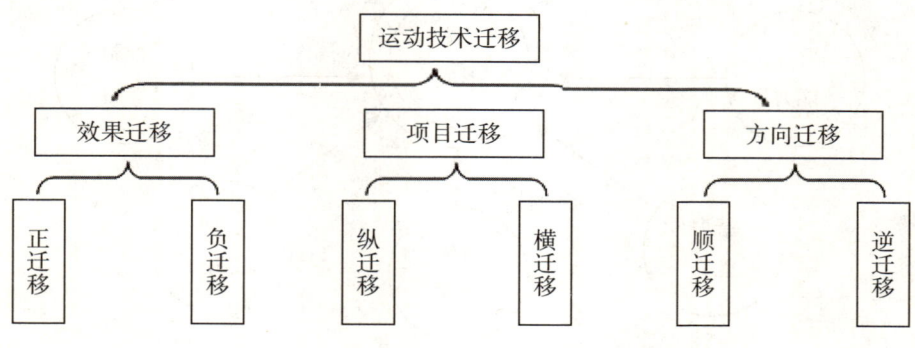

图6-6 技能迁移种类

一是建立正确技术概念。运动员必须对技术概念正确理解，在学习技术时要掌握技术原理，了解动作结构和环节之间的联系，并与类似的已学过的技术动作结构加以比较，使其明确动作结构的差异所在，从而消除负迁移的倾向，并产生正迁移的意态。二是熟练巩固技术动作。迁移效果的好坏，往往取决于前一动作的质量。运动员掌握动作越多、越巩固，思维痕迹越清晰，那么建立起来的暂时性神经联系也就越多，从而在学习新的技术时，就越容易引起迁移。三是科学掌握间隔时间。一般来讲，在学习两种动作结构差异性大的技术时，间隔时期的要求不严，即一种技术学习完毕后，再学习新技术时，其间隔时间不必苛求。但是，在同时或相继学习两种类似的动作时，其间隔时间要长些。

三、技术的分析与训练

（一）技术分析基本方法

技术训练的前提条件是掌握正确的运动技术。正确的运动技术是理想的动作模式，是从运动实践中发展、检验和提炼的结果。运动技术分析是技术教学与训练过程中的重要环节，是对技术诊断、评价和创新必不可少的重要手段。技术分析要从合理性、实效性、优化性和个体性等原则出发。一般地说，运动技术分析是以理想动作模式为标准，分析者必须熟悉具体的动作结构和具有一定的技术动作体会。换言之，分析者不仅要了解动作结构及其要素，而且要懂得动作过程及其变化，同时能够正确认识技术要素之间的相互关系。唯有如此，才能在观察和分析中有目的、有步骤、有标准地加以对比，才能发现问题和解决问题。技术分析方法主要由技术观察、结构分析、统计分析等方法组成。

技术观察法可分简单观察和复杂观察两种方法：简单观察是通过临场观察运动员的动作过程，并与自己的动作概念、经验比较后，迅速做出判断；复杂观察则是借助于录像和其他器材，通过反复观察、反复比较后做出精确分析。结构分析主要采用生物力学方法。此方法通常是现场采样，实验室里解析。分析的目的主要是经过测试、计算过程，揭示技术动作的力学特征。也可结合肌电分析方法，通过肌电观察动作过程中肌肉做功的时间、方位、程度、顺序等，以便发现问题和解决问题。统计分析是一种从比赛和训练质量角度进行技术分析的方法。

统计分析法的内容通常是技术动作次数、强度、质量和效果。这种经过统计分析后所得出的定量结果具有可靠性、简易性和一定的时效性作用。

(二) 技术分析方法要素

技术分析方法与分析的内容要素可归纳为两个方面，如图 6-7 所示。应该说生物力学的分析方法科学性更强，结论更为准确。但是来自实践的经验表明：单纯从事力学理论研究或实验的工作者，倘若不熟悉人体解剖知识和专项技术动作，则有可能得出错误结论，甚至误导训练方向。实际上，运动生物力学是一门实践性很强的学科。基础训练阶段的技术形成和高级训练阶段的动作配合（如划船配艇训练、双人高台跳水）都需要采用生物力学分析方法。近年来从事该领域的研究人员，基本采用高速摄影机、三维测力台和肌电仪等综合性手段，通过微机处理使运动学参数、动力学参数、肌电学参数和人体测量学参数的数据采集和处理能力大大增强，从而提高了技术动作分析的科学程度。

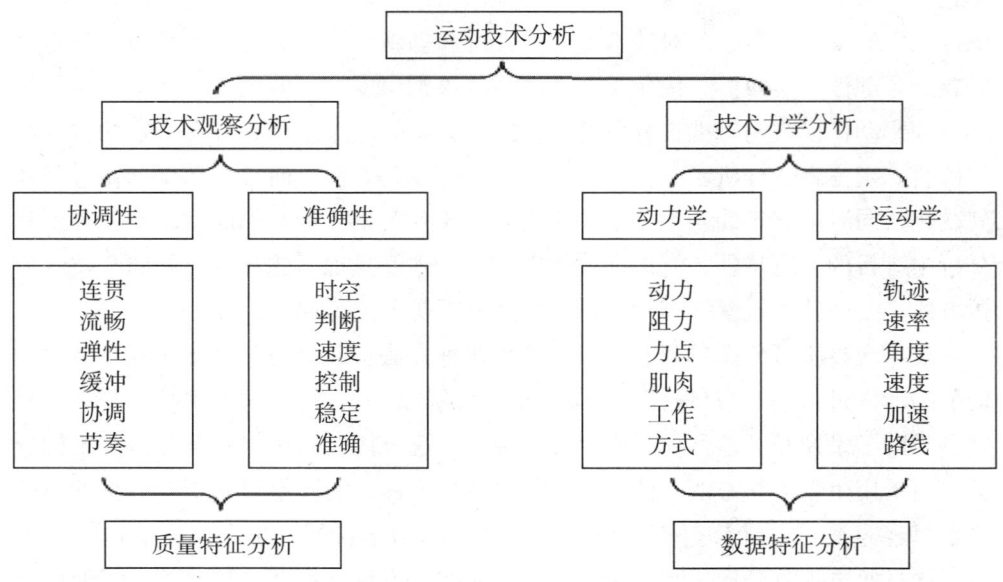

图 6-7　技术分析的基本要素

应当指出：运动技术动作的分析是通过分析运动员技术动作的要素体现出来的。其中，身体姿势决定着人体完成运动及用力时的身体状态，也决定着力的相互作用状态。因此，它对运动技术动作的效果产生重要影响。身体和肢体位移的运动学特征，是衡量运动技术动作的质量和运动形态的重要依据；身体和肢体位移的动力学特征，更是衡量运动技术动作的质量和动力效果的重要依据。技术动作的速度变化取决于爆发力的大小或力的变化速率，而身体运动方向及路线则取决于用力方向的正确性。运动时技术动作各个要素的相互配合更是技术分析的重点。技术动作各个要素的结合形式与用力顺序，直接决定着身体各环节能量的传递或集中效果。因此，必须高度重视技术动作要素的组合与匹配。

（三）技术学习阶段特点

技术形成需经 3 个阶段，即粗略形成技术阶段、改进提高技术阶段、巩固熟练技术阶段。其中，粗略形成技术阶段的特点是：大脑皮质神经过程的暂时性联系处于泛化阶段，兴奋过程扩散而抑制不强，心理生理能量消耗较多，动作表现粗糙且不协调，人体自控能力低并伴随多余动作。改进提高技术阶段的特点是：大脑皮质神经过程的兴奋与抑制处于分化阶段，兴奋相对集中，内抑制逐步发展，并初步建立起技术动作的动力定型。动作的表现是多余动作逐渐消除，整个动作连贯协调，能量物质逐渐节省。巩固熟练技术阶段的特点是：大脑皮质兴奋过程高度集中，内抑制加强，牢固形成了基本动作的动力定型。动作表现省力、轻快和准确且富有节奏感，技术应变能力强并达到自动化程度。

教练员在指导运动员进行技术学习与训练时，必须根据运动员运动技术形成过程的 3 个阶段特点确定训练重点。一般来说，粗略形成技术阶段的训练重点是：明确动作规格，掌握动作环节，打下技术基础，建立动作表象。此阶段着重采用分解教学法和完整教学法进行教学。改进提高技术阶段的训练重点是：促使动作表象清晰化，消除多余动作，熟练掌握动作要点。此阶段一般采用完整法练习，并辅以重复练习法进行训练，同时积极运用语言、直观方法，揭示动作的内在规律，解决技术中的难点。巩固熟练技术阶段的训练重点是：巩固技术动力定型，强化动力传递效率，熟练技术细节。此阶段一般采用完整训练、重复练习法，并辅以变换练习法进行训练，旨在提高技术动作关键环节的功效。

(四) 运动技术训练方法

运动技术训练方法的采用旨在科学地提高、巩固和应用运动技术，有效地挖掘和发挥运动技术要素中的机能、素质作用。由于运动技术全面、实用、准确、熟练地体现，是建立良好的运动机能和运动素质的基础，因此，运动技术的科学训练应该具有提高运动机能和运动素质的功效。当然，运动技术的科学训练应该具有提高运动战术的目的。科学的技术训练具有身体训练技术化、技术训练战术化的特点。换言之，身体训练的动作方法，应该按照运动技术的要求训练；技术训练的动作要求，应该按照运动战术的意图训练。为此，技术训练中必须兼顾发展运动素质和促进运动战术的目的，所采用的训练方法应该具有多种功能。技术训练多采用持续练习法、重复练习法、变化练习方法等。

持续练习法是指在相当长的时间里以比较恒定的强度持续进行练习的方法。此方法用于球类项目时，往往采用多球、多网、多篮、多场设置的技术训练。在这些项目中，为了更好地进行连续的技术训练，其负荷数量、强度的安排应以保持技术规格的要求为准。重复练习法是指在相对固定条件下，按一定要求反复做某一练习动作的方法。此法多用于对动作规格严格和动作强度较高要求的练习中。当技术动作负荷强度不高时，负荷数量可多，每组重复练习次数也可多些，反之亦反，但都以动作不变形为原则。变化练习法是指在一定条件下，变换负荷和动作结构、练习形式的方法。此方法多用于串连衔接训练、增减难度训练、负荷性质变换的训练之中，是球类项目技术训练的主要方法。

第三节 运动战术及其训练

运动战术是竞技能力的主要构成要素，是运动训练的重要训练内容，是反映专项运动特征的主要形式。本节着重介绍战术分类、战术结构和构成要素、运动战术意识培养和训练要求。其中，战术结构、攻守平衡、独特风格、灵活多变和博弈对策原则，是战术的重要设计原则。由于对抗性项群最能反映运动战术的基本特征，因此本节内容主要讨论对抗项群的运动战术理论，并兼顾其他项群运动战术的讨论。同时，介绍10种运动战术主要应用观念。

一、竞技运动战术概述

(一) 运动战术基本结构

运动战术是指根据专项运动的竞赛规则，为战胜对手或取得理想成绩而采取的各种谋略和行动的总称。这里，"谋略"是指赛前的预谋和临场的策略；"行动"是指贯彻赛前预谋和临场计策的行为方式。显然，这一概念表述了战术内容包括赛前预谋、临场计策与实施策略行动的两大方面。运动战术是由战术观念、战术指导思想、战术原则、战术意识、战术知识、战术形式和战术行动等内容组成（图6-8）。战术观念是指教练员、运动员通过战术训练和比赛实践所形成的有关战术理论、战术应用及其变化的战术理念。战术观念的形成与运动员、教练员竞赛经验、战术知识和思维方式等有密切关系，并对其战术设计、方案、实施等战术活动有着导向作用。战术观念是战术指导思想的理论基础。

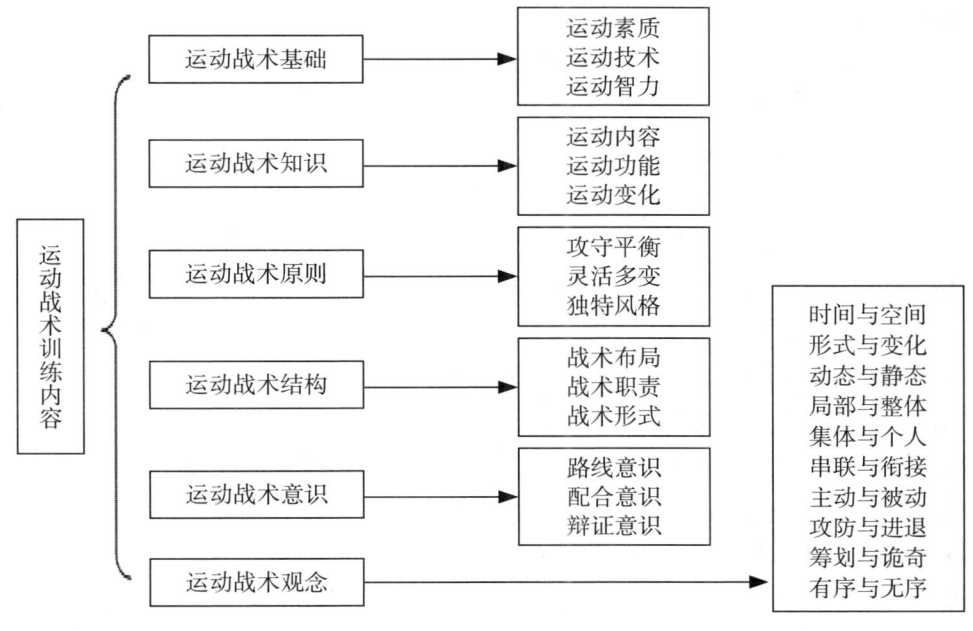

图6-8　运动战术训练内容

战术指导思想是指在战术观念的作用下，根据不同比赛对手的具体情况，所提出的具有针对性指导战术行动的完整思路，它作用于战术计谋与行动的指导思想，并明显地体现出战术运用者的战术观念；战术原则是制订具体战术方案、实施战术计划的思想与行为的准则；战术意识是指运动员临场支配自己行动的思维活动过程，具有战术意识的运动员能在复杂多变的竞赛环境中，及时准确地根据场上情况，随机应变，迅速而正确地决定自己的行动方案（包括个人行动及与同伴的协同配合行动）；战术知识是指关于比赛战术理论与实践运用的经验和知识的总和，它是掌握和运用具体战术的基础。显然，战术思想、战术原则、战术意识和战术知识，是竞技运动战术理论的核心内容和重要成分。

战术方案是指具体战术行动预案与设计。战术方案是否合理、运用得是否灵活、结果是否有效，往往取决于战术知识广度和深度的掌握水平。战术形式是指战术活动中具有相对稳定形态的行动方式，如篮球战术中的掩护、盯人、联防等形式；战术行动是指为达到特定战术目的而采用的运动技术、组合技术或相应技术动作的具体实施。战术方案和战术行动的关系是设计与实施的关系。战术方案决定着战术行动的意图、形式和内容，战术行动是实现战术方案的过程、步骤和程序。战术方案通常具有几种方案，根据不同对手、不同环境和不同条件，往往确定其中一种战术方案为主要方案，其他战术方案作为预案备选。战术形式既是表达战术方案的理论设想，也是反映战术行动的实施标志。

（二）运动战术基本分类

运动战术的分类多种多样，按参赛人数分类可分个人和集体战术。其中，个人战术是指个人所完成的战术，在格斗对抗性项群和隔网对抗性项群的比赛中，个人战术表现得尤为明显；在技能类同场对抗性项目中，个人战术是集体战术的组成部分。集体战术是指赛场同队所有运动员按统一战术方案所进行的战术，在集体对抗性项目中，集体战术显得尤为重要。按攻防性质分类可分进攻、防守和相持战术：进攻战术是指利用机会，通过个人或集体配合，向对手发动进攻所组成的战术；防守战术是由个人或集体协同采取的阻碍或破坏对手进攻的战术；相持战术是指双方攻守态势相对均衡时，为求场上形势有利于己而采取的战术。这种分类通常应用于隔网、同场、格斗类项群的训练。

另外，还有一些其他的战术分类，如阵形布局战术、体力分配战术和心理影响战术等。其中，阵形布局战术是指按照一定的阵形，并赋予运动员各自的职责和分工配合的要求，从而构成一个相对完整的阵营形式去战胜对手的战术，如篮球运动的 2-1-2 阵形战术、排球运动的 4-2 阵形战术、足球运动的 4-4-2 阵形战术等。体力分配战术是指通过体力的合理分配而谋取胜利的战术，在体能主导类项群的周期耐力性项目中，如中长跑、游泳、划船和自行车等项目的途中跟人战术和最后冲刺战术等。心理影响战术是指通过一些特定的方式和措施，对参赛对手心理上施加影响，使对手因士气受到影响不能顺利完成预定战术的战术，如暂时领先时故作欢呼雀跃之态就是一种心理干预的战术。

二、运动战术基本理论

（一）运动战术设计原则

1. 结构设计原则

结构设计原则是指按照运动战术的结构要素设计运动战术内容、形式的原则。运动战术结构是由布局、职责、路线和对抗点等主要要素构成。其中，布局是指运动战术阵容、阵形的总称，布局是合理充分发挥运动员机体攻防能力而安排的组织形式，这种组织形式因布局需要可以呈现多种多样；职责是指战术方案赋予运动员攻防战术的具体任务，不同的战术赋予运动员不同的职责，不同的技术特点规定了运动员的不同任务；路线是指攻防战术结构和转换的连接纽带，攻防战术路线共有两类，即攻防直接路线和攻防迂回路线；对抗点是指攻防战术最后形成并实现的最后环节，对抗点包括攻击点和阻击点。可见，竞技运动战术的结构中布局是起点，路线是主体，对抗是节点。

运动战术的结构要素中，"布局"的目的在于把全队的攻防力量有效地组织起来，争取最大限度地发挥每个运动员的攻防技术潜力。布局的作用是明确运动员位置、职责，协调运动员协同作战的攻防关系。布局的主要任务是确定最佳阵容配备及战术形式、明确运动员攻防配合关系、保证攻防实力平衡、规划防守层次、筹划攻防转换形式等。"职责"的明确在于规定运动员的不同任务和协作范围。"路线"对于球类项目而言至关重要，攻防战术的两类路线，有时称之为有球路线和无球路线，攻防直接路线孕育着进攻点或防守点的转换，攻防迂回路线则隐藏着直接的攻防含义。"对抗点"的选择尤为重要，攻击点正确是完成进攻战术的关键一环，阻击点恰当是实现防守目的的有效屏障。

2. 攻守平衡原则

攻守平衡原则是指按照运动战术的攻防规律设计运动战术内容、形式的原则。从运动战术的基本形式和外在特征来看，运动战术可以分为进攻和防守两类战术。但是，承担进攻和防守的运动员则是同一运动选手。实践证明，任何攻强于守或守强于攻的运动员个体或群体，都无法长久地占据优势地位或持续取得优势。因此，按照攻守平衡原则设计战术，必须考虑3个方面，即选择技术全面的运动员、审慎规划攻防的布局和保持动态的攻守平衡。其中，技术全面的运动员是设计攻守平衡战术的物质基础，是实现攻守平衡的基本条件；合理的攻防布局是充分发挥攻防实力的思想基础，是实现攻守平衡的理论设计；保持攻守的动态平衡是正确处理攻防战术的辩证关系，是攻守平衡的动态表现。

因此，首先必须注意挑选技术全面的运动员作为战术的执行者，这是战术实施的基本要求。若运动员本身攻守技术失调，则很难保证战术的攻守平衡，甚至可能导致战术无法形成或形成的战术功亏一篑。其次必须审慎地规划攻防战术的布局。在实践中，往往需要根据不同对手的打法而有目的地选择布局形式。一般地说，对强手的攻防布局，应体现"加强防御，防中有攻，防转攻快"的布局思想；对弱手的攻防布局，应体现"积极进攻，攻中有防，攻转防快"的布局策略。再次必须保持攻守战术的动态平衡。从布局上看，阵形是攻防战术的准备形式，变化则是攻防战术的具体内容。因此，攻防平衡的战术不仅体现在静态阵形布局上，而且应该着重体现在运动中保持攻守战术的动态平衡。

3. 独特风格原则

独特风格原则是指按照运动战术的独特性特点设计运动战术内容和形式的原则。其中，独特的意思是指独一无二的、单独具有的，或者与众不同的；风格的意思是指具有与他人不同的一种标志性的品格。战术设计的独特风格原则与战术设计的指导思想关系密切，同样与本队的现实状态高度相关。通常，本队现实状态是战术设计指导思想的物质基础，战术设计指导思想是贯彻独特风格原则的思想基础。因此，独特风格原则是落实战术设计指导思想的重要准则。当然，战术指导思想和独特风格原则的高度统一也会引领物质基础的变化，如我国篮球运动曾经在一段时期提出且贯彻着"以小打大、以快制高"的战术思想，并按此制定了相应的攻防战术，造就了一批"快、准、灵"的优秀选手。

按照独特风格原则设计战术必须考虑3点，即立足本队实际、积极了解动态和集中队员特点。首先，必须立足本队实际，争取攻防战术实用。独特风格的思想核心是争取所设计的攻防战术有利于扬长避短，发挥潜力。从此点出发，应该说任何不顾基础状态，而一味追求战术形式花样或者盲目追风的做法是不可取的。其次，积极主动了解动态，力争攻防战术先进。独特的战术风格应体现在创造性、先进性上。了解动态就是为了立足现在，放眼未来，就是争取战术上的风格独特。再次，必须集中队员特点，形成战术的独特风格。技术是战术的物质基础，战术则是技术表现的组织手段。战术风格的独特性来源于个人技术的独特性。个人技术特点的充分表现，就是战术风格独特的集中体现。

4. 灵活多变原则

灵活多变原则是指按照运动战术的多样性特点设计运动战术内容和形式的原则。兵法曰"兵无常势，水无常形"，意思是说，水因地势的高低而制约其流向，用兵则要依据敌情而决定取胜方针。所以，用兵作战没有固定不变的方式方法，就像流水没有固定的形状一样。显然，指望竞技运动中的某一固定战术包打天下是不可能的。因此，需要设计多种多样的运动战术，以便依情灵活选用。按照灵活多变原则设计战术，通常需要考虑3方面，即综合设计多种攻防战术、进攻战术应该"一点多变"、攻防战术便于快速转换。其中，多样性的攻防战术是战术灵活多变的战术基础。实践证明，只有多样性的战术形式，才能表现灵活性的战术结果。当然，多样性战术形式必须具有扎实的战术基础。

首先，综合设计多种攻防战术时，不能将丰富的技术内容置于某一战术形式之下，否则进攻战术显得呆板，防守战术徒有其形，最终失去战术意义。多样性的攻防战术需要以不同的战术形式及其变化作为基础。多样性的攻防战术可以最大程度地发挥全员攻守能力，使对方防不胜防，攻无缺口。其次，进攻战术要"一点多变"。攻击点的多变是取胜的有效方法，攻击点的多变着重体现在时空的变化或配合方式的变化，如篮球运球切入后的投篮或分球的变化、排球4号位强攻与平开拉战术的变化应用、足球进攻中"射转传"的变化形式等都是"一点多变"的应用。再次，设计的攻防战术便于快速转换。竞技运动的许多技术实质上具有攻防两重性，因此，灵活的攻防战术具有快速转换的特征。

5. 博弈对策原则

博弈对策原则是指按照运动战术的博弈性特点设计运动战术内容和形式的原则。竞技运动的本质属性之一就是竞争的博弈性。竞技运动说到底就是一种零和思维下的身体活动游戏。因此，竞技运动的竞争博弈性反映了竞技选手为获得优异运动成绩，都是以人的思维策略和身体行为的博弈而体现的。显然，零和思维是竞技运动的本源思想，零和游戏是竞技运动的本质形态。既然如此，竞技运动就需要依据博弈论作为战术设计和应用的基础理论。博弈论（Game Theory），亦名"对策论""赛局理论"，属应用数学一个分支。目前在生物学、经济学、军事学等学科都有广泛的应用。博弈论主要研究公式化的激励结构间的相互作用、个体预测行为和实际的行为，并研究它们的优化策略及其应用。

当前，运用博弈对策思想设计攻防战术的方法有3种方式：一是人工设计攻防战术。教练员利用沙盘、录像以及临场人工统计资料和自己的经验设计战术，整个战术设计过程完全凭借人工。二是微机辅助设计战术。这类战术是在前者方式的基础上，利用特制微机代替临场人工技术、战术的统计运算，帮助教练员及时依据最终结果和初步方案，进行分析、决策和制定战术。目前，这种方法已为国内外某些强队采用。三是CAD辅助设计战术。这类方法是借助于摄像设备和微型计算机链接，并配置相应的战术分析软件，将对手的战术特点进行系统分析，设计出相应的攻防战术方案，供教练员参考。目前，这种具有一定智能的电子模拟设置已被德国、美国等个别强队所运用，实践效果比较好。

（二）运动战术应用观念

竞技运动的运动战术设计、战术形成到战术实现是一个非常复杂的思维与行动过程。作为教练员除需在运动训练的过程中周密地设计战术、演练战术之外，还需系统地培养运动员灵活运用战术的观念，才能使运动员在赛中及时地、创造性地发挥战术的根本功能，才能使运动员从整体上协同作战，实现战术意图。为了充分发挥战术功能，认识并掌握教练员战术布置根本意图，运动员必须掌握和具备10种战术应用观念，即时间与空间观念、形式与变化观念、动态与静态观念、局部与整体观念、集体与个人观念、串联与衔接观念、主动与被动观念、攻防与进退观念、筹划与诡奇观念、有序与无序观念。战术应用观念的形成与科学理解战术的思想、原则、意识、结构以及形式高度相关。

时间与空间是物质存在的客观特征。在竞技运动中，任何战术都寓于不同时间与空间之中。不同的战术内容溶于不同的时间与空间形式内，不同时间与空间又赋予战术的不同功能。例如排球、篮球和足球运动的快攻战术，就是利用战术时间上的突然性、快速性、时差性等变化，从而达到出其不意、攻其不备的目的。再例如篮球中锋篮下直接扣篮和排球主攻手后排的强攻，就是利用战术空间高度的优势强行攻击，以达到凭借空间优势置对手于败境的目的。当然，任何战术形式及其变化都有时间和空间的变动，排球的时间差战术就是如此。显然，利用时间与空间可极大地丰富进攻战术形式及变化，更有利于陷对手于防不胜防的困境之中。因此，掌握时间与空间观念是实现战术目的的基础。

形式与变化是物质运动的外在形态。在竞技运动中，尤其是球类运动中，战术形式是在赛前确定，是以预谋、稳定、基本的方式表现。战术形式的基本功能是合理布局攻防战术力量。战术变化是在赛中体现，是以动态、变异、多种方式表现。战术变化的基本功能是根据临场变化实施应变，以便因应不同情境，并保持攻防战术动态平衡。战术形式多以集体战术的阵形、布局方式出现，战术变化多以个人以及局部战术的变更体现。例如排球快攻掩护下的4号位强攻扣球就是一种战术形式，但是强攻扣球变化则是一种战术变化，如轻扣场心、拐打直线等。篮球比赛中适逢对手人盯人战术，处于进攻一方采用拉空后场运球突破就是战术变化。因此，掌握形式与变化观念是创造战术变化的基础。

动态与静态是物质运动的基本形态。在竞技运动中，任何战术都具有相对运动和静止的形态特征。战术相对静止的特征是战术阵形，战术相对运动的特征是战术变化。竞技比赛中，战术的动态变化是建立在静态阵形的基础上，静态阵形的尽快形成是为了更好地表现动态变化。静态与动态是互相转化，互为前提。其中，静态过程相对稳定但时间短暂，动态过程变化无穷且时间较长。显然，动态与静态状况的结合可使战术力量的配置更为合理。例如，足球、排球、篮球比赛中进攻出现失误的一方，必须尽快地转入防守，以便伺机进行防守反击；同样，处于防守的一方倘若获得再次进攻机会，就会立即转入动态的进攻及其变化之中。因此，掌握动态与静态观念是创造战术机会的基础。

局部与整体是物质结构的部分或全部。在竞技运动中，任何运动项目，尤其是集体项目的运动战术，都可分为局部和整体战术。战术的局部和整体的关系着重表现为相互制约，互为影响。整体战术形式的出现是为了弥补局部战术的劣势，优势的局部战术可以补充整体战术的不足。当然，比赛中，因局部战术不利而使优势的整体战术毁于一旦，或因整体战术运用不当使优势局部战术受到制约进而陷入困境的现象屡见不鲜。例如足球进攻一方在整体战术的作用下，屡次进入对方禁区，但是前场队员的局部配合多次受到破坏无功而返，这就是局部战术不利的结果。因此，攻防战术的实现特别要求局部战术与整体战术的高度统一和协调一致。不难看出，掌握局部与整体观念是发挥战术功能的基础。

集体与个人是战术行动的物质基础。在竞技运动中，集体战术是个人战术得以发挥的战术基础，个人战术是集体战术的组成部分。集体战术的合理运用可使个人战术得以淋漓尽致地表现，个人战术的有效运用可使集体战术的作用得以全面地发挥，两者之间互为前提又相互影响。例如篮球运动比赛中的人盯人防守战术与快攻战术的有机运用，就是集体防守战术与个人进攻战术的有机合成。是役，严密的人盯人防守战术，导致进攻一方技术串联失误，得球一方迅即将球传给已经进入快攻态势的同伴，这种场景在高水平的篮球比赛中可谓屡见不鲜。集体战术的作用就是为了形成战术形式及其变化，个人战术的作用就是在于实现战术功能和目的。因此，掌握集体与个人观念是提高战术实力的基础。

串联与衔接是战术构成的纽带。集体战术、个人战术都需要技术串联和衔接技术作为保障。可以认为，所有的集体战术或整体战术都是通过高质量的技术串联实现的。技术串联质量的标志就是不断地确保同伴流畅地展开下一轮的战术配合。例如排球一传或防守的起球到位，就是实现了接与传的技术串联，并为传与扣的技术串联奠定了战术基础。足球、篮球的传球与接球的技术串联意义亦是同理。衔接技术对于个人战术或单人对抗项目意义重大，例如网球底线攻击与上网截击的技术组合、足球盘带失误与快速紧逼的技术组合和排球拦网之后与回撤进攻的技术组合，都需要良好衔接技术。其中，步法变化和重心调控是衔接技术的核心。因此，掌握串联与衔接观念是构架战术体系的纽带。

主动与被动是战术矛盾的两个现象。主动是握有控制态势的行动，被动是跟随主动的行为，两者具有同生和转化特点。主动者往往积极进取，得心应手，斗志昂扬；被动者往往消极应对，举足无措，情绪低迷。两者的转化是战术对抗中常见的一种规律，并经常地反映在战术的应变之中。例如排球进攻中，面对对方高大队员的集体拦网，近网扣球的一方采用打手出界的技术，就是化被动为主动的一种打法。又如，网球比赛中的非受迫性失误就是主动的态势化为被动的结果。再如同场对抗性球类运动的战术对抗中，双方围抢控球所采用的战术，就是力图化被动为主动的典型战法。显然，深刻认识战术中的主动与被动的转换规律至关重要。因此，掌握主动与被动观念是赢得战术主动的关键。

攻防与进退是战术行为的表现方式。在竞技运动中，尤其对抗性项群的攻防与进退战术充满攻中有防、防中有攻的辩证关系。进攻并不意味着前进，防守也不是单指退却。进攻往往是以直接进攻和迂回进攻的两种方式表现。其中，迂回进攻就是有主动实施战术退却以寻找再次进击时机的含义。这种方式在调整进攻方向、破坏对方布局和寻找对方破绽中具有明显作用。防守有主动出击和退却防御两种方式。其中，防守中的主动出击就有进攻意义，例如足球的多人紧逼战术、篮球的人盯人战术、排球的集体拦网战术等，都是具有进攻含义的防守战术。显然，科学地认识攻防与进退的辩证关系，有助于提高"攻转防、防转攻"的运动战术意识。因此，掌握攻防与进退观念是提高战术威力的基础。

筹划与诡奇是战术方案的设计与应变。在竞技运动中，筹划是指赛前在"知己知彼"的基础上，对战术方案的理性设计；诡奇则是赛中根据临场的变化，对作战方案的及时应变。筹划是为了更好地运用诡奇；而诡奇则是为了更好地贯彻筹划。筹划的特点多具有抽象性、全面性、系统性、超前性；诡奇的特点多具有行动性、多变性、突然性、局部性。筹划始于赛前；诡奇寓于赛中。科学的筹划结果是赛前确定的战术方案；灵活的赛中诡奇是赛中的巧妙行动。筹划偏重于整体战术、集体战术、阵形布局、战术形式和战术过程等内容；诡奇则侧重于局部战术、个人战术、战术职责、战术变化和战术衔接等内容。筹划与诡奇是战术的灵魂。因此，掌握筹划与诡奇观念是实现战术方案的基础。

有序与无序是物质内部运动的一种现象。在竞技运动中，尤其是球类运动中，攻防战术的有序性与无序性是经常出现的一种重要现象。攻防战术的有序性突出地表现为集体战术的有机配合；攻防战术的无序性则明显地表现在集体战术的技术串联断裂。攻防战术的技术串联实现的结果就是战术的有序形成；攻防战术的技术串联断裂就是战术的组成失败。所有同场对抗项目的防守战术目的之一，就是破坏对方进攻战术的技术串联。显然，懂得战术有序性的目的，是为了加强集体战术中各个环节中的配合性；认识战术无序性的现象，是为了迅速恢复己方战术的有序结构以便及时堵住漏洞，或者迅速地扩大对方战术的无序状态，以便趁虚而入。因此，掌握有序与无序观念是提高战术效果的基础。

(三) 运动战术意识培养

战术意识对于贯彻战术方案至关重要。心理学认为，战术意识是运动员在运动中有目的的直接与行为有关的思维活动。战术意识具体内容往往反映在技术的目的性、行动的预见性、判断的准确性、攻防的主动性、战术的灵活性、动作的隐蔽性及配合的一致性上。因此，运动员战术意识水平的高低，是衡量运动员比赛意识成熟与否的重要标志。战术意识的形成，需要精心培养和刻意磨炼。培养和提高战术意识应注意几个重要方面：一是需要系统科学地学习战术理论知识；二是需要身体力行地践行战术训练理论；三是需要系统不断地总结战术经验与教训；四是需要长期系统地研究专项运动规律。意识来源于思维和行为。因此，认真和科学地学习和实践是战术意识形成的主要途径。

实践中，培养战术意识共有 6 项措施：一是将战术意识培养列入训练计划，作为训练计划内容之一，在训练起始阶段，应有意识地注意战术意识培养。二是在培养和训练基本功和基本技术的同时，强化战术意识的培养，力争做到技术训练战术化。三是不断提高科学文化水平与逻辑思维能力，通过专项理论学习与不断总结经验，了解和掌握专项运动的客观规律及发展趋势。四是多观摩、多参加比赛，从比赛的胜利和失败中增长比赛知识，不断总结比赛的教训与经验。五是利用赛前准备会、赛后总结会等各种方式，了解和掌握彼我双方攻防技术和战术的特点，努力掌握专项运动比赛的制胜规律。六是认真学习竞赛规则，适当学习裁判法和了解裁判心理，提高运动员对环境的适应能力。

三、战术训练方法要求

战术训练的方法可以采用分解、完整、重复、间歇、变换、比赛训练法等常规训练方法进行训练。此点可以参考第九章的相关内容。值得说明的是：球类运动的战术训练可以将多球练习的方式渗入这些训练方法的内容之中。另外，战术训练必须积极采用启发思维能力的智力训练方法。此点可参考第七章相关内容。除此之外，集体性项目的战术训练，教练员与运动员之间、运动员与运动员之间，必须做到"三通"，即语言融通、心灵贯通、行为相通。语言融通是前提，心灵贯通是核心，行为相通是结果。因此，首先要做到语言融通，语言融通具有语义相通和感情融合之意；其次要做到心灵贯通，也就是做到心有灵犀一点通；最后要做到战术行为高度协同。可见，"三通"训练意义重大。

战术训练必须高度注意增减难度训练和模拟比赛训练。其中，增减难度训练是指增加或降低难度的战术训练。降低难度多用于无对抗因素或减少对抗因素的情况下的练习。有时可以理解为学习战术结构，了解战术意图。降低难度训练方法需随着运动训练水平的提高而逐渐减少采用。增加难度训练多用于训练程度较高的运动员的战术训练，这对于提高运动员的战术实战能力具有积极作用。模拟比赛训练是指按照比赛规则和比赛环境，针对对手所进行的仿真模拟战术训练，这种训练是在预先充分了解比赛对手的情况下，针对对手特点与情况而进行的专门的针对性训练。也就是说，或是利用陪练运动员模拟对手情况，或是利用模拟器进行训练，从而提高战术的选择、变化与应用的能力。

战术训练必须高度注意思维能力训练和运动能力训练，以及两者的融合训练。任何战术训练既是一种身体行为的训练，更是一种思维能力的训练。因此，必须首先关注战术思维能力的训练。战术思维能力的训练可以通过战例分析进行，这种方式可以进一步提高运动员对战术的理解程度，使之切合实际。目前多用录像分析战例，具体做法是：将重大比赛场面较完整地录制下来，从中选择一些反映战术特点和运用战术的片断，组织运动员看，并令运动员在关键镜头停格时，做出下步战术意图的合理答案，然后继续放映，让他们把自己的推论与录像中战术运用的实际做一比较，以便有效提高战术思维能力和战术意识水平。目前欧美国家许多项目的战术训练比较流行这种作业式的训练。

战术训练可按进攻系统或防守系统进行训练。两人或两人以上的战术配合训练，训练的内容往往是运动战术所需的技术串联。训练的重点是技术串联的技评和达标，如多人的协同质量和球的运行效果。技术串联的是战术形式或体系的核心内容。技术串联的数目决定着战术的复杂程度，无论整体战术还是局部战术必须以高质量的技术串联为基础。个人战术训练的内容实际上是运动战术所需的衔接技术。应该说，衔接技术是构成运动战术的隐形要素，衔接技术的核心要素是步法和重心。因此，不同重心变化条件下的各种碎步、前交叉步、后交叉步、后退步、并步、滑步、垫步等步法的练习，对于形成衔接技术至关重要。由此可见，技术串联训练和衔接技术训练是战术行动训练的重点。

战术训练必须与身体训练和技术训练有机结合。由于战术训练涉及的人数较多、场地较大，因此容易因战术配合失误而出现训练中断现象。这种现象的出现势必影响对抗的强度和训练的密度,进而影响身体训练的效果。因此,教练员必须从实战角度出发,在技术串联的战术训练中,力争具有身体训练的功能;在衔接技术的技术训练中,力求取得战术训练的效果。也就是说,必须做到身体训练技术化、技术训练战术化、战术训练身训化。显然,倘若做到战术训练与身体训练和技术训练有机结合,首先必须做到精心地设计训练方案,其次必须做好训练课的组织安排,最后必须提出明确具体的战术指标。相对来说,战术训练的组织难度较高。因此,需要运动员具有较高的纪律性和组织性。

小　结

　　本章主要讨论了技能的广义和狭义之意,提出了广义的技能包含着技术和战术两种竞技能力,阐述了技能训练基本内容、技能训练辩证关系和运动技能功能特征,说明了狭义的技能与技术、技巧的关系;通过运动技术及其训练一节,分析了运动技术的构成要素、基本结构和组合方式,指出了观察分析方法是技术的描述方法,生物力学方法则是技术的分析方法,讨论了运动技术的训练方法及其基本要求;通过运动战术及其训练一节,着重介绍了运动战术分类、战术结构和构成要素内容,提出了战术设计的 5 项原则和 10 种战术应用观念及运动战术意识的培养要求。

第七章 心智训练实施内容

心智训练实施内容主要是由两个部分组成，即运动心理训练实施内容和运动智力训练实施内容。心理学认为，运动智力是心理的重要组成部分；训练学认为，运动智力是一种重要的竞技能力要素，它与心理活动仍有不同，特别是球类运动的运动智力要素往往显得更为重要，运动智力水平的高低与正确解读比赛进程和提升战术意识高度关联。本章主要介绍运动心智训练实施内容。其中，内容的释义、作用、结构、影响因素与训练方法是本章讨论的重点。

第一节 心智训练一般概述

随着现代竞技运动赛事的不断增加，运动水平的不断提高，对抗实力的不断接近，运动员的心智作用对于能否取得赛事胜利起着至关重要的作用。"两军相逢勇者胜"的精神口号正在逐渐趋向"两军相逢智者胜"的取胜思路。特别是竞技各方的体能、技能大体相当之时，运动员心理素质和智力水平往往决定最终胜者。无数成功的重大赛事证明，良好的心理是发挥技能的重要保证，聪慧的智力是以弱胜强的重要法宝。因此，必须重视心智的训练。

一、心智训练基本内容

现代竞技运动的发展趋势表明，竞技运动的心智训练，对于提高整体竞技能力水平，特别是对重大赛事优异运动成绩的创造和取得，具有十分重要的意义。许多优秀运动员的成长历史证明：良好的心理素质和聪慧的智力水平，是这些运动员能够获得优异运动成绩的心智保证。

严格地说，心智主要是指运动心理和运动智力两个部分的基本内容。表7-1是竞技能力中心智要素的四级层次内容结构简表。其详细内容在本章中的下面阐述，这里只是简介运动心理和运动智力训练的基本内容。运动心理是指运动员或教练员的大脑对运动训练和竞技比赛的客观世界的主观反应，这种反应主要通过感觉、知觉、表象、记忆、想象、思维、感情和意志等多种多样的形式表现出来的。因此，运动心理的训练实际上主要是对上述感觉、知觉、感情和意志等主要构成要素的训练。尽管人格不属于心理过程现象，但是人格也是一种心理现象，并在一定程度上通过心理过程表现出来。因此，心理训练实际上也包括人格的训练。可见，认识和掌握运动心理训练内容的意义何等重要。

表 7-1　心智能力四级层次要素内容结构（简表）

一级层次	二级层次	三级层次	四级层次
心能	运动心理	运动感知	清晰性
			准确性
			敏锐性
		运动情感	激情性
			稳定性
			表现性
		运动意志	坚定性
			果断性
			自制性
	运动智力	运动思维	敏捷性
			想象性
			逻辑性
		运动观察	细微性
			准确性
			广泛性
		运动想象	清晰性
			丰富性
			联想性
		运动注意	集中性
			分配性
			转移性

〔依胡亦海. 对抗项目竞技能力层次要素特征的比较研究［J］. 武汉体育学院学报，2009（2）.〕

智力是指人认识客观事物并运用知识解决实际问题的能力。运动智力是指运动员在竞赛或训练中运用基础理论和专项理论知识，认识运动竞赛和运动训练的一般或特殊规律以及解决实际问题的能力。运动员运动智力主要是由观察力、记忆力、思维力、注意力和想象力要素组成。其中观察力是指对事物的观察能力，例如通过观察发现对方弱点或特点，以便想出有效对策；记忆力是识记、保持、再认识和重现过去成功或失败的内容和经验的能力；思维力是运动员对比赛进程各种现象能够概括的反映能力，例如准确解读比赛就是思维能力的良好表现；注意力是指对于比赛过程的关注程度的能力；想象力是运动员在已有形象基础上，在头脑里面创造出新形象的能力，它是创造力的重要基础。

二、心智训练辩证关系

一般而言，从竞技能力训练的角度看，运动心理和运动智力是心智训练的主要内容。运动训练高级阶段的表现特征之一，就是运动员的心智成熟。运动员心智成熟的表现特征：一是尊重对手；二是严己宽人；三是重视过程。换言之，优秀选手高度重视平时训练、赛前准备和比赛预案；很少出现持强凌弱或持强傲弱表现；对待自己精益求精，严格要求；胜利之时谦虚谨慎，面对挫折勇担责任；对待他人宽容有量，善于沟通；平时训练不仅高度重视训练内容的针对性和运动负荷的有效性，而且十分重视训练过程的连贯性和训练质量的严格性。心智成熟的运动员考虑的不是比赛结果，而是为此努力的训练或比赛的过程。他们深知运动训练的过程决定最终结果、运动训练细节决定最后胜败的道理。

心智构成要素的多样性特点是运动心智的首要特征。这一特征集中反映了竞技运动心智因素的复杂性和多元性特点。多样性特点说明心智构成因素是多种多样的，某一心智因素的特征不能以偏概全地替代竞技运动心智特征的全部，更不能由此推论视为整个竞技运动的特征。同样，某一领域或某一学科对竞技运动心智的某一方面研究所取得的成果，只能反映某一竞技运动心智的某一方面研究的进展而已，不能由此推论视为整个竞技运动的特征研究。竞技运动心智能力第四级层次要素提出的目的，主要是客观揭示竞技能力心智结构中基本要素的多样性特点，着重反映专项竞技能力结构内部的复杂性和多元性特征，旨在提醒心智训练或心智科研过程中出现挂一漏万或以次充主的不良现象。

心智构成要素的类别性特点是运动心智的第二特征。这一特征集中反映了竞技运动心智因素的类别性和逻辑性特点。类别性特点说明心智因素的类别性质及其关联是不容忽略的。揭示心智结构因素的类别特点，主要是为了客观地认识各个心智要素的性质。例如：运动心理的训练与研究，必须针对民族特点和文化背景以及运动员的成长经历方可有效获取数据；运动智力的训练与研究，则要不断深入比赛实际和深刻认识专项特征的途径，学习和掌握运动训练的科学理论，采用多种智力开发和训练的系列方法，方可有效形成战术对策。显然，运动员的智力开发难度较大，因此，智力的发展与提高必须依靠多种学科支持方能实现，运动心智的发展与提高必须从逻辑性角度系统进行方可实现。

心智构成要素的专项性特点是运动心智的第三特征。这一特征集中反映了竞技运动心智因素的专项性和目的性的特点。专项性特点说明心智因素尽管具有多样性和类别性特点，但是不同运动的心智特征，影响着不同专项的运动特征。各个专项特征实际上是蕴藏在心智要素的特征中。换言之，专项心智各个要素的影响作用或影响权重，实际上影响着专项竞技能力特征，甚至影响着竞技运动特征。例如：射击运动心智要素中，情绪稳定和注意稳定的影响权重远比其他项目更为重要；对抗性运动的智力要素的影响权重要比体能类项目更为重要。因此，我们必须抓住专项运动的心智主要因素训练。专项性特点提示：心智各个因素的发展，必须从专项的目的性角度系统地发展和有效地提高。

第二节　运动心理及其训练

心理训练是运动训练内容体系中的重要组成部分。它与机能、身体、技术、战术等融为一体，构成现代运动训练内容的完整体系。现代运动训练的实践已经证明：人体运动最大潜力的挖掘与调度，在于充分地激发运动员的心理能量。其中，机能、素质、技术水平的发展，有助于心理素质的提高，而心理素质影响着技术水平的发挥。竞技过程中彼我的其他竞技能力要素水平大体相当时，心理因素的水平则对最终的胜负起着决定作用。因此，必须高度重视运动员的心理训练。

一、运动心理训练概述

运动心理训练是指在运动训练或比赛的过程中，教练员与相关人员有意识、有目的、有系统地对运动员的心理活动，共同施加积极影响的过程。运动心理训练的目的，是使运动员在紧张、激烈、复杂的比赛环境中能够保持积极健康的心态，以使竞技能力得到正常或超常发挥。因此，杰出的教练员不仅应是出色的工程师,更应该是优秀的心理专家。随着竞技运动水平的不断提高,国际重大赛事的急剧增多,训练比赛负荷的日趋增强,心理训练的意义更加重要。由于心理训练内容繁多,有些心理训练内容需要长期系统地训练方可获得,有些心理训练内容需要日积月累地培养方可取得。因此,为了形成适宜的比赛心理,促使运动员创造优异成绩,日常生活中必须坚持科学系统的心理训练。

运动员的心理过程是非常复杂的。在竞技运动的训练与竞赛中,绝大多数运动员需要具有敏锐准确的感知觉能力才能表现出准确的技术效果;需要具有敏捷的思维及表象能力才能创造出灵活多变的高难技术和战术;需要具有丰富且自制力的情感才能唤起积极的激情,平和不良的焦虑情绪,保持旺盛的训练热情;需要具有良好的意志品质才能在训练和比赛中表现出自觉、果断、勇敢、主动和顽强的作风;需要具有良好的个性心理特征,尤其是良好的人格特征才能凝聚各方的支持和配合。显然,作为一名优秀的教练员,应该始终高度重视运动员感知能力、表象能力、思维能力和意志品质的严格训练(图7-1)。应当着重指出,不同竞技运动项目对于个性心理特征有特殊的专项要求。

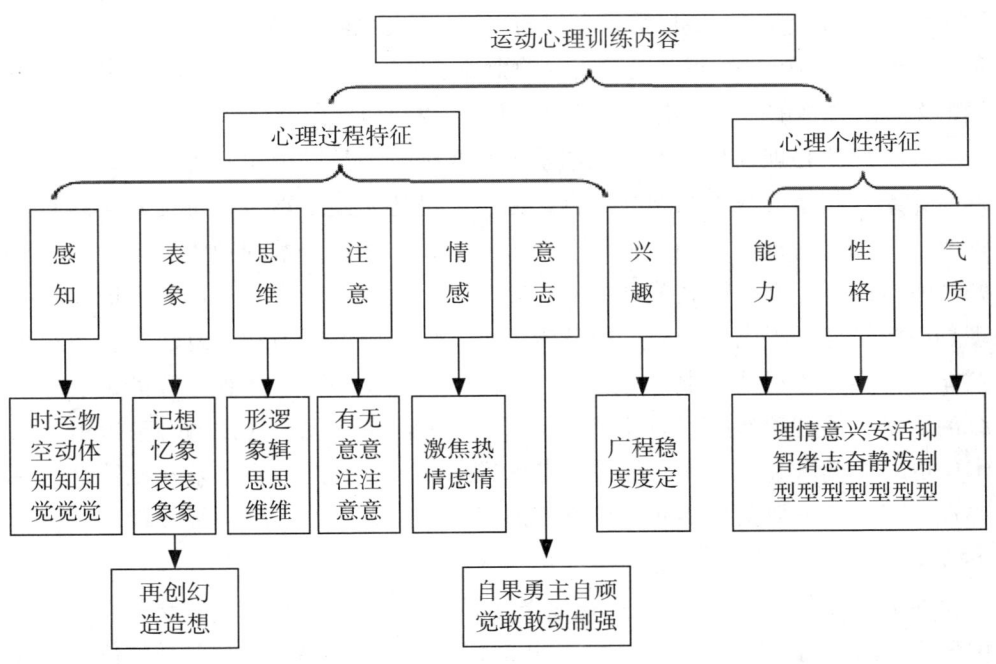

图7-1 运动心理训练内容

应当说，运动心理训练的内容具有相当的广泛性。尽管不同运动项目对于心理训练的要求不同，但是全面认识和了解心理训练的基本内容是十分必要的，这对于扩大教练员认识心理训练的内容和掌握心理训练的方法具有十分重要的意义。一般认为心理过程特征的训练内容主要包括：感知部分的时空知觉、运动知觉、物体知觉；表象部分的记忆表象、想象表象；思维部分的形象思维、逻辑思维；注意部分的有意注意、无意注意；情感部分的激情、焦虑、热情感受；意志品质的自觉、果敢、勇敢、主动、自制和顽强；兴趣部分的广度、程度和稳定特点。心理个性特征的训练内容主要包括各种能力、性格、气质的训练。其中，运动员的人格特征、意志品质直接影响着训练质量和竞技比赛成绩。

根据训练周期各个不同阶段训练任务的不同，可将心理训练分为准备期心理训练和竞赛期心理训练两大类。通常，准备期的心理训练高度重视和改善运动员的个性心理特征及其各个要素；竞赛期的心理训练十分注重调整运动员的心理过程特征及其各个要素。当然，不同训练水平的运动员，准备期或竞赛期的心理训练的重点可能不同。换言之，随着运动训练水平的提高，心理过程特征或个性心理特征的内部要素的训练重点也会发生迁移或转变。例如，基础训练阶段的少年选手的心理训练重点，应以形成良好的一般个性心理特征为主。随着运动训练的进程，改善适应专项特点和竞技需要的个性心理的训练比重逐渐加大。其中，稳健的个性或激情的个性，则要因应专项发展的需要而定。

准备期的心理训练，不仅强调重视和改善运动员的个性心理特征，而且强调应该结合技术、战术的训练内容，循序渐进地实施心理过程特征要素的心理训练。例如，通过技术训练和心理训练的结合，强化技术的物体感知、运动感知和时空感知能力，提高关键技术和环节的心理表象能力；通过战术训练和心理训练的结合，提高战术应用的逻辑思维、形象思维能力和无意注意、有意注意能力。实践中，技术中的"水感""球感""位感""体感"等都是心理训练的要素；关键动作的用力及其变化都是有意注意和无意注意的合理应用；战术中的"应变"和"变化"都是逻辑思维或形象思维的行为结果。显然，这些心理过程的特征要素需要通过较长的训练阶段和系统的心理训练过程方可逐渐形成。

准备期心理训练的一个重点是人格特征。人格是指个体在各种交互作用过程中形成的内在动力组织和相应行为模式的统一体。人格特征主要包括整体性、稳定性、独特性和社会性等特征。人格的构成要素主要是由神经质、外向性、开放性、随和性、尽责性5种要素组成。其中，神经质的类型简称神经类型。研究表明，神经类型对于创造优异运动成绩影响重大。不同的运动专项或司职不同角色的运动员的神经类型有所不同。例如：射击、射箭项目的优秀选手多数为安静型及其亚类，田径的田赛项目多数为兴奋型及其亚类，球类项目多数为活泼型及其亚类。强调人格特征训练的目的是希望突出准备期心理训练的重点。当然，个性特征的训练需要一个多方面共同协作的系统训练的过程。

准备期心理训练另一重点是意志品质。意志品质是指运动员在训练、竞赛和生活等意志行动过程中，所表现出来的具有一定倾向性的稳定特征。意志品质结构要素主要是自觉性、果断性、自制性、坚韧性和主动性。其中，坚韧意志品质与顽强意志品质高度相关，是优秀运动员应具备的基本特征。坚韧的意志品质表现特征是：始终保持高度的专注，能够忍受生理的伤痛，具有严格积极的自律，不断追求完美的目标，具有高度必胜的信心，拥有坚强求胜的意志和非凡抗压的能力。坚韧意志品质与自我效能和动机水平有关。自我效能是指对自己实现特定的目标所需能力的信心和信念。显然，强化训练动机和信心的思想教育与提高负荷和手段的训练质量，是培养顽强意志品质的前提和途径。

竞赛期的心理训练是心理训练的另外一种情景过程，这一过程对于控制运动员的情感和情绪具有十分重要的意义。一般来说，竞赛期的心理训练分为赛前心理准备、赛中心理控制以及赛后心理调整。其中，竞赛期的赛前心理准备非常重要。通常，竞赛期的赛前，运动员的体能、技能均相对较为稳定。但是，随着竞赛日程的逼近，运动员的心理活动日趋活跃。平时训练难能见到的焦虑、焦躁、焦急、焦心等不同程度的情绪开始显现，不良的心理变化常常会对最终参赛结果产生巨大影响。因此，激发运动员强烈的比赛动机、控制其适宜的激活水平、增强其参赛信心、建立稳定而又灵活的参赛思维程序，以及制定科学的参赛程序，对于成功地参加重大的比赛都是非常重要而有益的。

赛中心理控制是必不可少的。比赛过程中，随着比赛环境及其不断的变化，运动员的情绪往往具有较大幅度的变化。因此，保持和调节运动员的情绪至关重要。具有稳定良好的情绪是运动员充分发挥体能、技能及战术能力水平的关键。赛后心理调整是不可或缺的。竞赛结束后的心理调整，同样是心理训练的重要内容。对于比赛的成功者，应充分肯定他们在比赛中积极的情绪体验，同时亦应注意消除由于胜利而掩盖的曾经有过的消极情绪体验，以及由于不能正确对待胜利而产生的自满、松懈等不良的情绪体验；对于比赛的负者，则须力求消除其因失败而带来的消极情绪，并应寻找和发扬比赛过程中曾经有过的积极心理体验，以激发再战求胜的强烈动机。训练过程中应对其高度重视。

二、心理训练基本方法

（一）心理的意念训练法

意念训练法是指运动员有意识地、积极地利用头脑中已经形成的运动表象或充分利用想象进行训练的方法。意念训练对技术训练、战术训练作用显著，如在练习之前通过对技术要领方法的想象，在大脑皮质中留下技术"痕迹"，然后在练习中把这些痕迹激活，可使动作完成得更加正确、顺利和流畅；又如在练习之后，对刚刚完成的练习动作进行动作过程"回忆"，使正确动作或关键环节在脑海里更加巩固。假如动作出现错误时，可在回忆中伴随着对错误动作的"纠正"和与正确技术进行对比，使其首先得到大脑表象中的"克服"，为避免下次动作练习再次出现错误提供正确表象。实践中，意念训练法对于形成良好的"水感""球感""位感""力感"等感知能力具有十分重要的作用。

（二）心理的诱导训练法

诱导训练法是指在训练中采用有效刺激物把运动员的心理状态引导到某一个事物或方向上去的训练方法。此法可为顺利完成训练与比赛任务建立良好的心理状态。与意念训练法相比，诱导训练法的不同之处在于，运动员的训练是通过教练员以及团队成员的传递诱导信息作为外界刺激来完成的。诱导的途径是多样的。优秀的教练员或相关专家等团队成员，常常善于通过示范与图片、录像与讲解、眼神与面部、说服与疏导、谈心与交心、鼓励与批评和启发与评价等手段，来达到心理诱导训练的目的。同时，优秀的教练员和相关专家常常善于通过异地训练、封闭训练等方式，屏蔽不良信息的误导。显然，诱导训练法是优秀教练员充分利用信息内容和信息通道，实施心理训练的重要方法。

（三）心理的模拟训练法

心理的模拟训练法是指模拟未来比赛环境可能出现的情况针对性地进行心理训练的一种方法。通过模拟训练可使训练与比赛的实际尽可能接近，使运动员在近似比赛条件下，锻炼和提高对未来比赛的心理承受能力以及情绪控制能力。在模拟训练中，教练员或心理学专家主要通过制造模拟条件对运动员实施心理训练和控制。模拟训练包括实景模拟训练和想象模拟训练。在模拟比赛的实际进程和条件的状况下进行训练叫实景模拟训练，模拟训练内容包括很多，如战术配合及其应变的心理配合训练、比赛环境条件下的心理适应训练、适应比赛对手特点的心理应对训练以及适应"时差变化"的心理应对训练等。显然，运动心理的模拟训练特别强调的是实战环境下心理应对和心理适应训练。

（四）心理的行为训练法

运动心理训练不能脱离身体的运动训练。身体的运动训练实际上包括机能训练、素质训练、技术训练和战术训练。脱离身体的运动训练，运动的心理无从谈起；脱离身体的心理训练，身体的运动训练毫无意义。例如：良好的"水感""球感"都必须通过身体的运动训练才能获得感知能力；良好的意志品质则必须通过不断克服各种身体运动的困难，甚至忍受机体承受极限强度的痛苦才能培养出来。因此，优秀的教练员特别注意采用"从难从严从实战出发"的训练原则，对运动员意志品质进行系统的训练。通过思想教育使运动员明确训练动机，通过形势分析提升运动员的训练信心，通过刻苦训练培养运动员的训练意志，从而为运动员获得良好的意志品质等心理素质奠定坚实的心理基础。

三、竞赛期的心理训练

心理训练的效果与运动参赛的经历密切相关。除了重大赛事之外，所有围绕重大赛事进行的系列大奖赛、资格赛或检测赛都是心理训练的最佳情景或环境。因此，我们必须从工程的角度，高度重视这些赛事参赛过程的心理训练。从运动训练工程实施的内容和环节看，竞赛期的心理训练主要包括赛前心理准备训练、赛中心理控制训练、赛后心理调整训练3个训练过程及其内容。

（一）赛前心理准备训练

赛前心理准备的内容是：分析彼我的利弊因素、明确适宜的比赛任务、激发良好的比赛动机、增强比赛的必胜信心、建立行动的思维程序、掌握简易的调控手段等。其中，分析彼我利弊因素的主要目的是为了知己知彼，以求百战不殆；明确适宜比赛任务的主要目的是甩掉思想包袱，减缓心理压力；激发良好比赛动机的主要目的是激活比赛动力，强化比赛欲望；增强比赛必胜信心的主要目的是保持旺盛斗志，坚持不懈努力；建立行动思维程序的主要目的是建立行动程序，控制身心活动；掌握简易调控手段的主要目的是提升竞技状态，激发适宜应激。自我暗示法、调整呼吸法、转移注意或集中注意等方法，是提高自控能力、排除紧张情绪的良好方法。可见，不容忽视赛前心理准备的内容。

赛前心理准备的要求是：一要做到知己知彼，熟悉应变对策。运动员赛前必须做到知己知彼，掌握应变对策。赛前应当高度注意从难、从严、从实战出发进行训练，必须时刻端正参赛态度，理顺比赛思路，寻找积极对策，适应艰苦环境。二要排除紧张因素，加强预防训练。赛前必须积极排除干扰因素或者进行抗干扰的训练。应当注意设置各种困难的条件和环境，强化运动员抗干扰能力的训练，促使运动员在各种不利因素条件下能够保持稳定的心理状态。三要强化责任意识，培养团队精神。强化责任意识、培养团队精神是赛前训练的重要内容，责任意识和团队精神是战胜各种困难、体现顽强拼搏精神的重要保证。集体性的球类运动项目赛前更应进行责任意识、团队精神的培养与训练。

（二）赛中心理控制训练

运动员比赛过程中的心理控制意义重大。竞赛中运动员心理控制的核心内容是情绪控制。运动员比赛过程情绪的体验最为深刻。积极的心理定式必会增强信心，消极的心理状况易生焦虑情绪。无意误判会使运动员抱怨愤怒，嘈杂环境会使运动员烦躁不安，教练员鼓励安慰能给运动员以鼓舞，亲人期望能给运动员以动力。总之，比赛的瞬息万变容易导致心理过程波澜起伏，进而导致运动员的情绪、技术和战术失常。因此，情绪的稳定性是比赛成功的基本保证。由于运动员在成长的过程中需要参加多次比赛，尤其是优秀运动员的比赛任务更多，教练员应当高度珍惜每次重大比赛的机会。利用各种比赛的赛中小隙，不失时机地调整运动员的比赛情绪，促使运动员养成良好的比赛心态。

众所周知，情绪和情感与机体的生理、生化机制有密切关系，通常受3种因素制约，即刺激因素、生理状态、认知过程。根据情绪3因素学说，刺激因素主要是通过人的感官从外部获得的信息，如比赛环境、气氛、观众、语言、对手的表现等，这些因素往往直接影响运动员的情绪。为克服刺激因素的不良影响，最根本的措施是提高运动员的适应能力，降低他们对外界刺激的感受性，使注意力集中在自己动作的感觉上。另外，还可适当采取信息回避的措施，尽量减少不良刺激因素的干扰。要以积极的内心想象占据自己的头脑。采取积极的自我暗示进行自我鼓励、自我安慰是达到自我控制的有效途径。同时，控制正确的认知过程还可以合理处理并防止刺激因素和生理因素的不良影响。

(三) 赛后心理调整训练

竞技运动的比赛结果往往会使运动员在赛后产生积极或消极的情绪体验。因此，必须及时进行赛后小结。要特别注意认真分析运动员的心理状态，并根据存在的问题采取必要的措施加以调整。如果忽视了这个问题，很有可能对后续比赛带来不利影响。教练员应深刻认识运动员的情绪体验带有群发性特点。部分运动员情绪低落、或自暴自弃、或忘乎所以、或行为失控的不良赛后心态往往会影响全队的思想，以至殃及后续赛事的案例可谓不胜枚举。因此，我们必须重视运动员的赛后心理调整。一般认为，获得理想成绩会使运动员产生鲜明而深刻的两种截然不同的情绪特征，取得不良成绩也会使运动员产生鲜明而深刻的两种截然不同的情绪特征。因此，我们必须重视情绪表现的基本特征。

获得理想成绩后会使运动员产生鲜明而深刻的两种截然不同的情绪体验：一种是积极的情绪体验。主要表现为心理满足、精神振奋、情绪愉快、信心倍增，此时运动员的参赛欲望更强，精神斗志更高，深感责任更重，表现出积极向上的强烈的精神；另一种是消极的情绪体验，主要表现为骄傲自满、目中无人、得意忘形、自吹自擂、盲目自信，此时运动员参赛欲望下降，过高估价自己，表现出沾沾自喜的不良的个人主义。获得不良成绩后也会使运动员产生鲜明而深刻的两种截然不同的情绪体验：一种是积极的情绪体验，主要表现为寻找差距并积极克服，不甘示弱，更激斗志，不怕挫折，信心依旧地投入后续比赛；另一种是消极的情绪体验。主要表现为面对问题束手无策，面对失败斗志颓废，以致消极地应付后续比赛任务。

赛后调整心理的主要对策是：对待获得理想成绩的具有积极情绪体验的运动员，要积极帮助他们总结比赛中的经验与教训，鼓励他们继续保持积极情绪，激励他们更加努力拼搏，争取更大的胜利；对待获得理想成绩的具有消极情绪体验的运动员，要认真指出他们心理状态的危害性，善意指出他们比赛中的缺点和不足，促使他们居安思危，备好后续比赛工作。对待取得不良成绩的具有积极情绪体验的运动员，要充分肯定他们比赛中的经验，保护他们难得的积极情绪，鼓励他们克服困难、努力拼搏的精神；对待取得不良成绩的具有消极情绪体验的运动员，要帮助他们认真总结失利的原因，及时指出他们的优点及各种有利因素，帮助他们积极找出克服的办法，使他们重新焕发比赛的斗志。

另外，安排积极性休息、调节精神状态也是赛后心理调整的重要举措。特别是战役性赛事的间隔期间，应当适当安排积极性休息。此点，对于心情过于沉重、一时难以摆脱失败困扰的运动员尤为重要，可让他们暂时从事其他活动，转移注意，促使精神得以解放，加速摆脱失败情景的影响。战役性赛事间隔期间的积极性休息，也是比赛调整的需要。尤其是一些赛程较长而且竞争激烈的比赛，运动员所承受的心理负荷远远高于平时，因此他们需要及时采取一些恢复措施及时消除精神疲劳。总之，运动员在战役性赛事间隔期间的心理调整，其生活应以轻松愉快、丰富而有节奏为原则，以此达到积极调整的目的。通过这种心理调整，不仅有利于他们以后的比赛，而且也有利于他们全面健康地茁壮成长。

四、心理障碍克服方法

（一）信心鼓励法

此方法主要用于提高运动员对训练过程检测指标和参加赛事意义的认识，保持其内容健康的训练和参赛动机，加速形成运动训练的适应状态和增强赛前准备的应激状态。具体做法是：高强度训练或临赛之前，开展冬训、夏训或赛前动员会议。可以采用生动活泼、符合青年特点的各类活动和会议形式。团队内部以相互谈心、互送赠言或格言的方式激发信心。实践证明，这是我国广大教练员多年用于训练准备和赛前准备的好办法。建议：领导、教练员也参加，更好地提高运动员斗志，增强训练气氛；提出的训练或参赛目标适合运动员现实水平的基础条件；赛前动员活动安排在赛前两三天，或赴赛区前的一两天；活动力求短小精悍、生动活泼，力戒长篇大论或多人发言。

（二）形势分析法

此方法主要用于帮助运动员进一步分析对手实力和自己的特长，正确评价彼我优点与不足。帮助运动员摆正自己的位置，明确下一阶段训练任务或即将参赛的战役性赛事的比赛任务和职责目标，使运动员心中有数，克服盲目心理，消除紧张或麻木状态，提高积极训练或参赛的信心。具体做法是：召开形势分析座谈会、形势讨论会或形势讲解会。建议：在冬训或夏训之前认真分析自己的不足与特长，重大赛事之前尽力收集对方的情报，详细了解"敌情"，包括对手体能、技能、心智特点和对方教练员个性特点。要善于进行彼我的对比，找出各自的长短优劣，以便扬长击短、扬长补短；正确对待和处理好以往比赛成绩与各种名誉、主管单位的领导期望及具体实力差异的关系。

（三）历史教育法

此方法主要是以本队的光荣传统和过去所走过的艰难而曲折的道路来激励运动员，唤起其对过去的回忆，激发其刻苦训练的自觉性、主动性和积极性；预防或调整运动员训练过程或赛前训练可能产生的不良心理状态。具体做法是：请领队或教练员和运动员一起重温过往的胜败战例；请本队、本省、国家队做过贡献的退役运动员或在役运动员进行现身说法；参观本队历史上的有关艰苦奋斗的场景照片和获奖图片；观看本队曾经参与重大赛事的实况录像和解说等等。建议：按照国际惯例，任何一支具有光荣历史的运动队或主管单位都应该积极收集本队历史战绩的各类材料、实物和照片。必要时应该开辟专栏或专墙，供新入队的或即将参加重大赛事的运动员学习、重温之用。

（四）音乐调节法

此方法主要是利用音乐的感染力，以取得对心理进行调节的效果。现代科学成果证明：欢快的音乐节奏和韵律，能使人激昂振奋，精力充沛；轻柔平和的音乐能松弛肌肉，消除紧张；轻松愉快的音乐可使人的大脑保持适度兴奋。总之，音乐具有转移不良心理、缓和紧张状态和激发积极情绪的作用。具体做法是：组织不同形式的"赛歌会""歌咏会"，组织音乐欣赏会，请专家讲述音乐作品含义，提高运动员对音乐的欣赏能力和理解水平。建议：音乐调节需要选择安静的环境，音乐内容若伴有语言"诱导词"效果更好。"诱导词"必须与音乐作品的含义一致，乐曲作品的选用须特别注意健康而有针对性。情绪消沉时可选择节奏明快的轻音乐，情绪亢奋时以选择温柔抒情的歌曲为好。

（五）呼吸调节法

采用此方法可以转移注意力，降低大脑兴奋水平，减弱交感神经过程，使心率、血压、氧耗、动脉血管乳酸含量下降，从而有利于消除过度兴奋、紧张心理和恐惧感，也有利于内环境的动态稳定。具体做法是：平时训练课中如果采用训练密度加大的负荷训练，可利用训练间歇专门进行呼吸调节训练；赛前、赛间的间歇可随意站立，全身肌肉放松，微闭双眼，采用慢吸快呼、快吸慢呼、鼻吸口呼的呼吸方式进行心理调节。建议：对紧张和激动情绪进行调节时，应采用慢呼快吸一类的方法；对低沉情绪进行调节时，应采用慢吸气和用力呼气一类的方法，以便提高兴奋性。另外，采取腹式呼吸对于扩大肺活量、改善心肺功能和腹部脏器功能、安神益智都有积极的促进作用。

（六）暗示调节法

暗示调节法是一种通过多次重复某些词语，实现心理调节的方法。它的生理机制是通过大脑皮质思维过程的痕迹，对自己施加影响，从而达到调节的目的。具体做法是：学习新技术或复杂动作的训练，或是重大赛事之前或是赛中间歇过程，通过闭目入静养神，默念预先拟定的有关方面的熟悉词语，引导自己进入平复心态境界，争取达到调节心理目的。例如为了尽快消除疲劳，可反复默念"我的心情开始平静了""我要安静下来""我很放松"等。为了消除紧张焦虑心情，可反复默念"我已经准备好啦""我有信心取得胜利"等。建议：默念套语时意念应高度集中，尽可能地排开杂念。默念的暗语可以是自编自说的习惯用语，语言暗示的内容应该是积极、肯定的语气和现时的语态。

（七）想象调节法

此方法是指让运动员根据比赛需要，在头脑中重现与当前情景相似的、过去曾经获得成功的动作表象或比赛情景，以唤起动作记忆、技术记忆或战术记忆。如果想象中能联想当时成功的身体感觉和情绪状态，其效果更为显著。具体做法是：坐或卧势，全身放松，微闭或全闭双目，心境尽量保持平静。然后开始回忆一个即将进行的、在过去比赛中曾获得成功的动作或自己感到满意的比赛场面。这种回忆在脑中出现的景象越清晰越好，直至产生满意情绪体验时为止。建议：由于想象调节的效果取决于意念集中程度和表象重现的清晰性，因此，想象调节时，运动员必须态度认真，思想集中，意念专注。此方法可与暗示调节法结合进行，适用于赛前、赛中间歇的训练，也可用于平时的训练。

（八）活动调节法

这是一种通过准备活动来进行心理调节的方法。由于人的大脑与骨骼肌肉之间存在着"互为传感"的系统，因此，可借助于活动肌肉的办法来调节大脑的兴奋性。具体做法是：训练前或比赛前，教练员应仔细观察运动员外在表现，认真分析其内在心理活动。然后根据情况安排准备活动的内容、强度和时间。例如：情绪过度兴奋时，应安排一些轻松、缓慢的活动（小关节做柔韧练习）或转移注意力的内容；如发现兴奋水平不足，准备活动则应安排那些速度快、强度大、准确性高的练习内容。建议：教练员必须深刻地认识身体活动不仅是运动器官的热身准备，而且也是心理调节的重要手段，因此，务必摸索一套有针对性的调节心理的活动。"统一行动"和"放任自流"是不可取的。

（九）声像调节法

此方法是利用感受器官的传导通路，将外环境刺激施加在大脑皮质感觉中枢，以调节运动员的心理活动。具体做法是：有计划、有针对性地组织运动员观看本队或其他队的比赛录像，特别是有目的地选放弱队战胜强队、强手负于弱手、强队之间酣战的典型片断，以增强运动员信心，克服淡漠状态，激发战斗勇气。这种方法通常与信心鼓励法、历史教育法和形势分析法结合一体。建议：观看录像前，最好精选片子并配以解说词，这样效果可能更好；观看录像后，可组织短时座谈会，以强化观看影视时形成的短暂神经联系，巩固调节效果。声像调节法的录像片可以是技术动作片或战术应用片，也可以是比赛实况片或训练过程片。总之，心理调节的目的要与录像内容保持一致。

（十）放松调节法

此方法是一种消除身心疲劳、缓解过度紧张或过度兴奋的心理状态，转移注意力，稳定情绪，克服失眠，以及培养运动员自控能力的好办法。具体做法是：仰卧或取靠势，两手放于腹前或膝上，双目微闭或全闭，全身自然放松，心境平静。然后跟随着教练员的指令性暗示语，逐步放松各部肌群。例如教练员提示"放松右手臂"，运动员可自我暗示"我的右手臂已完全放松，我感到右手臂温暖、舒适"。反复3遍。随后，跟随教练员的有序提示"放松左臂""放松右腿""放松左腿"直至"全身放松"。全身放松后，可让运动员随即想象曾经度过的一个最舒适的图景，如"我好像仰卧在平坦的海滩上"等等。建议：放松调节的同时要放慢呼吸节奏，按提示部位放松肌群。环境要安静。

（十一）舒展调节法

此方法具有疏通全身经络、调和气血和调节神经系统的功能，能使运动员的情绪状态稳定在适宜兴奋水平上。此方法多用于赛间短暂休整时。适宜地运用此法后，可精力充沛地投入局间休息或盘间休息之时，也可以用于类似田径田赛项目的轮次之间的休息之时。具体做法是：让运动员斜靠座椅或半躺在草地的训练衣袋上,两脚自然开立与肩同宽,全身自然放松,双手在脸前,手指尖相对,掌心向内,然后缓缓下移直至腹前,两眼紧盯指尖到腹前后,闭上双目,思想集中于慢呼吸,静坐 30 秒左右。如果时间充沛还可重做一至两遍。此方法与呼吸调节法混合运用效果更佳。建议:运动员思想一定要集中,内心深处逐渐入静,呼吸缓慢、均匀,全身肌肉放松,这样才能取得理想效果。

(十二) 松紧调节法

这是运动员通过肌肉逐段松紧交替活动、调节心理状态的有效方法。它有助于兴奋性集中,注意力转移,进而达到解除心理不安和心态波动的目的。具体做法是:运动员平躺在松软的垫物上,力求处于半睡状态,逐段对肌群实施放松与紧张的活动。肌群交替放松与紧张的程序是脚、小腿、大腿、臀部、腰部、胸部、背部、上臂、前臂、手掌、颈部。在交替进行松紧的过程中,肌肉紧张的时间是短暂的,并伴有屏气。接着,突然松弛紧张的肌群,同时伴以深呼吸。一般情况下,从头到尾做一遍需要 8 分钟。这种做法通常安排在因负荷强度较大,身体反应强烈以至于难以入睡的情况下,或者安排在赛前难以入眠的情景下。建议:练习中精力要集中,思想要专注有关肌群。

(十三) 表情诱导法

此方法是利用教练员的面目表情或肢体语言引导运动员心理的一种方法。优秀的教练员往往具有权威和威信,因此对运动员往往可以产生潜移默化的影响。教练员平时训练喜怒哀乐的情绪表现早已让运动员熟谙于心,因此教练员赛前、赛中的面部表情变化,对运动员的心理有着不同的刺激效应。由此可见,教练员要善于利用表情以及肢体变化对运动员心理施加调节。具体做法是:关键赛次之前,表情要坦然自若,轻松而不浮躁,稳重而不呆板;落后时,表情镇定而不麻木,态度自信而不焦急;胜利时,态度欣然而不轻浮,情绪高昂但不过度。建议:由于表情诱导是一种复杂的方法,它与教练员的修养、教练员在运动员心中的地位关系甚大,因此需要教练员积极强化内心的修养。

(十四) 颜色调节法

颜色调节也是一种重要的心理调节方法。实验证明，不同颜色对人的心理状态可施以不同的影响。它通过交感神经系统和内分泌系统，影响着人体的血压、呼吸、心率，进而影响人的情绪。一般地说，白色属中性，可使运动员感觉悠闲、爽朗，犹如漫步在广阔的大地上，心中的郁闷烟消云散；红色属于暖色，在较短的时间内，它能引起交感神经系统的兴奋，令人紧张起来，注意力集中，产生短暂的高效率；绿色属于冷色，使人镇静轻松，蓄养精神，消除疲劳；黄色属于暖色，它有一种特殊功能，即促进大脑思维活跃，有助于思维想象；紫色或黑色对抑制运动员过度兴奋、安定情绪或使其进入微睡状态、消除疲劳效果较好。因此，利用不同颜色进行心理调节是一个很好的办法。

以上是有关运动心理障碍的克服方法，这是当前高级运动员、教练员在训练和赛前普遍采用的行之有效的心理调节手段。心理调节是一个专项内容，因此为了避免赘述，将第十二章的竞技运动参赛工程的心理调节问题，在此一并论述。

第三节 运动智力及其训练

现代运动训练越来越多地吸收和应用其他科学领域的先进知识和技术以促进本身发展，这就要求运动员不仅掌握一定的科学知识，而且还需具备把这些知识运用于运动训练实践的能力，只有这样，才能深入认识各种存在于训练过程的一般和特殊规律，才能有效地运用科学知识和训练方法提高和发展身体机能与运动素质，才能科学地分析和掌握运动技术与运动战术，才能能动地创造行之有效的训练方法与训练手段。这就需要重视智力训练。

一、运动智力训练概述

智力是指人认识客观事物并运用知识解决实际问题的能力。它集中体现在反映客观事物深刻、正确、完全的程度上和应用知识解决实际问题的速度和质量上。运动智力是指运动员在竞赛或训练中运用基础理论和专项理论知识，认识运动竞赛和运动训练的一般或特殊规律以及解决实际问题的能力。运动员的运动智力主要反映在观察力的细微性和准确性、记忆力的清晰性和持久性、思维力的敏捷性和逻辑性、注意力的集中性和合理性、想象力的丰富性和联想性上。显然，运动智力训练是指在运动训练过程中有目的、有计划地提高运动员智力水平的过程。其中，思维训练是智力训练的关键内容，它不仅直接影响着深刻认识运动训练内容的深度，而且深刻影响着正确解读复杂比赛的整个进程。

运动员的训练过程和参赛过程，不仅是身体运动的活动，而且也是思维过程的活动。运动智力的表现，并不像运动素质、运动技术和运动战术那样显现。因此，运动智力的训练很难像运动素质、运动技术和运动战术那样令人瞩目。不过，优秀的教练员深知运动素质、运动技术和运动战术方面所表现的身体能力，实际上是运动智力的载体。运动智力可以通过身体的运动能力及其表现反映出来，甚至某些竞技能力（身体运动能力），如运动战术，必须依靠运动智力才能合理地表现。由此可见，训练或参赛行为本身一直受着运动智力因素的制约，并受着思维力的支配。其中，技术的灵活运用、战术的灵活多变正是思维力因素在起作用。因此，智力训练是运动训练工程必不可少的重要组成部分。

智力是保证人们有效地进行认识活动的稳定心理特征的综合，其基本内容结构主要由5大基本要素组成，即观察力、记忆力、思维力、注意力、想象力。运动智力是智力类型中的一种特殊智力。其中，观察力的细微性和准确性、记忆力的清晰性和持久性、思维力的敏捷性和逻辑性、注意力的集中性和合理性、想象力的丰富性和联想性10种要素，则是运动智力要素体系里面的重要因子（图7-2）。运动智力的形成、发展与成熟，主要通过4条途径实现目的：一是不断地

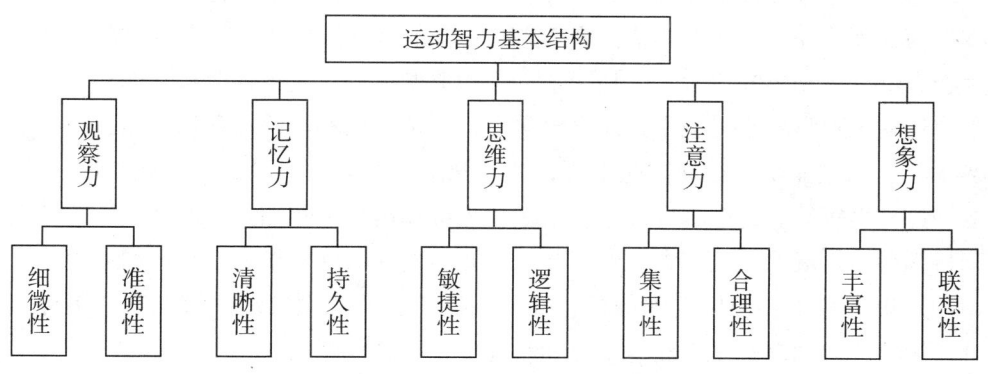

图7-2　运动智力基本结构

深入学习文化知识;二不断地践行专项运动理论;三是不断地提升专项运动意识;四是不断地探索训练创新方法。因此,必须深刻认识运动智力的结构及其要素,必须深刻了解运动智力形成、发展和成熟的4条基本途径。

二、智力训练基本途径

(一) 不断深入学习文化知识

不断深入学习文化知识是智力训练的首要途径。智力训练与知识掌握是分不开的,这是因为知识的掌握是智力发展的基础,而智力的发展又是知识掌握的必要条件。因此,智力的提高需要在掌握知识和运用知识的过程中有意识地培养。文化学习是智力训练必不可少的重要途径。文化学习的最大功能是,有利于培养运动员逻辑思维能力与获得科学文化知识,有利于掌握竞技运动实践方法的基本原理,有利于全面认识竞技能力及其发展的基本理论。因此,教练员需要遵照教育和教学规律,在传授基础知识和专项知识体系的过程中,注重基本概念、原理、原则等规律性的教学,注重各类知识间的逻辑关系。教练员要善于利用各类现代化的教具,以提高运动员的各种观察能力和分析综合能力。

(二) 不断践行专项运动理论

运动理论知识包括基础知识和专项知识。基础知识主要是指对运动行为起根本作用的理论知识,主要包括:属于生物科学的运动解剖学、运动生理学、运动生物力学、运动生物化学、运动医学、运动免疫学等;属于社会科学的运动心理学、运动教育学、运动美学、体育哲学等;属于工程科学的运动训练学、运动竞赛学、运动技能学、运动体能学等;属于数学科学的运动测量学、运动统计学、运动符号学等等。这些基础理论是高级教练员和运动员必须具备的知识,也是运动科学赖以发展的理论依据。专项知识主要是指对训练效果和运动成绩起直接作用的知识,它主要包括技术分析、战术理论、竞赛规则及训练方法等。由此可见,运动智力训练就是不断地学习和系统地践行这些理论。

（三）不断提升专项运动意识

意识是指人的头脑对于客观物质世界的反映。专项运动意识是指运动员对专项运动的认知。由于运动智力是以身体运动作为载体，因此，专项的运动智力不仅需要强化文化知识学习和强化专项理论研究，更重要的是必须强化专项运动的实践，以此不断提升专项运动的运动意识。因此，运动员的智力训练，应注意不断总结个人经验，提高运动实践水平。这就要求训练过程必须加强形象思维和逻辑思维的演练，以便建立牢固的动力定型和灵活的战术变化。良好的专项运动意识是运动智力思维能力科学训练的结果；良好的专项运动意识既是多次参加重大赛事的经验提炼，也是训练过程的质量反映。由此可见，运动素质、技术、战术的训练过程，渗透着专项运动意识的科学培养和系统发展。

（四）不断探索训练创新方法

运动智力说到底就是运动训练或运动竞赛中解决实践问题的能力。显然，发现问题是运动智力训练的前提，寻找对策是智力训练的目的。因此，智力训练的关键是不断地进行思维创新、观念创新和方法创新。许多项目年龄较大的优秀运动员之所以不断创造优异成绩，甚至不断延长运动寿命，就是这些运动员及其教练员团队，坚持思维创新、观念创新、理论创新和方法创新。换言之，就是能够发现问题、分析问题，最后找到解决问题的方法。这些优秀运动员正是善于总结过去，善于发现现实，善于憧憬未来，才不断地进步和发展；这些优秀运动员正是善于解读残酷的比赛进程，善于分析竞争对手的特长与特短，才能找到克敌制胜的方法，才能自觉、主动、积极地实现方法和技术创新。

三、运动智力训练方法

如前所述，智力训练的内容是多方面的，但核心内容是思维训练。因此，这里阐述的要点仅是提高智力水平的核心要素，即思维力的训练方法。

(一) 语言表达法

语言表达法是智力思维训练最基本的方法。正确地使用语言，不仅可以有效地传授知识，并且可以有效地发展运动员的积极思维能力，加深其对训练内容的理解程度，培养其分析问题和解决问题的能力。在运动训练中，运用语言表达法的形式有讲解、语言评议、口头或文字汇报以及默念与自我暗示等。其中，文字形式可有效促进运动员积极思维，特别是对运动员思维逻辑性的培养效果显著。实践中，定期地安排运动员写出读书札记或训练日记是此方法的具体手段。默念与自我暗示也是思维训练的作业方式。由于第一、第二信号系统有一定联系，无声语言可在头脑中反映即将进行的动作过程，也可在一定程度上表述动作的外在特征，因此采用此法有利于提高形象思维能力。

(二) 正误对比法

正误对比法是指通过讲解、示范或图片分析、录像分析方式，将错误与正确的技术、战术进行对照、比较、分析的方法。采用此法可以有效地提高运动员逻辑思维的鉴别力、判断力，加深对正确动作的认识和有效预防错误动作的发生。实践中，正误对比法有许多形式可以采用，如可以将动作过程用语言来描述。教练员将一组正确与错误的语言描述进行对照比较，启发运动员的鉴别能力；或者采用影视录像、系列图片或示范形式，将一组正确和错误的动作、技术或战术，展示在运动员眼前，以提高运动员形象思维的鉴别力和判断力。总之，正误对比法是培养运动员逻辑思维和形象能力的一种好办法，许多富有成效的教练员都很善于运用此法系统、科学地提高和运动员的运动智力水平。

(三) 表象排练法

表象排练法是指将自己感知的技术、战术，通过表象重现和想象，使第一、第二信号系统高度紧密结合的方法。它有利于形象思维与抽象思维能力并举相长。表象排练法的具体做法多种多样，效果显著的当推对比表象、听讲表象和偶像表象方法：对比表象是将自己的错误与正确的动作从头到尾仔细想想，然后对比分析，找出错误原因所在，确定纠正的具体办法；听讲表象是教练员讲述正确动作方法后，让运动员在脑海里重述动作方法，并试图显映动作过程，有条件的话可让运动员用笔试画一番；偶像表象是请运动员将自己较为熟悉且动作做得正确的其他运动员作为动作学习的偶像，想象中模仿并同他一起做技术动作，从开始到结束，反复进行，如有可能可让其口述偶像运动员动作特点。

（四）引进植移法

引进植移法是将其他专项的先进理论、技术动作、战术打法，通过自己的头脑分析、加工、改造、设计出适合本专项特点的理论、技术与战术。引进植移法对提高运动员的思维创造力有独特功效。引进植移法分为动作植移、战术植移和理论植移：动作植移是指借鉴非专项运动的技术特征，力求赋予专项的动作形态，例如排球运动的时间差动作就是植移篮球运动的篮下虚晃投篮技术；战术植移是借鉴非专项运动的战术打法，力求赋予专项的战术形式，例如排球运动的前交叉快球就是植移篮球运动的掩护战术；理论植移是借鉴优势项目的先进训练理论，指导同类运动项目的训练或比赛，例如游泳训练的无氧阈概念及其理论，目前已经成为划船、自行车、中长跑等运动项目的科学训练指南。

（五）求异创新法

求异创新法也是运动训练中提高运动员思维能力的重要方法，此方法有助于培养运动员的思维创造性。其中，对思维训练价值较高的有对比求异、组合求异和改造求异等方式：对比求异是指将两种以上类型相同但细节有异的技术、战术进行对比，寻求它们的同异处，加深对细节的认识，从而为在比赛中灵活运用技、战术奠定基础；组合求异则是利用事物的不同部分进行科学组合，教练员可以不同动作的组合变化来丰富运动战术的变化或提高运动员求异创新的思想和方法；改造求异是指通过捕捉一些非正规但实效好的变异动作，并加以改造使之成为以后比赛出奇制胜的运动技术。实践中，教练员只要善于启发运动员研究，不仅可以丰富其专项技术种类，而且可以有效地提高其智力水平。

（六）生疑提问法

生疑提问法就是为了培养运动员具有积极探究态度和积极的思维能力而提出的一种方法。在实践中，采用此法主要有如下两点技巧：一是寻求原因。教练员不仅要善于培养运动员"勤练"的精神，而且要注意培养其"好问"的习惯，使其不论在接触新事物还是旧问题时，都具有探究的态度。二是寻求规律。任何事物都有其自身的发展规律，而这些规律又隐藏在现象的背后，教练员要善于通过生疑提问的过程和步骤，引导运动员透过现象看本质。应当说明，生疑提问是受问题的现实性和复杂性制约的。提问的问题和答案越具有系统性，运动员思维过程也越具有条理性。因此，有计划、有逻辑地进行生疑提问是运用此法的关键。当然，这一方法要求教练员具有宽厚的理论基础和实践经验。

四、运动智力训练要求

实践中，我们应该积极鼓励教练员、相关专家或运动员以专题的形式定期讲解竞技运动和专项运动的基本理论。语言讲解方法分为正、反向讲解两大类：正向讲解是指教练员或相关专家向运动员讲述训练原理或理论；反向讲解则是指运动员向教练员或相关专家叙述所学内容。正向讲解时必须注意：一是讲解要有明确的目的。应根据训练任务、内容和要求有的放矢地讲解。二是讲解内容要用语正确，内容体系要注意具有科学性、系统性。三是讲解用语要通俗易懂。教练员讲解时一定要注意用词准确、精练、形象，力求规范技术术语，以提高运动员理解动作要领的能力。四是讲解内容要有启发性。要注意使运动员知其然也知其所以然。课后应注意检查运动员对讲解内容的理解程度。

采用引进植移法要注意理论联系实际。目前，动作植移已经广泛地应用在许多项目的技术创新和动作创新之中，例如足球运动的门前鱼跃头顶球射门技术就是引进了排球的鱼跃救球动作。战术植移在许多项目中也是屡见不鲜的，如手球运动的战术打法就是借鉴篮球、足球的战术形式而逐步丰富起来的。战术植移需要运动员具有一定的思维想象力、分析力，通过观摩非专项运动的比赛、分析战术打法，并结合本专项运动实际，将非专项先进的战术形式融于本项目的战术内容之中。理论植移有助于运动员开拓思维的深度，可以从更深刻、更全面的角度认识运动训练的各种规律，例如将系统工程理论引进入专项的训练理论，可以更深刻地认识训练的各环节关系和提高运动训练的质量与效益。

求异创新是当代智力训练中的重要方法。无数赛例表明，战术上的不断创新、技术上的创新立异、打法上的独特风格，往往是运动员在比赛中夺取胜利的重要因素。在现代运动竞赛激烈对抗之中，要善于捕捉一些非正规但实效好的变异动作，并加以改造使之成为以后比赛出奇制胜的运动技术。如足球的反身倒勾踢球技术，原是一种应急防御动作，后被人捕捉之后加以改造，成为足球比赛进攻中具有攻其不备之效的攻击技术；背越式跳高技术的诞生也是如此。技术创新是受思想创新的支配，例如体操动作不同编排可以创造或形成多种多套的组合动作，球类项目多元动作的变异组合可以创造或形成多种阵形和战术变化，这些都是思维创新的结果。因此，必须重视创新思维的科学训练。

万事万物都是错综复杂的，人们对事物认识的深度也是永无止境的。运动训练过程也是如此。在寻求运动训练真谛的过程中，应当始终持以探究的态度。生疑提问法就是为了培养运动员具有积极探究态度和积极的思维能力而提出的一种方法。在实践中，采用此法必须依靠团队的智力资源。应该承认，目前我们对训练中的很多问题尚在研讨之中，许多答案尚未有解。运动员的积极询问，会有助于我们寻找最终的答案或辨明解决问题的途径。倘若教练员不能回答问题或回答不够完善，可与科研人员共同研讨。回答运动员的提问时不能随便应付，否则，会挫伤运动员的这种好奇心理和好问习惯，对开发运动员思维能力不利。总之，我们应积极保护运动员生疑提问的态度和积极思考的精神。

智力训练需要积极开发一些训练软件。这些软件既不是简单的视觉信息材料，也不是原版的比赛录像重播，它应该具有互动和选题式的智力游戏特征，早在上个世纪90年代，日本曾经研制和开发了一种足球战术演绎软件。该软件模仿汽车仿真驾驶系统。在真实的仿真比赛图像演示过程中，要求运动员在3秒之内根据竞赛的攻防运动过程，及时地选择正确的攻防战术打法。目前，德国、英国的足球战术训练也研制并开发了不少更为逼真的战术训练软件。其实，美国篮球的战术训练也有不少这样的训练软件。这种软件不仅极大地提高了运动员战术应用的合理性和瞬时性，而且有效地提高了运动员的战术思维的敏捷性和流畅性，同时也使战术训练的身体运动转向智力训练的思维活动过程。

小　结

　　本章从实践角度出发，将运动心理和智力的训练内容分别论述和讨论。通过对心智训练的概述，指出了心智训练基本内容和心智训练辩证关系；分节讨论了运动心理及其训练和运动智力及其训练。其中，运动心理及其训练的内容主要包括运动心理训练概述、心理训练基本方法、竞赛期的心理训练、心理障碍克服方法；运动智力及其训练的内容包括运动智力训练概述、智力训练基本途径、运动智力训练方法、运动智力训练要求。另外，介绍了克服心理障碍的14种方法和运动智力训练的6种训练方法。显然，提出这些心理和智力训练方法及其手段具有现实的意义。

第八章 竞技能力结构内容

本章主要讨论竞技能力的基本含义，解析竞技能力的基本结构，梳理竞技能力的层次要素，以便深刻揭示和认识竞技能力内部结构的具体内容，从而为运动训练过程的计划设计、具体实施和过程监控，全面提供较为详细的内容体系。为了深刻认识揭示竞技能力结构内容的意义，本章借助于遴选的代表性项目的分析平台，着重分析竞技能力构成要素的专项特征、解析竞技能力构成因子的影响权重，以便为科学地实施竞技能力的专项训练提供依据。

第一节 竞技能力基本结构

一、竞技能力内部结构

竞技能力是竞技运动本质的具体体现，是竞技运动制胜规律的基本构件，是运动专项特征的核心内容。田麦久认为：竞技能力是运动员参加训练和比赛所具有的能力。徐本力认为：竞技能力是运动员为在比赛中取得优异运动成绩所必须具备的运动能力，是运动员体能、技能、战术能力、运动智能、心理能力和思想作风能力的综合体现。刘大庆认为：竞技能力是运动员参加比赛的主观条件或自身才能，是综合表现在训练和竞赛过程中的体能、技能、战能、心能、智能等因素的总和。尽管定义并不统一，但是竞技能力内涵的释义体现3个方面：一是训练和比赛所具备的能力；二是由若干能力要素构件组成结构体系；三是具有鲜明的专项运动特征。可见，竞技能力是运动训练的核心内容。

所谓结构是指组成整体的各部分的搭配和安排。竞技能力基本结构就是结构构成的因素及其关联。由图8-1可见，体能、技能和心智要素可视为竞技能力的一级层次要素；体能要素下的机体机能、运动素质，技能要素下的运动技术、运动战术和心智要素下的运动心理和运动智力可视为竞技能力的二级层次要素；机体机能中的能量系统、肌肉系统、神经系统，运动素质中的灵敏素质、力量素质、速度素质、耐力素质，运动技术中的动作应用、动作组合、动作结构，运动战术中的战术应用、战术行动、战术形式，运动心理中的运动感知、运动情感、运动意志，运动智力中的运动观察、运动思维、运动想象等要素可视为是竞技能力的三级层次要素。由此构成了竞技能力基本结构。

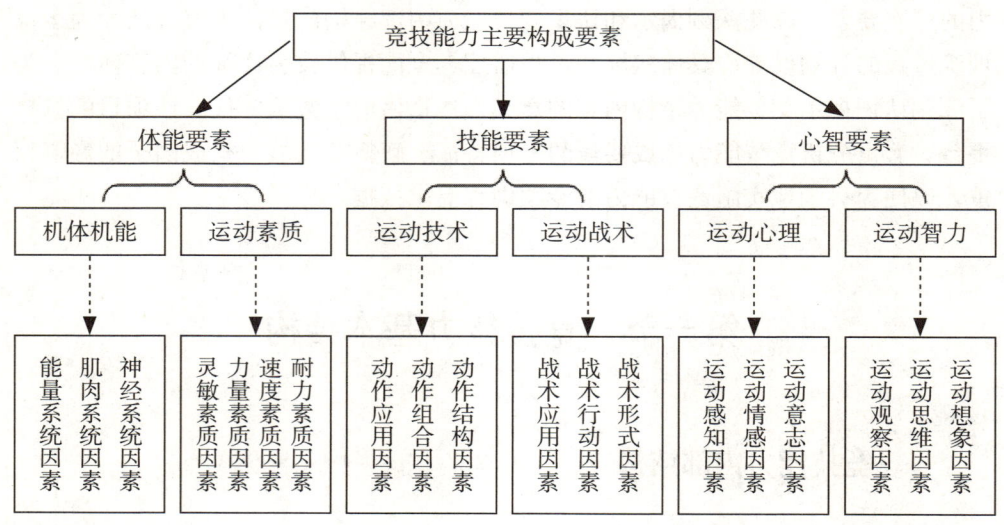

图 8-1　竞技能力基本结构（简图）

由图 8-1 可见，竞技能力基本结构也具有鲜明的系统性、层次性和关联性特征。尽管竞技运动的竞赛表现是竞技能力的整体体现，但是运动训练则需详细解析竞技能力的内部结构及其要素。显然，解析竞技能力及其要素的目的是更为细致地分解训练内容和落实训练任务。图 8-1 反映的是以三级层次要素为主的竞技能力基本结构。其中，一级层次要素主要反映体能、技能和心智能力的类别范畴；二级层次要素中的机体机能、运动素质、运动技术、运动战术、运动心理和运动智力则是竞技能力基本结构的主体支柱；三级层次要素则是二级层次要素的构成因子。竞技能力的基本结构正是由此要素因子构成。毋庸置疑，如果竞技能力的结构层次继续地细化下去，则会显现鲜明的专项能力特点。

竞技能力基本结构的系统性特点是竞技能力结构的首要特征。竞技能力系统划分的目的，是为了充分认识竞技能力基本结构内部的各个要素及其关联方式，旨在系统训练与提高各项竞技能力及其要素。这一系统性特点提示：在竞技能力形成过程中，应该根据不同训练时期及其训练任务、训练重点、发展特点，系统性和针对性地逐步提高各项竞技能力的水平，综合性和全面性地逐步提高整个竞技状态的水平。实践中，专项运动竞技能力的提高往往出现非衡性的现象。也就是说，不同时期竞技能力的某一方面或某一要素，或许发展超前或许严重滞后。面对竞技能力提高过程中可能存在某些因素发展不足，或者出现严重差异，系统地提高竞技能力应该是必须坚定不移贯彻的训练指导思想。

竞技能力基本结构的层次性特点是竞技能力结构的第二特征。竞技能力层次划分的目的，是为了充分认识竞技能力基本结构内部的各个层次及其要素的构成成分，旨在系统地分层、分类地发展各项竞技能力的层次及其要素；充分认识竞技能力层次性的目的更是为了系统地提高竞技能力各个层次及其要素的水平。这一层次性特点提示：在专项运动竞技能力形成过程中，应该根据不同训练时期及其训练任务、训练重点、发展特点，分层和分类地提高竞技能力各个要素水平，逻辑性地逐步发展整个竞技状态水平。实践中，竞技能力的发展往往出现断层性的现象。也就是说，不同时期竞技能力的某一方面或某一要素，或许过度重视或许严重疏忽。面对竞技能力发展过程中的某些因素可能出现的严重不足，有序地发展竞技能力应该是必须坚定不移贯彻的训练指导思想。

竞技能力基本结构的关联性特点是竞技能力结构的第三特征。从某种意义上讲，结构是由要素及其关联组成，但是，要素的不同关联方式决定了不同的结构，不同的结构则决定着不同的功能。竞技能力的关联性主要表现为各项竞技能力要素相互联系。其中，某些竞技能力要素之间具有特殊的紧密联系并能共同体现，例如排球扣球的击球动作因子与手臂挥动的爆发力素质因子具有紧密关联性。认识这种关联性的意义是确保竞技能力各个因素得以和谐地发展。这一关联特点提示：必须从竞技能力各个层次及其因素的关联角度，系统、有效地促进竞技能力和竞技状态的形成。实践中，面对竞技能力的主次因素的不同转化和发展，有机地发展竞技能力应该是必须坚定不移贯彻的训练指导思想。

二、竞技能力基本要素

如果说图8-1反映的是竞技能力的基本结构，那么表8-1反映的则是竞技能力的结构要素。尽管表 8-1 试图反映竞技能力基本结构的全部要素，但是由于竞技能力的内部要素的多样性、类别性和专项性特点所致，仍然无法全部展现竞技能力的构成因子。值得欣慰的是出于分析方便，表 8-1 的四级层次因素基本可以作为深入探讨竞技能力因素特征的基点。当然，已经非常复杂的竞技能力基本结构甚至可以分解更为细致的微观相关因子。换言之，每一个层次的竞技能力因素都是由下位层次的若干因素组成。但是竞技能力基本结构的第四级因素已经开始逐级体现专项特征。显然，竞技能力基本结构的第四级层次因素，既是专项竞技能力显现的主干因素，也是细化专项竞技能力的基础要素。

表 8-1 竞技能力基本层次要素（简表）

一级	二级	三级	四级	一级	二级	三级	四级	一级	二级	三级	四级
体能	机体机能	神经系统	灵活性	技能	运动技术	动作结构	稳定性	心能	运动心理	运动感知	清晰性
			稳定性				多样性				准确性
			高强性				微调性				敏锐性
		肌肉系统	速度性			动作组合	衔接性			运动情感	激情性
			协调性				变异性				稳定性
			精细性				节奏性				表现性
		能量系统	无氧性			动作运用	准确性			运动意志	坚定性
			有氧性				应变性				果断性
			混合性				难美性				自制性
	运动素质	力量素质	最大性		运动战术	战术形式	多样性		运动智力	运动思维	敏捷性
			爆发性				针对性				想象性
			持久性				转换性				逻辑性
		速度素质	反应性			战术行动	默契性			运动观察	细微性
			速度性				应变性				准确性
			持久性				预见性				广泛性
		耐力素质	短时性			战术应用	熟练性			运动想象	清晰性
			中时性				针对性				丰富性
			长时性				诡奇性				联想性
		灵敏素质	协调性			运动感知	清晰性			运动注意	集中性
			应变性				准确性				分配性
			及时性				敏锐性				转移性

（引自胡亦海. 竞技运动特征研究 [M]. 人民体育出版社，2013，并改制）

第八章 竞技能力结构内容

竞技能力基本要素的多样性特点是竞技能力要素的首要特征。竞技能力的构成因素是多种多样的，专项的某一竞技能力特征不能以偏概全地替代专项竞技能力特征的全部或视为整个专项运动特征。第四级层次要素提出的目的，着重反映竞技能力结构内部的复杂性和多元性特征，旨在提醒我们在专项运动的训练和科研中，要防止以偏概全或以管窥天的现象出现。当然，我们应该肯定竞技能力某一要素的深入研究和探索，对于进一步深入揭示竞技能力特征和促进竞技运动发展意义重大。这一多样性特点提示：必须从多元性和系统性角度，科学发展和有效提高专项运动竞技能力。无论专项运动的某种竞技能力因素何等重要，全面地发展竞技能力应是必须坚定不移地树立的训练指导思想。

竞技能力基本要素的类别性特点是竞技能力要素的第二特征。竞技能力尽管是完整地综合体现在运动员的参赛能力方面，但是各个竞技能力因素的类别性质及其关联是不容忽略的。运动机能与运动素质类别的各个要素的发展，必须依靠生物科学等学科理论与工具；运动技术与运动战术类别的各个要素的发展，必须借助于运动科学等学科知识与手段；运动心理与运动智力类别的各个要素的发展，必须依赖教育心理等学科原理与方法。竞技能力的提高必须依靠多种学科支持方能实现。这一类别性特点提示：必须从类别性和逻辑性角度，系统发展和有效提高专项运动竞技能力。无论专项运动竞技能力因子发展到何种程度，有序地发展竞技能力应是必须坚定不移地设计的训练指导思想。

竞技能力基本要素的专项性特点是竞技能力要素的第三特征。专项竞技能力因素尽管具有多样性和类别性特点，但是不同运动竞技能力因素决定着不同专项的运动特征是不容置疑的。各个专项特征实际上是蕴藏在专项竞技能力要素的特征上，专项竞技能力要素的特征决定着这些因素对专项运动的影响权重。换言之，专项竞技能力各个要素的影响作用或影响权重，实际上决定着专项竞技能力特征，甚至决定着专项运动特征。因此，通过宏观和微观分析，必须抓住专项的主要因素训练。这一专项性特点提示：必须从专项性和主体性角度，系统发展和有效提高专项运动竞技能力。无论选择专项运动的何种竞技能力及其要素，专门性地发展竞技能力应是必须坚定不移地执行的训练指导思想。

由图8-1和表8-1可见，体能、技能和心智要素及其所属构成因子是专项运动的主体骨架和基础元素。其中，体能要素犹如工程建设的刚体材料，体能训练的质量将直接影响着整个工程的基础质量和主体高度；技能要素犹如工程建设的结构体系，技能训练的质量将直接决定着整个工程的主体构造和功能作用；心智要素则是工程建设中的一种隐性因素，犹如工程建设必须使用的黏合溶剂。心智要素的科学训练和应用，不仅可以促使体能、技能的训练质量得以提高，而且可以促使体能、技能的训练内容融为一体，同时可以有效提高整体工程建设的工艺质量。由此可见，竞技能力的发展与提高过程不能孤立地推进，而是需要有机地进行。这是运动训练必须坚定不移地贯彻的训练指导思想。

第二节 体能类项目的特征

体能主导类项群代表项目数量庞大，形式多样，内容丰富。为了有效探讨体能主导类运动项目的竞技能力特征，我们必须有选择地讨论具有代表性项目的竞技能力的特征问题。鉴于篇幅有限，其他代表性项目放在体能类专项竞技能力特征比较中讨论。

一、竞技能力主要特征

（一）短跑项目竞技能力特征

短跑项目这里主要是指 100、200、400 米项目。

短跑运动员身体形态特征是：运动员表现出明显的跟腱较长、踝围较细和小腿肌群为羽状肌的专项形态特点，尤其是 100 米和 200 米男子运动员的踝围/跟腱长×100 指数相对更小。男子运动员的髋宽/肩宽×100 指数最为突出，反映出 100 米和 200 米男子运动员的下肢肌群、臀部的形态更偏于粗壮型，女子运动员的髋围则较大。中、外运动员的身高指数排序具体表现在：中国男子运动员的身高指数排序依次为 110 米栏 >400 米 >400 米栏 >200 米 >100 米，中国女子运动员的排序依次为 100 米栏 >400 米栏 >400 米 >200 米 >100 米；国外优秀男子运动员的身高指数顺序依次为 200 米 >400 米栏 >110 米栏 >400 米 >100 米，国外优秀女子运动员的顺序依次为 400 米栏 >200 米 >100 米栏 >400 米 >100 米。

短距运动员机体机能特征是：肌肉的最快收缩速度和收缩的快速耐力是短跑运动员肌肉工作的共同特点。快肌纤维比例最大、肌肉发达成束形是短跑运动员肌肉系统外在特征的集中体现。肺活量/体重指数水平明显低于耐力性但高于快速力量性项目。神经系统的神经传导迅速，神经过程转换快速灵敏。能量供应主要是无氧代谢供能，能量来源主要靠三磷酸腺苷和磷酸肌酸分解供能。肌肉的收缩和放松性能很好。短跑和短跨运动员的乳酸代谢供能能力意义重大。适度科学地进行有氧强度训练，对于提高专项无氧耐力、承受负荷强度训练、增强机体恢复能力和防止运动损伤意义重大。400米和400米栏选手的ATP-CP供能比例小于短跑和短跨运动员，主要是乳酸能供能能力起决定作用。

短跑运动员运动素质特征是：速度素质影响权重最大，主要表现在运动员具有很高的反应速度、起动速度、加速度、途中速度和冲刺速度的能力；距离长短与速度力量影响权重呈现负相关性，与速度耐力素质呈现正相关性。速度力量与肌肉类型、体内分泌激素水平关系很大。快速后蹬、两腿剪绞速率、肌肉内部的协调性是速度素质发展的重点。有的研究认为：短跑运动中运动员的跖屈脚掌动作的幅度和速度所起的作用最大，伸大腿（展髋）动作幅度和速度次之，屈大腿（屈髋）动作的幅度和速度居第三位，伸小腿动作的幅度和速度的作用最小。短跑运动员需要良好的速度耐力和速度力量。因此，速度素质、速度耐力、速度力量以及承受最大氧债的训练是短跑运动运动素质训练的核心。

短跑运动员运动技术特征是：动作结构合理、跑的姿态协调、双脚交叉摆动技术有力、支撑时间缩短、腾空速度快速、动作节奏明快。跑动过程中身体重心的平稳性、直线性和疾加速性是提高身体重心位移速度的关键技术环节。具体表现为：全程跑的节奏变化呈现稳定态势；全程跑节奏趋于协调统一；途中跑中的支撑与腾空时空参数变化趋于稳定；下肢折叠与摆动技术时机合理。世界优秀短跑运动员步长、步频的优化组合表现为步幅大、步频快，且具有不断延长距离的加速跑能力、全程良好的高速奔跑能力、全程奔跑节奏保持明快的能力和全身肌肉快速收缩放松的协调能力。目前，短跑技术普遍采用步长指数（步长/身高）和步频指数（步频×身高）检测选手步长、步频的能力。

短跑运动员运动战术特征是：合理地分配体能和速度为表现特征。短跑体能分配战术主要体现在两个方面：一是根据整个赛程预赛、复赛和决赛目标分配体能，确保决赛能够取得优异运动成绩；二是根据单个赛次的距离分配体能。通常，100米短跑运动员需要在整个比赛过程中以最短时间加速到最快速度并尽量保持最快速度直至终点；200米和400米跑不仅要求具有极限、次极限速度两档速度能力和较高速度耐力的储备能力，而且要求具有把握各段速度节奏和自我调整能力。速度分配战术是根据比赛对手水平，比赛所在组次、道次和参赛具体目标等情况分配各分段距离的速度。通常，比赛中运动员要有高度的关注力、精确的速度感和强烈的节奏感，才能用好短距离的速度分配战术。

短跑运动员运动心智特征是：神经类型多为灵活及其亚灵活型和兴奋及其亚兴奋型。他们的运动心理特征主要是：内心情感十分敏锐，速度感知十分清晰，关键动作表象清楚，情绪富有激情并能自我控制，意志品质坚强，敢于拼搏取胜，自信勇敢果断，注意力高度集中。速度节奏的记忆力清晰持久、动作的形象思维具体。其中，专项运动的跑的速度知觉以及距离知觉、快速的反应能力和敏锐的听觉能力、协调的动作知觉和清晰的方向感觉等特点尤为突出。同时对于运动行为在时空、速度、节奏方面的变化感知自我控制能力特强。因此，短跑运动员心智训练主要集中注意的集中分配、速度的运动知觉、坚强的意志品质、良好的情感控制、协调的神经控制和比赛的战术对策等方面的训练。

（二）短游项目竞技能力特征

短游项目这里主要是指 50 米、100 米的自由泳项目。

短游运动员机体机能特征是：短游选手运动的肌电证明，背阔肌、胸大肌、肱二头肌、肱三头肌、大圆肌是自由泳的主要原动肌；肌肉活检和无损伤检测发现，短游选手快肌纤维比例很高，且与短游成绩呈现正相关性。另外，乳酸检查发现，短游运动属于以磷酸原系统和糖酵解系统供能为主的项目。心肺功能测试表明，良好的心肺机能也是短游项目的重要基础。研究表明，短游运动员男子和女子的肺活量分别高达 3786.5ml / min 和 2982.0ml / min，心率分别高达 195.0 次 / 分和 183.0 次 / 分。另有研究指出，短游项目需要承受最大氧债和机体抗酸的能力。短游项目的神经系统主要反映在快速的反应能力、神经过程兴奋与抑制的转换速度、神经过程的稳定性以及神经控制全身动作的能力。

短游运动员运动素质特征是：短游项目的绝对力量和有氧代谢的耐力水平是基础，每臂的划臂功率是核心，速度力量是骨架。短游项目动作结构具有最大范围关节活动的特征。肌肉是以抗阻力方式进行最快收缩。显然，抗阻力、最大活动范围、最快收缩方式、主距运动所需时间等因素，是短游项目运动素质训练负荷安排的主要依据。短游项目的速度素质因素主要体现为良好的反应速度、爆发式的起跳速度、高速途中游速度、灵敏的转身速度和最后冲刺速度。起动速度、游进中腿脚的鞭打速度、团身触壁和转体速度都会直接影响短游项目成绩的提高。因此，强化出发起跳力量、蹬壁爆发力、手掌抱水和划推水力量与腿脚鞭打作用力的训练，有助于提高"速度储备"的容量。

短游运动员运动技术特征是：科技的发展将自由泳技术从"屈臂划水技术""高肘划水技术""加速性划水技术""鞭水技术"推进到目前的"滚动技术"。生物力学和流体力学的应用使游泳选手的"体格""速度""技术"融为一体。研究发现，所有的游泳动作都是呈曲线形的，其中自由泳时沿着人体的不同轴和不同面，做复杂的"S"形曲线划动。研究表明，短游项目合理技术的评判依据是通过直、平、尖、紧的身体姿势，协调而有节奏的技术动作，合理有效的动作幅度和频率，有效"减阻"并发挥最大推进效率四大要素进行。毋庸置疑，游泳技术十分重视发挥个人的身心特点，强调技术精益求精，力求最佳划水效果，努力做到划频划幅最佳结合，以利创造最佳成绩。

短游运动员运动战术特征是：根据预先分析可以分别选择"争权夺标""先发制人""后发制人"和"负分段"战术。其中，"争权夺标"战术是运动员在游泳项目预赛时，根据参赛对手的实际水平，以游进前八名为目的，然后在决赛中采取全力以赴、力争夺取好名次的战术；"先发制人"战术是优秀选手决赛开始阶段就以领先所有对手的速度进行快游，从心理上力争压倒对手，打乱对手动作节奏，并在全程始终竭力保持这种优势，最终夺取金牌的比赛战术；"后发制人"是优秀选手合理分配体力，控制各段速度，在比赛的最后关头加速冲刺，并超过对手而取胜的一种战术；"负分段"战术是优秀选手将比赛全程划分为若干段落，然后采取一段比一段快（第一段除外）的加速的比赛战术。

短游运动员运动心智特征是：神经类型多属于灵活型和稳定型。运动感知敏锐、运动情感灵敏、意志品质坚定、运动情绪稳定、运动思维清晰。短游项目运动感知的敏锐直接影响着运动员的水感、方向感、距离感和速度感的获取；运动情感的灵敏直接影响着运动员捕捉各种取胜的机会、提升取胜的欲望以及掩饰不良心理的外露；意志品质的坚定直接影响着比赛中坚韧不拔的拼搏和不屈不挠的斗志的效果；运动情绪的稳定直接影响着精神体力的养精蓄锐和自我调整控制的功效；运动思维的清晰则直接关系到能否保持冷静思考，选择合理比赛战术和最大程度发挥自身潜力。特别是实力相当时，短游项目运动心智的各个要素水平显得十分重要。因此，应该高度重视心智因素的科学训练。

（三）跳远项目竞技能力特征

跳远运动员机体机能特征是：男子跳远选手平均身高约 1.80m，平均体重约 76kg，具有身材高挑、体重轻盈特点。男子 21～29 岁、女子 20～33 岁可达最佳竞技成熟期。运动员髋关节伸肌、膝关节屈肌和踝关节肌群收缩力强。白肌纤维比例大，质量较高。研究表明，髋关节伸肌群的离心工作在起跳初始阶段（20%时间内）产生较大的伸髋肌力矩，这有利于提高起跳重心；膝关节屈肌群主动收缩在起跳初始阶段（10%时间内）产生较大屈膝肌力矩，以抵抗地面支撑力的作用和避免股后肌群的损伤；腿骨和脚骨骨质密度较高，骨骼肌中 ATP 和 CP 储量大，ATP 再合成能力强，ATP 酶和 CK 活性高。跳远选手的神经系统特点是灵活性高、本体感觉灵敏、时空感觉和速度力量的感觉敏锐。

跳远运动员运动素质特征是：短距离加速能力、高速奔跑能力、节奏控制能力、起跳爆发功率、重心平衡能力、全身协调能力都是运动素质的关键要素。短距离加速能力是一个十分重要的指标，这一指标直接反映零速进入高速的功效。由于跑的速度指标往往与跳远成绩显著相关，因此速度素质是跳远项目的一个敏感性的检测指标。起跳爆发功率是一种反弹性爆发力，也是显著影响跳远成绩的敏感指标。跳远项目起跳环节的功率大小是由两个重要因素制约的：一是踏地时肌肉离心收缩的抗张力能力；二是起跳时肌肉向心收缩的速度力量。前者是十分重要而容易疏忽的要素。显然，跳远选手应该具有突出的短跑能力和杰出的力量素质。其中，抗张力能力是跳远项目的核心素质之一。

跳远运动员运动技术特征是：由助跑的周期性动作转为起跳后的非周期动作形式的混合性动作。显然，助跑和起跳环节是跳远技术的两个重要环节。研究发现：8.5～8.6m 跳远成绩必须依托 10.6～10.8m/s 的助跑速度。助跑速度每增加 0.1m/s，运动成绩可提高 8～10cm。助跑技术环节速度的提升目的，就是为了最大程度获得向前运动的动能，以便在短时间内达到最大速度后通过起跳环节获得最佳的起跳后的空间效果。由此可见，助跑环节的速度与技术何等重要。研究发现：助跑最后 3 步步长差距和身体重心下降幅度相对缩小是其助跑过程的主要技术特点。起跳环节主要是由踏跳时间和摆动腿摆动两个重要因素制约。起跳时间愈短，水平速度损失愈小，起跳效果也愈好。

跳远运动员运动战术特征是：经统计研究发现，重大赛事之中的女子跳远在前三跳次的比赛中创造优异成绩的概率较高，男子跳远则在后三跳次的比赛中创造优异成绩的概率较高。其中，第三次试跳是跳远项目创造优异成绩的关键。因此，在重大赛事中，跳远运动员基本采用在确保第一跳成功的基础上，争取在第二、三跳次中创造最好成绩的比赛战术。这种现象启发我们：跳远的第一次跳的目的是确保获得成功，力争成绩在案；第二、三跳力争创造优异运动成绩。由于男子相对女子体力充沛，因此随后的几个跳次为其提供了更多的创造优异运动成绩的机会。而女子速度力量和爆发力量相对较弱，因而头三个跳次至关重要。这一现象提示我们需要因人而异制定比赛战术。

跳远运动员运动心智特征是：神经类型属于灵活型及其亚灵活型，敏锐的运动感知能力、强烈的创造成绩欲望、灵敏的运动情绪激发、清晰的运动思维能力是跳远项目的心智特征。其中，敏锐的运动感知可以影响运动员获取良好的方向感、距离感和速度感；强烈的创造成绩欲望可以鞭策运动员养成坚韧不拔的拼搏精神和不屈不挠的斗志；灵敏的运动情绪激发可以促使运动员参赛时迅速唤起创造优异运动成绩的激情和间歇时养精蓄锐的集聚力量；清晰的运动思维能力直接关系到合理选择比赛战术和最大程度发挥自身潜力的效果。由于跳远项目的比赛时间较长和运动的负荷强度极大，因此平时训练和比赛中应该注意间歇的休整和激情的再次唤醒。可见，重视运动员的心智因素训练何等重要。

(四) 举重项目竞技能力特征

举重运动员身体形态特征是：四肢躯干比例匀称，肌肉强健纤维发达，手大掌厚骨骼粗壮，臀部厚实肌肉紧收，体格匀称全身魁梧。研究表明，优秀选手成绩与克托莱指数、体脂百分比、髂宽指数存在明显的线性关系。同时有研究指出：克托莱指数、体脂百分比和髂宽指数，反映我国优秀举重选手的专项形态特征方面权重各不相同，其中克托莱指数所占的权重最大，为 0.53；其次是体脂百分比，为 0.23；髂宽指数所占的权重最小，为 0.15。权重指数越高说明重要程度越大。可见，我国优秀举重选手形态特征是以反映全身肌肉质量（克托莱指数、体脂百分比）指标为主。反映体型（髂宽指数）的重要程度较小，说明不同级别之间尽管存在形态指标的明显差异，但是肌肉质量的意义一致。

举重运动员机体机能特征是：抓举和挺举运动员的举重动作中，手腕屈肌、肱二头肌、肱三头肌、三角肌、斜方肌、臀大肌、股直肌、股外斜肌、腓肠肌等肌肉的电位活动最为明显。研究发现优秀举重选手的上臂、躯干、大腿、小腿各部位的伸肌与屈肌的力量比，分别为1.6∶1、4.3∶1、4.3∶1和5.4∶1，且白肌纤维含量较大。由于举重时肌肉高度紧张，需要憋气或闭气负重，此时血液循环困难，因此需要良好的心肺功能。举重选手的神经类型主要是兴奋与安静的复合型。这种类型既较易唤醒神经冲动，即能在短暂时间内最大程度地动员机体机能，又兼有沉着稳重、意志顽强、善于克制、踏实细腻的稳定性特点。举重运动员的能量代谢类型主要以无氧代谢的磷酸原代谢供能为主。

举重运动员运动素质特征是：最大力量是基础，爆发用力是核心，动作速度是条件。研究表明：前深蹲、后深蹲、卧推、站推、宽拉、窄拉6个专项力量素质指标与举重运动成绩的关系非常密切。同时，对于提高13~17岁青少年男子举重运动员竞技能力影响较大。举重专项所需力量是与技术动作融为一体的力量因子。其中，全身各部大肌肉群的力量是举重项目的力量基础。因此，发展力量素质的重要方式是不断提高力量负荷强度实现。举重提铃的爆发力是举重运动的核心力量，这种力量是全身性的强直性的爆发力，这种爆发力的提高在十分强调不得降低动作速度的前提下，通过不断提高负荷强度来发展。动作速度则是快速利用速度惯性和配合正确动作完整完成举重动作过程的保证。

举重运动员运动技术特征是：主要表现为"近""快""低""准"等技术要求。"近"是指举铃过程中的杠铃重心和人体重心的运动轨迹与两脚构成的支撑面中心的垂直线应尽量接近。"快"是指动作发力快、提铃速度快、杠铃加速快。发力阶段的杠铃的初速度应达到最大速度。动作速度对杠铃上升高度有重要作用。"低"是指在保证用力的前提下，应尽量缩短杠铃的行程。提铃至胸和上挺动作中均有一个向上发力后向下蹲低承接杠铃的支撑动作，这是一种缩短杠铃行程距离的动作。因此，必须体现出技术动作的协调。"准"是指全身肌肉发力的时机、协同用力的时机、动作伸展的时机、动作锁铃的时机准确协调一致。整个动作必须符合生物力学特点，唯有如此才能产生最大功效。

举重运动员运动战术特征是："减体重战术""试举重量战术"和"难度战术"是举重战术应用的惯例做法。"减体重战术"和"试举重量战术"容易理解，前者通过主动赛前减低体重措施参加低一级别的比赛，争取获得优异运动成绩；后者根据规则允许的条件，通过逐级提高负荷重量，争取创造优异运动成绩。"难度战术"的应用较为复杂，它是指在举重竞赛规则允许的范围内，为求得有利于自己的比赛结果，运动员通过主动选择、调整和改变参赛"难度"而实施的战术行为。其中，第一次试举后的随后主动变化的试举重量，是举重运动战术应用的重要手段。当比赛水平接近时，后举的选手便于安排战术和占据主动优势。因此，举重运动员需要及时捕捉时机、变化难度，力争创造优异成绩。

举重运动员运动心理特征是：具有显著的顽强的意志品质和专注的注意力品质。由于举重项目的特点决定，举重运动员无论训练还是比赛的过程，始终是向自己身体机能的极限挑战，这是举重项目最为显著特征。这一挑战自身极限的过程需要不断克服来自身体机能和心理压力的困难，甚至需要克服伤病的困扰。因此，坚持这一过程的主要心理要素就是顽强的意志品质和拼搏的勇敢精神。与此同时，必须具备良好的心理应激动员能力，以便能够在较短的时间内尽快动员全身的机能做好冲击最大强度准备。当然，举重运动员注意力具有集中性和稳定性特点，这种特点不仅确保比赛时能够高度关注比赛要素，而且能够保证各次试举过程情感稳定，同时能够集中关注动作环节与细节。

二、竞技能力特征比较

(一) 速度性项目竞技能力特征比较

短跑和短游运动员的白肌纤维所占比例都很高，神经系统都具有高强性、兴奋性、灵活性和稳定性的特征。肌肉收缩体现出显著的速度性和爆发性的力量特点。无氧代谢是其最主要的供能方式，运动员专项竞技能力都受到 ATP-CP 的储备水平的限制，随着比赛项目距离的增加，乳酸能供能参与的比例不断增大。心脏功能普遍较好。其中，游泳运动员的乳酸能供能比例要大于短跑项目，这也许与游泳比赛环境因素密切相关。短跑和短游运动员运动素质主要以力量素质为基础，速度素质为核心。其中，爆发力是力量素质决定因素。游泳运动员的运动所受到的运动阻力以及运动形式的复杂性都要远远大于短跑运动员，因此游泳运动员要求更高的表现抗阻力下力量、耐力、柔韧和协调素质。

短跑、短游运动对肢体的素质要求则有明显侧重。短游运动属于全身性运动，故对上肢、腰腹、腿部的力量与速度要求甚高；短跑运动员则倾向于对腿部爆发力的更高要求。短跑和短游运动员的动作结构都是由固定组合和周期性动作构成，因此，动作结构的合理性、经济性和实效性是其良好技术的共同特点。两者在运动技术的细节方面各有侧重。短跑动作结构的节奏性明显强于短游项目，但是短游项目动作结构的稳定性和多样性相对更为重要。短跑和短游运动员比赛过程中的战术主要体现在速度上的分配。因此，根据比赛规则采取正确的分配体力战术和分配速度战术是其最重要的战术特征。短跑和短游运动员运动心理特征都要求运动员具备清晰的运动感知、稳定的运动情感和果断的运动意志，同时还需要具备高度的注意力和灵敏的动作方向和运动节奏感等。

（二）耐力性项目竞技能力特征比较

长跑和长游项目运动员的能量代谢方面具有显著的一致性，都是以有氧代谢为主，有氧代谢比例占整个能量代谢的90%以上。同时，长跑和长游项目运动员的三种能量代谢过程都具有快速转换的显著特征。因此，长跑和长游项目运动员都具有强大的心肺功能。研究发现，长游项目运动员能量代谢系统的供能水平高于长跑运动员，这种差异可能与游泳的运动方式和环境有关。长跑和长游项目运动员的红肌纤维所占比例偏高，肌肉细胞内的线粒体数目较之其他项目显著增多且活性增强。这种生理特点有利于提高代谢系统的能量提供和恢复效果。有氧耐力能力是两者的核心素质。长跑专项耐力素质侧重有氧耐力和速度耐力的发展；长游项目专项耐力素质侧重有氧耐力和速度力量的提高。

长跑和长游项目尽管共同依托于有氧供能的基础之上，但是所追求的耐力素质有所区别。研究发现，通过长游项目的有氧代谢训练有助于提高短游项目的运动成绩。长跑和长游项目的技术结构都属于周期性运动。运动员在长时间的比赛过程中，肌肉需要在单一动作的反复中保持有效的收缩和交替的放松，同时运动员为了保持长时间较快的运动速度，需要具备良好的动作节奏和变奏。长跑和长游项目的技术结构具有稳定性、节奏性和周期性特点。体能和速度的分配战术是这两个项目的主要战术手段。可见，合理的技术动作和战术也是长跑和长游项目获取优异运动成绩的关键条件。长跑和长游项目具有负荷时间长、体力消耗大的特点，运动心智特征集中体现在意志品质和战术思维等方面。

（三）速度力量性项目竞技能力特征比较

速度力量性项群的体能特征差异很大，这种差异主要是因动作形式差异所致。例如：跳远运动员通常是身材高挑，体重轻盈，下肢偏长，肌肉发达；举重运动员的身体形态则根据体重级别的不同而各有特点，一般表现为体格匀称魁梧、肌肉强健收缩有力、四肢躯干比例匀称和手大掌厚骨骼粗壮的特征。跳远和举重运动员的机体机能也表现出一定的共性和个性，例如：两者的白肌纤维占比都高，ATP 和 CP 储量都大，神经系统都属于灵活型及其亚灵活型；能量代谢均以 ATP 和 CP 代谢为主。但是，两者的肌肉发力部位不同，肌肉收缩的爆发力性质也不同。跳远需要的是反弹性爆发力，举重需要的是强直性爆发力。前者对下肢的速度力量要求甚高，后者对全身的速度力量要求甚高。

跳远的速度素质体现在快速的助跑速度和起跳速度上，力量素质则体现在起跳瞬间的爆发力上；举重运动的速度素质体现在提铃和举铃的动作速度上，力量素质则体现在绝对力量和强直性爆发力上。速度力量性项群的动作特征差异很大，这是导致专项特征差异的主要因素。跳远技术环节上助跑和起跳是两个重要环节，举重技术环节上提铃和举铃是两个重要环节。不同的是跳远起跳环节是决定性环节，举重的两个环节则都是关键环节。两者的战术特点具有共性特征，跳远有 6 次试跳机会，举重有 3 次试举机会，都是通过试赛方式优创最佳成绩。因此，合理应用战术对于创造优异成绩具有一定作用。速度力量性项目运动员的坚定意志品质、稳定情绪情感、注意力的关注是其重要的心智特点。

第三节 技能类项目的特征

本节重点讨论篮球、足球、排球、网球、乒乓球、跆拳道项目的竞技能力专项特征。值得说明的是以下分析的权重排序，是取自问卷调查后的数理分析结果（详见武汉体育学院学报 2009 年第 2 期《对抗项目竞技能力层次要素特征的比较研究》）。虽然如此，并不等于说这种排序是绝对的，更不能说这种排序对于不同阶段的代表性项目是恒定的。

一、竞技能力主要特征

(一) 篮球、足球竞技能力特征

由表 8-2 可见，篮球、足球竞技能力的神经系统因子特征、能量代谢系统因子特征的权重排序高度一致。其中，神经过程灵活性、能量代谢混合性排序第一，明确提示了这两种要素的影响意义。表 8-3 表明篮球、足球运动肌肉系统因素权重排序存在差异，这或许是两者的技术和场地特征存在巨大差异所致。

表 8-2 篮球、足球专项机体机能要素权重比较

项目	神经系统			肌肉系统			能量系统		
	灵活性	稳定性	高强性	速度性	协调性	精细性	无氧性	有氧性	混合性
篮球	0.36	0.31	0.33	0.32	0.42	0.26	0.30	0.27	0.43
排序	1	3	2	2	1	3	2	3	1
足球	0.38	0.28	0.34	0.42	0.33	0.25	0.30	0.27	0.43
排序	1	3	2	1	2	3	2	3	1

表 8-3 篮球、足球专项运动素质要素权重比较

项目	力量素质	速度素质	耐力素质	灵敏素质	弹跳素质	柔韧素质
篮球	0.17	0.19	0.15	0.20	0.18	0.11
排序	4	2	5	1	3	6
足球	0.16	0.19	0.17	0.21	0.12	0.15
排序	4	2	3	1	6	5

由表 8-3 可见，篮球、足球运动的灵敏、速度、力量因子权重均列为一、二、四位，说明这 3 个因子对同场对抗项目的影响程度具有一致程度。其中，灵敏素质是篮球和足球运动的首要素质，突出反映了同场对抗项目的运动特征。速度素质权重排序为第二，说明它对篮球和足球运动影响甚大。力量对篮球、足球影响程度一致，是因两者都是以身体对抗为基础的特点所定。篮球的弹跳、足球

的耐力因子同列第三，说明篮球的弹跳素质决定了制空高度的主动，足球的耐力素质决定了整场竞赛的强度。显然，在灵敏、速度和力量因子水平相当的情况下，这两项素质将成为决定篮球或足球成绩的关键素质。

由表 8-4 可见，篮球、足球运动技术中的动作结构、动作组合和动作运用的技术要素因子的权重排序一致，且各个因子之间权重值差很小。说明两个项目在运动技术要素上的要求是共同的。应该看到，运动技术各个要素权重排序十分符合技能的形成规律。其中，技术因子中的微调性、节奏性和难美性因子是运动技术转为运动技巧的标志性特征。这说明某些权重靠后的因子也许正是某一竞技能力达到高峰状态的特征因子。

表 8-4　篮球、足球专项运动技术要素权重比较

项目	动作结构			动作组合			动作运用		
	稳定性	多样性	微调性	衔接性	变异性	节奏性	准确性	应变性	难美性
篮球	0.40	0.33	0.27	0.36	0.42	0.22	0.41	0.34	0.25
排序	1	2	3	2	1	3	1	2	3
足球	0.41	0.33	0.26	0.34	0.42	0.24	0.43	0.34	0.23
排序	1	2	3	2	1	3	1	2	3

由表 8-5 可见，篮球、足球运动战术中的战术形式、战术行动和战术应用的战术要素因子的权重排序一致，且各个因子之间权重值差很小。说明两个项目在运动战术要素因子上的要求也是共同的。应该说运动战术各个因子的权重排序十分符合战术设计与应用特点。当然，战术因子中的多样性、预见性和诡奇性是运动战术达到巧妙境界的标志性特征。

表 8-5　篮球、足球专项运动战术要素权重比较

项目	战术形式			战术行动			战术应用		
	多样性	针对性	转换性	默契性	应变性	预见性	熟练性	针对性	诡奇性
篮球	0.26	0.43	0.31	0.38	0.32	0.30	0.34	0.43	0.23
排序	3	1	2	1	2	3	2	1	3
足球	0.26	0.43	0.31	0.38	0.32	0.30	0.33	0.43	0.24
排序	3	1	2	1	2	3	2	1	3

由表 8-6 可见，篮球、足球运动的运动感知、运动情感和运动意志等心理要素因子的权重排序一致，且各个因子之间权重值差很小。说明两个项目在运动心理要素因子上的要求是共同的。其中，运动感知的敏锐性、运动情感的稳定性和运动意志的果断性是篮球和足球运动共同的最重要的心理特征。

表 8-6 篮球、足球专项运动心理要素权重比较

项目	运动感知			运动情感			运动意志		
	清晰性	准确性	敏锐性	激情性	稳定性	表现性	坚定性	果断性	自制性
篮球	0.30	0.34	0.36	0.33	0.41	0.26	0.34	0.38	0.28
排序	3	2	1	2	1	3	2	1	3
足球	0.30	0.33	0.35	0.33	0.41	0.26	0.33	0.37	0.30
排序	3	2	1	2	1	3	2	1	3

由表 8-7 可见，篮球、足球运动的运动思维、运动观察、运动想象和运动注意 4 大智力要素所构成因子的权重排序一致，且各个因子之间权重值差很小。其中，思维的敏捷性、观察的准确性、想象的丰富性、注意的集中性是篮球、足球运动智力的首要能力要素。

表 8-7 篮球、足球专项运动智力要素权重比较

项目	运动思维			运动观察			运动想象			运动注意		
	敏捷	想象	逻辑	细微	准确	广泛	清晰	丰富	联想	集中	分配	转移
篮球	0.41	0.24	0.35	0.26	0.46	0.28	0.35	0.37	0.28	0.42	0.30	0.28
排序	1	3	2	3	1	2	2	1	3	1	2	3
足球	0.41	0.24	0.35	0.26	0.46	0.28	0.35	0.38	0.27	0.42	0.30	0.28
排序	1	3	2	3	1	2	2	1	3	1	2	3

（二）乒、网、排球竞技能力特征比较

由表 8-8 可见，排球和乒乓球运动的神经过程的灵活性最高，网球运动神经过程的稳定性最高。排球和网球运动的肌肉系统各个因素权重排序相对一致，说明这两个项目肌肉收缩的协调性、速度性影响程度较大。但是，乒乓球运动肌肉

收缩的精细性要求更高。另外，3个项目的能量代谢要求一致。因此可见，竞技能力的机体机能要素在隔网对抗项目方面具有明显的异同特点。

表 8-8　排球、网球、乒乓球专项机体机能要素权重比较

项目	神经系统			肌肉系统			能量系统		
	灵活性	稳定性	高强性	速度性	协调性	精细性	无氧性	有氧性	混合性
排球	0.42	0.33	0.25	0.36	0.43	0.21	0.42	0.25	0.33
排序	1	2	3	2	1	3	1	3	2
网球	0.31	0.44	0.25	0.33	0.36	0.31	0.39	0.28	0.33
排序	2	1	3	2	1	3	1	3	2
乒乓球	0.45	0.30	0.25	0.28	0.39	0.33	0.39	0.25	0.36
排序	1	2	3	3	1	2	1	3	2

由表8-9可见，灵敏素质的协调性因子是排球运动素质的首要因子，灵敏素质的准确性因子是网球、乒乓球运动素质的首要因子；反应速度因子则是3个项目共同强调的首要速度因子。力量素质中爆发力因子也是3个项目共同要求的首要因子。另外，3个运动项目中的耐力素质的重要意义不可忽视。

表 8-9　排球、网球、乒乓球专项运动素质要素权重比较

项目	力量素质			速度素质			灵敏素质		
	爆发性	最大性	持久性	反应性	移动性	持久性	准确性	快速性	协调性
排球	0.48	0.32	0.20	0.47	0.32	0.21	0.33	0.28	0.40
排序	1	2	3	1	2	3	2	3	1
网球	0.47	0.22	0.31	0.41	0.38	0.21	0.44	0.31	0.25
排序	1	3	2	1	2	3	1	2	3
乒乓球	0.44	0.29	0.27	0.47	0.33	0.20	0.42	0.23	0.35
排序	1	2	3	1	2	3	1	3	2

由表8-10可见，排球、网球、乒乓球运动技术的动作结构的稳定性、微调性、多样性，动作组合的变异性、节奏性、衔接性，动作运用的准确性、应变性、难美性等方面，其权重排序表现出难得的一致性。其中，动作结构的稳定性、动作组合的变异性、动作运用的准确性是排球、网球、乒乓球3个项目共同

要求应具备的第一技术要素。值得一提的是：排球和乒乓球运动对技术的微调性和应变性要求高于网球运动；网球运动对技术的节奏性要求相对较高。技术因子中权重排序在后的多样性、衔接性和难美性，正是隔网对抗性项目运动技术转为运动技巧的标志性特征。

表 8-10 排球、网球、乒乓球专项运动技术要素权重比较

项目	动作结构			动作组合			动作运用		
	稳定性	多样性	微调性	衔接性	变异性	节奏性	准确性	应变性	难美性
排球	0.46	0.22	0.32	0.28	0.39	0.33	0.42	0.40	0.18
排序	1	3	2	3	1	2	1	2	3
网球	0.44	0.27	0.29	0.22	0.40	0.38	0.51	0.32	0.17
排序	1	3	2	3	1	2	1	2	3
乒乓球	0.41	0.27	0.32	0.23	0.42	0.35	0.42	0.36	0.22
排序	1	3	2	3	1	2	1	2	3

由表 8-11 可见，排球、网球、乒乓球运动战术的战术形式要素按权重大小依次排序是针对性、转换性、多样性；在战术行动要素方面，网球、乒乓球运动的应变性特征和排球运动的默契性特征最为明显。这是网球、乒乓球运动单打与双打方式易于应变的特点和排球需要 6 人共同协作的难点所致。在战术应用要素方面，排球、网球、乒乓球按权重大小依次排序是针对性、熟练性、诡奇性。尽管战术因子中权重排序在后的分别是多样性、预见性和诡奇性，但是这些因子都是隔网对抗项目运动战术成熟后的标志性特征。我们理应高度重视。

表 8-11 排球、网球、乒乓球专项运动战术要素权重比较

项目	战术形式			战术行动			战术应用		
	多样性	针对性	转换性	默契性	应变性	预见性	熟练性	针对性	诡奇性
排球	0.25	0.47	0.28	0.39	0.32	0.29	0.37	0.39	0.24
排序	3	1	2	1	2	3	2	1	3
网球	0.22	0.48	0.30	0.33	0.51	0.16	0.33	0.39	0.28
排序	3	1	2	2	1	3	2	1	3
乒乓球	0.35	0.41	0.24	0.29	0.47	0.24	0.39	0.40	0.21
排序	3	1	2	2	1	3	2	1	3

由表 8-12 可见，排球、网球、乒乓球 3 个项目的运动感知因子、运动情感因子、运动意志因子的权重排序都高度一致的特点。其中，运动感知的准确性、运动情感的稳定性、运动意志的果断性因子是 3 个项目共同反映的首要要素。尽管如此，3 个项目在运动心理方面的要求仍然表现出相对微细的差异。例如：乒乓球运动感知的准确性、情感的稳定性和意志的果断性权重数值最高，说明乒乓球对此心理要素的要求更强。

表 8-12 排球、网球、乒乓球专项运动心理要素权重比较

项目	运动感知			运动情感			运动意志		
	清晰性	准确性	敏锐性	激情性	稳定性	表现性	坚定性	果断性	自制性
排球	0.26	0.38	0.36	0.34	0.38	0.28	0.35	0.42	0.23
排序	3	1	2	2	1	3	2	1	3
网球	0.30	0.38	0.32	0.29	0.44	0.27	0.33	0.39	0.28
排序	3	1	2	2	1	3	2	1	3
乒乓球	0.28	0.43	0.29	0.32	0.50	0.18	0.29	0.44	0.27
排序	3	1	2	2	1	3	2	1	3

由表 8-13 可见，排球、网球、乒乓球 3 个项目的运动思维因子、运动观察因子、运动注意因子的权重排序具有高度一致的特点。其中，运动思维的敏捷性、运动观察的准确性、运动注意的集中性因子是 3 个项目共同反映的首要要素。同样，权重排序为 2 的思维的逻辑性、观察的细微性和注意的分配性也是十分重要。

表 8-13 排球、网球、乒乓球专项运动智力要素权重比较

项目	运动思维			运动观察			运动注意		
	敏捷性	想象性	逻辑性	细微性	准确性	广泛性	集中性	分配性	转移性
排球	0.40	0.24	0.36	0.31	0.43	0.26	0.47	0.28	0.25
排序	1	3	2	2	1	3	1	2	3
网球	0.36	0.31	0.33	0.33	0.50	0.17	0.47	0.31	0.22
排序	1	3	2	2	1	3	1	2	3
乒乓球	0.44	0.27	0.29	0.30	0.43	0.27	0.47	0.33	0.20
排序	1	3	2	2	1	3	1	2	3

(三) 跆拳道、散打竞技能力特征比较

由表 8-14 可见，跆拳道和散打运动的神经过程灵活性最高。说明属于格斗对抗的跆拳道和散打运动需要灵活的神经过程体现技术动作和运动素质的灵活特点。武术散打的神经过程高强性和跆拳道的神经过程稳定性其次，说明两种格斗项目的神经过程仍有不同的特点。散打运动得分技术方法相对多样，三局两胜的赛制导致比赛过程十分激烈，因此神经过程的强度较高。跆拳道主要依靠腿法得分和拳法防卫，且采用三局累计得分制，加之比赛过程动作强度较大、密度相对较低，因此跆拳道神经过程稳定性较为明显。相对来说，跆拳道和散打运动都以有氧代谢能力为基础。但是散打运动主动进攻意识更强，攻守转换频次更多、密度更大，因此无氧代谢供能要求更高；跆拳道防守反击得分机会较多，战术运用成分明显，加之上述比赛各个特点的作用，因此跆拳道运动对混合代谢的快转性要求更高。

表 8-14 跆拳道、散打专项机体机能要素权重比较

项目	神经系统			能量系统		
	灵活性	稳定性	高强性	无氧性	有氧性	混合性
跆拳道	0.42	0.33	0.25	0.32	0.28	0.40
排序	1	2	3	2	3	1
散打	0.38	0.27	0.35	0.36	0.31	0.33
排序	1	3	2	1	3	2

由表 8-15 可见，跆拳道与散打运动各个专项运动素质因子的权重排序并不相同。灵敏素质是散打运动专项素质的首要素质；速度素质则是跆拳道运动专项素质的首要素质。由表 8-16 可见，两种格斗项目运动素质特征的相同点是：力量素质的爆发力、耐力素质的速度性和灵敏素质的快速性均排序为一，说明这些素质要素是两者专项运动素质的关键要素。两种格斗项目运动素质特征的不同点是：散打运动的移动速度和跆拳道的反应速度相比更是重要，这或许反映了散打运动与跆拳道项目运动素质专项能力的差异。

表 8-15　跆拳道、散打专项运动素质类别要素权重比较

项目	力量素质	速度素质	耐力素质	灵敏素质
跆拳道	0.24	0.33	0.13	0.30
排序	3	1	4	2
散打	0.28	0.26	0.15	0.31
排序	2	3	4	1

表 8-16　跆拳道、散打专项运动素质内部要素权重比较

项目	力量素质			速度素质			耐力素质		灵敏素质		
	爆发性	最大性	持久性	反应性	移动性	持久性	速度性	持久性	准确性	快速性	协调性
跆拳道	0.49	0.28	0.23	0.43	0.35	0.22	0.66	0.34	0.30	0.37	0.33
排序	1	2	3	1	2	3	1	2	3	1	2
散打	0.41	0.35	0.24	0.33	0.41	0.26	0.74	0.26	0.34	0.35	0.31
排序	1	2	3	2	1	3	1	2	2	1	3

由表 8-17 可见，散打运动动作结构的多样性特征、跆拳道动作结构的稳定性特征、跆拳道和散打运动动作组合的变异性特征、跆拳道运动技术运用的准确性特征、散打运动技术运用的应变性特征最为明显。动作结构的稳定性、动作组合的衔接性、动作运用的准确性是跆拳道运动技术的鲜明特征；动作结构的多样性、动作组合的衔接性、动作运用的应变性是散打运动技术的显著特点。当然，权重排序在后动作结构的微调性、动作组合的衔接性和动作应用的难美性因子正是格斗对抗性项目运动技术、动作战术化的标志性特征。显而易见，由于格斗类运动项目的技术特征直接表现在对抗性的战术之中，因此也具有鲜明的战术特点。

表 8-17　跆拳道、散打专项运动技术要素权重比较

项目	动作结构			动作组合			动作运用		
	稳定性	多样性	微调性	衔接性	变异性	节奏性	准确性	应变性	难美性
跆拳道	0.41	0.32	0.27	0.23	0.43	0.34	0.47	0.32	0.21
排序	1	2	3	3	1	2	1	2	3
散打	0.37	0.39	0.24	0.28	0.39	0.33	0.37	0.41	0.22
排序	2	1	3	3	1	2	2	1	3

由表 8-18 可见，跆拳道和散打运动感知的敏锐性特性、跆拳道运动情感的稳定性特征、散打运动情感的激情性特征、跆拳道运动意志的果断性特征和散打运动意志的坚定性特征，均表现出明显的专项心理特征。其中，运动感知的敏锐性、运动情感的稳定性、运动意志的果断性是跆拳道运动心理的鲜明特征；运动感知的敏锐性、运动情感的激情性、运动意志的坚定性是武术散打运动心理的显著特征。应当说：跆拳道和散打运动的心理特征与其技术动作特征具有高度的关联性。良好的运动心理与娴熟的运动技术相互作用，融为一体，从而达到身随心动、心想事成的战术效果。

表 8-18 跆拳道、武术散打专项运动心理要素权重比较

项目	运动感知			运动情感			运动意志		
	清晰性	准确性	敏锐性	激情性	稳定性	表现性	坚定性	果断性	自制性
跆拳道	0.24	0.35	0.41	0.35	0.38	0.27	0.32	0.38	0.30
排序	3	2	1	2	1	3	2	1	3
散打	0.35	0.26	0.39	0.41	0.28	0.31	0.39	0.37	0.24
排序	2	3	1	1	3	2	1	2	3

由表 8-19 可见，跆拳道和散打运动在运动思维的敏捷性、运动观察的准确性、运动想象的清晰性和运动注意的集中性方面表现出明显的一致性。此点说明运动思维的敏捷性、运动观察的准确性、运动想象的清晰性和运动注意的集中性是跆拳道和散打两个项目运动智力最鲜明的特征。但是，其他智力能力因素方面仍然表现出不同专项的特征。

表 8-19 跆拳道、武术散打专项运动智力要素权重比较

项目	运动思维			运动观察			运动想象			运动注意		
	敏捷	想象	逻辑	细微	准确	广泛	清晰	丰富	联想	集中	分配	转移
跆拳道	0.40	0.32	0.28	0.33	0.43	0.24	0.38	0.30	0.32	0.44	0.33	0.23
排序	1	2	3	2	1	3	1	3	2	1	2	3
散打	0.39	0.26	0.35	0.24	0.46	0.30	0.44	0.30	0.26	0.45	0.33	0.22
排序	1	3	2	3	1	2	1	2	3	1	2	3

二、竞技能力特征比较

由图 8-2 可见，隔网和格斗对抗项群的竞技能力因素的几何分布特点相似，均呈"⊓"形曲线。两类项群竞技能力同类要素的权重数值差异不大，最高的权重数值表示的是运动素质和运动技术；同场对抗项群的折线呈现单峰"⋀"形曲线。最高的权重数值表示的是运动素质。从隔网、格斗项群竞技能力因素的权重曲线形状上看，曲线波折的斜率十分明显，整条曲线折角分明，说明隔网和格斗项群竞技能力各个因素的影响程度明显不同。其中，运动素质和运动技术的权重影响最大。从同场性对抗项群竞技能力因素的权重曲线形状上看，曲线波折的斜率不很明显，整条曲线折角平滑，说明同场性对抗项群竞技能力各个因素的影响程度差异不大。但是，运动素质和运动智力的权重影响最大。通过以上分析，结合专项运动竞技能力因素的分析结果，我们不难概括得出技能类对抗项群的 3 种亚类特征。

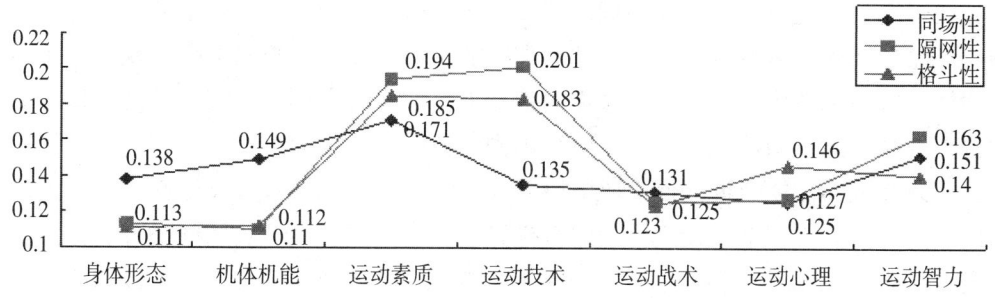

图 8-2 对抗项群亚类项组竞技能力要素权重折线比较

同场对抗性项群竞技能力的特征集中表现为：应变灵敏、快速机动和体能充沛有力的运动素质；思维敏捷、观察准确、想象丰富和注意集中的运动智力；神经灵活、动作协调、能量充沛的机体机能；身体对抗下动作稳定、变异流畅、效果准确的运动技术；感知敏锐、情感稳定、意志顽强的心理品质；对阵恰当攻守平衡、穿插换位配合默契、形式多样、变化莫测的运动战术；体格强壮、身高适宜、四肢略长的身体形态。

隔网对抗性项群竞技能力的特征集中表现为：动作细腻、手法隐蔽、落点准确的运动技术；反应机敏、移动准确和技击有力的运动素质；思维敏捷、预判准确、注意集中的运动智力；感知敏锐、情感沉稳、意志果断的心理品质；灵活多变、形式多样、能攻善守的运动战术；神经灵活、动作协调的机体机能；身高有异、四肢修长的身体形态。再次强调：隔网对抗性项群中娴熟的技术和卓越的素质十分重要。

格斗性项群竞技能力的特征集中表现为：反应机敏、动作快速、善于抗击的运动素质；结构稳定、击法有力、组合流畅、落点准确的运动技术；感知敏锐、情感善控、意志坚定的心理品质；思维敏捷、预判及时、注意集中的运动智力；灵活多变、击法多样、善捕战机的运动战术；神经灵活、动作协调的机体机能；骨骼结实、肌肉发达、肢长粗壮的身体形态。

再次强调：各个竞技能力权重的排序虽然来自调查问卷的数据分析，但不等于说这种排序是绝对的。另外，排序在前的竞技能力因子，并不意味着都是不同训练阶段训练的重点。实际上许多基层教练员认为竞技运动训练的基础阶段中，运动素质、运动技术是训练内容的重点；省市教练员普遍认为竞技运动的提高阶段中，运动机能、运动战术是训练内容的重点；但是，国家教练员则普遍认为，竞技运动创造优异运动成绩的训练阶段，运动智力、运动心理则是训练内容的重点。另外，教练员普遍认为，冬训注重机能、素质和基本技术训练，夏训注重应用技术和战术变化训练，赛前注重关键技术、战术配合、心理素质和阅读比赛的智力训练，这也间接说明了各个阶段不同竞技能力训练的重点。

研究认为：神经灵活性、肌肉协调性、无氧代谢性、身体灵敏性、移动速度性、耐力持久性、动作稳定性、组合变异性、动作应变性、感知准确性、情感稳定性、意志果断性、思维敏捷性、观察准确性和注意集中性，以及战术针对性、行动应变性是篮球、足球、排球、网球、乒乓球、跆拳道和散打等项目竞技能力的共性特征。研究认为：灵活的步法是篮球、足球、排球、网球、乒乓球、跆拳道和散打等项目运动素质与运动技术高度结合的集中体现；娴熟的打法（手法、拳法、脚法等）是这些项目技术和战术有效结合的综合显现；临场应变则是这些项目智力与心理有机结合的外在表现。因此，灵活步法的运用、娴熟打法的动作和临场机敏的应变是这些项目共有的特征。另外，篮球、足球、排球项目战术行动默契性影响权重的排序均排第一。说明此类项目队员间的心灵沟通、意念融通、思想汇通是何等重要。

研究认为：篮球、足球运动的运动素质具有应变灵敏、曲线快移和冲撞有力的特征；运动智力具有思维敏捷、观察准确、想象丰富的特征；机体机能具有神经灵活、动作协调、能量充沛的特征；运动技术具有对抗中的动作稳定、变异流畅、效果准确的特征；心理品质具有感知敏锐、情感稳定、意志顽强的特征；运动战术具有配合默契、紧逼围抢、形式多样的特征；身体形态具有体格强壮、身高适宜特征。研究认为：排球、网球、乒乓球的运动技术具有动作细腻、技法隐蔽和落点准确的特征；运动素质具有反应机敏、变向快速、移动准确和爆发有力的特征；运动智力具有思维敏捷、预判准确、注意集中的特征；运动心理具有感知敏锐、情感沉稳、斗志昂扬、意志果断的特征；运动战术具有形式多样、灵活多变的特征；机体机能具有神经灵活、动作协调、肌缩快速的特征；身体形态具有身高因项而异、四肢修长特征。研究认为：跆拳道、散打的运动素质具有反应机敏、动作快速、善于抗击的特征；运动技术具有结构稳定、击法多样、组合流畅、快速出击和技击准确的特征；运动心理具有感知敏锐、情感善控、沉着冷静、意志坚定的特征；运动智力具有思维敏捷、预判及时、注意集中的特征；运动战术具有灵活多变、击法多样、善捕战机的特征；机体机能具有神经灵活、动作协调特征；身体形态具有骨骼结实、肢长粗壮特征。

小　结

本章解析了竞技能力的基本结构及其层次要素，为深刻揭示和认识竞技能力内部结构的具体内容提供了依据。同时从体能类速度性、力量性、耐力性项群和技能类同场对抗性、隔网对抗性和格斗对抗性项群中，选取田径 100m、200m、400m、自由泳 50m 和 100m、跳远、举重、篮球、足球、排球、网球、乒乓球、跆拳道等项目作为分析讨论的对象。从竞技能力的基本结构和构成因素角度，全面揭示了这些项目在运动素质、运动机能、运动技术、运动战术、运动心理和运动智力等方面的专项特征，指出了这些项目竞技能力专项发展的重点因素和科学训练指导依据。

第九章 训练工程实施方法

本章是运动训练工程实施范围的重要部分。运动训练工程实施方法是运动训练方法和手段的总称，是训练工程实施手段和工具的集合。体能、技能、心智训练实施内容，已从特殊性角度专门阐述了竞技能力3类要素的具体发展方法与手段。本章主要从普遍性和方法论角度，分别阐述操作性和控制性的各种训练方法的基本原理、构成要素、亚类特点、负荷安排、应用方式和具体范畴等内容，旨在提高教练员驾驭训练过程的工程意识以及工艺水平。

第一节 训练方法手段概述

运动训练方法是教练员和运动员在双边活动中共同完成训练任务的方法，是对训练过程中各种具体训练方式和办法的概括，是对具体训练方法的集中表述。运动训练手段是具体的、有目的的身体活动方式，是运动训练方法的一种具体体现。显然，运动训练方法和手段是教练员执教的操作性工具。这些方法和手段是体能、技能训练方法和手段的高度概括，是运动训练过程实施的具体办法。因此，教练员和运动员应该高度地重视这些方法和手段的应用。

一、运动训练方法概述

运动训练方法是指在运动训练活动中，为提高竞技运动水平、完成训练任务所采取的途径和办法的总称。运动训练方法是教练员和运动员在双边活动中共同完成训练任务的方法，是训练过程中各种具体训练方式和办法的概括，是各种具体训练方法的集中表述。在运动训练过程中，运动训练方法是教练员进行训练工作、完成训练任务、提高运动员竞技能力的应用工具。现代竞技运动发展历史表明，任何一种科学训练方法的诞生，既是科学训练原理的具体体现，也是科学训练实践的高度总结。因此，正确地认识和掌握不同训练方法的功能和特点，有助于顺利完成运动训练过程不同时期的训练任务，有助于有效控制各种竞技能力的发展进程，有助于科学提高不同项目运动员的整体竞技能力。

构成运动训练方法的主要因素是练习动作及其组合方式、运动负荷及其变化方式、过程安排及其变化方式、信息媒体及其传递方式、外部条件及其变化方式等要素。其中，练习动作及其组合方式，是指运动员为完成具体训练任务而进行的身体练习及其组合方式；运动负荷及其变化方式，是指各种身体练习所施加的刺激及其变化形式；过程安排及其变化方式，是指训练进程的安排及其变化形式；信息媒体及其传递方式，主要是指教练员指导信息的载体及其信息传出方式；外部条件及其变化方式，主要是指各种客观因素及其变化。运动训练中的许多方法，正是由这5类因素构成，这些因素的不同组合及其变化，可以形成具有不同功能的多种训练方法，其核心的要素是练习动作、运动负荷和过程安排。

运动训练方法是多种多样的，有些方法具有广泛的适用性和普及性。换言之，某些方法对发展不同运动项目的主要竞技能力具有共同作用，如重复训练法普遍有助于发展竞技能力的体能要素，比赛训练法普遍有助于发展竞技能力的心智要素；有些方法的适用领域则较为专门化，对某一竞技能力的子因素具有特殊的发展作用，如等动力量训练方法；有些方法属于过程控制性的，即在运动训练的某一阶段对运动员训练内容的掌握或竞技能力因素的系统提高具有控制作用，如模式训练法、程序训练法等；有些方法属于现场操作性的，即在训练课中用于发展若干竞技能力的方法，如间歇训练法、循环训练法等。因此，对运动训练方法进行科学分类，建立科学的方法体系是十分需要且必要的。

任何事物的类别划分与体系建立均须依据分类标准，依不同分类标准可建立具有不同功能作用的若干训练方法分类的体系。例如依据发展竞技能力的目的，可分为体能训练方法、技能训练方法和战术能力训练方法等；依据发展体能因素的类别，可分为力量训练方法、速度训练方法和耐力训练方法等；依据训练内容的组合特点，可分为分解训练方法、完整训练方法、变换训练方法和循环训练方法等；依据训练负荷与间歇的关系，可分为持续训练方法、重复训练方法和间歇训练方法等；依据训练负荷的机体代谢特点，可分为无氧训练方法、有氧训练方法、无氧/有氧混合训练方法等；依据训练过程不同的外部条件，可分为语言训练方法、示范训练方法、助力训练方法和加难训练方法等。

此外，还可以列出许多种不同的关于运动训练方法的分类标准和体系。考虑到理论上的相对完整和实践应用的方便，我们依据不同训练方法的基本作用和适用范围，将它们分为训练基本方法和训练控制方法两大类。训练基本方法又称基本训练方法或基本操作方法（参见表4-7），此类方法主要包括完整训练法、分解训练法、持续训练法、间歇训练法、重复训练法、变换训练法、循环训练法、比赛训练法以及高原训练法9种具体的直接操作的训练方法；训练控制方法主要包括模式训练法、程序训练法和CAD训练法3种具有整体控制特征的训练方法。其中，训练基本方法主要是用于完成运动训练实践中具体任务的操作方法，它是遴选具体训练手段的依据，是运动训练理论认识作用于具体实践的途径。

二、运动训练手段概述

运动训练手段是指在运动训练过程中，以提高某一竞技运动能力、完成某一具体的训练任务所采用的身体练习。运动训练手段是具体的有目的的身体活动，是运动训练方法的一种具体体现。在运动训练活动中，教练员、运动员都是通过采用具体的训练手段去完成具体的训练任务，提高某一竞技能力水平。运动训练手段的构成要素主要是练习动作的各个要素。因此，采用各种练习手段的首要条件，就是必须按照技术动作的要求规范动作。运动训练手段的不断创新和科学运用，对于提高竞技运动发展水平作用巨大，不同训练手段具有不同的功效。科学地认识和应用不同训练手段的功效和特点，有助于科学地完成运动训练过程不同时期的具体训练任务和提高不同运动项目的相应竞技能力。

训练手段的基本结构可从身体练习的动力特征、动作构成和动作过程3个层面予以解析：它的动力特征包括力的支点、力的大小和力的方向3种要素；动作构成包含动作的姿势、轨迹、时间、速度、速率、力量及节奏7种要素；动作过程包含动作开始、进行和结束3个阶段。由于动力要素、构成要素和过程要素的变化，可组合出N个训练手段。依训练手段应用目的，可分为发展体能手段、改进技术训练手段、提高战术训练手段和改善心理状态训练手段；依训练手段专项效果，可分为一般训练手段和专项训练手段；依训练手段应用价值，可分为基本训练手段和辅助训练手段；依训练手段的动作特点，可分为周期性和混合性、固定性、变异性训练手段（表9-1）。

表 9-1　训练手段的分类体系

一级	二级	具体手段范例
单一动作结构类	周期性	跑步、游泳等徒手、器械练习
	混合性	各种跑+跳+投+滚+翻+旋+转等徒手、器械练习
多元动作结构类	固定性	各种跑+跳+投+滚+翻+旋+转等动作的固定组合、套路练习
	变异性	各种跑+跳+投+滚+翻+旋+转等动作的变异组合、游戏练习

（依胡亦海. 竞技运动训练理论与方法 [M]. 武汉：湖北人民出版社，2005. 并改制）

（一）周期性单一练习手段

周期性单一练习手段是指周期性重复进行单一结构动作的身体练习。由于此类练习动作相对简单、动作环节相对较少，因此较易使练习者学习、掌握并强化主要环节的训练。由于此类练习的动作方式较易设计，因此可以作为体能主导类速度性、耐力性运动项群的主要练习手段和其他项群的基本练习手段。周期性单一练习手段可分为全身周期性和局部周期性练习：全身周期性练习是指全身各部位处于周期性运动状态特点的练习；局部周期性练习是指身体某部位处于周期性运动状态特点的练习。全身周期性练习当中的各种步法练习，是各项竞技运动项目的重要练习内容。对于球类项目而言，全身周期性的各种步法是一种衔接技术的练习，如果能与专项练习结合，则可以取得事半功倍的效果。

全身周期性练习举例如下：一是各种快跑练习。如不同距离或时间的跑的练习。步法可为向前跑、垫步跑、交叉步跑、后蹬步跑及并步跑等。要求：在动作正确情况下，强调步法的规范性，提高速度素质和动作的节奏。二是跳推杠铃练习。方法是立姿，两脚自然开立与肩同宽，两手正握轻重量杠铃放置胸前。全身用力时，两脚交叉步或并步跳起，同时，两手上推杠铃到头顶至两臂伸直，连续练习若干次、若干组。要求：在动作正确情况下，重点发展无氧供能条件下的力量耐力和协调性素质。三是拉测功仪练习。方法是坐在测功仪上，按划船动作做全身性拉桨练习。练习时上下肢配合，全力做 6~10 分钟若干组。要求：在无氧与有氧混合供能的条件下积极发展速度耐力和力量耐力。

局部周期性练习举例如下：一是快速挥臂练习。方法是原地站立，头上方悬吊重沙袋，做扣排球动作，连续挥臂拍击沙袋若干次，练习若干组。要求：在动作正确情况下，强调挥臂和鞭打速度。二是卧推杠铃练习。仰卧在卧推凳上，两手与肩同宽握杠，由胸前向上推杠铃至两臂伸直，连续上推若干次、若干组。要求：在动作正确情况下，提高胸、臂部位肌群的最大力量与速度力量。三是拉橡皮带练习。方法是立式，上体前俯或俯卧式，两手由前向后做体侧拉橡皮带练习，反复多次，做 3~10 分钟，练习若干组。要求：在动作正确情况下，提高胸、臂部位的力量耐力。局部周期性练习是许多专项运动技术练习的组成部分，或者是技术动作关键环节的练习部分，因此，必须高度规范练习动作。

（二）混合性多元练习手段

混合性多元练习手段是指将几种单一结构的动作混合进行的身体练习。由于此类练习动作相对复杂，动作环节相对较多，因此有利于形成复杂动作的神经联系、提高技能的储备量，有利于学习、掌握较为复杂的技术动作；由于此类练习动作以非周期的方式表现于练习的整个过程，因此有利于提高运动的协调性素质和时空感知能力，有利于提高运动员的整个运动能力；由于此类练习动作的环节较多，通常至少涉及两个或两个以上的关键动作环节，因此需要高度重视整个动作过程；由于此类练习动作特点与体能主导类力量性、技能主导类对抗性项群技术动作的特点类似，因此此类练习可以作为这些项群的主要练习。混合性多元练习手段可分为全身混合性练习和局部混合性练习两种类型。

全身混合性练习：全身混合性练习的设计要求是整个身体练习属于全身性的、动作过程属于非周期性的、动作过程需要重视衔接环节。全身混合性练习举例如下：一是跑动跨跳练习。动作为连续跑跳，每跑 3 步跨步跳 1 次，连续跨跳 10 次，如固定距离可计时进行。每组练习 3~5 次，练习 2~3 组。要求：摆动腿尽量向前摆出，速度始终如一。双臂摆动有力，跨跳幅度要大，以提高爆发力素质。二是助跑掷枪练习。按完整掷标枪动作练习。要求：助跑快速，变步清晰，制动有力，挥臂快速，出手利索。三是助跑扣球练习。按排球扣球完整动作方法练习。每组练习 5~8 次，练习 3~5 组。要求：助跑节奏清晰，起跳快速有力，跃起滞空时间较长，扣球挥臂迅速，落地缓冲轻松。

局部混合性练习：局部混合性练习的设计要求是整个身体练习可能属于

全身性的，也有可能属于局部性的。练习的重点应该是局部动作的关键环节、动作过程属于非周期性的、动作过程必须高度重视衔接环节。局部混合性练习举例如下：一是助跑起跳练习。如助跑10米跳远练习，5、7、9步助跑单或双脚起跳手摸高练习、持竿助跑30米接插穴起跳练习等。要求：助跑与起跳环节衔接连贯，转换速度快。二是助跑掷球练习。例如手持轻实心球，加速跑6~10米后侧交叉步跑3~5步，按掷标枪动作将球掷出。要求：助跑过程节奏清晰，出手速度快。三是摆浪收腹练习。方法是助跑起跳后，双手握在吊绳上，身体悬垂并随吊绳摆动之势屈腿或直腿收腹摆起。要求：摆浪收腹的动作协调。

（三）固定组合练习手段

固定组合练习手段是将多种练习手段以固定形式组合起来的身体练习。此练习的运用较易学习、掌握、巩固固定组合的成套动作，使动作娴熟化；较易获得与技术动作相匹配的运动机能和运动节奏，进而有利于提高运动能力；较易形成复杂动作的暂时性神经联系，提高技能的储备量和学习、掌握较为复杂的技术动作；较易获得运动的协调性素质和时空感知力。由于此类练习动作特点与技能主导类表现性项群技术动作的特点类似，因此，此类练习手段是上述项群的主要练习手段。由于此类练习属于固定组合，因此可以作为变异组合技术的引导性练习手段，或者可以作为技能主导类对抗性项群的一种动作组合练习手段。固定组合练习手段多种多样，核心要素是各种练习组合的衔接过程。

固定组合练习手段范例：一是有氧健身操练习。按编排动作进行包括各种跳跃、滚翻及换步跑动动作在内的成套动作的组合动作进行练习。要求：在动作正确情况下，持续练习10分钟以上，并达到提高有氧代谢能力的目的。二是各种自选拳练习。根据武术规则将各种拳法、腿法及身法动作编排为成套的自选组合动作进行练习。要求：在动作正确情况下，按规定时间和技法完成练习，并达到提高无氧代谢能力的目的。三是各种协调性练习。将各种脚步动作、跳跃动作和滚翻动作有机地编排成为各种成套的组合动作练习。要求：提高各个基本动作之间的衔接能力和动作的协调性。四是彩带操螺形练习。将不同方向、部位的水平螺形与垂直螺形变换的组合练习。要求：手臂伸直，手腕转动规范。

(四) 变异组合练习手段

变异组合练习手段是指在多元动作结构下，将多种练习手段以变异形式组合进行的身体练习。通过各种变异组合的练习，可以有效地提高运动过程的应变能力；可以提高对复杂状态的预见能力；可以提高各种运动战术的应用能力；可以提高与运动技术、运动战术相匹配的运动机能能力；可以提高对信号刺激的复杂反应能力，提高技能的储备量和掌握较为复杂的技术动作；可以有效提高运动员的灵敏性素质和时空感知能力。由于此类练习动作特点与技能主导类对抗性项群技、战术动作的特点类似，因此，此类练习手段是上述项群的主要练习手段。变异组合练习手段是战术练习的主要手段之一，也是战术训练中技术串联的练习手段。变异组合练习手段的核心要素是动作串联和复杂反应。

变异组合练习手段范例：一是各种格斗性对抗练习。如摔跤、散手、拳击等格斗性项目的半场或全场实战练习。要求：攻防格斗动作快、脚步移动变换快。二是各种同场性对抗练习。要求攻防技术转换快、个人战术应变快。三是各种隔网性对抗练习。如排球、网球、羽毛球等项目半场或全场实战练习。要求：基本动作扎实，衔接技术熟练。四是进攻战术配合练习。在设置防守对手的情况下，专门进行少人或多人的进攻战术配合练习。要求：选择适宜的进攻战术形式，并能合理地形成战术配合。五是防守战术配合练习。在设置进攻对手的情况下，专门进行少人或多人的某几种防守战术配合应用的练习。要求：在对手进攻方式的变换下，能及时选择适宜防守阵形并能形成防守战术配合。

第二节　运动训练基本方法

运动训练基本方法是运动训练工程实施的操作性方法。这种方法的应用作用类似技术工种的手工产品的制造，因此，教练员的"工艺制造"水平，直接影响着运动训练工程结构链接、竞技能力要素和运动训练进程的质量水平。为此，本节着重介绍运动训练方法中的分解、完整、重复、间歇、持续、变换、循环、比赛训练法。其中，各种训练方法的含义、类型、特点、应用与要求则是讨论的重点，从而为科学遴选和采用训练方法提供理论依据。

一、分解训练法的应用

(一)分解训练法的类型

分解训练法是指将完整的技术动作或战术配合过程合理地分成若干个环节或部分,然后按环节或部分,分别进行训练的方法。运用分解训练法可集中精力完成专门的训练任务,加强主要技术动作和战术配合环节的训练,从而获得更高的训练效益。在技术动作或战术配合过程较为复杂,且运用完整训练法又不易使运动员直接掌握的情况下,或者技术动作、战术配合的某些环节需要较为细致地专门训练时,常采用分解训练法。分解训练法的基本类型主要有 4 种,即单纯分解训练法、递进分解训练法、顺进分解训练法和逆进分解训练法(表 9-2)。分解训练法的 4 个亚类对于不同运动技术特征的分解具有不同的功能,因此选择和采用分解训练方法时应根据运动技术特点和复杂程度决定。

表 9-2 分解训练方法基本类型及其特点

类型\形式	合成步骤图解			合成步骤合成方向 →
单纯分解训练法	第四步			
	第一步	第二步	第三步	
递进分解训练法		第三步		第五步
	第一步	第二步		第四步
顺进分解训练法				
	第一步	第二步	第三步	
逆进分解训练法				
	第三步	第二步	第一步	

(依胡亦海. 竞技运动训练理论与方法 [M]. 武汉:湖北人民出版社,2005.)

(二) 分解训练法的应用

应用单纯分解训练法，首先须把训练内容分成若干部分，通过分别学习、掌握各个部分或环节的内容，再综合各部分进行整体学习。这种方法在技术和战术的学习与训练中被广泛采用。单纯分解训练法的应用特点是：分解的技术动作和战术配合相对复杂，分解后的各个部分可以独立训练。练习的顺序不必特别要求，以便教练员安排训练。例如：采用此法进行标枪技术的训练，可将整个标枪技术过程分解成3个部分，即持枪加速跑、最后交叉跑和挥臂投掷。训练进程是：可先训练"持枪加速跑"，掌握后再训练"交叉跑"和"原地挥臂投掷"；也可先练习"原地挥臂投掷"，再练"持枪加速跑"和"交叉跑"，最后把这3个部分合起来完整训练。如此便实现了单纯分解训练法的应用。

应用递进分解训练法，需把训练内容分成若干部分，先训练第一部分；掌握后，再训练第二部分；掌握后，将一、二两部分合成起来训练；掌握两部分后，再训练第三部分；待掌握后，将3部分合成起来训练。如此递进式地训练，直至完整地掌握技术或战术。此方法虽然对练习内容各个环节的练习顺序并不刻意要求，但对相邻环节的衔接部分则有专门的要求。例如采用此法进行标枪训练时，其训练进程是：可先训练"持枪加速跑"；掌握后再进行"交叉跑"的训练；而后，将"持枪加速跑"与"交叉跑"两环节进行合成训练；掌握后再训练"原地挥臂投掷"；掌握后再把3个部分合成起来进行完整训练。显然，递进分解训练法的应用目的是逐步以此合成技术动作或战术环节的过程。

应用顺进分解训练法，需把训练内容分成若干部分，先训练第一部分；掌握后，再训练第一部分和第二部分；掌握后，再将3个部分一起训练。如此步步前进，直至完整地掌握技术或战术。例如采用此法进行标枪训练的训练进程是：先训练"持枪加速跑"；掌握后再训练"持枪加速跑"环节及"交叉跑"环节，使其衔接为一体；掌握后再训练"持枪加速跑""交叉跑"和"挥臂投掷"动作，直至掌握完整的标枪技术。顺进分解训练法的应用特点是：训练内容的进程与技术动作、战术配合过程的顺序大体一致，后一步骤的练习内容包括前一部分的内容。此方法便于建立技术动作过程和战术配合过程的完整概念，较易形成良好动力定型和战术意识。如此便实现了单纯分解训练法的应用。

逆进分解训练方法与顺进分解训练方法相反，应用时把训练内容分成若干部分，先训练最后一部分，逐次增加训练内容到最前一部分，如此进行直至掌握完整的技术或战术。例如采用此法进行标枪技术训练的训练进程是：先训练"原地挥臂投掷"；掌握后再结合"挥臂投掷"训练"交叉步"；掌握后再将"挥臂投掷""交叉步"与"持枪加速跑"串成一体训练，直至掌握完整的标枪技术。逆进分解训练法的应用特点是：训练内容的进程与技术动作、战术配合过程的顺序恰恰相反；多运用于最后一个环节为关键环节的技术和战术的训练，如投掷、扣杀、踢踹等动作。一般来说，采用逆进分解训练方法进行练习的动作或技术，往往这些身体动作或技术的最后环节都是动作或技术的关键环节。

二、完整训练法的应用

完整训练法是指从技术动作或战术配合的开始到结束，不分部分和环节，完整地进行练习的训练方法。运用完整训练法便于运动员完整地掌握技术动作和战术配合，保持技术动作和战术配合的完整结构和各个部分之间的内在联系。完整训练法可用于单一动作的训练，也可用于多元动作的训练；可用于个人成套动作的训练，也可用于集体配合动作的训练。用于单一动作训练时，要注意各个动作环节之间的紧密联系，注意逐步提高负荷强度练习质量；用于多元动作训练时，在完成好各个单个动作的同时，要特别注意掌握多个动作之间的串联和衔接。用于个人成套动作训练时，着重强调全套动作的流畅性；用于集体配合战术的训练时，着重强调技术串联的密切配合和衔接技术的熟练应用。

三、重复训练法的应用

（一）重复训练法的类型

重复训练法是指多次重复同一练习，两次（组）练习之间安排相对充分休息的练习方法。通过同一动作或同组动作的多次重复，经过不断强化运动条件反射的过程，有利于运动员掌握和巩固技术动作；通过相对稳定的负荷强度的多次刺激，可使机体尽快产生较高的适应性机制，有利于运动员发展和提高身体素质。构成重复训练法的主要因素有单次（组）练习的负荷量、负荷强度及每两次

（组）练习之间的休息时间。休息方式通常采用肌肉按摩。依单次练习时间的长短，可将重复训练法分为短时间重复训练方法、中时间重复训练方法和长时间重复训练方法 3 种类型（表 9-3）。重复训练法的 3 个亚类具有不同的功能，因此选择和采用重复训练方法时，应根据训练课的训练目的和任务决定。

表 9-3 重复训练法基本类型及其特点

基本类型	短时间重复训练	中时间重复训练	长时间重复训练
负荷时间	<6 秒	6~30 秒	30 秒~2 分钟
负荷强度	最大	次大	较大
间歇时间	相对充分	相对充分	相对充分
间歇方式	走步、按摩	抖动四肢、按摩、深呼吸	抖动四肢、按摩、深呼吸
供能形式	磷酸盐代谢系统为主供能	糖酵解为主的混合代谢供能	糖酵解为主的混合代谢供能

（依胡亦海. 竞技运动训练理论与方法 [M]. 武汉：湖北人民出版社，2005. 并改制）

（二）重复训练法的应用

短时间重复训练方法普遍适用于磷酸盐系统供能条件下的爆发力强、速度快的运动技术和运动素质的训练。例如：排球单个扣球技术动作练习，足球单个射门技术动作的练习或接与传、接与投、掷（踢）技术动作的组合练习，拳击各种直拳、勾拳的练习或组合练习等。此法的应用特点是：一次练习负荷时间短（约在 6 秒内），负荷强度最大，动作速度最快，间歇时间充分，单一动作或组合动作的各个环节前后稳定。间歇过程多采用肌肉按摩放松方式，以便能尽快促使机体恢复机能。重复次数和组数相对较少。此法可有效地提高负荷强度很高的单个技术关键动作熟练性、规范性和技巧性；可有效提高运动员的磷酸盐系统的储能和供能能力；可有效提高运动员有关肌群的收缩速度和爆发力。

中时间重复训练方法普遍适用于磷酸盐系统和快速糖酵解供能条件下的运动技术、战术和素质的训练。如多种技、战术的串联技术练习，单个技术动作的变异组合练习、成套动作的固定组合练习和速度耐力、力量耐力训练等。此法应用特点是：一次练习的负荷时间通常为 6~30 秒钟；练习时，负荷时间可略长于主项比赛时间或负荷距离可略长于主项比赛距离；负荷强度较大（负荷心率应在 180 次/分以上），并与负荷时间呈现负相关性；间歇时间应当充分。间歇方式应采用慢跑深呼吸以及按摩放松方式进行，以便能尽快清除体内乳酸。此法可有效提高速度素质、速度耐力和力量耐力，可有效提高对抗性运动项群中各种技术串联和衔接技术的熟练性、稳定性以及机体的耐乳酸能力。

长时间重复训练方法主要适用于磷酸盐系统和慢速糖酵解供能条件下的运动技术、战术、素质的训练，如技能主导类运动项群多种技战术的串联练习、一次负荷持续时间为 30 秒~2 分钟的各种运动素质的练习等。此法的应用特点是：一次练习过程的负荷时间通常在 30 秒~2 分钟之间；采用此法的战术训练必须具有磷酸盐系统和慢速糖酵解混合供能的强度，因此必须精心组织战术训练，一次练习完毕后间歇时间应当充分。此法可有效提高运动员的磷酸盐系统和慢速糖酵解的混合代谢的能力，可有效提高磷酸盐系统和慢速糖酵解混合供能状态下的速度和力量耐力以及各种技术应用的熟练性和稳定性。实践中，此法与间歇、持续和变换训练法的有机结合，可以更好地提高训练效果。

四、间歇训练法的应用

（一）间歇训练法的类型

间歇训练法是指对练习过程组间间歇时间做出严格规定，使机体处于不完全恢复状态反复进行训练的练习方法。实践证明：通过严格的间歇训练过程，可使运动员的心脏功能得到明显的增强；通过调节运动负荷的强度，可使机体各机能产生与有关运动项目相匹配的适应性变化；通过不同类型的间歇训练，可使糖酵解代谢供能能力、或磷酸盐与糖酵解混合代谢的供能能力、或糖酵解与有氧代谢混合供能能力得以有效地发展和提高；通过严格控制间歇时间，有利于运动员在激烈对抗和复杂困难的比赛环境中稳定、巩固技术动作；通过较高负荷心率的刺激，可使机体抗乳酸能力得到提高，以确保运动员在保持较高强度的情况下具有持续运动的能力。间歇训练法的基本类型主要分为 3 种，即高强性间歇训练方法、强化性间歇训练方法和发展性间歇训练方法（表 9-4）。

表 9-4　间歇训练法基本类型及其特点

基本类型	高强性间歇训练	强化性间歇训练		发展性间歇训练
		A 型	B 型	
负荷时间	<40 秒	40~90 秒	90~180 秒	>5 分钟
负荷强度	大	大	大	中
心率指标	190 次	180 次	170 次	160 次左右
间歇时间	很不充分	不充分	不充分	不充分
间歇方式	走、轻跑	走、轻跑	走、轻跑	走、轻跑
每次心率	120 次	120 次	120 次	110 次
供能形式	糖酵解供能为主的混合代谢供能	糖酵解供能为主的混合代谢供能	糖酵解供能为主的混合代谢供能	有氧代谢为主的混合代谢供能

(依胡亦海. 竞技运动训练理论与方法 [M]. 武汉：湖北人民出版社，2005. 并改制)

（二）间歇训练法的应用

高强性间歇训练方法是发展糖酵解供能系统供能能力、磷酸盐与糖酵解供能混合代谢系统供能能力的一种重要训练方法。此方法不仅适用于体能类速度耐力性或力量耐力性运动项群的素质、技术训练，而且适用于技能类对抗性运动项群中的身体训练和攻防技、战术训练，如球类运动的连续攻防技术、战术训练和格斗项群中各种格斗组合练习等。高强性间歇训练方法的应用特点是：一次练习的负荷时间较短，通常在 20~40 秒之内；负荷强度大，心率多在每分 190 次左右；间歇时间极不充分，以心率降至 120 次为开始下一次练习的确定依据；练习内容多为单个技术或组合技术。此法可有效提高此类系统供能条件下的速度耐力和力量耐力，糖酵解供能状态下技、战术运用的稳定性和熟练性。

强化性间歇训练方法是发展糖酵解与有氧代谢系统混合供能能力以及心脏功能的一种重要训练方法。此方法适用于一切需要这种混合系统供能能力和良好心脏功能的运动项目的技术、战术及素质的训练。此方法适合技术串联练习或衔接技术练习，如排球扣球与传接球技术串联的练习，网球网前、底线攻防战术的组合练习，篮球局部攻防战术的配合练习和拳击各种格斗组合练习等。体能类中短距离项目也广泛运用此法训练。此法的应用特点是：一次练习的负荷时间为 40~180 秒，负荷的强度通常心率控制在每分钟 180 或 170 次左右即可，间歇时间同上。其中，A 型方法有利于提高以糖酵解供能为主的力量耐力素质；B 型方法有利于提高无氧与有氧混合供能下的力量耐力素质。

发展性间歇训练方法是发展有氧代谢系统供能能力、有氧代谢下的运动强度以及心脏功能的一种重要训练方法，适用于需要较高耐力素质的项群训练。技能主导类运动项群中也采用此法，如篮球、足球的"三对三"攻防转换练习，格斗项群中的体能训练和"一对二"格斗训练也可采用此法进行。此法的应用特点是：一次练习的负荷时间较长，至少应在 5 分钟以上；平均负荷强度较低，负荷时心率指标控制在每分钟 160 次左右；间歇时间以心率降至 110 次左右为下组练习开始的依据。以有氧代谢系统供能为主。实践中，此法通常与强化性间歇和持续训练方法结合应用。

五、持续训练法的应用

（一）持续训练法的类型

持续训练法是指负荷强度较低、负荷时间较长、无间断连续进行训练的练习方法。练习时，平均心率应在每分钟 130~170 次之间。持续训练主要用于发展一般耐力素质，并有助于完善负荷强度不高但过程细腻的技术动作，可使机体运动机能在较长时间的负荷刺激下产生稳定的适应，内脏器官产生适应性的变化；可提高有氧代谢系统供能能力以及该供能状态下有氧运动的强度；可为进一步提高无氧代谢能力及无氧工作强度奠定坚实的基础。根据训练时持续时间的长短，持续训练法可分 3 种基本类型，即短时间持续训练方法、中时间持续训练方法和长时间持续训练方法（表 9-5）。实践中，技能对抗性项群采用此法的方式是以多球方式体现。这种方式也常用在重复训练和间歇训练法中。

表 9-5　持续训练法基本类型及其特点

基本类型	短时间持续训练	中时间持续训练	长时间持续训练
负荷时间	5~10 分钟	10~30 分钟	>30 分钟
心率强度	170 次左右	160 次左右	150 次左右

续表 9-5

基本类型	短时间持续训练	中时间持续训练	长时间持续训练
间歇时间	没有	没有	没有
动作结构	基本稳定	基本稳定	基本稳定
有氧强度	最大	次大	适中
供能形式	无氧、有氧代谢系统混合供能	无氧、有氧代谢系统混合供能	有氧代谢系统混合供能

(依胡亦海. 竞技运动训练理论与方法 [M]. 武汉：湖北人民出版社，2005. 并改制)

（二）持续训练法的应用

短时间持续训练方法广泛应用于体能主导类项目的运动素质训练之中，也适用于技能主导类运动项群中动作强度较高的素质、技术和战术的训练工作。例如：排球中传球、防守等组合技术的练习，篮球、足球中接球、运球、传球、投篮（射门）等组合技术的攻防战术练习等。此法的应用特点是：一次持续练习负荷时间为 5～10 分钟；负荷强度相对较高，平均心率负荷指标控制在每分钟 170 次左右；练习动作的组合可以固定亦可变异；练习过程不中断。此方法可有效提高运动员以有氧代谢为主的供能能力和该供能状态下所表现出来的速度耐力和力量耐力，可有效提高攻防战术的转换性、强度变换的节奏性、攻防技术的衔接性。此法与间歇训练方法结合可提高以有氧供能为主的运动强度。

中时间持续训练方法普遍适用于技能主导类运动项群各个项目中多种技术的串联、攻防技术的局部对抗、整体配合战术或技术编排成套的技术或战术训练，以及体能主导类耐力性运动项群训练。中时间持续训练方法具有两种典型的练习形式，即匀速持续训练和变速持续训练：匀速持续训练是一种以发展有氧代谢供能为主要目的的方法，负荷强度心率指标平均为每分 160 次左右，负荷强度变化较小，运动速度相对均匀，运动能量消耗较小；变速持续训练是一种以发展混合供能能力为目的的方法，负荷强度一般在心率每分钟 180～150 次之间，负荷强度变化较大，运动速度变化较多，运动能量消耗相对较大。此法应用特点是：一次练习持续负荷时间至少应为 10～30 分钟，过程不得中断。

长时间持续训练方法对于体能主导类耐力性运动项群具有直接训练的价值。

实践中,长时间持续训练方法具有 3 种典型的变化形式,即匀速持续训练、变速持续训练和法特莱克训练。其中,匀速持续训练、变速持续训练形式与中时间持续训练方法的主要不同之处是负荷强度相对更低,负荷时间相对更长;法特莱克训练是一种在自然环境条件下利用不同地形,以发展有氧代谢系统为主、适当发展有氧与无氧代谢系统混合供能能力为己任的耐力训练方法。此方法的应用特点是:运动路线不固定,负荷时间较长;运动速度的快、慢变化不具有明显的节奏性,但具有明显的随意性;运动过程始终不断,练习过程负荷强度呈现高、低交错,心率指标为每分钟 160~130 次之间;心理感受相对轻松。

六、变换训练法的应用

(一)变换训练法的类型

变换训练法是指一种对运动负荷、练习内容、练习形式及其条件实施变换,以提高运动员积极性、趣味性、适应性及应变能力的训练方法。变换训练法是根据运动项目实际比赛过程的复杂性、对抗程度的激烈性、运动技术的变异性、运动战术的变化性、运动能力的多样性、中枢神经系统的灵活性等一般特性而提出的。通过变换训练,可使机体产生与有关运动项目相匹配的适应性变化,可使运动员不同运动素质、运动技术和运动战术得到系统的训练和协调的发展,从而有助于提高比赛时承受不同运动负荷的能力,有助于提高战术应变能力、技术串联和衔接技术能力。依变换的内容可将变换训练法分为 3 种,即负荷变换训练方法、内容变换训练方法和形式变换训练方法(表 9-6)。

表 9-6 变换训练法基本类型及其特点

基本类型	负荷变换训练	内容变换训练	形式变换训练
负荷强度	变化最大	可变或不变	可变可不变
动作结构	相对固定	变换	固定或变换
供能形式	可在多种代谢形式之间变换	以某种代谢形式供能为主	以某种代谢形式供能为主

(依胡亦海. 竞技运动训练理论与方法 [M]. 武汉:湖北人民出版社,2005. 并改制)

（二）变换训练法的应用

负荷变换训练方法是一种功能独特的重要训练方法，不仅适用于身体训练，而且适用于技、战术训练。实践中，负荷的变换主要体现在负荷强度或负荷量的变换上。由于负荷强度与负荷量的变化具有 4 种不同搭配形式（参见第五章），所以负荷变换的训练方式也是多种多样的。此法的应用特点是：降低负荷强度，可利于学习和掌握运动技术；提高负荷强度及密度，可使机体适应比赛的需要。此方法可通过变换练习动作的负荷强度、练习次数与时间、练习质量、间歇时间、间歇方式和练习组数等变量方式，促使运动素质、能量代谢系统的发展与提高，以满足专项运动的需要；可有效地促使机体适应比赛强度的变化特点，使运动员机体产生与比赛相符的生理适应以及与之相配的运动能力。

内容变换训练方法是技能主导类运动项群中广泛应用的一种重要训练方法。内容变换训练方法主要适用于对抗性项群各种技术串联和衔接技术的练习。此方法也适用于难美性运动项目的技术动作的组合练习。此法的应用特点是：练习内容的动作结构可为变异组合或固定组合，技术串联或衔接技术的训练负荷性质多为无氧代谢为主，练习内容的变换顺序符合比赛规律，练习动作的用力程度符合专项要求。科学地采用内容变换训练方法，可使训练内容的变换节奏适应专项运动技术和战术变化的基本规律；可使训练内容的变化种类适合运动技术、战术应用的要求；可使练习内容之间的变换符合实际比赛变化的需要，进而提高运动员比赛的应变能力。此法若与间歇训练结合效果更好。

形式变换训练方法的运用主要反映在场地、线路、落点和方位等条件或环境的变换上。例如：隔网类运动项群中的发球练习，在负荷、动作大体一致的情况下，可以发出各种不同直线、斜线、前排、后排的球；同场类运动项群中侧身带球技术的运用，在交叉换位的战术配合时，可以形成"掩护"或"反掩护"的不同战术形式。当然，经常变换不同的训练场所往往可促使运动员对不同环境的比赛场地尽快产生适应。此法的应用特点是：通过变换训练环境、变换训练气氛、变换训练路径、变换训练时间和变换练习形式进行训练。例如：通过变换训练形式，可使各种技术更好地串联和衔接起来；通过变换训练环境，可使运动员产生新的刺激，激发起较高的训练情绪，可使运动员产生强烈的表现欲望。

七、循环训练法的应用

（一）循环训练法的类型

循环训练法是指根据训练的具体任务，将若干练习手段设置为相应的若干个练习站（点），运动员按照既定顺序和路线，依次完成每站（点）练习任务的训练方法。运用循环训练法可有效激发训练情绪、累积负荷"痕迹"、交替刺激不同体位。循环训练法结构因素有：每站练习内容、每站运动负荷、练习站安排顺序、练习站之间的间歇、每遍循环的间歇、练习的站数与循环练习的组数。实践中，循环训练法中所说的"站"是练习点，如果一个循环内的站数中有若干个练习点是以一种无间歇方式衔接，那么这几个练习点的集合可称之为练习"段"。依各组练习之间间歇的负荷特征，可把循环训练法的基本类型主要分为3种，即循环重复、循环间歇和循环持续训练方法（表9-7）。

表 9-7 循环训练法基本类型及其特点

基本类型	循环重复训练	循环间歇训练	循环持续训练
循环过程	间歇且充分	间歇不充分	基本无间歇
负荷强度	最大	次大	较小
负荷性质	速度、爆发力	速度耐力、力量耐力	耐力
供能形式	以磷酸原代谢系统供能为主	以糖酵解代谢系统供能为主	以有氧代谢系统供能为主

（依胡亦海. 竞技运动训练理论与方法［M］. 武汉：湖北人民出版社，2005. 并改制）

3种循环训练法的组织形式共有3类，即流水式、轮换式和分配式。其中，流水式循环训练的做法是：建立若干练习站（点）后，运动员按一定的顺序，一站接一站地周而复始地进行循环练习。此种组织形式可以有效地全面发展多种运动能力，并可使机体各个部位以及内脏器官得到训练。轮换式循环训练的做法是：将运动员分成若干组，各组运动员在同一时间内在各自的练习站中练习，然后，按规定要求，依次轮换练习站。此种组织形式可以有效地集中发展某一运动机能和机体的某一部位，使身体局部产生深刻反应。分配式循环训练的做法是设立较多的练习站，然后根据运动员具体情况指定每名运动员在特定的若干练习站内进行训练。可见，循环训练法的关键要素是组织形式的安排。

(二) 循环训练法的应用

循环重复训练方法是指按照重复训练法的要求，对各站之间和各组循环之间的间歇时间不做特殊规定，以使机体得以基本恢复，并全力进行每站或每组循环练习的方法。此法既可用于技术训练，也可用于素质训练。例如：在篮球运动训练中，可将曲线折跑、跑动接球、运球过杆、急停跳投、冲抢篮板球和补篮等作为练习站实施循环重复训练，或者将各个练习站两两结合并成几个有机相连的练习"段"实施循环训练。此法的应用特点是：可将各种练习设置为若干个练习站，练习动作熟练规范，练习顺序符合比赛特点，间歇时间较为充分，两轮循环的间歇时间较长。其应用目的是：提高高强度下的技术规范性、熟练性和攻防过程中的对抗性；提高速度、爆发力及运动技术有机结合能力。

循环间歇训练方法是指按照间歇训练法的要求，对各站和各组之间的间歇时间做出特殊规定，以使机体处于不完全恢复的状态下进行练习的方法。此法常用于发展运动员体能，也用于协调发展技术、战术、素质和机能之间有机联系的训练。例如可将排球扣球、拦网及防守等作为练习站实施循环重复训练，如将4号位强攻、3号位快攻、2号位背飞以及2号位拦网、3号位拦网、4号位拦网设定6个练习站，实施循环间歇训练。此法的应用特点是：将各种练习设置为若干个练习站，各练习站的负荷时间至少20秒以上，站与站之间的间歇较不充分。循环组之间间歇可以充分，亦可不充分。其应用目的是：有效提高糖酵解系统的供能的能力及这种供能状态下的速度耐力和力量耐力等的体能。

循环持续训练方法是指按照持续训练法的要求，各站和各组之间不安排间歇时间，用较长时间进行连续练习的方法。例如：将隔网项目中的扣球（杀、吊）、拦（截）、传（挡、推、防）等技术练习设定成练习站，并编排成技术串联；将同场对抗性项目中的运球、传球、接球、投篮（射门）或跑动、接球、投篮（射门）或跑动、策应、传球、投篮（射门）等练习内容设定为练习站，并编排成技术串联。此法的应用特点是：各练习站有机联系，各个练习的平均负荷强度相对较低，各组循环内的站之间无明显中断，一次循环持续时间应在5分钟以上；负荷强度高低搭配，循环组数相对较多；组织方式可采用流水式或轮换式。此方法可提高运动员攻防对抗的转换能力、有氧代谢能力和抗疲劳的能力。

八、比赛训练法的应用

（一）比赛训练法的类型

比赛训练法是指在近似、模拟或真实、严格的比赛条件下，按照比赛的规则和方式，以提高训练质量为目的的训练方法。比赛训练法是根据人类先天的竞争和表现意识、竞技能力形成过程的基本规律和适应原理、现代竞技运动的比赛规则等因素而提出的一种训练方法。运用比赛训练法可有助于谐和竞技能力和比赛的适应能力，有助于形成竞技状态和适度的应激状态。比赛训练方法来源于游戏训练方法，但是训练的要求又高于游戏。比赛训练方法构成要素的核心元素是比赛的氛围和使用的规则。此法的应用目的，是激发运动员的心理能量，从而提高训练质量。依比赛性质可将比赛训练法分为4种，即教学性比赛方法、检查性比赛方法、模拟性比赛方法和适应性比赛方法（表9-8）。

表 9-8 比赛训练法基本类型及其特点

基本类型	教学性比赛	检查性比赛	模拟性比赛	适应性比赛
比赛规则	正式规则或自定规则	正式规则或自定规则	正式规则	正式规则
比赛环境	相对封闭	封闭或开放	封闭或开放	开放
比赛过程	可人为中断	不可中断	不可中断	不可中断
比赛对手	队友或对手	对手	队友或对手	对手
比赛裁判	临时指定	正式指定	临时或正式指定	正式指定

（依胡亦海.竞技运动训练理论与方法［M］.武汉：湖北人民出版社，2005.并改制）

（二）比赛训练法的应用

教学性比赛方法是指在训练条件下，根据教学的规律或原理、专项比赛的基本规则或部分规则，进行专项练习的训练方法。例如，运动队内部之间的对抗性教学比赛，不同运动队之间的邀请性教学比赛，不同训练程度运动员之间的让先性教学比赛，部分基本技术、战术的对抗性教学比赛等，都可视为教学性比赛训练方法的应用。此法的应用特点是：可采用部分比赛规则进行局部配合的训练；比赛环境相对封闭，便于集中精力训练；比赛过程可以人为中断以便指导训练；运动员的心理压力小，利于正常发挥技术水平；可激发运动员训练激情和负荷强度；提高技术串联和衔接技术的熟练程度；强化局部或整体配合的密切程度；激励运动员产生强烈的竞争意识，从而更好地挖掘运动潜力。

检查性比赛方法是指在模拟或真实的比赛条件下，严格按照比赛规则，对赛前训练过程的训练质量进行检验的训练方法。检查性比赛训练方法适用的范围很广，包括专项运动成绩、主要影响因素、运动负荷能力、运动技术质量及训练水平检查性比赛等。由于检查性比赛是在比赛或类似比赛的条件下进行训练质量的检查，因此重大赛事之前便于发现问题和解决问题。正因如此，有经验的教练员经常采用此法训练。检查性比赛方法的应用特点是：可采用正式比赛规则的全部或部分的规则；比赛环境可以封闭或开放；运动员的心理压力较大；可以设置检查设备进行赛况监控。检查性比赛方法主要应用于检验训练质量，寻找薄弱环节，分析失利因素，提出解决方案，提供改进训练工作的反馈信息。

模拟性比赛方法指在训练的条件下，模拟真实比赛的环境和对手，并严格按照比赛规则进行比赛的训练方法。模拟比赛环境中的不良因素对于提高运动员的竞技能力是至关重要的。比赛环境中的不良因素，诸如比赛噪音、观众起哄、裁判偏袒、对手干扰、组织紊乱、赛程变更、气候变化等等，都可能影响运动水平的正常发挥。因此，有意识地在训练过程中采用此法，可以有效地提高运动员排除不良因素干扰的能力，从而有利于运动员逐步形成心定、心静、心细的竞技心理，为重大比赛中运动技术的正常发挥奠定心理基础。此法的应用特点是：比赛环境类似真实比赛环境，按照比赛规则严格进行，模拟对手类似比赛对手，具有实战特征。另外，此法可以增强运动员心理抗压能力，可以检验训练指导思想的正确性，可以加强训练的针对性和提高真实比赛的预见性。

适应性比赛训练方法是指在真实比赛条件下，力求尽快适应重大比赛环境的训练方法。适应性比赛训练方法与模拟性比赛训练方法的不同在于，前者在正式比赛的环境下进行，后者则在人为模拟比赛环境下进行。适应性比赛训练方法的应用形式较多，如重大比赛前的系列邀请赛、访问赛、对抗赛以及表演赛等，都是适应性比赛训练方法的运用形式。一般地说,适应性比赛前应有一套完整的赛前准备、赛中实施及赛间调整的方案。此方法的应用特点是:通过真实的比赛环境,与真实的对手或类似真实的对手进行比赛,可以提前发现影响重大赛事成绩的关键问题,可以促进各项竞技能力因素实现高质量匹配,可以促使运动员产生旺盛的竞争欲望和促成与重大比赛相适应的最佳竞技状态。

第三节　运动训练控制方法

运动训练控制方法是运动训练工程实施的控制性方法。这种方法的应用作用,类似工程建设的框架结构的施工。因此,教练员不仅需要掌握高超"工艺"技术手段,还应掌握科学控制训练进程的"工程"方法。唯有如此,教练员才能科学驾驭整个运动训练工程及其各个工期的训练工作。运动训练控制方法是现代运动训练理论创新和方法创新的重要标志。本节从方法论角度,着重介绍模式、程序和CAD控制方法应用原理、特点和具体应用方式。

一、模式训练法的应用

模式训练法是一种依靠训练信息指标从宏观上控制运动训练过程的训练控制方法,亦即根据信息理论,运用数学方法,将各种影响专项运动成绩的主因素指标参数与不同运动成绩之间构成具有定量关系训练模式和评定标准,并据此对训练过程实施控制的方法。模式训练法的基本功能主要是:便于教练员科学确定某一运动训练过程中各个训练阶段具体发展的训练目标,从而有利于未来将某一运动训练过程置于科学控制的状态之下;便于教练员全面认识某一运动训练过程中各项训练内容具体发展的内在关系,从而有利于将未来某一运动训练过程置于系统控制的状态之下;便于教练员科学地诊断现实状态,修正训练目标,纠正过程偏态,从而将训练过程置于反馈控制的状态之下。

(一)模式训练基本结构

模式训练法的基本结构主要是由训练模式、检查手段、评定标准、训练手段 4 种构件组成：训练模式是未来运动训练过程目标发展的指标体系；检查手段是采集运动训练现实状态的信息工具；评定标准是甄别现实状态与训练模式间差异性质的鉴标体系；训练手段是根据训练模式所提出的身体练习。其中，训练模式的基本构件是由榜样对象、相关因素、数学模型 3 个要素组成：榜样对象是由最优秀的运动员组成，揭示榜样对象特点有利于后人科学训练；相关因素是指影响运动成绩提高的主项因素，揭示主项因素间的内在关系可有利于系统训练；数学模型是表述主项因素与运动成绩间定量关系的一种方式，揭示两者之间内在关系有利于科学实施目标的训练。因此应重视上述构件的研制。

检查手段的基本构件是由检查项目、检查工具、检查方式 3 个要素组成。其中，检查项目可按竞技能力及其因素划分；检查工具可按物理性质分类，这样可分为电测、机测、光测、磁测、化测等工具；检查方式则涉及到群体、个体、环境等诸多因素。三者的高度结合形成了称之为检查手段的信息采集工具。其功能是采集真实、客观信息。评定标准的基本构件是由对照标准、评定方法两个要素组成：对照标准是采用数理统计方法或其他数学方法将训练模式标准化，以便根据训练模式了解运动员现实状况所达到的训练程度；评定方法则是采用数学公式甄别现实状态与训练模式间的差异程度。两者结合形成了评定标准的鉴标体系，其主要的功能是提供训练监控和客观评价的重要依据。

（二）模式训练基本特点

模式训练法的基本特点有三：一是信息化特点。模式训练法的实施过程是以训练模式作为控制依据，以评定标准作为监督、检查指标，整个训练过程的发展与变化均置于信息控制状态之下，有助于及时纠正运动训练过程的偏态。二是定量化特点。模式训练法所依据的训练模式与评定标准均具有定量特点，整个训练过程的发展与变化均置于数字控制的状态之下，有助于定量控制运动训练的过程。三是循环性特点。模式训练法实际上是以训练过程为应用对象。由于任一运动训练过程结构均由设计、实施、监控 3 个过程组成并重复循环于整个训练过程之中，由于模式训练法与运动训练工程的结构特征具有相似性，因此，模式训练法应用过程的特点，实质上反映了运动训练工程实施过程的特点。

（三）模式训练法的应用

模式训练法的应用过程实际上是一种闭环式的过程。其具体应用过程如图 9-1 所示。由图 9-1 可见，在现代运动训练过程中，模式训练法应用的精髓之处是：教练员通过正向控制通道，运用训练模式、训练手段控制运动员竞技能力的发展方向；通过反馈调控通道，运用评定标准、评定结果了解运动员现实情况，以便修正教练员的指导方案或根据训练模式目标提出新的训练方案。经过如此多次闭环式的控制过程，使运动员的训练结果科学地、逐渐地逼近训练模式指示的预定目标。本例是模式训练法的应用范例，摘自笔者主持发表的原国家体委课题《我国重点青年女排弹跳力模式训练》一文。这里所引用的弹跳力训练的发展模式及其应用，可以基本说明模式训练法的具体应用。

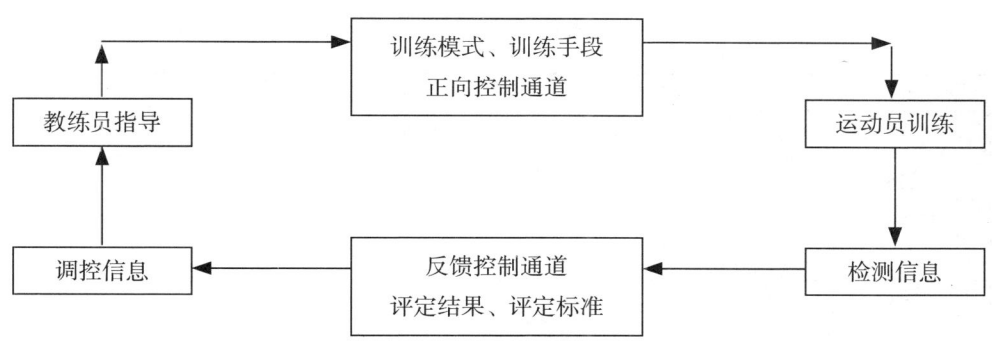

图 9-1　模式训练法控制通道

（依胡亦海. 竞技运动训练理论与方法 [M]. 武汉：湖北人民出版社，2005.）

表 9-9、表 9-10 是弹跳力训练数学模型及训练模式，表 9-11、表 9-12 是评定方法和控制步骤。由此可见，模式训练法的应用，至少需经 3 个步骤：一是按照检测项目的要求测验，并对照评分标准找出与检测成绩对应的标准分数，同时按照"综合性、均衡性、适应性"的计算方法评出等级，以确诊出运动员现实的基本状况；二是根据训练模式确定出下一阶段训练过程的发展目标，并根据差

距，确定训练重点，选择训练手段，实施严格的模式训练；三是在预定的时间按照检测项目的要求测验，以检查模式训练的结果，并对照评分标准找出问题（重复第一步骤）。至此，可以看出模式训练法的应用过程实际上是一种多重性的循环往复、循序渐进的过程。模式训练法的应用关键是建立训练模式。

表9-9 弹跳力发展的数学模型

类型	逐步回归方程（预测数学模型）	相关性（F）	P	S	D
助跑弹跳	$Y = 18.41135 + 2.0933X_1 + 60.25514X_2 + 0.4133518X_3 + 0.3688943X_4$	0.8603	54.1	**	2.4厘米

注：Y=助跑弹跳　X_1=负重深蹲　X_2=半蹲快起　X_3=连续纵跳　X_4=原地弹跳　**表示非常显著

（依胡亦海. 竞技运动训练理论与方法［M］. 武汉：湖北人民出版社，2005）

表9-10 助跑弹跳训练模式（节选）

评定标准	Y（厘米）	X4（厘米）	X3（厘米）	X2（系数）	X1（系数）
56.25	79.5	68.9	59.7	0.116	2.033
53.69	78.5	67.9	58.9	0.114	1.992
51.21	77.6	66.9	58.0	0.112	1.95
48.81	76.7	65.9	57.2	0.110	1.908
46.49	75.7	64.9	56.3	0.108	1.867
44.25	74.8	64.0	55.5	0.106	1.825
42.09	73.9	63.0	54.6	0.103	1.784
40.01	73.0	62.0	53.7	0.101	1.742
38.01	72.0	61.0	52.9	0.099	1.701
36.09	71.1	60.0	52.0	0.097	1.659
34.25	70.2	59.1	51.2	0.095	1.618
32.49	69.2	58.1	50.3	0.093	1.576
30.81	68.3	57.1	49.4	0.091	1.535
29.21	67.4	56.1	48.6	0.089	1.493

（依胡亦海. 竞技运动训练理论与方法［M］. 武汉：湖北人民出版社，2005）

表 9-11　助跑弹跳水平评定的计算方法

综合发展水平	均衡发展水平	适合发展水平
$Hn = \dfrac{H1 + H2 + H3 + H4}{4}$	S = 标准差公式	D.F = Hn − F
Hn：弹跳力综合发展水平	Hi：四项检测分数	D.F：差异程度
H1~H4：四项检测分数	Hn：综合发展水平	F：弹跳实测分数
高等水平 ≥ 27.2800	均衡 ≤ 2.2352	吻合 −0.98~0.98
中等水平 ≥ 20.7236	基本均衡 ≤ 3.105	基本吻合　中间值
低等水平 < 20.7236	不均衡 > 5.105	不吻合 < −1.71，> 1.71

表 9-12　模式训练控制步骤与结果

步骤	检查	助跑弹跳检测项目				弹跳高度		训练水平		
		X4	X3	X2	X1	Y	Y1	综合	均衡	适应
1	检测成绩	50	42	0.066	1.32	63	61.2	20.6	2.18	0.24
	标准分数	21	19.5	18.41	23.45	20.35		中等	基本	吻合
2	发展目标	53	46.5	0.079	1.39	65				
	标准分数	25	25	25	25	25				
	成绩差距	3	4.5	0.013	0.07	4				
3	结果成绩	52	46	0.083	1.38	64.8	65.9	25.4	2.1	0.9
	标准分数	23.3	24.8	28.3	25.1			中等	基本	吻合

注：Y1=实测弹跳高度　（依胡亦海.竞技运动训练理论与方法［M］.武汉：湖北人民出版社，2005）

二、程序训练法的应用

程序训练法是一种依靠训练内容系统和一定的、严格的逻辑顺序控制运动训练过程的控制性方法，亦即根据系统理论，运用逻辑方法，按照训练过程的时序性和训练内容的系统性特点，将多种训练内容分层地、有序地、逻辑地编制成训练程序，并制成评定标准，尔后，在实践中根据训练程序和评定标准对训练过程实施科学控制的方法。程序训练法的基本功能主要是：便于教练员科学地确定各个阶段的具体训练内容，从而有利于将未来运动训练过程置于科学控制的状态之下；便于教练员系统地认识各项训练内容之间的内在关系，从而有利于将未来运动训练过程置于系统控制的状态之下；便于教练员科学地诊断现实状态，从而有利于将未来的运动训练过程置于反馈控制的状态之下。

（一）程序训练法基本结构

程序训练法的基本结构主要是由训练程序、检查手段、评定标准、训练手段4种构件组成。其中，每一构件又由不同的要素组成。程序训练法类似模式训练法。但是，模式训练法是以训练模式为控制依据，程序训练法则以训练程序为控制依据。程序训练法结构中的训练程序是重要构件。训练程序的基本构件则由训练内容、时间序列、联系形式3大要素组成。其中，训练内容通常是指运动训练的机能训练、素质训练、技术训练、战术训练、心理训练、智力训练等6大系统的训练内容。训练程序要求必须将庞大、复杂的训练内容，按照系统分解成最小训练内容或内容因子，有人称单元（步子），然后将其编制成具有相关性、逻辑性特点的训练内容体系。可见，构建训练内容体系至关重要。

时间序列通常是指将训练过程与训练内容有机排序与衔接。训练程序要求必须将整个训练过程分解成有机相连的时间段落，以便将特定的最小训练内容单元（步子）置于特定的时空之中，使不同的训练内容通过时间序列有机相连。显而易见，训练程序使得训练过程中任何一个时间域值内，都有一项或几项不同的训练内容与之对应。联系形式通常指在特定的时间范畴内不同训练内容衔接的方式，或者不同时间范畴内不同训练内容的衔接方式。一般来讲，训练内容的联系方式主要有"直线"和"网络"两类，由这两类联系方式分别编制的训练程序，分别称之为直线训练程序和网络训练程序。无论何种结构的训练程序，最终程序必须具有逻辑性、相关性、层次性，以便做到整体训练。

实践中，最小训练内容单元（步子）是相对提出的。例如：田径运动中跳高项目的技术训练，是该项目整体训练内容中的一项内容。从动作结构角度来看，跳高技术训练内容可分解为若干基本环节，即准备、助跑、踏地、起跳、腾空、过杆、落地的训练内容。其中任何基本环节的构成内容都可视为最小训练内容单元（步子）。如果继续细分，任何基本环节的训练内容还可以分解，例如助跑环节，可分解为助跑距离、助跑弧线、助跑节奏、助跑速度、助跑重心等子因素的训练。这些均可视为最小训练内容单元（步子）。如果继续细分，最小训练内容仍然可以分解下去。显然，所有运动项目的技术、战术、素质等竞技能力，都可以细分下去。竞技能力的细分是为了建立程序系统训练。

（二）程序训练基本特点

程序训练的基本特点有三：一是系统化特点。程序训练法实施的整个过程，是以训练程序的内容体系为控制依据，以评定标准体系为监督和检查工具。过程的发展与变化均置于系统控制的状态之下。显然，程序训练法的这种特点将更有助于系统控制运动训练过程。二是定性化特点。程序训练法所依据的训练程序具有鲜明的定性化特点，以便教练员能够抓住训练过程中的主要矛盾和提出明确的未来训练方向。三是程序化特点。由于训练内容规划在训练程序的过程之中，因此，训练过程中训练内容的确定或变更，实质上是在严格检查、监督和评定之下，按照训练内容内在关系的本质联系，有步骤、有计划地进行。显然，程序训练法的这种特点，也将有助于科学地控制运动训练的整个过程。

（三）程序训练法的应用

程序训练法的应用过程类似于模式训练法，实际上也是一种闭环式的控制过程。两者不同的是：前者的控制依据是训练程序，后者的控制依据则是训练模式。程序训练法的应用过程如图9-2所示。程序训练法应用的精髓之处是：教练员通过正向控制通道，运用所建立的训练程序和所确立的训练手段控制运动员竞技能力的发展方向；通过反馈控制通道，运用所建立的评定标准和所确立的检测手段了解运动员的现实情况，以便修正教练员的指导方案或根据训练程序指出的内容继续实施程序训练。经过如此多次闭环式的控制过程，使运动员的训练结果通过科学的程序控制逼近训练程序指示的预定目标。图9-3是当年朱建华的教练胡鸿飞应用程序训练法时，所制定的助跑起跳环节的训练程序框架。

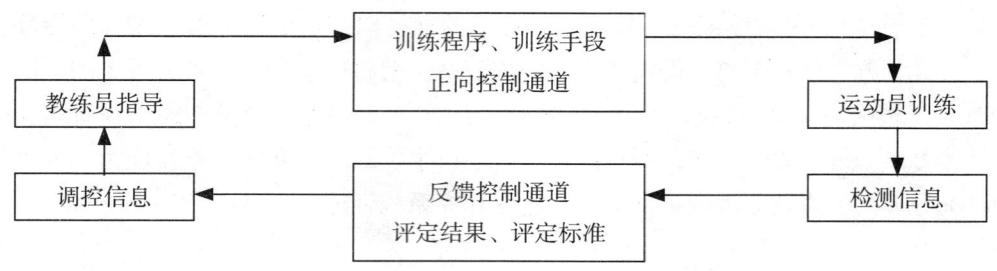

图 9-2　程序训练法控制通道

(依胡亦海. 竞技运动训练理论与方法 [M]. 武汉：湖北人民出版社，2005.)

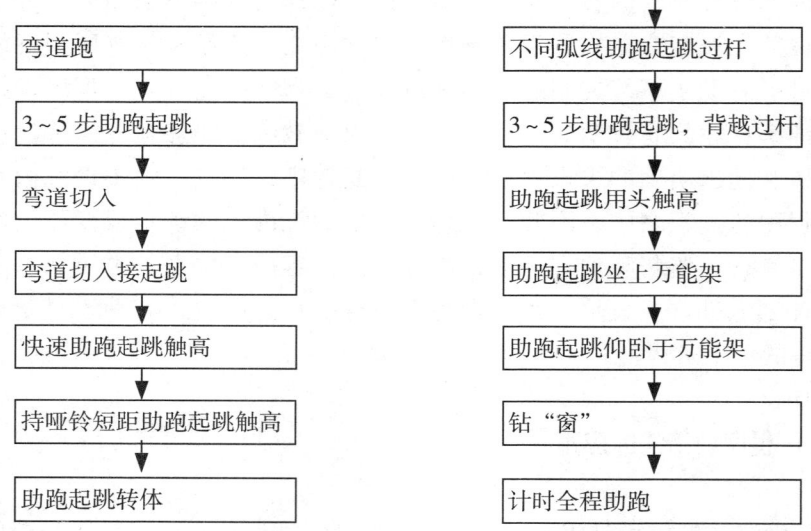

图 9-3　朱建华助跑起跳相结合技术训练的程序设计

(引自全国体育院校统编教材. 运动训练学 [M]. 北京：人民体育出版社，2000.)

三、CAD 训练法的应用

　　CAD 训练法是一种依靠微机技术实施控制的训练方法。CAD 是 "Computer Assistant Direction" 3 个英语单词的缩写，意指微机辅助指导之意。CAD 训练法是现代运动训练控制原理与现代科学技术高度结合而创造出来的具有高科技技术特点的训练控制方法。CAD 训练法的基本功能主要是：可将错综复杂的训练目标转入系统化的目标体系,使训练目标的确定、训练过程的监督、训练结果的评定置于定量分析、自动分析的基础之上;可将众多的训练内容转成系统化的内容体系,使训练内容结构、训练手段选择、训练进程安排置于逻辑分析、自动分析的基础之上;可模拟过程实际状态、预测运动训练结果、收集控制反馈信息,使运动训练整个过程置于系统分析、自动分析的基础之上。

(一) CAD 训练法基本结构

CAD 训练法的基本结构是由信息传感装置、中央处理装置、信息显示装置、信息存储装置以及 CAD 训练软件组成。其中,信息传感装置是微机接收外来信息的物理装置,犹如人体头部的五官,其作用是采集、接受并传入信息进入中央处理装置,使训练中的各类信息经传感装置转化为可以处理、分析的信息;中央处理装置是微机分析信息的物理装置,犹如人体头部的大脑,其作用是根据 CAD 训练软件对所传入的信息进行处理、分析、加工,并将结果传入信息显示装置;信息显示装置是一种输出计算结果,并使计算结果或分析结论具有可读性的物理装置;信息存储装置是一种可将各类原始信息、指标储存,并使储存的信息在计算机中央处理装置下,可以反复再次处理、加工和使用的物理装置。

CAD 训练软件是一种利用计算机技术分析、处理训练信息的计算机程序。通常,信息传感装置、中央处理装置、信息显示装置、信息存储装置均称之为硬件,CAD 的训练分析程序则称之为软件。一般情况下,计算机硬件设备部分是由厂家定型生产,并由质检机构检验。CAD 训练软件则由教练员、科研人员共同研制并应用的。由此可见,CAD 训练软件研制与应用是 CAD 训练法运用的关键。CAD 训练软件的基本结构是由内容体系、数学模型、程序语言所组成:内容体系是决定 CAD 训练方法运用目的的基础;数学模型是分析信息的计算公式;程序语言是计算机处理信息容量、信息类型的识别符号。CAD 训练软件这 3 种要素是决定 CAD 训练方法功能的关键。CAD 训练法较盛行于欧美国家。

(二) CAD 训练法基本特点

CAD 训练的基本特点有三:一是自动化特点。CAD 训练法实施的整个过程是以 CAD 训练软件为控制依据。由于训练目标确定、过程监督、结果评定、信息反馈、方案修正等过程环节可以借助于微机自动处理，因此，加快了科学设计、控制训练过程的步骤。二是菜单化特点。CAD训练法所依据的CAD训练软件，是由多种子程序系统组成。其中，各子程序既可独立操作使用，又可共享信息资源，这就极大地提高了控制训练内容发展进程的灵活性和科学变更训练过程的效率。三是一体化特点。CAD训练法所依据的软件与硬件，是为科学控制训练过程而设计的，实质上是将高科技技术及其原理与训练工程结构有机连接组成一体，这就极大地提高了训练控制的科学性，加强了控制训练各个环节的力度。

（三）CAD训练法的应用

在实际训练过程中，CAD训练法应用的具体方法是非常广泛的。但是，无论何种方式的CAD训练法，其制作基本原理都是利用计算机硬件、CAD软件、传感装置和具有传感装置的硬件设备组装成套，将训练过程的基本信息和训练处方以物态的形式构成整体，使得运动训练工程规划、运动训练工程实施、运动训练过程监督的各个环节有机连接，使训练过程的工程进程处在自动或半自动循环控制状态。其应用领域是：辅助规划训练过程、辅助仿真模拟动作、辅助诊断训练结症、辅助设计运动战术、辅助安排运动负荷、辅助临场统计分析、辅助制定训练方案等等。这些方法经过近十年的广泛应用，特别是遥感技术、信息技术等科技技术的引入，CAD训练法已经在实践中取得极大成效。

辅助规划训练过程方法是指利用微机辅助设计软件，根据运动训练工程结构及其要素，科学确定不同时期训练任务、内容、指标、方案的方法。其作用是科学协助教练员设计训练计划、编写训练方案、规划训练进度、提出变更措施。

辅助仿真模拟动作方法是指利用力学方法以及动画分析软件，动态模拟人体技术动作，指出关键环节及其影响要素，以供动作模拟训练的方法。其作用是：协助教练员科学解决技术难点、模拟技术过程、预测技术效果、改进技术动作。

辅助诊断训练结症方法是指采用检测手段、数学模型、相应分析程序和标准指标，对影响训练结症提供科学诊断结论和改进训练方案的方法。其作用是：协助教练员科学监督训练过程、评定训练结果、诊断训练问题、提出改进方案。

辅助设计运动战术方法是指采用微机三维动画技术，将各种运动战术形成过程编制成各种直观、立体、动态等形式变化的方法。其作用是：协助教练员科学确定战术思想、优选战术方案、制定战术对策、讲解战术结构、强化战术意识。

辅助安排运动负荷方法是指利用有关检测手段、数学模型以及分析软件，提出机体承受负荷刺激参数的方法。其作用是：协助教练员科学分析运动员的现实状况、评定机体反应、检查训练方法手段效果、安排运动负荷、确定负荷性质。

辅助临场统计分析方法是指利用各自光学摄像手段和相应的微机分析软件，进行临场技、战术统计分析的方法。其作用是：协助教练员捕捉竞技表现的极端状态、重点记载临场状况、寻觅对手主要弱点、调整训练和改进比赛的主要谋略。

总之，CAD 训练法是当前体育发达国家利用微机技术、遥感技术、传感技术、电子技术和机械技术等硬件技术和软件开发技术，结合生物学、物理学、训练学、工程学等原理与方法，所创造出来的用于控制运动训练过程的具有高新技术特征的控制方法。实践证明，CAD 训练法正在日益显示出其极大的作用和广泛的功能。3 种训练控制法既有共同之处，又有不同的特点，它们从不同的角度帮助教练员提高训练效果和比赛成绩（表 9-13）。

表 9-13　3 种训练控制方法异同点的比较

模式训练法	程序训练法	CAD 训练法
建立专项竞技能力发展的数学控制模型	建立专项竞技能力发展的逻辑控制模型	建立硬件与软件高度结合或专门软件的训练控制模型
论证数学模型，强调试验过程	论证逻辑模型，强调试验过程	论证数学模型、逻辑模型，强调试验过程
适用于全部训练过程	适用于全部训练过程	适用于全部训练过程

（依胡亦海. 竞技运动训练理论与方法［M］. 武汉：湖北人民出版社，2005.）

小　结

本章的独立设置是基于运动科学的应用性质和工程实施的应用需要。任何具有系统工程特征的事物必须具有认识论和方法论特征。本章就是从运动训练方法论角度，解析了训练方法与训练手段的各自组成要素，指出了运动训练方法要素、工艺特点和工程性质；然后分别讨论了分解训练、完整训练、重复训练、间歇训练、持续训练、变换训练、循环训练、比赛训练等运动训练具体操作方法的类型、应用和要求；最后讨论了模式训练、程序训练、CAD 训练等控制方法的构成要素、基本特点和应用方式等内容。显然，本章的运动训练实施方法具有工具性和操作性特征。

第十章 运动训练工程监控

运动训练工程监控是运动训练工程的重要结构要素，它与运动训练工程规划、运动训练工程实施共同组成了运动训练工程体系。运动训练工程监控的主要任务，是审查运动训练工程规划的设计质量和监控运动训练工程实施的过程质量，同时不断提高自身的监控水平和质量效果。随着现代竞技运动职业化程度的不断提高，人们不断增强对有关竞技训练和参赛成本、效益和质量的关注。因此，科学认识和强化运动训练工程监控作用显得尤为重要。

第一节 训练工程监控概述

运动训练工程监控是运动训练工程建设中不可或缺的重要部分。曾几何时，运动训练的操作被人视为"作坊式"的训练，教练员常常被人称作"师傅"。可见，一段时期以来，教练员的执教性质与"工匠"性质并无差异。但是，随着竞技运动职业化、商业化趋势的日益增强，运动员参与高水平竞赛的目的就是夺标争冠。为此，高水平训练过程称之为铸金训练工程。因此，运动训练工程的监控地位日益提高，监控作用日益增强，监控效益日益显著。

一、训练工程监控意义

当前，各个竞技体育强国的职业竞技运动管理机构都十分关注运动队运动训练过程的监控体制与机制的建立，这些从事职业竞技运动项目的组织部门、董事机构或俱乐部队，往往是从工程建设的角度考虑运动训练过程的训练质量、成本和效益问题。这些问题集中地表述就是积极鼓励采取提高训练质量和运动成绩的各种措施；积极鼓励降低各种运动训练和参赛的投入成本；积极扩大专项竞技运动社会效益和经济效益。随着现代竞技运动的不断推进和各项运动赛事品种的不断增加，从事各项竞技运动的组织部门、董事机构或俱乐部队，早已从训练与参赛质量、训练与参赛成本、训练与参赛效益角度，展开训练工程乃至运动参赛的监控工作，并在制度建设方面取得了令人瞩目的重大成果。

防范风险是实施训练工程监控的首要目的。众所周知，优秀运动员的成长过程短则 8 年有余，长则需要 10 年以上。显然，运动员的训练过程具有周期长和投资大的特点。伴随他们的成长过程，往往需要承受多种因素的影响与干扰，甚至贯穿整个运动寿命时期。期间，选择项目错误、训练规划失误、计划设计不周、训练环境污染、训练条件简陋、训练事故发生和教练指导不利等因素，都会导致运动训练不可逆转的风险，小则造成训练经费浪费，大则贻误选手终身发展。可见，强化防范风险的意义非常重要。

提升质量是实施训练工程监控的根本目的。质量是竞技运动科学发展和运动训练科学实施的生命线。科学训练的基本目的和重要标志就是提高运动训练的质量水平。运动训练过程中，质量要素无所不在无处不在。严谨的训练工程规划设计、严格的训练工程实施过程就是训练工程计划质量和实施质量的具体体现。整个运动训练工程历经启蒙训练时期、初级训练时期、高级训练时期、创造成绩时期和保持运动寿命时期 5 个相互联系的训练过程，其中每一个训练时期必须历经工程分析、设计、实施、参赛等多个环节，因此，专门为此设置监控体系和确定监控主体，并司职运动训练工程质量监控，这对强化不同训练工期及其不同环节的衔接具有特殊作用。可见，强化质量监控意义特别重要。

降低成本是实施训练工程监控的现实目的。2011 年国家体育总局公布的所有支出经费中，因公出国（境）费用支出决算为 18729.82 万元，占总支出的 90.25%。这并不包含各省的竞技体育和训练经费。目前，我国各省由于省情不同，用于外出训练和参赛经费差异很大。一般来说，我国各省一线专业队重点运动员（职业运动员除外）年度经费大约人均 8 万元人民币，这里不包括伙食费（日均 65 元）、营养费和外出转场训练等费用。当然，这里并不包括运动员的奖金和围绕运动队训练的各级各类人员的工资劳务费用。随着我国经济社会的发展，我国竞技运动事业的总体经费较之以往有了较大提高，正因如此，必须考虑成本核算和提高资金使用效益。可见，强化成本核算意义至关重要。

提高效益是实施训练过程监控的最终目的。提高效益是竞技运动发展的目的所在。竞技运动的最终目的就是提高社会效益和经济效益。其中，社会效益是竞技运动主要关注的重要领域；社会效益的体现主要是充分发挥竞技运动的基本功能和衍生功能。其中，提高全民族的身体健康、运动能力和心理素质是竞技运动的主要任务；提高竞技运动的社会、政治、教育、文化、医学、经济、法制、军事等功能，则是竞技运动责无旁贷的职责。经济效益的体现主要是发展体育产业，获得经济价值，促进自身造血功能的健康发展。显然，运动训练工程的设计、实施和监控，都应围绕这一目标全面展开。运动训练的风险监控、质量监控和成本监控旨在效益监控。可见，强化效益监控的意义尤为重要。

二、训练工程监控原则

训练工程监控原则主要包括方向性原则、科学性原则、整体性原则、针对性原则、全员性原则、全程性原则、封闭性原则和开放性原则。

（一）方向性原则与科学性原则

方向性原则是指从事运动训练必须牢牢把握竞技运动的发展方向，必须深入研究竞技运动专项理论与实践的发展趋势和竞赛规则内部蕴藏的制胜规律，并以此作为运动训练工程监控的理论依据，作为制定运动训练监控目标的理论指南。运动训练的主导是教练团队，运动训练的主体是运动选手。教练团队必须为运动选手的发展确定目标，运动员的发展目标就是运动训练监控的指标依据和最初起点。目标本身具有方向性。因此，运动训练工程监控必须保证方向正确。总体上说，运动训练工程监控的方向性应该符合国家既定体育方针，符合国家竞技运动发展战略的总目标。具体地说，运动训练过程监控对运动训练过程各个环节的检查与评估，要体现相应训练目标的要求和未来发展的走向。

科学性原则是指运动训练工程监控内容、指标确定，标准制定、权重赋予、方法选用应符合不同时期运动训练实际情况和运动训练基本规律。因此，运动训练工程监控体系的建立必须具有科学态度、科学理论、科学依据与科学方法。具体地说，运动训练监控在目标分解指标、赋予指标内涵、建立指标体系时，必须具有相应理论支撑；指标体系的构建必须注意单个指标的相对独立和多个指标的有机联系；指标内容既要体现生理属性又要体现运动属性，既要体现指标的科学内涵又要注意指标的方便实用。监控方法上必须秉承定量与定性结合的思路，选择适宜的监控手段和评判方法。科学态度、科学理论、科学依据与科学方法是确保运动训练监控结果具有较高的可信度与有效性的保证。

运动训练工程监控的方向性与科学性二者缺一不可。方向性是科学性的根本前提，科学性是方向性的可靠保证。缺乏方向性的运动训练监控等于失去灵魂；缺乏科学性的运动训练监控等于失去身躯。

（二）整体性原则与针对性原则

整体性原则是指构建运动训练工程监控的质量标准必须具有系统的思路，充分考虑影响训练质量的各方因素，立足于从整体角度构建运动训练工程的质量标准。由于运动训练工程是一项由诸多要素结合而成的系统工程，工程内部的各个要素既是相互独立又是不可分割，加之运动训练本身就是一个多层次、多因素、多变量的动态系统工程，竞技运动更是由多层次、多因素、多变量构成的有机整体结构，因此，运动训练工程监控的检查与评价体系，应该建立多指标、多方位、多层次、多类型的质量标准体系。这样，通过相应的运动训练监控体系的评价，可以力求真实准确地反映运动训练工程质量的全貌。目前，国家体育总局实施的竞技运动后备人才基地的评估指标体系就是其中的一种。

针对性原则是指运动训练的监控标准必须根据不同时期运动训练的特点来制定，在基本质量要素大体相当的前提下，不同水平、不同层次的运动员的训练质量的内容价值取向各有侧重。基础训练时期的训练主要偏重于身体素质、技术动作和战术形式等竞技能力要素的训练，创造优异运动成绩时期的训练主要偏重于运动体能、运动战术和运动心理等竞技能力要素的训练，保持运动寿命时期的训练主要偏重于机体康复、运动智力等竞技能力要素的训练。即便是同一时期不同阶段的训练重点也不相同，例如冬训阶段的重点主要是体能和技术训练，夏训阶段的重点主要是技术和战术训练，赛前训练重点主要是心理和智力训练。因此，监控指标的权重赋予和方法选用必须符合实际，否则失去针对性。

运动训练质量监控必须坚持整体性和针对性原则，缺乏整体性的训练质量监控是"一点论"，孤立片面地监控部分环节，难免留下监控死角；缺乏针对性质量监控是主次不分，结果只能是脱离实际。

(三) 全员性原则与全程性原则

全员性原则是指从事运动训练的相关人员都必须参与运动训练监控工作。运动训练的根本任务是培养优秀的运动员和创造优异的运动成绩，因此，运动训练工作是主管机构和上级管理机构的中心任务。运动训练质量的保障离不开教练员的指导、运动员的训练、科研人员的支持、医务人员的医疗、后勤人员的服务、行管人员的管理。显然，从事运动训练的所有人员，都应成为运动训练质量监控中的监控对象，只是他们在监控中的角色和任务不同而已。因此，运动训练工程监控体系的建立，离不开全体从事运动训练人员共同参与。必要时，还需请求家长参与。为此，必须想方设法积极调动全体人员的积极性和充分发挥各自的作用，形成训练质量人人身上有责任、个个心中有目标的良好机制。

全程性原则是指运动训练工程的监控过程始终伴随着运动训练的全部过程。理论上，全程性包括运动员的整个成长过程的训练。实践上，教练员或教练团队执教某个队员或某个队完整训练过程的过程监控，也可称之为全程监控。运动训练是一个复杂的动态过程，运动员的竞技能力和竞技状态的变化更是一个复杂的动态过程。正因如此，必须坚持全程性的运动训练监控体系。全程性的监控对于科学推动运动训练的发展进程、全面掌握竞技能力的发展状况、科学预测竞技状态的出现规律、深刻了解运动员伤病的变化情况、全面发挥全员各方的监控作用和科学认识训练成果的现实意义等，都有积极的促进作用。实践证明，建立一支稳定的运动训练监控队伍，是实施全程性原则的重要举措。

运动训练质量监控必须坚持全员性和全程性原则。可以说，全员性原则是发挥从事运动训练各方人员参与质量监控的有效思路，全程性原则是促进运动训练工程科学推进的监控准则，两者必须统筹兼顾并举。

(四) 封闭性原则与开放性原则

封闭性原则主要是指运动队或主管部门内部对所属运动队或运动员的训练进行内部检查或评估的质量监控。通常，这种封闭性的监控，是由主管单位组织，由运动队自己根据训练计划的进程和实际训练的状况，采用公认的监控依据或指标体系进行检查和评判。这种封闭性监控的过程，可以认为是教练员或运动员的自我检查、鉴定的过程。由于训练对象的个性化和训练组织的多样化特点决定，运动训练过程难以体现规范性和程序性特征。因此，运动队内部教练员对运动员训练的监控显得格外重要。一般而言，初级运动训练阶段，教练员的主要职责应该是指导训练。但是，进入创造优异运动成绩和保持运动寿命阶段，教练员的主要职责应该是指导训练并重点监控运动员整个训练过程。

开放性原则主要是指运动队或主管部门聘请司职训练监督的专门人员，定期不间断地对教练员的执教质量和运动员的训练质量进行检查和评估。相对来说，开放性地实施训练监控的意义可能更大。这种评估，根据目的的不同，参与评估的人员也不相同。一般来说，由多支队伍组成的专项冬训，可以由集训组织机构聘请专家和各队教练参与监控性质的训练检查与评估。这种开放性的评估，旨在互相学习执教艺术，共同提高训练质量。但是，重大赛事之前的展开开放性的训练监控，则必须专门聘请相关专家独立进行训练监控检查。当然，包括重大赛事之间的各种检查赛的监控评估。重大赛事之前的训练监控目的，就是客观全面地考察教练员的执教质量和运动员的临赛水平，避免人情世故作祟。

运动训练质量监控必须坚持封闭性和开放性原则。封闭性原则是发挥教练员主观能动性和教练团队相互学习的有效思路，开放性原则是主管机构客观认识训练工程现状的措施，两者应该有机地结合。

三、训练工程监控体制

近年来，来自运动训练实践的调查发现，运动训练工程监控的管理体制大致可分3种类型，分别是体育局主管训练工作负责人领导下的训练监控管理体制、运动项目管理单位负责人领导下的训练监控管理体制和主管教练（领队、总教练）领导下的训练监控管理体制。运动训练监控过程的3种管理体制均有自己的个性特点和监控的共性特点。

3种监控管理体制的主要个性特点分别是：体育局主管训练工作负责人领导下的训练监控管理体制，对于全面强化运动训练工程的方向监控、科学监控、全员监控、全程监控和开放监控具有重要的特殊意义，同时，对于提升运动训练监控的地位和作用效果显著；运动项目管理单位负责人领导下的训练监控管理体制，对于强化运动训练监控功能、审议专项训练计划和检查训练工程实施效果，具有专门的独特作用，同时对于强化运动训练监控的实际和实施效果明显；主管教练（领队、总教练）领导下的训练监控管理体制，对于强化运动训练工程实施、提升队内运动训练管理质量和组织全队业务学习，具有自律的独到作用。由此可见，3种运动训练工程监控管理体制特点不同，作用不同。

体育局主管训练工作负责人领导下的训练监控管理体制的具体特点概括如下：一是职能上保持了专项运动训练（运动参赛）工程的设计、实施、监控3个板块体系的相对独立性，这种体制的主要办事机构是由体育局竞技训练处（科）具体负责。二是有助于全面贯彻方向监控、科学监控、全员监控、全程监控和开放监控原则。三是要求执行监控职责的成员学术地位较高和实践经验丰富，同时懂得运动训练管理。四是能够赋予监控机构较大权利，并有一定临场处置权利，以便能够及时解决训练中的实际问题。五是该体制可使领导决策与训练实践联系紧密，特别是有助于协助调整运动训练的发展方向、运动项目的合理布局、优势项目经验的普及和推广。不足之处是难以解决现场训练问题。

运动项目管理单位负责人领导下的训练监控管理体制的具体特点概括如下：一是职能上仍然能够保持运动训练工程的设计、实施、监控3个板块体系的相对独立性，这种体制的主要办事机构是由专项运动项目管理中心的训练科或项目部具体负责。二是有助于垂直贯彻方向监控、科学监控、全程监控和专项监控原则。三是有助于随时发挥运动训练监控作用，深入论证专项运动训练的各种规划和计划，全面检查运动训练实施的实质效果。四是要求执行监控职责的成员专业水平较高，专项领域威信较高。监控的评价对运动队或运动员的影响较大。五是这种体制可使项目管理中心与项目训练实践联系紧密，有助于统筹协调专项运动的设计、实施和监控关系。不足之处是无法解决综合监控问题。

主管教练（领队、总教练）领导下的训练监控管理体制的具体特点概括如下：一是职能上体现了运动训练工程的设计、实施、监控3个板块体系部分的兼容性，这种体制的主要办事机构是运动队本身，主要监控对象是运动员的训练实施。二是有助于横向贯彻针对性、全程性和封闭性监控原则。三是有助于发挥队内起着主导作用的教练员、科医人员、后勤人员和管理人员的积极性，强化训练工程实施的监控。四是要求监控人员必须具备较高的操作监控方法的能力，自身必须具备专项运动技能，在运动员中具有较高威信。五是这种体制能够密切联系实践。不足之处是一旦监控制度缺失或监控过程不力，这种体制容易徒有虚名。因此，必须在采用上述两种体制的同时，兼用这种体制实施监控。

四、训练工程监控机制

多年来,通过对我国优势项目国家队的调查和对我国全运会中取得较好成绩的省队训练实践情况的调查,我们发现来自实践领域的8种监控工作的运行机制,对于提高运动训练工程的设计质量和实施质量颇有作用。这些机制主要是督导巡视制、专题评估制、目标责任制、定期会议制、情况通报制、督导联系制、信息反馈制、奖惩激励制。这些机制的运行,对于全面监控运动训练过程和提高训练质量都起到了积极的作用。

督导巡视制。督导巡视制是目前竞技运动发达国家普遍采取的一种做法,特别是那些传统项目的俱乐部队,更是喜欢采用这样的机制监控优秀运动队及其二线、三线运动员的训练工作。这些运动队隶属的企业或俱乐部往往聘请资深专家担任运动训练的督导,承担监控运动训练的职责。他们的主要任务是了解运动训练实际情况,提出专项训练的改进意见和报告运动队的亟待解决的问题,以便董事会或俱乐部上层全面了解情况和及时解决运动训练实施过程的具体问题。

专题评估制。专题评估制是目前运动训练普遍采用的一种通用做法,各个运动队往往根据训练进程和质量评估采用这种做法。评估的主要内容是训练课的组织形式、训练课的负荷安排、训练课的手段选择、运动员的训练态度、运动员的训练质量、运动员的机能反应、运动员的技能表现、运动员的心理素质、运动员的动作规范、全年训练计划、阶段训练计划、单元训练教案、运动员恢复效果、科训联动状况、运动员文化学习等。当然,还有许多其他的专题性评估。

目标责任制。这是目前运动队管理中采用的一种管理机制。对于运动训练监控而言,这种机制的引入有着重要意义。随着运动训练监控地位的不断提高,我们需要强化监控内部的目标责任制度,将监控工作的任务责任转入目标责任,将定性任务转入目标任务,这样有助于提高监控质量,有助于提高监控信度,有助于将全员性、全程性、科学性、针对性、封闭性和开放性的监控原则落到实际。目标责任制分别赋予了监控主体、训练机构和上级部门监控职责和管理权限。

定期会议制。定期会议制是指监控主体,即承担监控职责的机构或人员,定期组织专门的内部交流会议,目的是完善监控指标体系、修改监控指标内涵、协调监控人员职责和交流具体监控方法。特别是面临奥运会、全运会这样的大型战役的准备，各个运动队都要加强赛前训练计划、实施和监控的工作。各个运动队，特别是承担金牌任务的运动队，更需要高度重视运动训练的监控工作，以便科学地提高运动训练的实施质量。这样，定期召开会议有助于全面提高监控质量。

情况通报制。运动训练的监控工作主要围绕全面监控训练质量和及时反馈监控信息。定期向项目管理部门、上级职能管理部门或体育局主管领导通报监控情况，这是运动训练监控的重要工作机制。这一机制主要用于采用开放性监控方法的监控工作。由于这项工作是受职能部门领导，因此相对运动队本身的监控信息、监控的检查与评价结果可能更为客观。当然，对于运动队和运动员来讲，也可以采用情况通报制。由此可见，通过上下两线的通报，可以更好地利用监控信息。

督导联系制。督导联系制是近几年某些省市体育局创造的一种新型监控机制，其最大优点是充分发挥一些退役优秀教练员和专业管理干部的聪明才智，由他们身体力行地亲自传授宝贵的执教经验给刚刚步入一线队伍的教练员。调查发现：当他们受聘担任督导并分别派驻相关运动队执行监控任务时，这些一生投身竞技运动和运动训练的老教练、老干部，多数不仅能够认真承担训练监控的督导工作，而且有助于督促单位负责人和其他人员提高服务意识和管理质量。显然，这种机制可以调动难得的人力资源。

信息反馈制。信息反馈制是目前国内聘请外籍教练执教的一种监控机制。这种机制主要通过监控体系和业务素质较高的督导，了解运动员对外籍教练的执教理念、风格和方法的认知程度。同样，这种方法也是用于运动员与教练员某些难以沟通的一种中介方法。训练监控工作采用这种信息反馈法可以直接获得来自运动员的反馈信息，这样不仅扩大了信息通道，也使传统的监控方式得到了新生，从而形成完整的循环运行机制，进而反馈的监控信息更加客观真实。应该说，这项工作机制十分有效。

奖惩激励制。奖惩激励制是提升现代运动训练科学监控质量的重要机制。由于竞技运动各个项目的发展起点不同和重大赛事的等级不同，因此，同样获得奥运会奖牌，也许含金量不同。这里就应建立一套完整的奖惩激励制度和评价机制。我国近两届奥运会都对那些通过顽强拼搏意外收获银牌、铜牌的运动员给予很高的精神奖励，就是一种对于他们刻苦训练成效的激励。目前，许多运动队采用监控手段或考核手段给予训练达标运动员以奖励，就是贯彻这一机制的举措。

第二节　运动训练质量监控

质量的基本定义是指产品或工作的优劣程度。质量的主体是实体，实体可以是活动或过程，也可以是活动或过程结果的有形产品或无形产品，如各种训练规划、训练实施和训练监控等都属于质量的主体。运动训练质量监控是运动训练工程监控的主要内容。本节主要介绍运动训练质量含义、特点和质量监控的主体，同时阐述训练计划质量的监控要点、计划实施质量的监控要点等内容，旨在为科学监控训练工程提供依据。

一、运动训练质量概述

运动训练质量分为广义和狭义两类：广义的运动训练质量主要包含训练工作质量在内的社会工作质量、领导工作质量、思想工作质量、管理工作质量、选材工作质量、教练队伍质量、场馆建设质量、教练工作质量和后勤工作质量等。相比之下，广义的运动训练质量是指整个竞技运动的发展质量。狭义的运动训练质量主要是指专项运动训练过程质量。运动训练过程质量又可称为训练工程质量。狭义的运动训练质量主要包括专项训练决策、专项训练规划、专项训练设计、专项训练实施和专项训练监控等方面的质量。显然，狭义的运动训练质量是指专项运动训练工程内部各个环节质量的综合反映。当然，狭义的运动训练质量保证，必须依靠广义的训练工作质量作为训练工程质量保障基础。

运动训练质量受影响因素多、质量波动大、质量变异大、质量隐蔽性强、终检局限大等因素影响。其中，影响因素多是指如决策、设计、选材、设施、环境、方法、计划、方案、措施、制度等因素，都能直接或间接地影响运动训练质量；质量波动大是指运动训练的复杂性、长期性、极限性特点和个体差异，决定了质量波动幅度大的特点；质量变异大是指竞技能力构成因素，例如运动机能、运动素质、运动技术、运动战术、运动心理或运动智力等竞技能力及其因素的任何变化，均会引起整个运动训练系统质量变异；质量隐蔽性强是指某些因素是隐性因素，如思想因素等，若不及时检查和梳理将会影响质量问题；终检局限大是指运动训练的质量问题容易以良好运动成绩和名次掩盖问题的实质。

运动训练质量标准是运动训练质量监控的依据。运动训练质量标准是训练计划、训练指标、训练方法、训练手段、训练组织、负荷安排等内容质量标准的综合。运动训练质量监控就是为了保证达到规定的质量标准而采取的一系列监控措施、手段和方法。实践中，运动训练质量监控的主要对象是训练计划制定质量和训练工程实施质量。运动训练质量监控的主体，按照运动训练工程监控的管理体制大致可分为3种类型，并共同承担监控职责：按照体制可分为主管教练领导下的监控管理体制、运动项目管理单位负责人领导下的监控管理体制和体育局主管训练工作负责人领导下的监控管理体制3种；按照执行者身份可分为训练督导监控质量、管理人员监控质量和教练员负责监控质量3种。

训练督导负责监控质量工作。训练督导负责质量监控的特点是外部的、横向的质量监控。运动训练督导的质量监控是指受督导机构或主管部门委托，为保证训练质量，按照监控标准对运动训练过程进行质量监控。通常，上级主管部门为了强化运动训练工程的质量建设会专门设置一个独立性的质量监控机构，目的是确保质量监控的权威性和独立性。督导机构人员相对具有较高的专业素养和督导方法。训练督导根据监控任务，负责定点对教练团队制定的超大、大、中周期训练计划的质量，进行审核和论证；负责定点对教练团队和运动员在训练课中的具体指导和训练，进行检查和评定。其监控依据主要是主管部门的规定和教练员的训练计划、训练教案等。同时负责提出改善内外工作环境建议。

管理人员负责监控质量工作。管理人员负责质量监控的特点是外部的、纵向的质量监控。这里所指的管理人员主要是领队、训练处（科）长或体校业务副校长等，这些管理人员的监控职能是受管理机构的分工或委派，并根据有关行业规定和职能要求，对运动训练提出质量要求和标准并监督检查。其监控依据主要是政府职能部门下达的竞赛任务和项目发展规划。由于这些管理人员长期与运动训练实践工作紧密相连，因此对于运动训练过程存在的普遍问题心知肚明，因而能够及时提出改进的措施与对策。不足之处是可能会因人情所困而降低监控质量。根据监控任务，这类人员负责组织审核教练员的训练计划，定期深入训练一线检查训练，同时负责组织对运动训练进行质量等级的最后核定。

专职教练负责监控质量工作。教练员承担监控质量的特点是内部的、自身的质量监控。专职教练负责监控质量工作是运动训练本身赋予教练员的本职工作。同时，这项工作也是教练员自身提高指导艺术水平、工程设计水平和工程实施水平的重要环节。运动队内部的教练员是承担运动训练质量监控的主体，其主要职责是根据训练计划、训练教案等设计,提出训练任务、训练目标、训练负荷、训练手段和训练组织等方面的质量检查标准;同时,负责对训练课中的训练活动进行质量监控,记录训练实际状况并及时进行统计小结。一般来说,运动训练质量是训练课质量的集合,训练课质量是构成整个运动训练质量的最小单元。因此,教练员对运动员训练质量的监控、检查是监控的首要环节。

二、计划质量监控要点

运动训练计划是运动训练工程的顶层设计,是运动训练工程实施的行动纲领,是运动训练监控的主要依据。因此,对运动训练计划的审查、评定十分重要。严格地说,运动训练计划的质量监控是运动训练工程质量监控的起点。通常,训练计划质量的主要监控要点是:计划整体设计;训练目标及其任务;现实状态诊断分析;分期、内容与手段;检查性指标的设置;负荷与状态的趋势;运动训练措施要求等。具体监控要点及其内涵参见表10-1。

表10-1 训练计划设计质量的监控要点

监控要点	监控内涵
计划整体设计	系统布局严谨,指导思想明确,项目体系规范,内容搭配均衡
目标及其任务	目标定位适宜,任务全面具体,整体个体兼容,重点难点明确
状态诊断分析	对手信息准确,现实状况全面,诊断分析可靠,具有动态预测
分期内容手段	过程分期合理,内容手段对应,阶段重点突出,过程衔接连贯
检查指标设置	项目高度相关,过程指标可靠,检测方法可行,检测时间合理
负荷状态趋势	负荷性质准确,结构设计适宜,整体动态清晰,状态变化合理
训练措施要求	训练措施全面,人员分工明确,过程步骤清楚,内容要求具体

(依胡亦海.竞技运动训练理论与方法[M].武汉:湖北人民出版社,2005.)

训练计划整体设计。训练计划整体设计是教练员训练思想、方案的集中体现。计划整体设计应体现出整体框架和内容系统;整个计划结构布局严谨;全程和各个阶段训练的指导思想明确;训练计划所应包含的内容齐全;有关训练目标和内容的指标体系完整;各项训练内容、方法与时间进度的搭配均衡。计划设计的最终文本可以是图表式或文图并茂式的。

训练目标及其任务。训练目标及其任务是训练计划制定的依据，也是计划质量监控的依据。因此，应该体现出训练目标定位适宜、训练任务全面具体、整体个体训练兼容、训练重点难点明确等特点。必须准确地定量说明训练目标，具体地定性指出训练任务；同时必须仔细论证计划中有关比赛的成绩目标、成绩相关指标和过程训练指标三者之间的相关性。

现实状态诊断分析。现实状态基本情况是训练计划制定的基础，也是计划质量监控的重要内容。应该通过质疑论证过程，与教练员、科研人员一起，共同分析、讨论和确诊各类的对手和本队的现实状况，并对对手未来的可能变化与趋势做出预测。努力做到对手信息准确、现实状况全面、诊断分析可靠、数据内容翔实、基本结论准确，从而达到知己知彼。

分期、内容与手段。训练内容、训练方法、训练手段在不同训练过程中的合理配置十分重要。训练内容、训练手段是训练的空间内容，必须严格检查不同阶段训练内容、手段的分配和衔接，必须仔细分析过程分期的目的性、合理性和衔接性。力争做到过程分期合理、内容手段对应、阶段重点突出、过程衔接连贯。这些内容是监控点的质量监控的重点。

检查性指标的设置。检查性指标的设置是评价训练质量的主要依据。通过对此检查，可对教练员的业务状况获得基本结论。因此，必须论证检查项目及标准设置的准确性，必须分析各种检查性指标测试时间和方法的合理性。力争做到检查项目与运动成绩高度相关、训练过程相关指标科学可靠、检测方法简单实用方便可行、检测时间设置较为合理可行。

负荷与状态的趋势。阶段以上的训练计划的负荷安排，通常需要采用强度曲线、量度曲线以及竞技状态曲线3条曲线表达。但是，负荷指标必须随着训练计划时间跨度的减小，由曲线表达转入数值表达。必须论证竞技状态与运动强度、运动量度之间的变化关系。力争做到负荷性质准确、负荷安排科学、结构设计适宜、整体动态清晰、状态变化合理。

运动训练措施要求。从可能性、合理性、经济性和成本性角度，必须认真论证教练员对训练设施、训练场地、转场训练、训练经费、比赛地点、比赛次数的要求；必须认真研究教练员提出的有关训练的科医保障、后勤保障条件和配置问题。力争做到训练措施全面、人员分工明确、过程步骤清楚、内容要求具体。同时，需要检查训练计划责任签标签字。

三、质量监控基本种类

为了客观控制运动训练过程,必须定期对运动员的全年训练周期、周期各个阶段、小周期和训练课有计划、有步骤地进行训练质量检查。一般地说,根据运动训练适应规律、竞技状态形成规律、超量恢复基本规律和训练周期计划安排,安排质量监控事宜。按训练过程分类,训练质量监控的工作可分为3种类型,即阶段性的质量监控、小周性的质量监控、训练课的质量监控;按监控内容分类,训练质量监控的工作也可分为3种类型,即全面性质量监控、专题性质量监控、单一性质量监控。

(一)阶段质量监控特点

阶段性质量监控任务往往不同,这主要是因年度训练过程、周期训练阶段的任务不同而不同。但是,阶段性质量监控的基本任务大致一样,即了解中周期阶段训练后竞技能力因素的发展变化和不足,研究并提出下一周期或阶段训练的改进措施。所以,阶段性质量监控工作十分必要,监控内容需要全面。换言之,通过阶段性质量监控工作,找出现实存在的问题,提出改进和改善训练工作的措施与要求,为下步挖掘训练潜力、提高训练质量、制定训练计划提供科学理论与事实依据。

阶段性质量监控特点主要表现在全面性和阶段性特点上。阶段性质量监控的次数主要取决于年度训练计划、周期训练计划、运动项目性质和监控技术条件的特点。通常,大周期中至少需要进行3次阶段性的质量监控(主要是准备期的第一、二阶段和比赛期中各有一次),这样效果最好。如果一年安排2~3个大周期,那么,每一个大周期中至少进行两次测试。其中,各个阶段性质量监控测试结果和分析结论就是制定或变更下一周期或阶段训练计划的依据。具体监控要点如表10-2所示。

表10-2 训练计划实施质量的监控要点

监控要点	监控内涵
实施计划整体	严格执行计划,适时变更计划,注意衔接计划,合理调整过程
执行目标任务	适度调整定位,较好完成质量,落实训练重点,解决训练难点
诊断分析状态	定期收集信息,适时整理分析,逐渐确定重点,积极寻找对策

续表 10-2

监控要点	监控内涵
落实分期内容	关注时空均衡，过程内容连贯，过程结构统一，过程控制严格
测试检查指标	检查进程规范，检查手段正确，及时反馈结果，不断完善计划
合理安排负荷	适度控制总量，合理调整负荷，注意状态变化，提高竞技状态
贯彻措施要求	措施运用得力，计划要求到位，分工任务落实，计划进程有序

(依胡亦海. 竞技运动训练理论与方法 [M]. 武汉:湖北人民出版社，2005.)

阶段性质量监控过程的测试工作十分重要，它是质量监控工作的基础。必须注意测试条件的相同性，同时防止测试之前运动负荷对测试结果的影响。运动实践中，只有采用与专项运动性质高度相关，并须通过承担最大负荷或最大限度动员机体潜力的测试项目和方法，才能对运动员阶段性的训练水平做出客观评价。另外，阶段性质量检查必须在比赛的环境下或是类似比赛的考核条件下进行测试，只有在这种条件下反映出来的竞技能力测试指标，才能真实地反映运动训练的实际质量和效果。

通常，在设计与制定年度、周期训练计划时，就必须确定阶段性质量监控的监测项目。大周期以上训练计划中提出的检查性指标，特别是与运动成绩高度相关的各个阶段的阶段性检查指标，就是阶段性质量监控的监测指标。由此可见，训练计划中的发展指标，既是教练员的检查依据，也是运动员的监测依据。实践证明：阶段性检查指标（阶段性质量监控的监测指标）选择、设置、测试并不是一件容易的事情。正确地选择检查或监测指标往往与教练员的专项业务水平高度相关。

（二）小周质量监控特点

小周期质量监控任务往往也是不同的，这主要是不同类型的小周期训练任务不同所致。通常，小周期质量监控的任务分别为：了解前两周训练负荷累积作用的效果；本周训练过程的基本状况；检查不同负荷性质训练工作的效果；确定若干训练课后疲劳累积程度；观察运动员机体恢复过程的状况；考察训练日或本周不同负荷性质和负荷搭配的效果。显然，小周期质量监控的目的是促使训练过程适宜化、机体机能适应化、训练工作科学化。

小周期质量监控任务特点主要表现在实效性和单一性特点上。通常,小周期质量监控内容是根据小周期训练任务而定。根据阶段训练进度的要求,小周期质量监控的内容主要是竞技能力的某一方面因素或某一方面的训练内容。一般地说,小周期质量监控点是前周训练效应、前周负荷总量、队员疲劳程度、本周负荷等级、周内负荷节奏、周内负荷搭配、负荷结构要素、预计指标效果、某一竞技因素、训练方法功效、动作手段质量等。

通常,设计与制定中周期的阶段训练计划时,必须根据大周期训练计划的要求和竞技能力的发展趋势,确定小周期质量监控的监测项目。小周期质量监控的监测项目要特别注意指标内容的关联性和继承性。阶段性以上训练计划所提出的检查性指标,也是小周期质量监控的监测指标。一般地说,高水平运动队的训练过程,每周至少应该定期安排或抽样进行一次训练质量的监控与评定工作,以确保将训练的实施工作置于科学的控制之下。

(三) 课的质量监控特点

从实践角度来看,训练课质量监控的意义更大。训练课质量监控的主要依据是周计划的安排、上次训练课的效益;训练课质量的主要监控要点是训练准备、训练态度、训练过程、训练手段、训练负荷、训练效果(表10-3)。其中,训练准备由教案编写和课前准备两个监控点组成。教案编写质量监控内容是:必须根据进度,写好教案;任务明确,要求具体、全面;结构完整,重点突出,方法得当,安排合理,写出练习组数、次数、时间、要求,运动负荷设计合理、文字简练、绘图清晰。课前准备质量监控内容是:教练员必须提前到场,检查场地、器材,了解环境,注意安全,消除隐患,并能充分利用现有条件上课,自带教案,以备查看。训练教案应该备有一张空页以便记录实际指标。

表10-3 训练课的质量监控要点

一级	二级指标	监控要点内涵
训练准备	1. 教案编写 2. 课前准备	任务分解具体,结构重点突出,过程设计适宜,负荷安排合理 提前到场检查,合理安排器材,清晰部署任务,教案随身备查

续表 10-3

一级	二级指标	监控要点内涵
训练态度	1. 教练态度 2. 队员态度	创造训练气氛，工作认真负责，态度热情耐心，过程管理严格 富有训练激情，思想积极主动，精神十分饱满，严格要求自己
训练过程	1. 课的结构 2. 训练组织	准备、基本、结束的结构清晰，内容实施有序，整理活动到位 组织调配合理，主导作用明显，主体地位突出，监控措施落实
训练手段	1. 动作过程 2. 动作难点 3. 动作重点	动作环节清楚，动作概念清晰，动作要领形象，动作过程规范 难点要素突出，难点措施得当 难点要素明显，动作形式恰当
训练负荷	1. 练习密度 2. 负荷强度 3. 心理负荷	根据项目性质和密度等级评判课大、中、小密度练习适宜程度 根据项目性质和强度等级评判实际承受负荷强度的适宜程度 根据项目性质，检查内容、环境的设计是否有心理负荷的因素
训练效果	1. 任务质量 2. 内容质量	训练气氛浓郁，整体任务落实，思想任务到位，负荷任务保质 主要检查课的结构联系、组织过程、指导方式和内容调度质量

(依胡亦海. 竞技运动训练理论与方法 [M]. 武汉:湖北人民出版社，2005.)

训练态度是训练课中教练员创造训练气氛、调动运动员训练激情的条件。它主要包括工作认真负责，思想积极主动，态度热情耐心，精神十分饱满，严格训练要求，严肃过程管理。训练过程由课的结构、训练组织两个监控点组成。其中，课的结构又由准备部分的准备活动，基本部分的技术、战术、素质训练内容和结束部分的整理放松活动为主要监控点。训练组织则由组织形式、组织调配、主导作用、主体作用作为监控点。训练手段是训练思想的具体体现，手段的多样性、动作的规范性、落实的有效性和施教的针对性都是通过手段体现的。其中，身体练习的动作规格、动作难点、动作重点是主要监控点。总之，训练过程的组织和训练手段的应用是训练课质量监控的重点，应该给予高度的重视。

训练负荷是教练员赋予运动员的训练刺激，训练负荷的安排和效果是直接影响训练质量的核心要素。因此，训练负荷的合理安排也是训练课质量监控的主要监控点。通常，训练负荷主要是由训练课的练习密度、课的负荷强度组成。为了提高训练质量，必须考虑心理负荷的影响要素。课的负荷强度和练习密度应参考运动项目的性质和医务监督指标进行评定监控。同时，要结合训练内容检查心理负荷的强度。对技能类对抗性项群来讲，应该高度重视训练课练习密度的作用。

一般来说，课的练习密度通常按 50%~65% 为大练习密度、35%~45% 为中练习度密度、15%~30% 为小练习密度的三级密度等级划分。这样划分的目的是为了强化训练课的有效练习时间，同时便于机体更好地恢复。

值得注意的是，提高训练课质量及其监控水平是运动队必须始终坚持、常年不懈的训练工作。"训练质量永远是第一位的，再好的计划如果不能保证训练质量，也不会有好的训练效果。""要想不留遗憾，必须抓好每堂课的训练质量"，这是许多培养过奥运冠军的教练员的亲身体验和共同体会。提高运动训练质量工作途径就是必须自觉、全面地贯彻"三从一大"训练思想和"两严方针"。"三从一大"中的"从难、从严、从实战出发"，从某种意义讲，就是对运动训练质量监控要求的高度概括；"两严方针"中的"严格要求、严格管理"，从某种意义讲，就是对运动训练质量监控工作的重点要求。因此，必须全面、自觉、积极、主动地贯彻"三从一大"的训练思想，才能提高运动员的竞技水平。

四、质量监控方法要求

在运动训练中已经积累了大量的具有实际应用价值的监控方法，但是，不是所有的方法都具有普遍意义的作用。由于不同运动项目的性质不同，因此，真正具有意义的监控方法均具有明显的专项应用作用。显然，设计与选择适宜的监控方法是监控工作的主要任务。适宜的监控方法必须符合 4 个条件，即能够客观反映竞技能力各个因素；监控双方容易掌握和领会监控方法的操作规程与要领；监控过程课的节奏与组织环境自然，心理状况正常；所获资料基本能够判别训练程度与性质。适宜的监控方法与测试方法的设计与选择密切相关，因此，设计与选择测试方法是一件极为严肃的工作。测试方法必须具有针对性、一致性、可靠性、有效性、客观性和标准性。只有如此监控才有意义。

测试的针对性是指根据测试任务中的某一方面因素的特征，有目的、有计划地直接或间接地度量。其目的在于鉴别运动训练的效果、改革训练方法，以达到主动地控制训练过程，不断地提高运动训练质量和运动训练水平，如训练计划的制定、训练过程中各种考核标准的制定、运动训练模型的建立、运动成绩的预测等，都必须借助于各种测试结果作为依据。

测试的一致性是指测试与评价的一致性。测试与评价是两个相互依存的概念。测试的目的在于搜集所需的信息资料，并通过整理分析和评价之后，得出具有实际意义和价值的结论。评价是对各种测试结果进行价值判断的过程，评价正确与否，直接取决于搜集测试资料信息的可靠性和有效性。因此，必须高度重视训练质量检测与评价的一致性。

测试的可靠性又称信度。它是指在同等条件下对同一受试对象重复测试时，其结果的一致程度。任何测试在实测中总会受到一些偶然因素的影响，使测试结果存在一定的偶然误差（随机误差）。这种误差在测试结果中所占比例的大小，决定其测试可靠性的高低。在同等条件下实施多次测试，随机误差越小，结果一致程度越大，测试的可靠性则越高；反之，测试的可靠性就越低。影响测试可靠性的因素有：受试者本身状态的变化；测试人员状态的变化；测试仪器器材功能状态的变化；实测中规格、标准和程序的统一程度；样本含量的大小；外部环境的变化等。由此可见，测试可靠性的高低，有赖于能否控制多种因素误差来源的影响。值得强调的是测试情景应该保持竞技的环境与状态。

测试的有效性又称效度。它是指测试指标所反映的被测特性的准确程度。运动训练质量检测的项目或指标，必须符合专项质量监控的目的。例如，原地跳远的测试就能有效检测运动员的腿部爆发力。因此，原地跳远的测试对于检测腿部爆发力具有效度。通过测试能否准确地反映被测对象的特性，还取决于测试工具和条件的误差（系统误差）所占比重的大小。系统误差越小，测试的有效性越高；反之，测试的有效性就低。有效性包括内容有效性、结构有效性、效标关联有效性等。影响有效性的因素有受试者的年龄、性别、知识和经验水平；不同受试群体的特点；确定效标的可靠性；样本含量大小及其代表性：测试的难度与区分度等。值得指出的是，采用的测试设备必须经过定标的检验。

测试的客观性是指不同测试人员对同一批运动员实施同一测试手段测试和评价结果的一致程度。客观性主要取决于标准化的测试程序、测试指标的规格化、严格控制测试条件、监控双方业务熟练程度和配合程度等。测试的客观性尤其在非物理性测试中更显重要，如对技术动作环节、战术运用质量、临场技术统计、比赛技术评分、训练过程控制等测试，必须制定测试细则，统一测试尺度，控制测试条件，保证测试结果能反映运动员的真实水平。测试的标准化是测试结果客观性、可靠性、有效性的根本。只有标准化的测试，测试结果才有可比性和科学性，才能得出正确结论。测试的标准化，应包括测试方法及指标的规格化、测试仪器的稳定性、测试过程的程序化、内容与方法的标准化。

第三节　运动训练监控体系

运动训练监控体系分为广义和狭义两类：广义的运动训练监控体系是指由监控体制、监控机制、监控主体、监控对象、监控内容、监控指标、监控方法、监控时段、监控通道等内容组成的系统；狭义的运动训练监控体系主要是指由监控对象、监控内容、监控指标、监控方法和监控时段等内容组成的系统。本节阐述的主要是狭义的运动训练监控体系的各项内容及其构成要素，旨在为构建科学的运动训练工程的监控体系提高基本的理论依据与方法。

一、监控的对象与内容

运动训练的监控对象，主要是运动员的训练过程与竞技能力发展进程。作为训练的主体和竞技能力表现的载体，运动员就是运动训练的监控对象。传统运动训练理论强调运动训练过程是一个"教"与"学"的双边活动过程。运动训练工程理论认为，运动训练的过程是一个多方共同协作的过程。传统运动训练理论尽管肯定运动员主体身份，实质强调教练员主导作用，更是认为运动训练主要是教练员和运动员的双边活动；运动训练工程理论则高度肯定运动员主体身份，同时注重教练员指导和督导作用，更是强调运动训练是包括教练员、运动员和其他相关人员在内的多方共同协作的活动过程，是一项以培养优秀运动员和创造优异运动成绩为目标产品的工程。显然，这一观点更具时代特征。

毋庸置疑的是运动训练工程建设的主体就是运动员。正是他们通过充分挖掘自身潜力，积极提升竞技能力的过程，努力去创造优异运动成绩，并使自己成为一位优秀的运动员。整个参与运动训练工程的协作人员都是围绕这一目标，分别起着规划设计、科学实施、有效监控和管理服务等作用。当然，这一协作的过程之中，运动员既是教练员的指导对象，更是教练员的监控对象。不同的是，在运动员成长过程的不同时期，教练员的作用不同而已。初级阶段训练，教练员的作用主要是指导和引导；高级阶段训练，教练员的作用可能更多的是监控和督导。这就要求教练员必须跟随运动员训练水平的不断提高，及时调整指导和督导的角色权重，以便适应高级训练阶段运动员的身心特点和规律。

运动训练的监控内容多种多样。相对来说，我国训练各个阶段的监控内容相对较多，但是监控内容深度不够。监控的内容范畴除了运动训练之外，还包括文化学习、生活作息、思想状况等内容。即使进入高级训练阶段，训练监控的内容也大体如此。置身在这种训练监控的体系下，运动员往往容易成为温室里的"泡沫巨人"。一旦环境发生变化，这些运动员特别容易出现"萎缩"现象。职业性竞技运动的监控内容不仅集中而且有深度。这些选手都能深刻认识职业运动的职业要求。因此，能够遵循市场经济和竞赛规则，自觉形成职业习惯和素养。这样一来，运动训练的监控内容可以聚焦在运动训练工程的规划和实施上，运动训练的监控重点可以集中在运动员竞技能力结构及其要素上。

运动训练的监控内容主要是竞技能力要素和训练工程环节的内容。通常，竞技能力的监控内容是指机能、素质、技术、战术、心理和智力训练的内容监控。例如：机能训练的监测内容是机能适应、负荷效果、恢复程度等，检测项目往往是血乳酸、尿蛋白、睾酮、血色素等指标；技术训练的监控内容是技术动作结构或动作环节要素。通常，训练工程环节质量的监控内容是指训练工程设计和实施的各个环节内容监控，主要包括训练过程远期规划、运动训练计划设计、运动训练过程实施、运动训练内容实施等。其中，训练计划的质量检查、训练指标的质量达标、训练单元的检查评定、小周训练的效果评定等更是日常训练监控的重点内容。显然，不断坚持监控训练工程各个环节更为重要。

二、监控的指标与方法

运动训练监控的指标与方法是运动训练监控依靠的工具。训练监控目的的实现，必须依靠由科学的监控指标和方法组成的监控体系。监控体系主要分为两种：一种是以运动的人体科学为学科基础，监控指标与方法体系的性质主要是生物学科类；另一种是以人体的运动科学为学科基础，监控指标与方法体系的性质主要是运动学科类。采用前者的目的是揭示运动的人体内部现象及其变化实质，进而把握这些现象和规律，以便控制它们并能预见新的现象和过程，为科学提高竞技能力提供认识论的新的理论思路；采用后者的目的是揭示人体的专项运动特征及其变化规律，进而利用这些特征和规律，以便掌握它们并能预测新的发展动态和趋势，为积极地创造优异成绩提供方法论的新的科学方法。

(一) 运动人体的监控指标

以运动人体科学为学科基础所建立的监控指标与方法体系，主要是通过自然科学检测手段获得。目的是分析、诊断或评定运动员的机能、技术和心理等竞技能力的发展现状。其中，生物学监控的目的是评价和分析运动员能量代谢的个体特点、负荷强度的反应效果、运动训练的适应程度等；心理学监控的目的是诊断运动员的情感反应、临场的应激程度、情绪的自控能力等；营养学方面监控的目的是分析运动训练的营养补充、分析专项训练的营养流失特征等。总之，自然科学的检测方法对竞技能力的分析、诊断或评定结果，有助于为教练员合理安排运动负荷、遴选训练手段等提供科学的训练指导和监控依据。因此，必须高度地重视自然科学的训练监控手段及其监控目的（表10-4）。

表 10-4 常用生理生化监控指标的意义与作用

指标	评价意义	监控目的
血乳酸 Bla	极限强度下 Bla 检测，可以定量确定耐力项目的负荷等级；同样强度下的负荷，Bla 检测下降，说明有氧能力提高	一组或一次训练课的负荷反应；阶段机能评估
血清睾酮 T	运动后的恢复后期 T 值高，表明恢复能力高，机体状态好；否则，说明机体恢复能力低，没能产生训练适应	一次训练课的恢复评估 一个训练阶段机能评估
血清皮质醇 C	运动后恢复阶段 C 值高，且不能及时恢复，说明机能状态差；阶段训练之后，同等负荷下 C 值幅度低，说明产生运动适应	
血清肌酸激酶 CK	一堂课后 CK 异常升高，表明肌肉损伤或负荷强度过大；陆续多日的检测，强度不变，CK 上升减缓，说明逐渐适应	
无氧阈	无氧阈值下的负荷强度越高，说明机体的有氧能力越强	一个训练阶段机体能力
尿蛋白	训练课后或次日清晨检测为阳性，说明训练负荷过大或机体恢复不足	一堂训练课的负荷程度
血红蛋白 HB	诊断血液携氧能力 结合检测数据和训练手段，判断负荷强度或量的刺激程度 小周训练后发现明显下降，说明不能适应负荷	

（根据国家体育总局冯连世博士的系列论著内容整理）

表 10-4 是目前各个国家采用较多的利用生理生化指标监控运动训练过程的

主要指标。其中，乳酸及其相关指标更是体能类周期性运动项群较多采用的一组重要的敏感性监控指标。教练员往往通过乳酸及其相关指标安排运动负荷强度、了解机体机能恢复状况、评价运动员的竞技能力发展进程。实践中，教练员和科研人员往往共同研究，通过构建心率与血乳酸、人体运动速度（幅度和频率）的数学模型，找到个体运动员的乳酸、心率、运动能力之间的函数关系，进而监控运动员的负荷承载能力等机能水平。不同负荷强度的安排对机体机能方面的影响是多种多样，其他生理生化指标也会随之表现出不同的变化。过度训练时这些指标甚至出现异常反映。表10-5反映的就是不同强度的影响。

表10-5 不同负荷强度对某些机体机能的影响

类别	持续性中等负荷强度	持续性大负荷强度	负荷强度引发过度训练
心血管系统	长期中等强度训练会引起心肌肥大、左心室室壁明显增厚、心肌细胞中的线粒体数量增加、心房特殊颗粒和高尔基复合体增多	容易引发心肌细胞凋亡，心脏副交感神经功能紊乱和心肌缺血，同时会伴随皮质醇、儿茶酚胺、醛固酮增高，易造成心肌劳损	血浆ANP水平增加，对于改善疲劳运动时的血液供应能力有一定促进作用，但是会严重影响心脏的健康水平
内分泌系统	血浆中的分解激素C和合成激素T水平无明显变化。外周血浆中的$\beta-EP$的数量显著增加	短时间大强度训练时，C和T同步增加；长时间大强度训练，C升高而T衰减，T/C比值下降。神经系统的内分泌功能紊乱，尤其是下丘脑-垂体功能失调	C升高而T衰减，T/C比值下降。神经系统的内分泌功能紊乱，尤其是下丘脑-垂体功能失调
骨骼肌系统	持续时间较短的负荷训练，骨骼肌内的各个细胞的生化特征和物理特征变化不大	细胞中肌酸激酶、乳酸脱氧酶降低，骨骼肌的细胞膜极有可能损伤，细胞的通透性增加。LDH可增加30%。CK增加	体内血清CK较之正常状态一直处于较高数值范围，甚至超过48小时后仍处于较高水平，恢复常态的时间较长

（根据国家体育总局2012年备战伦敦奥运的有关课题内容整理）

竞技运动采取的生理生化监控指标具有个体化的监控性质。例如皮划艇运动训练监控，通常采用4×1000米的测试手段监控运动员的个人专项竞技能力发展水平，检查运动员有氧训练的阶段性训练效果，评价运动员能量代谢的现实状况。监控方法是：1000米全程保持匀速，桨频力争不变，记录运动成绩、最后百米桨频、即刻心率和测试血乳酸；然后根据成绩和乳酸曲线确定乳酸值2、4、7、8mmol/L时对应的船速，确定了4个负荷递增强度等级。由表10-6可见，测试目的是：若能以相对较低的乳酸值、心率值、桨频值表现出更快的船速，则说明运动员有氧或无氧耐力得到提高；通过比较不同强度等级下船速水平的正负差别，可以判断运动员何种耐力水平得到提高或不足。测试为5周测试一次。

表10-6 4×1000米测试强度等级指标

分类	强度等级	完成时间	百米桨频	终点效率	血乳酸 mmol
男子皮艇	1	4:30	62~64	140	<2
	2	4:15	72~74	160	<4
	3	3:55	82~84	170	<7
	4	最快值	96~100	180	>8
女子皮艇	1	4:50	62~64	145	<2
	2	4:30	70~72	165	<4
	3	4:20	80~82	175	<7
	4	最快值	80~90	185	>8
划艇	1	4:50	30~32	140	<2
	2	4:30	36~38	160	<4
	3	4:20	41~44	170	<7
	4	最快值	51~54	180	>8

(引自宋广礼.我国皮划艇项目训练评价体系的理论和实践探索［C］//国家体育总局竞技体育司.备战2012年伦敦奥运会训练理论与实践创新文集.北京：北京体育大学出版社，2012.)

生理生化监控指标的确定需要依据专项运动性质。一般来说，耐力性质为主的项目（如游泳、划船、中长跑、自行车等），主要以血乳酸等指标作为监控指标；力量或灵敏性质为主的运动项目（如田径田赛项目、举重、排球），通常以血清肌酸激酶CK、血清睾酮T的指标作为主要监控指标。这是因为肌酸激酶（CK）能可逆地催化肌酸和三磷酸腺苷生成磷酸肌酸。在pH中性条件下，以ATP生成为主，保证骨骼肌细胞的供能需要。通常人体CK值为：8~60U/L

(0.5~3.6U)，女子系统的力量训练后可达 257.2 ± 72.66U/L。血清睾酮 T 通常为：男子 14~25.4nmol/L，女子 1.3~2.8nmol/L。系统的力量训练后男女分别可达 35 nmol/L、3.5nmol/L。应注意 CK、T 指标具有较大的个体差异。

（二）人体运动的监控指标

以人体运动科学为学科基础所建立的监控指标与方法体系，主要是通过运动学科检测方法获得，目的是分析、诊断或评定运动员的素质、技术、战术等竞技能力发展现状。其中，训练学监控目的是检查训练计划的完整性、训练手段的针对性和专项性特点、运动负荷的刺激性质、训练内容的安排顺序等；测量学监控的目的是诊断运动员的素质状况、运动素质与专项技术的耦合状况等；技能学监控的目的是评价运动技术的分化程度、运动技术的熟练程度、动作的分解与合成效果等；战术学方面监控目的是分析运动技术串联与衔接程度、运动战术组成与成功率、运动战术形式及其变化效果等。从运动训练工程监控角度看，必须高度重视运动学科的各个监控手段和监控结果（表 10-7）。

表 10-7　常用运动技术监控指标的意义与作用

指标	评价意义	监控目的
动作姿势	将完整动作分解为若干环节评定	检测关键动作环节和动作过程
动作轨迹	检测直线、曲线、弧线轨迹形状，前后、左右、上下 6 个轨迹方向和长度、宽度的轨迹幅度	检测动作技术或练习手段轨迹方向、形状和幅度
动作时间	动作过程总时间和各个环节操作时间	检测动作及其各环节运动学时间
动作速率	单位时间内同一动作重复的次数	检测技术动作或练习手段频度
动作速度	动作或环节的平均速度、瞬时速度、初速度、末速度、角速度和加速度	检测技术动作或练习手段的时间特征或快慢程度
动作力量	动作的作用及其程度	检测力的大小、方向和作用点
动作节奏	动作力的大小、时间的长短、幅度的大小及动作快慢	检测技术动作的流畅程度
动作冲量	力对时间的积累效应	检测技术动作对另一物体作用效应
动作功率	单位时间内所做的功	检测技术动作或手段做功的快慢

由表 10-7 可见，运动技术的监控指标项目既是运动技术的构成要素，也是运动动作的构成要素。显然，动作姿势、动作轨迹、动作时间、动作速率、动作速度、动作力量、动作节奏、动作冲量、动作功率等指标项目，实际上具有三层意义：一是作为运动动作范式设计的要点指标；二是作为运动技术形成达标的要素指标；三是作为运动技术形成技巧的监控指标。透过这些指标可以看出：随着运动训练进程得到推进，运动员的运动行为将按照基本动作、技能动作、技术动作和技巧动作的阶梯形态，由体现结构学特征的范式动作转向体现工艺学特征的技艺动作。因此，随着竞技运动训练水平的不断提高，运动技术的监控内涵应该由技术动作的评价内涵，逐渐转向强化运动技巧的评价内涵。

人体运动的监控指标体系主要反映人体运动的外部运动特征。此类指标由于测试方法与训练手段高度关联、测试节点与比赛过程高度融合、测试内容与运动成绩高度相关，因此受到教练员的高度重视和广泛应用。许多来自专项运动的科研人员甚至研制不少具有检测、监控、评价和预测功能的数学模型。

例如：$Y = 10.228 + 0.967 X_{16} + 1.069 X_5 + 0.373 X_{17} + 0.0815 X_{13} + 0.131 X_8 + 0.00418 X_3$

此回归方程反映着女子 400 米栏的专项能力与专项成绩的关系（其中：Y 是运动成绩、X_{16} 是起跑至第 8 栏成绩、X_5 是起跑至第一栏成绩、X_{17} 是平栏差、X_{13} 是 100 米跨步跳步数、X_8 是 200 米跑成绩、X_3 是克托莱指数）。

例如：$Y = 0.473 + 0.066 X_1 - 0.028 X_6 + 0.001 X_9 + 0.699 X_{12} + 0.003 X_{13}$

此回归方程反映着男子跳高专项能力与专项成绩的关系（其中：Y 是运动成绩、X_1 是 4~6 步助跑过杆、X_6 是助跑手摸高、X_9 是 30 米弯道跑、X_{12} 是 30 米起跑、X_{13} 是杠铃半蹲系数）。

通过上述两个回归方程，可以看出建立运动成绩与运动能力（运动过程指标、训练手段指标、竞技能力指标）的数学模型具有 3 层意义：一是可以找到影响运动成绩发展的主要权重要素，以便训练和监控过程抓住主要矛盾或矛盾的主要方面；二是可以提供训练过程的模式指标体系或者提供与运动成绩高度相关的竞技能力发展模式；三是可以提供规范性的动作检测方法和定量监测指标，以便科学监控专项运动的训练过程。实践中集体性球类运动的训练监控难度更大。许多球类运动不得不依靠研制和应用各种视频信息采集系统，力争全面收集和系统整理比赛过程的运动学指标。目前应用于球类运动的战术分析系统就是这方面研究的杰作。通常，应用于球类战术监控的指标如表 10-8 所示。

表 10-8 篮、排球进攻战术及其变化统计项目

篮球	侧掩护	后掩护	前掩护	反掩护	连续掩护	移动掩护	定位掩护	中锋策应	后卫突分	带球传切	带球挤过
排球	前飞	背飞	前交叉	后交叉	快球	加塞	短平快	时间差	平拉开	前排强攻	后排强攻

集体性球类运动项目是竞技运动形态中最为复杂的一种运动,这种复杂程度与技术战术数量、灵敏表现程度、技巧熟练程度和参赛人员数量高度相关。因此,监控的主要指标类型是人体运动的技术、战术指标。例如:国家女排曾经采用的战术监控体系的指标类型就是如此(表10-9)。此类体系将进攻一方的场地区域划分成9个各为3平米的单元区域,整个进攻战术体系则由4组一级指标、13组二级指标和26组三级指标组成。由表10-9可见,所谓26个三级指标实则是13个具体二级战术行为的表现频数和效果而已。但是由此统计并构建的制胜战术模型(理论分差 $Y = 3.071 - 0.753 X_1 - 0.192 X_2 - 0.004 X_3 - 0.773 X_4 - 0.882 X_5 - 0.32 X_5 - 0.226 X_6 - 0.862 X_7 - 1.885 X_8$)对于监控战术质量具有重大价值。

表 10-9 中国女排进攻战术模型与监控指标结构

4号位区域			3号位区域				2号位区域				后排区域	
平拉开	交叉梯次	快球	快球	半高	时间差	交叉	时间差	直接背飞	掩护背飞	强攻	交叉梯次	后排攻
C N	C N	C N	C N	C N	C N	C N	C N	C N	C N	C N	C N	C N

注:C 为战术成功率;N 为战术应用次数

(引自高峰,等. 排球比赛技战术监控与评价的研究 [C]// 徐利,钟秉枢. 科学发展观视野下的排球运动科学探蹊 [M]. 北京:北京体育大学出版社,2011. 并改制)

目前广泛应用于篮球、足球、排球等项目的视频采集和分析系统,对于采集各种运动参数和监控训练质量意义重大。借此系统的科学分析,许多教练员、运动员能够直接发现运动训练中的重点问题和比赛中对手的主要优势与不足。例

如：人们研究发现美国 NBA 著名投手杜兰特在重大比赛中，平均跑动距离约 4505 米；整场比赛持球时间 3 分钟，总共持球 75 次，平均每次持球 2.3 秒，每持球一次可获 0.6 分；总共运球 96 次，每拿球一次运球 1.3 次。分析发现他的运球次数与命中率呈现负相关性，接球后不运球而直接投篮的命中率为 55%，接球后运球次数超过 6 次的命中率为 3%。数据启示：运动技术节奏的流畅性、配合的默契性和选位的合理性对于命中率的提升具有重大作用。

（三）两类指标的辩证关系

将运动训练监控体系分为两种类别的目的，是为了更好地发挥科学和技术的各自作用。从工程监控角度来看，两者都是运动训练工程监控的不可分割的监控体系。根据竞技运动项群的不同分类和体能类、技能类项群的不同特征，对于体能类周期性项目的训练监控，采用生物科学的监控指标意义更为重要；对于技能类对抗性项目的训练监控，采用运动科学的监控指标意义相对重要。实践中采用哪种监控方式往往取决于专项运动的特点和运动形式。对于集体性球类运动而言，往往采用临场统计的方式将运动员各种竞赛效果分门别类地记录下来。这种方式不仅为战役性的后续赛事做好赛况分析准备，而且能为改进和完善下一阶段的训练设计和实施，提供科学训练的监控依据和参考数据。

应该说，当前围绕竞技运动竞技能力训练的监控指标体系较多。其中，较为成熟的是生物学科的监控方法。但是存在的问题较为突出，这些问题表现为：采集监控指标的仪器差异较大，指标无法纵向对比；单一或若干指标只能反映个体机能的现实结果，无法反映战术形态的变化。因此，必须依靠专项运动的技评（技术、战术）指标体系。这些指标尽管采集的是外部运动形态的特征指标，但是这类指标体系目前也存在一定问题，主要集中表现为指标内涵相对不够统一。另外，专项运动的指标含义目前只能流通于专项运动的内部。目前的问题是各个运动项目的指标内涵没有通用性和可比性，因此，需要认真构建具有通用性的监控指标并加以推广，方能实现监控指标的通用性和普适性。

三、监控的类型与目的

按照运动训练工程的监控时段的分类，可以将运动训练工程监控分为起始状态分析与评定、训练过程分析与评定、赛前训练分析与评定、阶段赛事分析与评定等几个不同类型。其中，训练过程分析与评定又可分为单元、小周、阶段、周期训练分析与评定等不同的阶段分析与评定。赛事总结分析与评定属于一个完整训练过程的终极分析与评定。显然，起始状态分析与评定监控目的是了解竞技能力的起始状态，从而为制定训练具体方案提供科学依据。过程阶段分析与评定监控目的是对比检查性指标的落实情况、分析训练课质量、鉴别小周训练效果和机体恢复状况、诊断阶段训练竞技能力发展状态和存在问题的导致因素等。由此可见，过程阶段的分析与评定应是运动训练监控的重点。

训练过程监控的重点，说到底就是阶段训练质量评估。性质如同产品设计、生产过程和产品质量检验一样，在未出厂之前需要全面质检和评估。所以，训练质量评估是一个面对训练计划和训练实施两个重要环节的全面检查过程。训练质量评估要素主要包括训练计划评估、训练实施评估和训练效果评估。其中，训练计划评估是指对训练计划的设计质量进行验证评估，换言之是通过实施效果检验训练计划的设计质量。训练实施评估是指定期检查训练过程的阶段性效果，以便根据训练计划和实施效果，检查计划设计或实施过程的主要问题。训练效果评估是指阶段性训练过程结束之时，对运动员的实时竞技能力进行效果评价。这项工作对评估训练过程和预测大赛状况具有承上启下的作用。

阶段赛事分析与评定是指对适应性或检查性赛事进行训练评估的工作。阶段赛事评估要素主要内容包括竞技状态评估、比赛成绩评估和成绩相关指标评估。其中，竞技状态评估是指对运动员的竞技状态进行全面的检查。通过这一程序，教练员能够客观地看出运动员的竞技能力及其状态是否适应重大赛事的要求，这对于选拔参赛队员具有十分重要的意义。比赛成绩评估及其相关指标评估是为了客观地评估赛事成绩及其相关竞技能力的指标特征。阶段赛事分析与评定的主要目的是为参加重大赛事确定目标定位提供参考依据。因此，阶段赛事也可视作一个特殊的训练过程。阶段赛事评估是备战大赛的重要监控工作，它有助于客观评价竞技状态、预测未来重大赛事结果和合理定位参赛的目标。

第四节　实战模式训练监控

实战模式是指根据专项运动性质、比赛制胜规律和彼此双方特点，采用量化指标反映比赛实战过程的标准。实战模式训练是指根据实战模式的指标进行训练的过程。通常实战模式训练是高水平训练阶段的主要特点。实战模式训练不仅是运动训练实施质量的要求，也是运动训练工程监控的目的要求。运动训练过程，特别是进入高级运动训练阶段、创造优异运动成绩阶段和保持运动寿命阶段，运动训练实施的过程必须按照实战要求进行科学的训练。

一、实战模式构成因素

实战模式的构成因素主要由比赛负荷指标、竞技能力参数、后勤科医配合、个体参赛心理、环境熟知程度 5 项因素组成。其中，比赛负荷测定指标意义重大。比赛负荷是指运动员在比赛过程中所承受的负载。因此从实战角度出发，必须掌握重大比赛中的负荷总量和强度；必须根据统计、计算、核查出创造优异运动成绩的负荷过程及其变化；必须掌握获取优异运动成绩的竞赛天数、比赛场数；必须获得每场（局）比赛运动员至少承受比赛负荷的信息；必须根据每天、每场（局）比赛负荷，安排竞赛期训练。坦率地讲，比赛负荷指标是实战模式负荷安排的主要依据。因此，运动训练过程的负荷强度、负荷量、间歇时间和机体恢复的程度的安排，都应紧密贴近和趋于重大赛事的比赛负荷特点。

通常反映比赛负荷的指标主要有物理指标、生理指标、生化指标、心理指标 4 种。其中，反映负荷量物理指标是负重总量、跳跃次数、比赛时间等；反映负荷强度物理指标是速度、重量、高度、远度、密度等，这些又称为外部负荷指标；反映负荷强度的生理生化指标是血乳酸、心率、血睾酮、磷酸肌酸激酶和 CK 值等，这些指标提示我们必须结合比赛负荷的过程变化安排训练，促使运动员训练过程中的生理、生化指标，接近比赛环境下的生理、生化反应，例如比赛环境下的血乳酸为 16mmol/L，训练就要力争达到此值，比赛环境下的瞬间心率平均达到 180 次/分，训练就要设法同步达到；反映负荷心理指标是有关焦虑、紧张、亢奋、激动、麻木、不安、兴奋等系列运动心理现象的指标。

必须尽量采集比赛环境下竞技能力的参数指标。掌握和分析整个战役性赛程、赛次与每场（局）和决赛所需的竞技能力参数指标，对于科学形成竞技能力和形成与决赛匹配的竞技状态，最终创造优异运动成绩都是至关重要的环节。比赛的竞技能力参数指标分为体能和技能两类。体能指标测试必须符合专项特点，如心肺功能可用最大吸氧量等作为指标（负荷方式和测试方法都要固定），速度素质可以 30 米冲刺等成绩作为指标，灵敏素质可以 T 形移动等成绩为指标等。技能参数的指标主要是指影响竞技能力的各种技、战术参数。技能参数主要是通过临场技术统计或比赛录像等方式获得。指标体系是由各个专项运动特点决定，如篮球、排球进攻战术参数指标，可参见表 10-8 的指标设置。

后勤科医配合质量是实战模式中不可缺少的组成部分。教练员要积极配合科研人员和医生，定期进行参赛前后的生理生化指标的测试工作，积极落实比赛过程中防伤防病和功能康复的要求。个体参赛心理是直接影响比赛效果的重要因素之一，例如赛前焦虑、过度兴奋、赛前紧张、睡眠失常、精神萎靡、注意分散、感觉迟钝、想赢怕输等现象或思想活动，都有可能影响比赛的结果。因此，必须根据专项特点认真分析情况和科学提出对策；必须通过实战方式，结合运动员个性心理特征，有意识地进行心理素质的训练和培养。比赛环境熟知程度也是一项直接影响比赛效果的重要因素，竞赛前期必须尽快熟悉赛区气候、场地环境、观众特点、器械条件等因素，这些都是实战训练考虑的因素。

二、实战模式计划设计

首先，必须科学诊断运动员的现实情况。必须对承担赛事任务的运动员进行详细的个体分析，客观诊断和评价其当前的训练水平，找出现实与目标的差距和影响因素，提出解决主要矛盾或矛盾主要方面的办法。诊断和评价主要依据是运动员以往重大比赛中的表现和近期的竞技能力与竞技状态表现。诊断和评价途径是按照比赛要求或通过检查性比赛方式，采集运动员各项竞技能力的现实表现数据，分析这些数据的综合特点，找出存在的问题。教练员必须因人而异地提出具体的办法。科学诊断运动员的现实情况，应该包括对竞争对手的情报收集和分析。必须确认主要竞争对手的竞争优势和劣势，分类提出针对不同对手的主要竞技对策和方法，这是实战模式计划设计和实战训练监控的首要条件。

其次，必须科学设计实战模式训练计划。实战模式训练计划通常具有个性化、专门化和仿真化特点。其中，个性化的实战模式训练特点是运动员的训练计划各不相同，因而解决的问题也是各不相同。有的侧重机能某一方面的实战训练，有的侧重某一素质的专项训练，有的侧重某一动作环节的训练，有的侧重某一战术环节的训练。总之，个性化的实战特征十分明显。专门化的实战模式训练特点是抓住运动员的普遍问题，集中精力专门逐一解决。解决的途径是分层分类地逐项专门训练。仿真化的实战模式训练特点是仿照真实比赛的环境、日程、间歇等客观条件，进行仿真性的实战训练。这类实战性的训练，对于运动员的心理影响十分重要，教练员要有意识地营造竞争范围进行仿真训练。

最后，必须通过阶段性的实战训练检验实战模式的训练计划。应该说，高级训练阶段的训练计划都应该具有鲜明的实战模式的计划内容。阶段训练计划、小周训练计划和单元训练方案更应突出实战需要的特点。阶段训练计划应该突出实战实现训练目标的进程与步骤；小周训练计划应该突出体现实战训练的质量和效果；单元训练计划方案应该突出实战训练的具体纲要和内容。其中，单元训练的实战模式训练方案设计至关重要，它是运动训练工程设计的具体细化，更是运动训练工程实施的行动方案。因此，单元训练方案更要突出实战特点。毋庸赘述，实战模式的单元训练方案要鲜明地体现个性特点。实战要素的各项指标和参数应细致地溶入方案之中，使之具有针对性、个体性和实战性。

三、实战模式基本应用

实战模式的基本应用方式主要是专门式和比赛式训练。专门式训练有两种形式：一种是运动技术实战模式训练；另一种是运动战术实战模式训练。比赛式训练是教练员根据比赛规则和要求严格安排运动员进行实战性的训练。它有4种亚类，即教学性比赛、检查性比赛、模拟性比赛、适应性比赛。其中，教学性比赛是指在训练条件下，根据教学的规律、比赛规则或部分规则，进行专项练习的训练方法；检查性比赛是指在模拟或真实的比赛条件下，严格按照比赛规则，对赛前训练过程的训练质量进行检验的训练方法；模拟性比赛指在训练条件下，模拟真实比赛的环境和对手，严格按照比赛规则进行比赛的训练方法；适应性比赛是指在真实比赛条件下，力求适应重大比赛环境的训练方法。

实战模式的专门式训练是高级训练阶段的个性化训练的基本方式。其中，运动技术实战模式训练与技术动作训练完全不同，它要求技术训练必须按照实战特征进行训练，如篮球运动的急停跳投训练，必须安排在高强度的人盯人防守背景下进行。这种技术训练必须对技术串联和衔接技术都有明确的实战要求。运动战术实战模式的训练意义更是重要。如足球进攻战术都是在对抗过程中实现战术的组成。显然，实现进攻战术必须具备3个特点：一是身体对抗条件下的娴熟攻防技术；二是攻防技术娴熟条件下的充沛体能；三是队员之间的良好战术配合意识。因此，足球进攻战术训练必须从实战的角度出发，高度地体现强对抗、多跑动、无间歇、快转移、精定位的基本特点。

实战模式的比赛式训练是高级训练阶段以上各个阶段训练的主要方式，特别是对集体性的球类运动而言，实战模式的比赛式训练更是特别重要。由于比赛式的实战模式的训练目的不同，因此必须明确重大赛事的主要目标和现实状况，科学采用或运用不同的比赛式实战模式。通常，基于检查和发展运动员的某一竞技能力，可以采用教学性比赛或检查性比赛方式。这种方式可以安排在整个训练周期的各个阶段。模拟式的实战模式则可在平时训练课中，通过选择特定对手或模拟比赛环境，按照比赛规则等要求进行实战比赛训练。集体性球类运动重大赛事之前都会安排系列热身赛、适应赛等，这是比赛式实战模式的训练。围绕重大赛事之前的所有大奖赛、积分赛，都可视之为一种实战模式。

四、实战模式监控要求

强化实战模式训练的监控意识是做好实战模式训练监控的重要前提。实战模式训练的监控意识主要体现在4个方面：一是构建严谨的监控体制，只有依靠严谨的监控体系才有助于提高实战训练的效果；二是制定严密的监控方案，只有依靠严密的监控方案才能提高监控的效果；三是树立严肃的监控作风，只有通过严肃的监控作风才能更好地提升教练员的执教态度和运动员的训练作风；四是建立严格的监控制度，只有通过严格的监控制度，力争制度面前人人平等才能有助于运动员自觉、主动和积极地投身实战训练。强化实战模式训练监控意识包括实战模式计划、单元实战训练、实战训练内容、实战训练负荷、实战训练环境和实战训练过程等训练监控意识。唯有如此，才能起到监控的作用。

检查实战模式训练的监控信息是实施实战模式训练监控的重要环节。实战模式训练的监控信息是实战模式训练状况的客观反映。因此，信息的全面性、真实性、有效性和针对性对于监控工作尤为重要。实战模式训练的监控信息工作主要体现在4个方面：一是检查信息的全面性。换言之，实战内容的信息应该具有全面性。二是检查信息的真实性。必须对实战训练反馈信息去伪存真地检查和筛选。三是检查信息的有效性。实战训练的各类信息很多，需要由表入里地分门别类地检查，力争发现主要矛盾或矛盾的主要方面，这样才能集中精力解决主要问题。四是检查信息的针对性。实战模式训练监控信息只有具有针对性才能反映教练员指导运动员训练的效力,唯有如此才能发挥监控的作用。

评估实战模式训练的质量效益是实现实战模式训练监控的重要目的。实战模式训练的质量和效益,直接影响着运动员实际参赛的质量和效果。评估实战模式训练的质量效益,实际上就是对运动员参赛的结果进行预测或预判。高水平运动队或运动员的实战训练之后,都需要进行质量或效果的评估工作。这种评估大致分为专题评估和全面评估两类:专题评估主要是分别检查运动员各项竞技能力的训练效果,旨在掌握运动员竞技能力的真实发展状况;全面评估主要是检查运动员重大战役性赛事的准备状况,旨在掌握运动员竞技状态的形成状况。专题评估与全面评估不同。专题评估的依据主要是检查性项目或指标;全面评估的依据主要是各种赛事的过程指标。唯有如此,才能体现监控的作用。

小　结

本章是本书具有重要特色的一章,整章共分 4 节。其中,训练工程监控概述主要包括训练工程监控意义、训练工程监控原则、训练工程监控体制和训练工程监控机制;运动训练质量监控主要包括运动训练质量要点、计划质量监控要点、质量监控基本种类和质量监控方法要求;运动训练监控体系主要包括监控的对象与内容、监控的指标与方法和监控的类型与目的;实战模式训练监控主要包括实战模式构成因素、实战模式计划设计、实战模式基本应用和实战模式训练监控。本章正是系统地阐述了训练工程的主要监控内容,从而鲜明地体现了训练工程监控的重要特征。

第十一章　竞技运动竞赛规则

本章着重强调竞技运动竞赛规则是保障竞技赛事活动公平开展、公正评判的准则，是有力推动竞技运动科学发展的动力，是竞技运动训练实战化的法则；着重讨论竞赛规则的条款制定和内容修改的基本特点和蕴藏在竞赛规则之中制胜的综合规律、主导规律、突前规律和更迭规律；全面分析竞赛规则的普适性、针对性、公平性、人文性、规范性和操作性特征的意义。竞技运动竞赛规则的讨论对于科学推动竞技运动发展和控制战役赛事意义重大。

第一节　竞赛规则演变梗概

一、竞赛规则演变意义

众所周知，竞技运动最为鲜活的重要组成部分就是竞赛活动。确保竞赛活动的公平、公开和公正进行的准则或法则就是正义的竞赛规则。规则规定了比赛条件和比赛方法，规范了参赛比赛的竞技方式，提供了比赛成绩的评判标准。因此，竞赛规则是每个参赛者必须遵守的法则。竞赛规则作为现代运动竞赛的组成部分，一直伴随着竞技运动的发展而适时演变着。竞赛规则的不断演变和合理完善、也积极促进着竞技运动的不断提高。所以，深入细致地分析竞赛规则不断完善的演变历程，具有特殊的历史意义和现实作用。

竞赛规则演变的意义在于确保运动竞赛有序进行。竞赛规则规定了运动员和裁判员的权利、义务、自由和约束，以便保证比赛的有序进行。具体说来，任何项目的竞赛规则主要通过三类条款的规定确保比赛正常进行：首先，竞赛规则赋予参赛者一定的权利，包括规定允许的技术动作，如足球竞赛中，规定参赛者除守门员外，所有参赛者必须采用除上肢肢体动作以外的肢体进行传球、垫球和射门；其次，竞赛规则要对不利于项目发展的技术行为予以禁止，如足球比赛中除守门员外不允许其他运动员用手以及前臂主动触球，否则犯规；再次，竞赛规则规定了计分方法或计量方法，以便判定胜负。由此可见，竞技运动的竞赛规则中这三类条款及其内容的变化，一直推动着竞赛规则的演变。

竞赛规则演变的意义在于确保运动竞赛健康发展。为此，积极营造参赛各方实力氛围和限制一方具有长期优势垄断地位是修改规则条款、竞赛制度或竞赛规程的主要依据。例如，乒乓球和跆拳道比赛规则的多次修改就是源于如此。国际上各个项目组织通常采取如下措施：一是某国处于垄断性优势时，则通过修改规则限制国家参赛人数，使强国参赛人数少于项目设置总数，以便提高弱国参与比赛的热情；二是对抗程度已经超过裁判识别能力时，则通过修改规则，借助于高新技术记录并回放以便确认无误；三是比赛往往因攻防失衡容易中断时，往往通过修改规则或是限制进攻方式或是放宽防守条件，以便从规则设计角度促进攻守平衡。总之，规则修改目的就是促使竞技运动得以健康发展。

竞赛规则演变的意义在于鼓励更多民众参与竞技。从某种意义上讲，奥运会所遴选的竞技项目之所以能够延绵几十年，甚至几个世纪而不衰的原因，就是都有一套不断趋于完整、合理而公平的竞赛规则作为支撑。正是这些竞赛规则的研制和应用，使不少民族性运动成为全球性项目。以奥运会项目为例，1896 年的第一届奥运会上只有区区 9 个竞技运动大项，13 个参与国，但是 2008 年的北京奥运会上，竞技运动的项目总量则发展到 28 个大项，205 个参与国及地区。1896 年复兴于欧洲的现代奥林匹克运动仅仅走过百年时间，居然发展成为目前具有如此重要影响的人类共有的社会活动，这足以证明竞技运动在其走向发展、成熟的历史进程中，竞赛规则的演变进程对其推动作用何等重要！

竞赛规则演变的意义在于紧随人类社会发展趋势。竞赛规则必须满足人类社会的发展需求、促进竞赛项目的科学发展和符合人类文明的历史进程。不同时期演变的竞赛规则具有时代性和历史性，因此竞赛规则演变的目的存在着差异。以篮球为例，篮球竞赛规则可以说是演变多次，这些修改后的规则对于促进篮球比赛时的对抗具有重要作用。例如，进攻队后场获得球权之后，必须在 10 秒之内后改为 8 秒之内使球进入前场；进攻队员不得在"限制区"内停留 3 秒钟；"三分区"不断扩大，由 6.25 米增加到 6.75 米等等。这些规则的修改不仅强化了对抗的激烈程度和攻守的平衡能力，而且也增强了比赛的观赏性和刺激性。篮球项目竞赛规则的系列微细改变，说明正是出于满足人类社会发展的需要。

竞赛规则演变的意义在于积极提高运动训练效益。竞赛规则的演变往往引发训练思想和方法的变革。以奥运会男子拳击为例，2009 规则进行修改后，规定每场比赛进行 3 局，每局 3 分钟，局间休息 1 分钟。而且对计分规则进行调整，去其最高和最低分，取其平均分，并且裁判员可在赛中进行补点。原先得点即刻显示比分，现在变成局间显示比分。2013 年国际拳击联合会正式公布，今后男子业余拳击比赛中将舍弃头盔，并且将拳手参加奥运会的年龄限制由之前的 34 岁放宽到 40 岁，同时计分系统也将引入职业拳击比赛规则。显然，业余拳击比赛规则的改变，更加强化体能训练、进攻意识、快拳技术和多变战术的要求。自然，拳击教练员必须积极创新拳击训练指导思想和训练方法。

二、竞赛规则演变内容

通常，竞赛规则条款的修改主要是针对成绩评判、比赛设备、场地器材、比赛时间、参赛人数、技术动作、裁判职权、犯规判罚、违禁药品等内容进行。应该说，这些内容都是竞技运动规则修改的重要方面。迄今为止，可以说几乎所有竞技运动项目的竞赛规则都涉及到这些内容（表 11-1）。当然，由于竞赛规则具体内容修改范围较广，加之各个竞技运动项目不同时期规则演变的重点不同，因此，各个竞技运动项目竞赛规则的具体演变内容难以全面阐述。这里仅就某些发展进程变化较大、影响范围比较广泛的竞技项目竞赛规则修改内容进行剖析，旨在提示竞技运动项目竞赛规则演变的主要特点。

表 11-1 各项目竞赛规则演变主要内容

类别	成绩评判	比赛设备	场地器材	比赛时间	参赛人数	技术动作	裁判职权	犯规判罚	违禁药品
标枪	√	√	√						√
短跑	√		√			√		√	√
游泳	√	√					√	√	√
体操	√					√	√		√
射击									√
羽毛球	√	√		√		√			√
篮球			√	√	√		√	√	√
跆拳道	√			√		√			√

（引自胡亦海.竞技运动特征研究 [M]. 北京：人民体育出版社，2013.）

比赛设备是指运动员（队）为完成比赛任务在竞赛场上持有或者穿着规则允许的比赛用具。由表 11-1 可见，标枪、游泳、羽毛球等项目比赛设备的变化已对这些项目的发展具有重大影响。例如，标枪历经木制、铝合金制后，20 世纪 80 年代，赫德尔标枪公司研制出"赫德尔型"标枪。1984 年 7 月 20 日，德国选手在柏林的比赛中采用"赫德尔型"标枪创造了 104.80 米的世界纪录。显然这一成绩超过了运动场最大长度，而且已经威胁到远端活动运动员、工作人员。因此，国际田联通过修改标枪重心以减少标枪的飞行距离。1986 年国际田联将标枪的重心做了调整，前移了 4 厘米；尽管 1996 年 5 月芬兰选手创造了 98.48 米的新型标枪纪录，但是，距离明显缩短并保证了赛场的安全。

成绩评判是指运动员（队）为完成比赛任务所需达到的标准。对多种项目而言，成绩评判方式的变化同样会对该项目造成影响。1999 年排球最早改变得分方式的竞赛规则。当时排球规则修改的内容主要是每球得分制、运用自由防守队员以及发球擦网为好球等 3 条。这 3 条规则的修改强化了攻守平衡的态势，促使后来的排球比赛更为精彩。随后羽毛球等隔网项目也进行了规则修改。原有的发球得分制的旧规则使羽毛球比赛时间漫长和毫无趣味。羽毛球采用新规则的每球得分制使比赛进程变得更加紧凑，一场比赛时间往往可以在 40～45 分钟之内结束。一场实力悬殊的比赛所用时间更少，即使实力比较接近的比赛，也能较之以往少用三分之一的时间，从而保证了竞赛过程的比赛质量。

裁判职权是指裁判员为保证比赛结果的公平性所承担的职责和权力。如 1997 年国际体操联合会对裁判组的设置进行了较大的变动，裁判组由 1 名裁判长、2 名 A 组裁判员、6 名 B 组裁判员共 9 名人员组成。A 组裁判员主要负责动作难度价值和动作连接价值的评判，即"A"分，内容包括下法和 9 个最好动作共 10 个动作，在所计算的 10 个动作难度价值中，每完成一个符合质量要求的动作结构，A 组裁判组将给予 0.5 的加分，最后累计得分；B 组裁判负责评判"B"分，又称动作的"完成分"，从 10 分开始，以 0.1 分为单位进行扣分。B 分的内容包括艺术与错误、技术与错误。扣分实行累计积分，并从 10 分中扣除，最后所得分为 B 分。可见，规则对职责的量化促使了结果更加公平公正。

犯规判罚是指裁判员为保证比赛结果的公平以及运动员的安全，对各种违反竞赛规章制度的行为的处罚。规则判罚的变化会对竞技运动的发展施加影响。例如，篮球比赛为了减少中断次数，增强比赛的合理对抗，提高比赛的连续性，1984 年国际篮联对规则修改为每半场 7 次犯规执行 1+1 罚球；2000 年规则改为每节4次犯规以上就要执行两次罚球,这样看似比赛中断的可能性加大,实则不然,这会时刻提醒队员过多犯规不但有被罚出场的可能,还会使本方无谓失分。2008年规则修改内容中对快攻直接得分球员的身后或侧面犯规,被认为是违反体育道德的犯规。这些规则内容的修改使得比赛更加连贯,场面更加精彩。如今在篮球场上经常看到犀利的快攻过程能够实现,就是源于这一规则保证。

三、竞赛规则演变成因

恩格斯在谈到事物普遍联系的"辩证图景"时指出:"当我们深思熟虑地考察自然界和人类历史或我们自己的精神活动的时候,首先呈现在我们眼前的,是一幅由种种联系和相互作用无穷无尽地交织起来的画面。"因此,分析竞技运动竞赛规则的演变成因也应如此。任何一项竞技运动的竞赛规则,都有其系统内在的联系和规定。此外,竞赛规则的演变历程中,除了上述提到的历史和项目发展的原因,还受到价值理念、经济发展、科技支持和传媒应用等因素重要影响。这些影响因素在不同阶段对竞赛规则的演变起到积极影响。

价值理念对竞赛规则演变的积极影响显而易见。纵览《奥林匹克运动宪章》和《体育运动国际宪章》的全文,可以看出竞技运动的创建、推广和传播的一个价值理念,就是营造一个公平、公正和光明的世界。显然,这一价值理念始终作为现代竞技运动竞赛规则制定和修改的法理依据。表面看来,所有运动项目的竞赛规则都由毫无生气的若干条款组成框架,文字的陈述语义都是单调的明确表达。但是,所有准备遵循规则进行竞赛的参赛者都很清楚:竞赛规则要求一切必须公平和公正的正义理念是不容置疑、不容挑战的。正因如此,现代竞技运动的发展过程就是竞赛规则不断修改的过程。竞赛规则的演变不仅是为了适应日益发展的竞技运动的需求,而且是为了彰显竞技运动竞赛规则的价值理念。

经济发展对竞赛规则演变的积极影响十分明显。1980年以前举办的历届奥运会或其他类似的运动会,由于经费问题以致陷入难以为继的困境。1984年奥运会引入商业运作模式之后,不仅使竞技运动的发展注入强大的发展资金,而且吸引了数以亿计的青少年积极投入竞技运动。各个单项运动组织根据联合国教科文组织的《体育运动国际宪章》,积极推动了单项运动的发展。尽管许多项目一度出现了参赛人员骤增、竞技赛程拖长的不利局面,但是国际单项运动组织很快发现了问题,并逐步在竞赛场地、竞赛时间、竞赛器械、裁判人数、裁判职责和成绩评判等方面推出了一系列重大改革。这些竞赛规则主要改革的目的，就是让竞赛过程更为流畅、竞技对抗更加激烈、竞技评判更为准确。

科技支持对竞赛规则演变的积极影响众所周知。随着竞赛规则的不断完善和运动训练的科学推进，人类在竞技运动方面所表现的能力趋于极限。如何充分挖掘人的潜力和发挥人的能力，一直是现代竞技运动训练的永恒课题。自1964年东京奥运会田径比赛中正式采用了精度为1/100秒的电子计时装置后，竞技运动开始广泛地引进和借鉴现代信息技术、遥感技术、电子技术和光学技术等科学技术的手段。电子装置和自动测距、测时的工具逐步开始代替人的眼和手。高速摄影摄像设备、激光装置、"鹰眼"技术等，已经成为赛场和裁判员不可缺少的工具和伙伴。依靠它们帮助，计时更精确、计分更方便、判断更准确。正是这些科技成果的出现，使竞技运动的竞赛规则也发生了重大变化。

传媒应用对竞赛规则演变的积极影响十分显著。随着科学技术的不断发明和创新，人类的生活方式有了极大的改进。其中，数字化电视传媒工具的发明和应用，使竞技运动有了全新的观赏方式、推广路径、交流渠道。电视媒体的转播可以利用多角度拍摄镜头、慢动作回放、电子图像解析以及专业人士的现场讲解等手段，提高了竞技的观赏性和价值性。正因如此，体育组织、电视媒体和赞助商家联合起来，积极争取获得更大的社会影响和经济效益。许多竞技运动项目为此展开了系列的竞赛规则的改革。其中，控制比赛时间、改善比赛场地、调整器材颜色和引入辅助评判工具是最主要的改革，其目的是便于电视转播安排时段、提高竞技观赏品质、保证画面清晰流畅，评判结果更加快捷。

第二节　竞赛规则基本特征

竞赛规则就是一部竞技运动运行的法则。所谓法是由国家制定、认可并保证实施的，反映由特定物质生活条件所决定的统治阶级意志，以权利和义务为内容，以确认、保护和发展统治阶级所期望的社会关系和社会秩序为目的的行为规范体系。不言而喻，竞赛规则就是竞技场上的"法律"。竞技运动的竞赛活动必须依靠竞赛规则方可展开。竞赛规则规范着参赛者的行为，规定了参赛者的权利，指出了违反竞赛规则的后果。因此，从法则的角度来看，任何一份完整科学合理的竞技运动竞赛规则的基本特征应该具有普适性、针对性、公平性、人文性、规范性和操作性特征。

一、普适性与针对性特征

（一）竞技运动的普适性

　　普适性特征是成熟完善的竞赛规则所具有的首要特征。普适性特征是竞赛规则制定的基础。它要求制定竞赛规则的制定者，必须认真分析和科学总结以往比赛过程中由于规则不够严谨出现的不同问题，必须认真制定和抽样实验即将交付使用的新的修改规则，必须科学解答新的竞赛规则的已修内容的细节。它要求参赛者不论年纪、种族、信仰、出生，都必须严格地遵守比赛规则规程、尊敬比赛对手、尊重赛场裁判进行比赛。通常，竞赛规则的普适性必须经过规则语义的严格凝练、抽样实验的科学论证、参赛各方的认真磋商、正式比赛的实践检验和普及推广等若干环节或步骤方可确定。普适性的竞赛规则所规定的比赛行为具有统一性标准和标准性尺度，以便做到"规则面前人人平等"。

　　竞技运动竞赛规则的普适性强调攻防对抗的平衡。为了不断取得新的攻守平衡，人们往往给予竞赛规则以修改以期达到目的。因此，竞赛规则往往伴随着竞技运动攻防均衡的特点要求，遵循着攻防"平衡—不平衡—再平衡"的路线而不断发展日臻完善。如乒乓球直径由小变大、网球竞赛允许上网截杀、排球比赛允许设立自由人并允许下肢击球等规则的演变，就是为了调整和保证这些竞赛项目比赛中的攻守平衡，以便提高竞赛过程的连续性、精彩性，从而鼓励新的技术、战术的出现，促进竞技项目的持续发展。另外，为了提高竞技运动的观赏性和商业性价值，所有难美性的表现性运动项目不仅要求技术评判，而且要求具有艺术评判，这就是竞赛规则在竞赛动作层面方面的普适性要求。

（二）竞技运动的针对性

　　针对性特征是成熟完善的竞赛规则所具有的第二特征。针对性特征是专项运动不同发展阶段的规则特征。其特点是解决当时竞技运动竞赛过程出现的新的问题。通常，专项运动竞赛规则的针对性特征主要解决的问题是：竞赛资格的审查、竞赛器材的要求、竞赛行为的约束、竞赛过程的进程、竞赛时间的控制、竞赛结果的评判、竞赛制度的规定等方面。显然，竞技规则的针对性不仅体现在专项竞赛规则的制定方面，而且体现在竞赛过程的执法方面。规则的针对性特征，往往决定着专项运动的发展走向，鼓励着专项技术的发明趋势，孕育着专项运动新的一轮竞争开始。所以了解和掌握专项运动的最新规则涵义和赛事的执法标准，对于最大程度地发挥运动员的竞技能力无不具有特殊的意义。

竞赛规则的针对性必须符合市场需要。例如，许多运动项目竞赛规则的针对性改革就是出于便于电视直播或转播的需要。隔网类项目竞赛规则的计分方法的变革，就是源于便于电视转播和时间控制的要求。正是源于此，隔网类的许多项目不仅取消了得分必须首先得权的规则，同时调整了评判胜负的比赛计分制。如乒乓球采用了每局 11 分的七局四胜制；羽毛球改为每球得分方式和每局 21 分的三局两胜制；网球采用了每球得分的 7 分赛制；排球采用了前四局分限为 25 分，第五局分限为 15 分的五局三胜制等。隔网类项目竞技规则修改的针对性的意义可见一斑。当然，有些项目根据自身发展需要也做了相应改变，如田径竞赛项目不许起跑抢跑的规定就是便于更好地防止投机取巧。

二、公平性与人文性特征

（一）竞技运动的公平性

公平性特征是成熟完善的竞赛规则所具有的第三特征。竞赛规则的公平性着重体现在 3 个方面：一是竞赛规则的严谨性。规则的条款涵义没有歧义，规则的解释附有细则和说明，所有竞赛规则的条款、细则对于参赛各方的规定和约束保持一致。二是竞赛裁判的执法性。裁判队伍的水平和态度是确保比赛过程顺利进行、比赛结果公正的关键因素。三是参赛各方的合法性，即参赛选手比赛行为符合竞赛规则的要求和约束条件。目前，存在的主要问题一是竞赛裁判的执法态度和执法能力，二是参赛选手的违规行为和投机现象。前者主要反映在裁判受贿和能力问题，后者主要反映在参赛选手秘密服用违禁药品参赛和钻营执法死角问题。某些项目开展不利甚至遭受唾弃就是缘于此。

确保竞赛活动的公平性始终是各个专项运动高度重视的议题。对于参赛选手违禁药物的体检和裁判队伍资格水平的考察,始终是各个专项运动竞赛组织高层管理重视的内容。这些组织不仅专门成立了专门的兴奋剂检测机构,并对兴奋剂的检查和处罚等方面都进行了非常具体、详细的说明,而且积极采取措施,力图确保竞赛执法的公正性。例如,为了减少裁判主观因素对赛事的影响,组委会或是采用随机调整方式重组现场赛事裁判小组,或是通过增多裁判人员,分工执法细节,或是采用高新技术手段监控过程,旨在提高评判的客观性和公平性。以体操为例(表11-2),随着裁判员人数增多,其的分工越来越细,这就无形中减少了主观因素的影响,增强了评分的客观性和公平性。

表11-2 体操竞赛规则裁判组成员变化统计

规则(年)	裁判人员	人数
1989(以前)	裁判长1人,裁判员4人	5
1989	裁判长1人,技术助手1人,裁判员4人	6
1993	裁判长1人,技委会检查员1人,技术助手1人,裁判员6人	9
1997	裁判长1人,A组裁判员2人,B组裁判员6人	9
2001	裁判长1人,A组裁判员2人,B组裁判员6人	9
2006	裁判长1人,A组裁判员2人,B组裁判员6人	9
2009	裁判长1人,D组裁判员2人,E组裁判员6人	9

(引自罗淑芳.难美类项目竞赛规则演变与项目发展的双驱关系研究[D]. 2009.)

(二)竞技运动的人文性

人文性特征是成熟完善的竞赛规则所具有的第四特征。这一特征是出于竞赛规则执法内容是人这一主体对象而体现的。尽管规则制定要求条款严谨,但是比赛结果难免与客观实际有所差异。这就需要倡导一种人文精神,这种精神也是执法裁判的理念依据。1988年汉城奥运会跳水比赛得分领先的美国选手洛加尼斯最后一跳头撞跳板鲜血直流,但是裁判鉴于统领一代风骚的他即将退役,全部给予高分使其最终获得冠军;2006年都灵冬奥会上我国花样滑冰双人滑选手挑战四周抛跳失误,张丹在严重受伤的情况下凭借坚韧的毅力勇敢地继续完成剩下的比赛动作的行为,着实令全体裁判为之动容,并给出了可取银牌的189.74分的高分。两个案例都是奥林匹克人文精神的最好写照。

从竞技运动竞赛规则的演变历史可以看出，竞赛规则设计与制定的一个基点就是确保选手的健康和观众的安全。正因如此，许多项目的竞赛规则对于比赛场地、比赛器械、比赛护具都有专门的规定，以防比赛过程伤害事故的发生。从表11-3可以看出，格斗类项群对于器材和护具的规则修改多么频繁，充分说明竞赛规则对于维护竞技选手的身心健康是多么重视。但是，目前格斗类项目的规则正在出现取消头盔护具的条款的趋势，这是因为优秀运动员足以能够做到自我保护的地步。何况面对实力悬殊的比赛过程，规则规定裁判可以根据比赛进程和场面表现做出胜负的判决。这些条款都是以人为本保护选手的重要举措。正是由于规则的这些规定，从而确保比赛双方做到互不伤害的拼搏对抗。

表11-3 格斗类项目护具服装修改次数

项目	修改内容	修改时间（年）	修改次数
武术散打	护具服装	1982，1985，1990，1999，2004	5次
跆拳道	护具服装	1998，2001，2002，2005	4次
柔道	护具服装	1997，2001，2004	3次
拳击	护具服装	1994，2004	2次

三、规范性与操作性特征

（一）竞技运动的规范性

规范性特征是成熟完善的竞赛规则所具有的第五特征。一般来讲，竞赛规则的成熟程度与项目的发展水平相关。竞赛规则的演变历程往往历经自定规则、商定规则、制定规则和规范规则4个阶段。规范性的竞赛规则通常对于所有规则要素均有明确的详细规定。规范性的竞赛规则，不仅为参赛选手、临场裁判、比赛仲裁提供了参赛法规，而且也为竞赛组织提供了制定比赛赛程的依据，同时还为不同专项运动的比赛制度奠定了法理基础。竞赛规则、竞赛制度和竞赛规程共同组成依法参赛的基本法则体系。正是各个竞技运动项目技术行为、竞赛规则、竞赛制度和竞赛规程不同，从而造成各项竞技运动具有不同的专项特征。因此，认真研究规则对于科学认识项目特征和掌握制胜规律意义重大。

竞技运动的竞赛案例多次证明，认识和掌握规范性最新竞赛规则，对于积极争取整个战役的最好成绩具有积极作用。例如欧洲篮球锦标赛中的一场经典战事：保加利亚队与捷克队的比赛只剩 8 秒钟，保队领先 2 分。此前曾经负过一场的保队，此役必须赢球超过 5 分才能出线。这时保队教练突然请求暂停，暂停后比赛继续时，只见持球一方的保加利亚队员在最后 1 秒时，突然将球装进自家篮筐，两队打平。保加利亚队这一出人意料之举，为自己创造了一次起死回生的机会。5 分钟的加时赛中双方打得难解难分，最后的结果是保加利亚队赢了 6 分，如愿以偿地出线了。由此可见，深刻认识和掌握竞技运动的专项竞赛规则和竞赛制度，对于提高运动成绩和比赛排名具有出人意料的效果。

（二）竞技运动的操作性

操作性特征是成熟完善的竞赛规则所具有的第六特征。规范性的竞赛规则应该是语义清晰、内涵准确、标准统一和便于操作。一般认为，评分类运动项目竞赛规则的操作性难度较大。评分类运动项目几乎多由难美表现性项目和格斗对抗性项目组成。这些项目的肢体动作较多，动作变化较大。因此，评分评判的难度较高，往往采用量化评判的方式进行裁决。这类项目由于竞赛规则引入量化评判方法，使得比赛的可操作性趋于易化。以艺术体操为例，由表 11-4 可见它的竞赛规则中对于身体动作难度等级划分的变化。2009 年的规则将身体动作等级至少分为 10 个级别，身体动作的难度数量上升到了 547 个，再加上现行规则都使用了电子打分系统，从而使得新规则更具有可操作性。

表 11-4　艺术体操竞赛规则身体难度等级变化表

规则（年）	动作级别	级别数量	难度数量
1976	A、B	2	34
1985	A、B	2	54
1989	A、B	2	71
1993	A、B、C、D	4	111
1997	A、B、C、D	4	135
2001	A、B、C、D、E	5	267
2003	A、B、C、D、E、F、G、H、I、J	10	437
2005	A、B、C、D、E、F、G、H、I、J（或更多）	10↑	501
2009	A、B、C、D、E、F、G、H、I、J（或更多）	10↑	547

（引自罗淑芳.难美类项目竞赛规则演变与项目发展的双驱关系研究［D］. 2009.）

竞赛规则的制定和应用便于可操作固然重要，但是实践中往往由于裁判思想的主观倾向、裁判队伍执法水平的参差不齐，导致比赛结果不公的现象时有发生。因此，重大赛事的组委会通常采用细化裁判职能和赛前组织培训方式，以便正式比赛更趋客观和准确。以武术套路竞赛规则及其操作实践为例，由表11-5可见，2002年推出的新规则，除了继承1996年版的"切块打分"办法，同时进行了更为大胆的改革和创新。新规则对裁判分工更为细致明确。裁判分A、B、C3组：A组负责全套动作质量评分和错误动作扣分；B组负责全套动作演练水平评分；C组负责难度动作加分。这种评分方法中的分工，使得裁判员的职责更为明显，评分客观程度提高，比赛结果更为公正、准确。

表11-5 武术套路竞赛规则评分变更的比较

规则（年）	评分方法	执行裁判员组成及职责	评分操作系统
1959	整体评分	5人	采用笔录方式
1960	整体评分	5人	采用笔录方式
1973	整体评分	5人	采用笔录方式
1979	整体评分	5人	采用笔录方式
1984	整体评分	5人	采用笔录方式
1991	整体评分	5人	采用笔录方式
1996	切两块评分	6~10人（A组评动作规格，B组评演练水平）	采用笔录方式
2002	切三块评分	9~12人（A组动作质量，B组演练水平，C组难度）	采用电子记分系统

（引自罗淑芳.难美类项目竞赛规则演变与项目发展的双驱关系研究［D］.2009.）

第三节 竞技运动竞赛规则双驱作用

一、奠定竞技发展基础

竞技运动竞赛规则犹如社会秩序所必须遵循的法律条款。如果说竞技运动是人类社会的一个微观模型，那么竞赛规则就是维护这一竞技社会的运行法则。因此，从某种意义上讲，竞技运动的竞赛规则对于培育竞技运动项目、维护竞技运动环境、强化竞技运动秩序、发展竞技运动水平具有十分重要的作用。竞技运动的发展历史告诉我们，整个竞技运动所历经的体现格斗生存能力、呈现娱乐技能能力、表现竞技极限能力、展现团队协作能力的几个发展阶段，都是缘于不断完善、日臻成熟的竞赛规则的有利推动。但是，遗憾的是人们习惯记住竞技赛场那种震撼情景，却非常容易疏忽竞赛规则的法理意义。因此，必须强化人们对于竞赛规则的理论认识，以此自觉地积极推动竞技运动持续发展。

竞技运动竞赛规则作用的对象，说到底就是从事竞赛活动的人的行为和竞赛关系。这里所指的竞赛关系，意指竞技场上的人与人的关系的总和。一般来讲，竞赛活动中的人的行为主要是指运动员、教练员和裁判员的行为。竞赛规则的主体作用对象主要是运动员的行为；竞赛活动中的竞赛关系主要是指包括三员（运动员、教练员和裁判员）在内的赛事组织人员及其相互关系。由此可见，竞技运动竞赛规则的作用主要在于：对运动员、教练员和裁判员的竞赛行为进行法则规范，使其在公平、公正和公开的氛围下，最终能够提供客观意义的竞技成绩，并对社会产生影响。国际任何一个单项运动组织所制定和推出的竞赛规则，都是该国际组织权力运行和意志实现的具体表现，同时也是该项竞技运动项目发展状况的具体表现。

竞技运动的发展总是伴随着竞赛规则的不断演变，竞赛规则的不断完善总是推动着竞技运动的发展。竞技运动的发展不仅表现在普遍意义的发展，而且体现出特殊意义的提高。竞技运动任何一项运动竞赛规则的完善程度，不仅取决于该项竞技运动的发展水平，而且取决于该项运动组织的法制理念。一个成熟完善的竞赛规则具有5个方面的作用，即规范、评价、预测、教育和强制作用。其中，规范作用主要引导参赛者的参赛和比赛行为；评价作用主要裁定竞技水平或遴选参赛者；预测作用主要预估对手行为和自己行为；教育作用主要引导和教育参赛各方合法竞争；强制作用主要约束参赛者的违纪行为。正是具有上述5方面作用的竞赛规则的存在，竞技运动确保了得以健康、持续地发展。

竞技运动竞赛规则的导向作用十分重要。例如：20世纪50年代初，篮球赛场经常出现比分领先方长时间控球不进攻，防守方往往争抢徒劳，所以曾有干脆席地休息的现象。这种消极行为严重阻碍了篮球比赛的发展。1956年国际篮联增加了30秒规则，这一规则限制了当时的"控球"打法。1961年罚球由10秒改为5秒；1984年规则规定持球队员被严密防守5秒后不出手为违例，并增加了控球队30秒内球若出界则30秒不重新计算的规定。2000年规则将进攻队10

秒过半场改为 8 秒，一次进攻时间由 30 秒改为 24 秒。这些规则的修订不但限制了"控球"战术，使攻守转换加快、进攻次数增加、比分大幅上升，而且迫使进攻战术配合更加简洁、准确。规则修改保证了比赛的攻防节奏和观赏价值。

二、蕴藏竞技制胜规律

哲学认为，"规律"是一种关系，是事物内部的本质联系和发展趋势。竞技制胜规律是指在竞赛规则的引导下，教练员、运动员为战胜对手获取优异成绩所遵循的基本法则。其中，竞技制胜的综合规律、主导规律、突前规律、更迭规律是主要的竞技制胜规律。竞技制胜规律往往要受不同竞技运动水平和当时竞赛规则内容的影响。对照新旧竞赛规则不难发现蕴藏在竞赛规则中的制胜规律。制胜规律主要由两个方面组成，即制胜基本因素及其相互关系。我国竞技运动的实践证明：对竞技运动制胜规律的认识和把握，首先必须深刻认识制胜因素内容、构成和体系；其次必须充分认识各个制胜因素之间的本质关系。由此可见，寻找竞技运动的制胜规律，必须着眼于构成制胜规律的主要构件。

不同运动专项的制胜规律是不同的，即使同一类型项群的运动项目制胜规律也有一定差异。这是运动专项的特性所定的。例如，我国优势运动项目乒乓球运动经过几代人的研究发现，"快、转、准、狠、变"是我国乒乓球运动的重要制胜因素。研究认为，乒乓球运动员的竞技能力和比赛经验对于制胜至关重要。但是，这些能力或者经验必须通过击出球体的特性体现出来才能有效。研究还认为，乒乓球运动员竞技能力中的素质、技术、战术均是外在因素或是表面形式，运动员比赛中击球球体的运动速度、旋转程度、运动落点、攻击性能、轨迹变化、运动方向、运动路线等因素则是内在因素（表 11-6）。研究发现：乒乓球球体运动这些因素的不同组合，实际上就已构成制胜因素之间的联系。

表 11-6 乒乓球运动的制胜因素与球体特性

制胜因素	快	转	准	狠	变
球体特性	运动速度	旋转程度	运动落点	攻击性能	轨迹变化

竞技制胜综合规律是指由专项运动制胜因素的单个因素及其综合发展水平决定的规律。这一规律要求参赛者必须根据竞赛规则，综合运用各种制胜要素及其

相互关系，使之最大限度地挖掘竞技能力和制胜因素的作用，才能取得优异运动成绩。竞技制胜的综合规律十分强调运动员只有全面综合地掌握并运用制胜因素，才能在比赛中立于不败之地。由表 11-7 可见，隔网类各项目都由若干制胜因素组成。其中，"快、狠、准、变"是乒乓球、羽毛球、网球、排球运动共有的制胜因素；"转"是乒乓球和网球的共有制胜因素；"全"是羽毛球和排球的特有制胜因素；"高"则是排球的独特制胜因素。显而易见，认识这些蕴藏在竞赛规则中的制胜因素，有助于全面地明确科学的训练指导思想。

表 11-7　隔网类各项目制胜因素

类别	快	狠	准	转	变	活	稳	全	高	抢
乒乓球	√	√	√	√	√					
羽毛球	√	√	√		√	√		√		√
网球	√	√	√				√			
排球	√	√	√		√	√		√	√	

(引自胡亦海.竞技运动特征研究 [M]. 北京：人民体育出版社，2013.)

以羽毛球项目为例，正是由于规则规定了羽毛球的球体特点，从而造成羽毛球无法与乒乓球那样具有"旋转"的制胜因素。再以排球项目为例，由于竞赛规则规定女子网高 2.24 米，男子网高 2.43 米，比赛各队必须将球击过球网，使其落在对方场区的地面上，而防止球落在本方场区的地面上。每队可击球 3 次（拦网触球除外），将球击回对方场区。排球规则的这一规定，客观上指出了"高"是排球运动一个重要制胜因素。排球运动之所以特别强调运动员身材的大型化、弹跳力的出众化就是缘于对这一制胜因素的认识。表 11-7 是综合地将隔网类各个项目的各个制胜因素加以凝练整理出来的。这就是竞技制胜综合规律着重强调的制胜要素。显然，深刻认识和全面把握这些因素至关重要。

竞技制胜主导规律是指充分发挥竞技能力众多制胜因素中的主导因素的作用，以便掌握竞赛过程的主动，进而获取优异成绩的规律。通常，人们把不同时段和不同条件下对制胜起到决定性作用的因素称之主导因素。主导因素的提出是缘于其制胜的贡献率远高于其他制胜因素。例如：乒乓球比赛中"快""转"因素相对于"狠""变"因素而言，就是竞技制胜的主导因素；排球比赛中"高""全"因素相对于"快""活"因素而言，就是竞技制胜的主导因素；体操、跳水比赛的"难""美"因素相对于其他因素就是竞技制胜的主导因素；网球比赛中的"准""狠"因素相对于"快""稳"就是制胜的主导因素。实际上，这些主导因素的存在与专项运动竞赛规则的规定密切相关。

没有两个运动项目会有一致的制胜主导因素，即使乒乓球（Table tennis）和网球（Tennis）同根同源，但是两者制胜的主导因素大相径庭。追根求源，其中一个重要原因就是缘于规则规定的场地面积、球拍性能和球体性能等因素的不同。正是这些因素的不同从而造成它们的制胜因素的不同。当然，主导因素不能代替其他制胜因素。只有其他制胜因素的高度发展且能与主导因素融为一体，主导因素的作用才能起到决定作用。应该看到：不同的运动专项均有一个或几个不同的制胜因素。即使同一专项运动，由于队员处在不同的发展时期或不同水平状态，其制胜的主导因素也不相同。因此，我们必须把握主导因素与次要因素的主次时空关系和辩证转化关系，只有这样方可制胜。

竞技制胜突前规律是指各种制胜因素在某一阶段呈现单因素突前、多因素跟进的变化规律。任何事物的均衡发展是相对的，非衡的发展则是绝对的。平衡、失衡、再平衡地不断转换的突前因素积极推动竞技运动水平提高，例如跳水运动通常是以发展动作难度作为突前发展因素。或者说，难度制胜因素是跳水初级阶段走向高级阶段过程中的突前发展因素。许多青少年跳水选手就是以此作为制胜法宝。根据起跳动作的方向和结构，跳水可分为向前、向后、向内、反身、转体5组，每组均有规定动作和自选动作，每个动作又有不同的难度系数。跳水空中姿势可以分为A（直体）、B（屈体）、C（抱膝）、D（翻腾兼转体）4种，可见难度因素作为突前制胜因素就是跳水运动竞赛规则导向的结果。

正因如此，各个竞技项目的竞技能力或制胜因素的发展进程中，都存在着因某一因素突前发展、其他因素随后跟进的现象，或者这些运动的某一突前因素的发展会以其他制胜因素的发展作为突前发展的基础。由表11-8可见，摔跤项目的制胜因素可以概括为"快、变、连、全、稳、绝"等主要因素。但是，比赛时运动员的身体姿势、技术动作、身体重心、移动轨迹等都应处于快节奏的动态变化之中，每一个技术动作都要在步法快、抢攻快、躲闪快、身法快、发力快的要求下进行，因此"快"是摔跤运动制胜因素的核心要素。当然，这种"快"是以专项技术和动作的爆发力为物质基础，是与"变"和"连"的技术配合使用。所以，突前发展因素是需要其他因素跟进并作为竞技保证。

表 11-8　摔跤项目制胜因素表

制胜因素	制胜表现
快	1. 步法快、移动速度快；2. 适应对手快、进入状态快；3. 发力快、技术动作快；4. 观察、判断、反应快；5. 攻防转换快、战术变化快
变	1. 动作结构多变、技术衔接多变；2. 战术运用多变，根据不同的对手、不同的比赛、不同的时间、不同的区域随机应变地使用技术动作和运用战术
连	1. 站立到跪撑全面连贯；2. 手法和步法连贯；3. 跪撑动作之间连贯；4. 动作连接紧密、连续发力、连续使用动作；5. 连续比赛的能力
全	1. 体能充沛、素质全面；2. 技术动作全面、进攻防守全面；3. 战术全面
稳	1. 心理稳、沉着冷静、稳扎稳打；2. 重心稳、站立姿势稳；3. 步法稳、协调自然
绝	1. 突出的打法特点；2. 绝招技术；3. 突出的素质

(引自刘广胜. 竞技运动项目制胜规律的探讨［J］. 山东体育科技. 2011.并修改)

竞技制胜更迭规律是指制胜因素在专项发展的某一阶段中或竞赛规则修改后的一段时期内出现交替更迭的规律。"更迭"顾名思义就是更换、变易的意思。竞赛规则的每次修改，势必引发竞技制胜因素的更迭规律出现。例如：排球运动竞赛规则取消拦发球技术之后，跳发球技术就成为一项得分制胜的重要手段；跆拳道运动竞赛规则引入电子感应护具之后，踢腿技术中的"狠"的制胜因素就被"快"的制胜因素所更迭；武术套路的太极拳最新竞赛规则，由于规定单足起跳动作落地质量属于扣分环节，因此腾空"高度"制胜因素就被落地的"稳定"制胜因素所更迭；篮球竞赛规则提出三分球线之后，成年队的远投"准确"制胜因素的权重影响相比少年队员而言大幅进位。

深刻认识竞技制胜更迭规律的意义十分重大，不仅有助于根据规则演变动态创新训练方法和训练器材，而且有助于深刻认识隐藏在新规则里面的制胜规律，同时有助于科学预判专项运动的发展趋势。图 11-1 表示的是拳击制胜因素演变过程中各因素的变化。2008 年奥运会后，随着国际业余拳击竞赛规则的修改和对未来一段时期拳击制胜规律的研究，我国拳击训练界认为原先的"狠、拼、重、快"的制胜因素，有可能被"快、全、连、变、准、控"的制胜因素所更迭。事实证明，这一判断作为学习最新竞赛规则的认识和历经一段时间的实践值得肯定。由此可见，任何一项重大规则的修改将意味着酝酿新的竞技制胜更迭规律。因此，必须高度重视竞技运动竞赛规则的研究。

第十一章 竞技运动竞赛规则

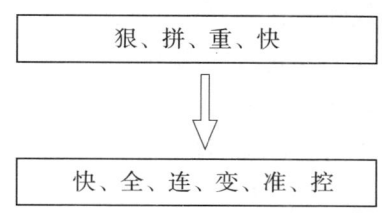

图 11-1 拳击制胜因素的演变

目前，各个竞技运动项目的联合会（包括业余运动联合会或职业运动联合会）的国际组织，为了推动专项运动的科学发展，已经习惯于定期或不定期地将经过试验试用的竞赛规则作为新一届重大赛事的比赛规则。这些项目比赛规则小到一个器材的微细变化，大到多达 50 以上内容的大幅修改，都引发了专项运动制胜规律的变化。如 2004 年划艇规则对艇体规格的变化，引发了划艇专项运动技术特征和体能特征的变化；又如国际游泳联合会颁布的比赛规则（2009—1013 年），竟有 63 处的规则内容做了修改，使得游泳运动的 4 种泳姿技术发生了微细变化；再如国际跆拳道联合会最新颁布的关于电子护具采用第三代器材的比赛规则，又使跆拳道技、战术发生着重大的变化。

总之，必须深刻预见专项运动竞赛规则的修改趋势，必须尽快适应最新竞赛规则的各项条款，必须深入分析最新竞赛规则蕴含的各种制胜规律，必须强化最新规则倡导的竞技制胜因子的训练。实践证明，我国乒乓球运动、羽毛球运动之所以能够长期获取优势项目地位的主要因素之一，就是深刻认识和科学掌握了蕴藏在这些项目竞赛规则之中的制胜规律。我国女排在国际比赛中曾经取得五连冠的一个重要因素，就是始终紧跟排球运动竞赛规则预示的发展趋势。我国田径项目的跨栏、跳高曾经多次创造世界优异运动成绩，也是根据对蕴藏在竞赛规则中的制胜因子进行了科学分析，创造性地提出新的独特的训练理念、动作结构、核心素质和技术风格。由此可见，研究竞赛规则的意义不可小觑。

三、促进竞赛规则完善

竞技运动的竞赛规则说到底就是一种人为设计的游戏规则。但是这种游戏规则绝对不是传统游戏意义的规则而是激励人类竞技运动更快地向更高的方向发展的规则，是仿真人类社会关系的运行规则，是人类和平环境下的一种竞争规则。

因此，深刻认识竞技运动规则的意义十分重大。依据竞技运动规则功能和内容，任何一部竞赛规则都由两种类型的内容条款构成，即强制性条款和范导性条款。其中，强制性条款是指不可违反的条款，违反了就意味着你将退出比赛或受到惩处；范导性条款是指鼓励遵守的条款，即使有所违背，只要不严重影响赛事进程也可宽容待之。足球比赛禁止背后铲球的规则，就是一条强制性条款；规则规定的场地要求就是一条范导性条款。

任何一部完善的竞赛规则的演变大多历经4个阶段，即自定规则、商定规则、制定规则和规范规则4个阶段。一般地说，自定规则和商定规则的内容多为范导性条款，制定规则和规范规则的内容多为强制性内容。竞技运动启蒙阶段的竞赛规则多为自定规则；竞技运动发展阶段的竞赛规则多为商定规则；竞技运动成熟阶段的竞赛规则多为制定规则；竞技运动推广阶段的竞赛规则多为规范规则。竞技运动的启蒙、发展、成熟和推广的过程，就是竞赛规则的发明、成形、完善和规范的过程。竞技运动的成熟就是竞赛规则的成熟。许多专项运动的特点相对类似，因此竞赛规则的制定可以相互借鉴。例如：隔网类项群几乎一致性地取消得分必须先得权的条款，就是相互借鉴规则条款的典型范例。

竞技运动的发展与竞赛规则的完善是相辅相成的。完善的竞赛规则推动了竞技运动的发展，发展中的竞技运动促进了竞赛规则的修改。竞技运动的发展对于推动竞赛规则的完善，主要体现在竞赛规则的价值合理性、工具合理性和形式合理性。其中，竞赛规则的价值合理性是指鼓励竞赛中的平等、健康、拼搏、善良和宽容等道德品质，制止与之相悖的行为方式。竞赛规则的工具合理性是指保证公平竞争、竞赛秩序及竞赛目标而表现出的工具性作用。竞赛规则的形式合理性是指竞赛规则内容的逻辑性、协调性、适用性、操作性和明确性，前后应该体现出逻辑一致、内容一样并相互支持，便于人们在实际竞赛操作中的理解和执行。显然，这是竞技运动的发展对于完善竞赛规则的重要要求。

竞赛规则价值合理性的要求是实现竞技运动终极目标的思想需要。竞技运动终极目的就是提高人的素养。竞技运动赋予竞赛规则制定的基调就是促进社会的进步，这是现代竞技运动一贯倡导的价值理念和文化精神。2006年德国足球世界杯的法国队与意大利队战至70分时，齐达内因对手的侮辱性语言用头将对手撞倒在地，结果受到红牌驱逐并导致法国输掉比赛。赛后真相大白。但是有错在后的齐达内向法国人民所做的深刻致歉极大地震动了世界。人们从场上齐达内的错误行为知道了规则的强制性条款的威力，也从场下齐达内的致歉内容深刻感受到职业运动员的良好素养和内省品质。同时,所有曾经观看这场赛事的观众同样受到了深刻的思想教育。可见,价值合理的规则是何等重要。

竞赛规则工具合理性的要求是不断减少竞赛负面因素的理论需要。竞技运动竞赛规则由于存在一定的负面因素,因而需要及时修改。例如:游泳竞赛规则限制鲨皮衣的使用保证了参赛者公平条件;高速摄像机的引入保证了百米决赛成绩客观评判;多种竞赛制度的应用解决了参赛者成绩排序;规则注明当值裁判的判决为终极结果,保证了裁判权威;规则取消难度系数的约束和增加肢体应用范围的条款,激发了技术创新动力;提升场地、器材和服饰的档次以及鼓励赛间啦啦队的表演,增加了比赛观赏价值;对耗时较长的项目进行计分改革,满足了电视直播的时间要求;采取限制出场人数和级别数目,制约了某些集团的垄断地位。竞技运动正是通过不断修正规则从而完善了规则自身。

竞赛规则形式合理性的要求是竞技运动全面推广普及的应用需要。竞赛规则形式合理性的具体要求就是防止出现规则条文表述不清、规则内容前后矛盾、规则翻译释义不清现象。目前,国际上对规则条文表述不清、规则翻译释义不清的防范办法是,聘用法学和语言专家作为顾问,以便清晰地表述规则内容。同时规定以语系相对严谨的法语作为制定竞赛规则的主要母语。防止"规则前后矛盾"的举措就是通过实验和试行方式修正的。竞赛规则的价值合理性、工具合理性和形式合理性,是竞技运动要求规则制定和修改的追求目标。竞赛规则所表现的3种合理性是相互依存的,工具合理性、形式合理性是价值合理性存在的载体和体现,价值合理性则引导着工具合理性、形式合理性的正确发展。

小 结

本章专题讨论的竞赛规则的演变梗概、基本特征和驱动作用的理论意义十分重大。其中,竞赛规则的普适性与针对性、公平性与人文性、规范性与操作性6种特征,对于深刻认识竞技运动终极目的十分有益,对于强化认识规则制定正义、过程程序正义、结果评判正义的社会法则具有借鉴价值。竞赛规则所演变的自定规则、商定规则、制定规则和规范规则的阶段历程及其特征令人遐想。此外,竞技运动竞赛规则里面蕴藏的竞技制胜的综合规律、主导规律、突前规律、更迭规律正是竞技运动工程规划、实施和监控的主要依据,同时也是指导我们科学参赛的理论基础。

第十二章　竞技运动参赛工程

竞技运动参赛工程是竞技运动竞赛工程的狭义名称，主要是指运动队（员）完整参赛的过程。一般而言，竞技运动参赛工程包括赛前训练、参赛过程、赛后总结等3个密切相关且又相对独立的环节。其中，赛前训练的质量直接影响着参赛过程的最终成绩与结果，参赛过程的竞技经历与结果，不仅客观检验着赛前训练的质量，而且提供着赛后科学总结的重要素材。显然，竞技运动参赛工程的赛前训练是关键、参赛过程是重点、赛后总结是完善。

第一节　赛前训练及其调控

赛前训练是一个相对特殊的训练过程。从狭义的角度来看，赛前训练既是运动训练工程的封顶工程，也是运动参赛工程的基础工程。科学的赛前训练实际上承担着连接运动训练工程和运动参赛工程的重要职责。因此，赛前训练的质量如何，不仅直接反映了整个训练过程的质量水平，而且影响着参赛过程的竞技水平。正因如此，许多优秀的教练员及其执教团队，十分重视赛前训练的计划设计和科学实施，旨在做好迎接重大战役赛事挑战的准备工作。

一、赛前训练基本规律

赛前训练是指赛前为特定赛事直接准备的训练过程。一般而言，主要是指特定赛事之前的2~4周训练。赛前训练阶段时段的确定，往往受如下几个因素的影响：一是专项运动特点。不同专项运动特点的差异性，决定了不同专项赛前训练阶段的时段不同。二是准备阶段情况。训练周期准备阶段的训练质量和效果越好，那么赛前训练阶段相对要短。三是赛前训练内容。赛前训练的内容要素越多，相对赛前训练阶段的时间则长。四是队伍组成成分。此点主要针对集体性的球类项目。由于球类运动参赛人员较多，因此赛前训练时段较长。为了提高赛前训练质量，必须注意赛前训练的基本规律。赛前训练的基本规律主要是：竞技状态形成规律、竞技环境适应规律和适度保持应激等主要规律。

竞技状态形成规律是赛前训练必须遵循的首要规律。普拉托诺夫指出：竞技状态是运动员对取得该训练阶段的最好成绩的总的最佳准备状态。由此可见，竞技状态实际上是一种能够表现最大运动效能的状态，具体特征是机能高度节省化、素质高度专项化、技术高度自动化、战术高度娴熟化、参赛欲望强烈、思维高度清晰等一些表现。竞技状态的形成历经竞技能力的获得和整合、竞技状态的形成与稳定、竞技状态的消退和再生3个周期性和异时性阶段。竞技能力是竞技状态形成发展的基础，竞技状态则是竞技能力有机综合的效能。赛前训练阶段的首要目的是不仅需要有计划地继续提高专项运动的各项竞技能力，而且需要有步骤地积极促进各个相关竞技能力逐渐地转化成竞技状态。

竞技环境适应规律是赛前训练必须遵循的主要规律。赛前训练阶段必须考虑的一项重要内容就是对未来参赛环境的适应。虽然训练周期准备阶段的训练已经促使机体产生了良好的生物适应，但是由于参赛环境与训练环境完全不同，因此许多社会因素、媒体因素、气候因素、时差因素、赛程因素、裁判因素、观众因素、饮食因素、住宿因素、交通因素等等，都会引起运动员的不良反应，这就需要在赛前训练阶段，有计划、有步骤地施加这些因素进行模拟性的训练，以便提高运动员抵抗这些不良因素的预防和免疫能力。事实证明，这些要素的存在的确是影响运动员心理状态的刺激源，并曾经导致许多优秀运动员赛场发挥失常。因此，赛前不断接受这些刺激才能产生对竞技环境的适应能力。

适度保持应激规律是赛前训练必须遵循的重要规律。正如前文所述，保持适度应激有利于机体在变化的环境中维持自身稳态，提高机体应对不利环境的能力。适度的应激可以促进体内激素增多、酶活性提高、糖原分解增强、脂肪分解加快、代谢率升高、肾上腺素适度增加，同时可引起心理专注程度升高。这些生理特征的变化，恰恰就是竞技状态出现峰值趋势的生理基础。显然，适度保持应激状态，不仅有利于提高赛前训练质量和效益，而且能够提高竞技状态的整体水平和对竞技环境的适应能力。运动应激具有双重性特点，过度应激或应激不足都是赛前训练的不良因素。应该说，多年系统训练已使机体产生适应，因此具备抵御不良因素干扰的能力，对于形成适宜的运动应激极有帮助。

二、赛前训练板块设计

赛前训练计划是运动训练计划的一种，属于阶段训练计划的类型。通常，赛前训练计划的设计方式分为两类：一类是采用倒计时方式。这是根据赛程时间，首先，构建创造优异运动成绩的竞技状态理想指标；其次，对照现实情况制定过程发展指标；再次，对照过程发展指标确定训练内容、方法、手段和负荷；接着，制定运动训练过程的监控指标和方法；最后，根据上述内容制定赛前训练计划。另一类是采取顺时式方式。设计思路同上，但是赛前训练计划格式不同。倒计时方式的时段是由远渐近，目标值与现状值呈现由左向右趋势；顺时式方式的时段是由近渐远，目标值与现状值呈现由左向右趋势。显然，前者，注重提醒实现竞技状态的奋斗目标；后者，重视竞技状态理想指标的实现过程。

赛前训练板块的设计是赛前训练计划设计的首要要素。赛前训练属于周期结构的重要组成部分。由于竞技水平大幅提高和赛事频数日益增多，因此优秀选手赛前的训练内容、手段和负荷需要采用板块组装方式以便集中解决关键问题。通常，板块组装方式是工期要求甚短、工程任务较多的现代工程施工的一种工艺。前苏联维尔赫尚斯基提出的板块训练方式类似工程板块工艺。板块训练的依据是集中负荷效应理论。这一思想精华就是集中安排核心竞技能力及其要素的训练，促其生物适应性的提高。李娜能够进入2013年美网公开赛半决赛就是得益于赛前3周，将发球、上网截击和脚步移动的体能与技能训练板块组装，从而解决了她的长期未解决的问题。显然，赛前训练板块设计意义重大。

赛前训练内容的确定是赛前训练计划设计的必要要素。赛前训练内容的确定，往往需要依据运动员的现实水平、存在问题和参赛目的决定。一般而言，竞技能力的机能、素质、技术、战术、心理和智力则是赛前训练的内容主体。但是，由于专项运动竞赛特征不同、竞技能力发展进程不同、竞技能力因素的影响权重不同，因此，赛前训练有关竞技能力各个因素训练内容的选择也会不同。通常，体能类运动项目赛前训练内容的关注重点，是运动技术关键环节的专项素质训练、专项运动素质中的关键动作训练。技能类运动项目赛前训练内容的主要关注重点，是保持专项机能和素质、精练专项技术和技巧、强化技术串联的质量、磨合专项战术和意识、提高专项心理和智力等主要的竞技要素。

赛前训练方法的遴选是赛前训练计划设计的主要要素。赛前训练的任务和内容需要通过相应的训练方法和手段予以落实。因此，方法和手段的针对性和实效性的选择，显得格外重要。随着比赛日程的逼近，所有决定运动成绩关键要素的训练内容，都应采用检查性的比赛方法进行训练，从而促进训练质量接近或超过比赛实际。这就要求教练员精心制定限制性的比赛规则，适度激发运动员的比赛应激，有效强化运动员的训练强度，尽快形成运动员的赛事适应，逐步提升运动员的竞技状态。应特别指出，所有训练内容均应鲜明地体现身体训练技术化、技术训练战术化、战术训练身训化和综合训练比赛化的特点。当然，适度地选择一些辅助性的训练手段，是防止赛前训练枯燥的主要举措。

赛前训练负荷的安排是赛前训练计划设计的重要要素。赛前训练的负荷安排合理与否，直接关系到赛前训练适应的效果和竞技状态的形成。坦率地讲，所有赛前训练任务的提出、训练内容的明确和训练手段的选择，都是通过机体承载负荷而体现的。因此，运动负荷的合理安排对于赛前训练具有特殊意义。一般地说，赛前训练阶段的负荷变化趋势是：单元课的训练时间大致 2 小时左右，负荷强度始终保持在最大或次大范围，球类运动的训练密度略高于比赛负荷密度，负荷量在赛前最后一周开始逐渐减量，动作难度、动作质量、技术质量、战术质量和课的质量是负荷安排的重点指标和监控指标。特别指出，负荷强度的安排，必须符合竞技状态形成趋势和有利于体内激素不断增长的需要。

三、赛前训练临战模式

模式（Pattern）是指解决某一类问题的基本方法。把解决某类问题的方法总结归纳到理论高度，那就是模式。模式是一种认识论意义上的确定思维方式，是人们在生产生活实践中经过积累的经验的抽象和升华。简单地说，就是从不断重复出现的事件中发现和抽象出的规律，是解决问题形成经验的高度归纳总结。只要是一再重复出现的事物，就可能存在某种模式。模式是一种参照性指导方略，在良好的指导下有助于高效完成任务，有助于按照既定思路快速做出一个优良的设计方案，达到事半功倍的效果，因此是解决问题的最佳办法。临战模式提出的主要依据，是"从难、从严、从实战出发"训练原则。临战模式要求赛前训练各个阶段，必须严格按照竞赛规程、规则、制度的要求训练。

临战模式是实战训练的深化设计和具体实施的高度结合，是对已知对手和竞赛环境的策略演练，是赛前训练阶段进入赛区实战的有机衔接。因此，临战模式通常具有针对性、个体性、有序性、异地性等特点。其中，针对性特点强调根据参赛目的，建立充分发挥自身优势又能抑制对手之长的专门性临战模式；个体性特点强调根据项目特点、竞赛特点、对手特点以及场馆特点等，建立突出专项特点和个体特点的个体性临战模式；有序性特点强调根据实际参赛的过程特点，建立赛前训练的模拟实战过程的程序性临战模式；异地性特点强调根据战役性赛事流动性、赛点陌生性和环境复杂性特点，建立前瞻性、实用性、高效性和预警性的备战模式。显然，临战模式有助于赛前训练的科学实施。

临战模式的构成要素，是比赛分析、比赛预案、比赛措施。比赛分析包括主要竞争对手的基本情况。其中，对手的训练水平、身体状态、心理状态和技、战术特点、绝招和不足等是临战模式中比赛分析的重点。同时，必须对比赛地点的场馆设施、赛区气候和外围环境进行分析。比赛分析的这些要素都是制定赛前训练临战模式的主要依据。比赛预案包括赛事竞赛规程、可能遭遇的对手情况、最新竞赛规则的潜意和具体参赛的不同战法等。制定比赛预案的目的就是为了最大程度地发挥自身优势，因此需要在临战模式的实战训练中，认真按照比赛强度和密度训练，以便有效熟悉比赛节奏和进程。比赛措施包括演练赛区的赛前准备、临场指挥、科医工作、后勤工作的统一调度以及行动配合等。

临战模式的核心意图是将赛前训练阶段的后期与正式参赛阶段有机链接。因此，临战模式的实战训练应当高度注意：一是从难出发对各种困难做好预设，然后逐一进行克难训练；从严出发对动作、技术和战术提出标准，然后逐一进行质量训练；从实战出发对各种对手和环境做出假设，然后综合进行实战训练。二是主动调动各方面的积极性，积极培养良好的团队精神，主动创造和形成顽强拼搏的精神氛围，努力做好赛前各种适应比赛的准备。临战模式是赛前训练实施的一种方式，其目的是形成和调试最佳竞技状态。因此，要科学地处理好临战模式的运动负荷。要注意遵照实践成功经验的总结，即冲最高、小调整、保持好、再微调、拔状态、出最佳，做好优秀运动员最佳竞技状态的赛前调控。

临战模式应用步骤主要分为3步。首先，重大比赛的年度训练期间，教练员团队需要通过集体研究，共同设计和制定临战模式，然后通过赛前训练的各种赛事进行试用、检验、修改和完善临战模式。其次，大胆将验证的临战模式应用于重大比赛之中，通过实际比赛检验、完善决赛方案。第三，在重大赛事结束之时，根据临战模式的实际操作，对临战模式进行补充、修改和完善，为以后建立和应用临战模式做好准备。临战模式应用方法主要是参照式应用和辩证式应用：参照式方法实际是指应用时要按临战模式内容，严格细致地在重大比赛中不折不扣地做好每项工作；辩证式方法是指根据比赛实际变化的状况，采取相应的竞技对策，在要素性、环节性和细节性方面准备几套参赛预案以备选用。

第二节 参赛过程及其调控

参赛过程及其调控不仅是竞技运动参赛工程最为鲜活的过程，而且也是运动训练工程实现目的的终端。这一过程主要包括赛区准备及其程序、临场指挥及其对策、战役赛事的赛间恢复以及训练等重要内容。主要涉及赛区参赛准备的赛区计划工作、赛前指挥工作、赛区科医保障工作和赛前后勤服务工作等；临场指挥的主体、客体和指挥手段、指挥信息等；战役性的赛间恢复方法和训练方法等。论及这些问题的主要目的就是提供科学参赛的依据。

一、赛区准备及其程序

现代竞技运动的赛事安排趋势是赛事品种日益增多，赛事规模日趋增大，赛事效益日甚一日，赛事日程日益增加。显然，现代竞技运动的赛事安排具有战役性、异地性特点：战役性特点是指整个比赛是由多场赛事组成；异地性特点是指整个比赛是由多个赛点组成（这里特指推广较好的球类运动）。显然，任何项目的主要举办之地就是项目的赛区。运动员一旦进入赛区，其参赛过程随之启动。进入赛区的参赛过程往往分为赛区参赛准备、临场参赛过程、赛次期间安排3个重要过程：赛区参赛准备主要是指运动员（队）进入赛区的赛前各种准备工作；临场参赛过程主要是指运动员实际参赛行为和教练员临场指挥；赛次期间安排主要是指教练员对运动员在赛间的恢复与训练的各种安排。

赛区参赛准备主要包括赛区计划工作、赛前部署工作、赛区科医保障工作和赛前后勤服务工作等。赛区计划工作主要包括：修正和完善预定的赛区工作计划；调整和布置各类人员赛区工作任务；提出和宣布赛区管理工作要求；宣布各项工作的组织管理制度，即队伍例会制度（每日准备会、小结会）、运动员赛期管理制度、科医人员参赛工作制度等；熟悉赛区环境、交通和训练比赛场馆；统筹安排训练器材、服装、车辆和钱物等调配和保管；赛前熟悉场地的适应训练；做好饮食住宿安全措施和赛期科医人员的合作协调事宜；做好防范和处理各种突发事件各种预案和应急工作等。赛区计划工作是一项十分细致的工作，它甚至细致到对赛场休息区的休息方式、饮水和衣物摆放，都有严格的规定。

赛前部署工作主要包括赛前准备会议和赛次之间小结。赛前准备会议十分重要，召开的时机也有学问。一般来说，赛前何时召开准备会议为好并没有定论，往往根据会议内容的多少和运动员赛前应激状态，选择适宜的召开时机。通常，准备会的议题和目的是通报对手状态，做比赛环境分析、裁判特点分析、比赛形势分析，布置参赛方案、明确战术打法，提出参赛要求，调节队员心理，保持良性应激。赛次之间的小结是另外一种赛前准备会的形式，主要内容是指出上一场赛事的主要长处和不足；通过对照比赛预案和实施状况的差距，找出存在的问题和有效的对策；分析下一场对手的实力状况和调整下一场参赛的基本方案。这种会议可有效帮助运动员深刻认识自己的不足和提出改进对策。

科研医疗保障工作主要是指科研人员根据参赛工作计划和每场比赛方案，配套制定的科医保障工作计划。其主要内容为：赛前身体状态指标测试，包括生理、生化和心理状况；了解运动员竞技状态，做好必要的调控、放松及防伤防病等工作；提出积极有效的防伤和带伤作战办法；做好临场相关数据的统计和计算工作的准备；协助做好赛事全程录像的设备测试工作；做好临场间歇的体能恢复或机体康复的器材准备；配合做好兴奋剂检测和防范措施工作等。科研医疗保障工作应走在其他工作之前，特别是赛前竞技状态的科学诊断非常重要。其中，睾酮和皮质醇的检测结果，有助于判断竞技状态的真实状况。此点，对于体能类运动项群各个项目和球类项目出场队员的首发选派尤为重要。

后勤保障工作主要包括参赛的后勤保障工作和赛场的后勤保障工作。参赛的后勤保障工作主要是指饮食安全、营养药品、交通住宿、服装器材和车辆通讯等。其中，运动员饮食安全、营养药品应是参赛工程实施的主控内容。运动员和教练员务必关注这项工作。以往的许多赛事教训告诫我们：不良的食品容易引发肠胃疾病，进而导致战力减员和消弱；不适的误服药物引发尿液呈现阳性，容易造成服用兴奋剂的误判。运动员要学会自我保护，防止

"祸从口入"。此外，后勤保障工作还应了解对手的后勤工作，有选择地借鉴对手后勤保障工作中所用的有效办法。另外，积极营造和谐比赛的外部环境，必须尊重对手、尊重观众、尊重裁判等，都是赛区赛前准备过程中需要强调的重要事宜。

二、临场指挥及其对策

竞技运动临场指挥是指在比赛过程中，指挥者根据比赛进程的情况对运动员进行主动应变的指挥方法。竞技运动临场指挥主要是围绕运动竞赛的过程展开和实施的，其目的是为了充分体现训练成效、挖掘运动选手身心潜力、创造优异运动成绩和最终实现竞赛目标。竞赛目标是指竞赛之前所设定的预期结果，其特征主要体现在整体战役性目标和单场赛事性目标两个方面。整体战役性目标的设定必须考虑规则、规程和赛制问题；必须考虑主场客场和裁判特点问题；必须考虑优选对手和战术保密问题；必须考虑战力布局和实力分配问题；必须考虑赛事之间的训练安排问题等。整体战役性目标的设计、落实属于战役指挥性质。因此，所有指挥策略和行为，必须围绕整体战役的最终目标进行。

单场赛事性目标是整体战役性目标的组成部分。单场赛事性目标的确定往往是动态地根据战役性赛事的发展进程而定。特别是没有绝对实力战胜所有对手的运动队，会根据未来可能遭遇的对手实力和竞赛规程的分组规定，选择性地确定下一场赛事的具体目标。通常，富有经验的教练员确定某场赛事目标之后，会相应制定若干比赛方案。这些方案当然赛前会通过演练或沙盘推演进行论证。然后，教练员在准备会上根据目标要求将运动员的各自任务和环节要求，布置到相应助手或相应环节中去。例如，网球比赛过程中教练员往往会把比赛方案分成若干细案，同时，制定某些参赛程序或重要提示交给选手现场伺机执行。教练员临场指挥要做的事情，就是审时度势地及时给予指挥和适时调整。

竞技运动临场指挥主要是通过临场指挥要素的落实而实现的。临场指挥的指挥要素主要是4个，即教练员、运动员、指挥手段、指挥信息。比赛中教练员就是指挥者。集体性球类项目，除教练员之外，具有指挥功能的还有球队队长、核心球员。指挥者的主要职能就是为了达到比赛目标，运筹谋划、发令调度和协调控制。运动员是作战指挥的指挥对象，主要职能是以执行者的身份，按照教练意图创造性地完成作战任务。指挥手段是指挥活动中所运用的工具及其使用方法，指挥手段有语言、表情和肢体。指挥信息是实施作战指挥活动所需要的情报、指令、报告和资料等的统称。由此可见，指挥的时限性、执行的灵活性、手段的有效性和信息的准确性，会直接影响着临场指挥的效果。

竞技运动临场指挥方法应用的目的，就是在规则的规范下，通过谋划和指挥，让运动员充分展示竞技能力、创造优异运动成绩直至最终取得胜利。因此，如何在对抗和竞争中战胜对手、获得最终胜利，是每个参赛者最关注的问题。从哲学角度看，比赛过程实际上就是一个不断解决各种矛盾和冲突的过程。要解决各种矛盾或各种冲突，就必须正确地认识矛盾和冲突的起因和形式，必须正确运用各种策略、技巧和方法。当参赛双方实力相当或接近，甚至己方实力不如对方时，竞赛策略的制定和竞赛对策的运用就显得尤为重要。我们所熟知的"田忌赛马"故事就生动地说明了这一点。因此，需要从军事理论中汲取获胜的"法宝"，有效地提高临场指挥艺术，尤其对抗项目的临场指挥艺术。

《孙子·谋攻篇》说："知彼知己，百战不殆。""知彼"是条件，"知己"是基础。只有这样才能依据比赛和对手的具体情况，制定正确的战役和战术。毋庸讳言，竞技运动发达国家的教练员，十分重视比赛对手的情报收集和整理工作。德国足球能够多次打进世界杯决赛，就是得益于对各个对手情报的收集和分析。美国排球首开应用 CAD 技术先河，促使原来二流的美国男子、女子排球一跃成为世界顶级队伍。这些都是情报分析取得成功的典型案例。竞赛的复杂性体现在它的动态变化。所以，赛前指挥具有一定基础性和谋划性特点，临场指挥具有随机性、应变性和针对性特点。从运动形态的角度看，隔网性和同场性项群的项目更为错综复杂，因此，研究球类比赛临场指挥艺术更有意义。

许多球类运动竞赛规则具有明显的相似性、近似性和综合性特点。例如藤球与排球比赛有些类似，所不同的是以脚代手，所以又叫"脚踢的排球"；水球最初是人们游泳时在水中传掷足球的一种娱乐活动，故有"水上足球"之称；橄榄球则是集篮球、足球、田径为一体的综合体育项目，具有很高的趣味性和观赏性。目前，高水平的足球战术居然出现类似排球战术配合的形态，说明足球技术效果的精度和战术质量的高度，已经达到令人瞠目的地步。应该看到，球类比赛临场指挥的途径、环节有许多方面相似（表 12-1）。因此，需要根据球类项目的某些共性，科学地认识临场指挥特点。教练员可在赛中通过暂停、换人的机会布置新战术，也可通过规则允许的场外指挥手段传递指挥的信息。

表 12-1 球类项目教练员临场指挥的应用机会

分类			赛前指挥	战术调整	技术暂停	换人	信息语言	其他
单双人项目	小球	乒乓球	有	有	有	无	有	
		羽毛球	有	有	无	无	有	试行鹰眼
		网球	有	有	无	无	有	鹰眼
		壁球	有	有	无	无	无	
集体项目	大球	篮球	有	有	有	有	有	
		排球	有	有	有	有	有	试行鹰眼
		足球	有	有	无	有	有	
		橄榄球	有	有	有	有	有	
		手球	有	有	无	有	有	
		水球	有	有	有	有	有	
		藤球	有	有	无	有	有	
	小球	棒球	有	有	无	有	有	
		垒球	有	有	无	有	有	
		冰球	有	有	无	有	有	
		曲棍球	有	有	无	有	有	

(引自胡亦海. 竞技运动特征研究 [M]. 北京：人民体育出版社，2013.)

某些单双人球类项目中的指挥对象多为一对一或一对二指导，这种指挥特点是：局间指挥内容具体、指挥信息明确、指挥措施详细、赛中辅以情绪指挥和肢体信息指挥。例如，2010 年广州亚运会羽毛球团体决赛的指挥案例颇有说服力。是役，中国队与韩国队决赛，首场由林丹对阵韩国朴成焕，前两局各胜一局，比赛进入第三局后，对双方各有一次误判，面对裁判误判，朴成焕情绪比较激动，以致技术动作走形。而林丹在教练员的肢体暗示和情绪安抚下，始终专注比赛，最终以 21:18 获胜第三局将朴成焕击败。整场比赛林丹在教练员的引导下，多次积极自我暗示，集中精力专注比赛，从而达到了最终取胜的目的。可见，个人单项赛事的赛前信息沟通、交流和临场指挥的艺术是多么重要。

集体性的球类项目指挥方式多为一对多的指导，通常这种指挥特点是：教练员利用暂停时间或换人方式，发布或传递指挥信息。指挥意图是：变更战术意图、变化战术形式、控制比赛节奏、防范重点队员、换替个别队员、激励队员情绪、破坏对手节奏、布置关键布局，等等。例如美国马刺队与湖人队的一场重要赛事，比赛只剩0.4秒时，马刺队以73∶72的比分领先1分，这时几乎所有的人都认为胜利属于马刺队，但是湖人队叫了暂停，布置了一个界外球战术后奇迹发生了：比赛重新开始之后，湖人队瞬间采取了多人疾跑相互掩护战术，将球传给离篮筐6米左右且整场比赛毫不起眼的佩顿，佩顿接球后将球投出一道优美弧线空心入网。可见，正确战术往往能够达到出其不意的效果。

美国NBA的许多篮球教练员的用人之道，经常表现出令人叫绝的指挥艺术，让人回味无穷。其实，我国许多球类教练员的临场指挥也是令人叹为观止。其中，袁伟民执教中国女排时的指挥艺术可以说是独具匠心，颇具范例。例如：1981年在日本大阪市举行的第三届世界杯女子排球赛中日决赛中，由于此前日本女排已经输掉一场比赛，中日决赛只要日本输两局，中国女排就是冠军。是役，决胜的第五局，已经取得桂冠的中国女排竟然大比分落后。袁伟民利用最后一次暂停机会，含着眼泪只对队员们说了一句：此战若输，你们一定终身后悔，因为是被日本打败的冠军。此话一出如雷惊天地震醒了中国姑娘。随后她们奋起直追。最终以17∶15取胜。此役的指挥堪称历史经典。

1984年洛杉矶奥运会中美女子排球决赛。在小组赛中中国队曾以1∶3输给了美国女排。此番决赛，美国女排占据天时地利人和优势，可谓金牌唾手可得。当时中国女排则是蝉联两届世界冠军的队伍，自然不会放掉再次蝉联机会。不难想象，中美女排之战的激烈程度。决赛第一局14∶9时，竟然被美国队追平到14∶14。这时整个赛场人声鼎沸，美国女排斗志昂然。熟知美国人性情的教练员袁伟民深知，一旦美国女排拿下首局则后果不堪设想。此时，他果断换上侯玉珠这个新人上场发球，结果两发两得，16∶14险胜首局。第二局美国女排全面崩溃，中国女排以15∶8再胜一局，后以15∶9拿下第三局。从小组赛1∶3失利到决赛3∶0完胜，中国女排实现逆转的拼搏精神，曾经整整激励了一代中国人。

应该指出，单双人球类项目与集体球类项目的临场指挥特征具有显著差异。前者因参赛人数有限，教练员与运动员接触较多。通过一对一或一对二的指导，教练员与运动员之间很容易形成默契，运动员通过长期配合容易领悟教练员临场指挥的各种信息。因此，教练员的临场指挥主要是起引导性作用，最终的比赛成绩往往与平时训练水平高度相关。后者因参赛人数较多、战术形式变化繁多、战术组织难度较大、场上形势瞬息万变等因素的存在，往往考验着教练员阅读比赛的能力和临场指挥的智慧。从某种意义上讲，"集体性球类项目的教练员是球队参赛的重要一员"就是对他们指挥地位的高度肯定。因此，集体项目的球类运动特别需要组织能力极强、综合指挥素养极高的教练员执教。

值得注意的是，目前国际上篮球、足球、排球、网球、冰球甚至乒乓球等项目，引进科学技术的步伐越来越快。近几年来，许多科技发达国家不断研发电子产品，或借助于军工民用产品，为这些项目比赛过程的信息采集和解析服务。例如德国足球队征战世界杯或欧洲杯赛都会带上多达28人的专业团队，其中包括5名分析师、3名体能教练、3名队医、1名心理教练、4名理疗师、4名组织人员、2名装备师、2名球探等。这些人员在参赛过程中，都会应用相应科技手段协助收集和分析情报，以便赛中及时提供指挥的参考信息。再例如，美国女排参加重大比赛时往往将三维摄像机、电脑图像解析和无线多通道系统有机组合后，随时将过滤后的参考信息传递给教练员，以便教练临场及时指挥。

三、战役性的赛间恢复

（一）赛间恢复主要意义

赛间恢复以及训练是指战役性赛事之间，运动员和教练员为尽快消除精神疲劳、恢复运动体力、保持竞技状态所采取的方法与活动的总和。赛间恢复以及训练是战役性赛事过程中的重要一环，是持续保持竞技状态的重要手段，是准备迎接新的赛事的必要前提。通过科学系统有效的赛间恢复以及训练，可以进一步提高竞赛质量和运动成绩。由此可见，赛间恢复以及训练工作的作用十分重要。赛间恢复是指战役性赛事之间，对运动员在比赛过程中产生的身心疲劳进行消除和恢复体力的过程。实践中，由于竞技运动的竞赛项目、竞赛赛制、竞赛性质和竞赛目的不同，因此赛间恢复方法不尽相同。赛间恢复的主要意义着重表现为及时消除机体疲劳、调节参赛竞技心理、适度调整竞技状态。

赛间恢复是战役性赛事期间的一项重要参赛内容，是战役性赛事的重要参赛环节。战役期间的每场比赛都是战役性赛事的体现，因此战役性赛事的赛间恢复至关重要。它决定着上次赛后的及时休整效果和下次赛前的竞技准备质量，因此，每场比赛后的恢复内容、恢复手段，应该具有鲜明的目的性和针对性。其中，缓解肌肉疲劳、清除代谢物质、补充微量元素和消除焦虑情绪，应是两赛之间的恢复重点。当然，赛间恢复的目的不仅需要及时消除机体疲劳，而且还要保持机体适度应激。每场比赛仅是战役性赛事的基本单元，因此，赛间恢复的目的不是仅仅为了此次比赛的赛后恢复，更重要的是为下一场比赛提供体能的保障。此外，赛间恢复对于消除上一场赛事所遗留的不良心理具有特殊意义。

进入战役性赛事之后，运动员心理变化十分明显：首场赛事焦虑情绪倍增，关键场次紧张心态更显，重大赛事的受挫容易导致信心下降，意料之外的获胜更易造成情绪亢奋。这些心理变化不仅严重干扰比赛过程，而且会影响赛后的机体恢复和下一场赛事的准备。因此，战役性赛事之间需要正确引导和做心理疏通，确保参赛人员保持正常参赛心理。战役性赛事期间竞技状态的保持，需要赛间合理调控。赛间适度调整竞技状态，是战役性赛事期间一项复杂任务。一般认为，随着重大关键场次比赛的临近，运动员的竞技状态应该逼近最佳状态，关键赛事前的恢复效果应该逐渐体现出参赛欲望增强、参赛斗志高昂、参赛体力充沛和参赛心态稳定，从而确保运动员以最佳竞技状态迎接赛事决战。

（二）赛间恢复基本原理

赛间恢复的重点应以心理恢复为先。战役性的赛事过程实际上也是一个通过不断施加不同负荷刺激→出现机体反应→产生机体适应的循环过程。随着赛事激烈程度的不断提高，机体难免产生疲劳。这是这一过程中的一种生物保护反应。正如前文所述，导致疲劳产生的主要因素有能源物质消耗过多、恢复过程严重不足、体内代谢物质堆积、神经细胞严重缺氧、运动中枢内抑制发展、兴奋性严重下降等等因素。因此，竞赛过程产生的各种疲劳大致可分为生理和心理疲劳两类。比赛负荷较之训练负荷有其特殊反应。其中，比赛负荷的刺激强度更为强烈，心理负荷刺激更为突出。疲劳产生的主要现象是神经心理疲劳，疲劳产生的顺序也是神经心理疲劳首先发生，因此应该以慰藉神经心理为先。

赛间恢复应尽快地为机体超量代偿创造条件。负荷刺激与机能恢复是一对矛盾，二者之间的关系既相互依存，又相互影响。人体生理客观存在能量消耗与恢复的生理机制，因而存在负荷刺激和机能恢复的规律。这一规律有两种现象，即不仅表现在负荷刺激为先、机能恢复为后的相继性，而且表现为负荷刺激与机能恢复的同步性，例如低强度慢跑对于清除体内乳酸、促进肌糖原再合成具有同步性特点。比赛过程的负荷刺激与比赛中机能恢复的过程相对复杂。集体项目教练员非常善于利用替补队员或比赛规则，通过调配选手控制比赛的节奏和延缓运动员疲劳程度。另外，许多教练员善于利用比赛或局间间隙，及时地采用恢复手段为运动员机体超量代偿创造条件，旨在为继续比赛做好准备。

赛间恢复的主要内容是针对性地选用恢复手段。负荷性质与恢复方法之间存在着紧密的对应关系。不同性质的负荷刺激需要采用对应的恢复方法。实践中，不同性质的负荷训练产生的疲劳，不是可以被任意一种恢复措施消除的，单一恢复措施通常也不可能完全消除多种性质负荷刺激引起的复合性的疲劳。因此，必须针对性地运用各种恢复手段，才能做到有的放矢，避免某些恢复措施的浪费。重大赛事的参赛过程中，运动员往往处在高应激、高压力、高紧张的心理状态下，这就需要克服各种外界干扰，努力表现最佳竞技状态，防止各类比赛错误，力争完成既定比赛任务。由此可见，竞赛负荷性质相当复杂，所以赛间恢复需要考虑不同负荷性质导致的疲劳，选择适宜的恢复方法。

（三）赛间恢复基本方法

战役性赛事之间的恢复方法主要有心理学恢复方法、物理学恢复方法、按摩恢复方法等等。战役性赛间的心理恢复应该体现及时、高效和针对性特点。比赛时教练员应洞察运动员的外在行为和心理动态，以便赛后及时进行心理疏导。对待具有积极情绪体验的运动员，要鼓励他们继续保持，激励他们更加努力拼搏，争取更大的胜利；对待具有消极情绪体验的运动员，要认真指出他们比赛中的缺点和不足，帮助他们客观地估价自己，保持清醒头脑，准备好后续比赛工作；对待受到挫折且具有积极情绪体验的运动员，要认真分析后续比赛对手，保护他们难得的积极情绪；对待受到挫折情绪消极的运动员，要及时指出他们的优点及有利因素，帮助他们增强取胜信心，重新焕发拼搏精神。

物理学恢复方法可分光作用、热作用和磁作用等方法。光作用恢复是目前应用最为广泛的疲劳后的机体恢复手段，它作用于机体能转化为热能及化学能，从而促进机体恢复。例如：肌组织吸收红外线和可见光（太阳灯照、日光照）的能量后会引起机体分子水平上的变化；紫外线照射能在一定程度上提高肝脏和肌肉中糖原的含量。热水浴也是一种促进机体恢复的方法，赛后在37~40℃水温中淋浴或盆浴是简便的消除疲劳的好方法。通过温热水浴的浸泡或冲淋搓洗10分钟左右，可促进全身血液循环、新陈代谢而消除疲劳。电、磁疗法均可促进血液循环加速疲劳消除，同时对运动损伤有治疗作用，例如低频或小强度脉冲电流装置可消除紧张情绪，调节肌肉紧张程度，解除机体疲劳。

按摩是消除疲劳的重要手段，可以促进血液和淋巴液的良性循环，消除静脉淤血和淋巴淤积；可以增加肌肉的氧含量，缓解肌肉的紧张度，对神经系统的兴奋与抑制起平衡作用。因此，赛后进行全身或局部肢体按摩效果很好。可自我按摩、他人按摩，也可用电动按摩器或水按摩机等。在热水浴后做按摩，更有利于迅速消除疲劳。通常按摩方法分为自我按摩、相互按摩、医生按摩和器械按摩几种，应该说按摩放松是比赛后机体恢复的首选手段。自我局部按摩时，可采用按、揉、捏、提、推、叩、压等简易方法，也可以在队员之间相互按摩，这样放松的面积更广，气氛也轻松，而且队员之间还可相互交流心得。最好的办法是聘请医生按摩，如做经穴按摩则能取得更好的恢复效果。

四、战役性的赛间训练

（一）赛间训练基本意义

战役性赛事的赛间训练问题一直是竞赛理论与方法研究的盲区。随着现代竞技运动水平的不断提高，人们发现竞技运动赛事已经出现重大变革。目前，除了极个别项目（如摔跤由于采用淘汰制且比赛时间较短，每场比赛两个回合，每个回合 3 分钟，中间休息 1 分钟。一天最多需赛 5 场）外，多数项目需要通过几天赛事才能决出名次。由于赛事的重大变革具有比赛地点多地化、比赛时间多段化、比赛赛程多样化、比赛对抗高强化的趋势，因而引起人们日益高度关注赛间的训练工作。尽管竞技运动比赛赛制不同、参赛队数或参赛人数不同，但是战役性赛事的赛后训练安排与竞技运动训练过程调整期的训练结构基本相同，故这里着重论述一些有关竞技运动战役性赛事之间的训练理论与方法。

战役性赛事之间的间歇是系列赛事的重要串联环节。如果说单场赛事赛后恢复的目的是为了下次比赛储备体能，那么单场赛事赛后的训练目的则是为了下一场比赛预行演练。因此，概括起来说，战役性赛事的赛间训练的基本意义是：赛间采取强度较低的负荷训练，有助于缓解机体肌肉的疲劳程度，清除机体内部的代谢物质，保持机体适度的应激状态；赛间采取强度较低的游戏训练，有助于恢复正常的参赛心态，调整亢奋情绪或沮丧心情，转移参赛队员的焦虑情绪；赛间采取强度适中的技术训练，有助于提高个人参赛信心，增强未来参赛的高昂斗志，做好个人参赛的技术准备；赛间采取团队配合的战术训练，有助于反思赛中挫折的场景，巩固赛中成功的情景体验，保持最佳的竞技状态。

战役性赛事的赛间训练是战役性赛事的重要串联，因此，赛间训练具有双重作用。如果赛事之间间隔时间较长，那么赛间训练的主要作用是解决比赛中存在的主要问题和面对下一场对手亟待解决的问题；如果赛事之间间隔时间较短，那么赛间训练的主要作用集中于面对下一场对手亟待解决的问题。一般来说，赛事之间间隔时间较长的训练安排相对复杂，赛事之间间隔时间较短的训练安排相对简单。根据当前赛事安排特点，间隔时间较长的赛后训练，基本类似竞赛小周期的安排。应该说明的是：即便是同一个运动项目，战役性赛事之间间隔时间也并不固定。具体间隔时间往往是由不同竞赛规程规定。因此，深刻认识竞赛小周期的结构，对于科学掌握战役性赛间训练内容具有十分特殊的意义。

（二）赛间训练基本理论

战役性赛事的起始阶段或小组赛或资格赛等，教练员应注意提高运动员对比赛环境的适应能力。任何项目战役性赛事的起始阶段，或者最初的几场赛事，高水平的运动员很难体现出最佳的竞技状态。换言之，在战役性赛事组成的系列联赛过程中，运动员都是随着赛事的推进、战役目标的逐一实现和对重大比赛负荷的适应，逐渐进入竞技状态的最佳表现。因此，战役性赛事的起始阶段的赛间训练，应以引导、适应比赛环境，逐一地保证实现战役性目标为主。教练员在战役性赛事的赛间，关注的主要问题是提高运动员的参赛兴趣和机体适应环境的能力。赛间的训练特点是保持相对较高而稳定的负荷强度、采取游戏性质的训练手段、营造具有比赛特点的外部环境，逐渐地提高运动员的参赛欲望。

战役性赛事的中期阶段或进入淘汰赛或进入复赛，教练员应注意力求使运动员保持稳定的良好竞技状态。任何项目战役性赛事的中期阶段，运动员应逐渐进入良好的直至最佳的竞技状态。换言之，运动员进入战役性赛事的中期阶段以后，应该能够呈现竞技能力最佳状态的基本特征。因此，这一阶段的赛间训练，应以引导和适应比赛负荷强度为主。教练员在赛间关注的主要问题是促使运动员形成最佳竞技状态和机体适应比赛负荷的能力。此时，赛后的训练特点是降低训练负荷量、减少训练时间、提高核心技术质量、凝练关键技术战术。对于集体性的球类项目，训练的重点是战术配合和得分手段的训练、比赛过程解读能力的训练和心理的调节，继续地保持运动员的竞技心理应激状态。

竞技状态的物质基础是竞技能力，没有良好的竞技能力就无法呈现适宜的竞技状态。尽管我们强调竞技状态的作用，但是，比赛行为仍然是以竞技能力的要素体现。因此，尽快形成高压力环境下竞技能力的有机整合，是赛间训练的目的之一。通常，训练过程所获得的竞技能力，是在低焦虑低压力下形成的。因此，运动员可以心态平和地正常发挥各种竞技能力。但是，竞赛环境下的高压力和参赛心态的高焦虑，导致应激反应和心态波动十分强烈，因此，竞技能力的表现往往容易失常。这就要求赛间的训练密切结合比赛实际，调整相关竞技能力要素的训练重点，尽快适应高压力环境下竞技能力的有机整合，协调好竞技能力组成因素的连接关系，使运动员能够在比赛压力环境下正常发挥水平。

理想的竞技状态发展曲线是在关键赛事的之前出现最佳竞技状态。赛间训练调控的艺术在于科学地调整竞技状态。必要时，应根据不同对手实力，有计划地暂时压抑或快速促进竞技状态的提升。赛间训练的最终目的就是在战役性赛事关键一役之前，能使运动员竞技状态表现出最佳特征，即参赛欲望高涨、行为充满自信、交流自然默契、动作灵活多变、体能储备充分、技术效果准确、战术富有创新、运动想象丰富并具有较强抵御干扰的能力。应该说，这些特征随着赛程的不断推进，会不同程度地逐渐显现出来。赛间训练任务之一就是仔细观察这些最佳竞技状态特征的基本现象和出现顺序，以期通过科学的赛间训练，让最佳的竞技状态在重要阶段出现，并得以充分地持续地保持一段时期。

（三）赛间训练基本安排

快速力量性项目的赛间训练安排。快速力量性项目主要是田径的短跑类、短跳类、投掷类和举重项目等。这类项目赛制和赛程都有一个共同特点，即赛事集中、赛点固定、间隔很短。从赛制角度上看，这类项目可分两类：一类是无须经过预赛、复赛阶段，直接通过决赛排出名次（例如举重项目）；一类是必须经过预赛、复赛阶段，最后通过决赛排出名次（例如田径、游泳、速滑等短距离竞速项目）。一般来说，需要通过预赛和复赛的项目的赛间训练安排，通常训练重点是全身机能的热身活动、主要关节柔韧训练和关键技术细节训练。赛间训练负荷强度偏大,负荷总量较小,注意高度集中,心态相对稳定。智力训练偏重于重映技术形象和关键环节,整个训练时间较短,以便恢复体能。

速度耐力性项目的赛间训练安排。速度力量性项目主要是中距离跑、游、滑和划船运动项目等,这类项目的赛制和赛程有一个共同特点,即单个赛次持续时间为1~8分钟,赛事重复,赛点固定。这类项目必须经过预赛、复赛阶段,最后通过决赛排出名次(例如赛艇项目)。通常,这类项目是每天一场比赛(兼项除外)。此类项目比赛性质具有高强度、高消耗特点,因此预赛或复赛的赛后训练,往往安排低强度和慢速度的放松训练,目的是积极清除体内堆积的乳酸和放松全身各个肌群;预赛和复赛后即刻进行清酸活动,这样做便于机体机能尽快恢复。如果是接力性或多人艇的项目,还必须进行配合性的训练。当然,预赛或复赛赛后的训练强度和量度都不高,均以恢复体能为主。

长时耐力性项目的赛间训练安排。各种长时耐力性项目主要包括长距离与超长距离的走、跑、游、滑、划等众多竞技项目,通常比赛时间最短持续6~30分钟,最长如马拉松跑、50公里竞走、铁人三项等比赛持续时间长达数小时。在大型赛事如奥运会、全运会等比赛中,有些耐力性项目如5000米跑、1500米游泳等,也会安排预、决赛,但大多数长时耐力性项目,运动员常常一个赛次即决出名次。在需要参加预、决赛的比赛中,运动员预赛后如距决赛间隔时间不超过一天,则可完全休息或做时间不超过1小时的放松性练习;如距决赛间隔两天或更长时间,则需要根据运动员自我身体感觉,安排适当的恢复性或诱导性练习,特别要注意掌握好赛间训练的负荷,以保持中小水平负荷为宜。

表现难美性项目的赛制一般采取预赛和决赛的积分方式决定名次。通常,某些项目的运动员需要参加4轮比赛,每轮赛事需要隔天进行;某些项目则是需要一天一场,甚至一天两场比赛。因此,赛间训练需要具体项目具体安排。类似体操项目的每轮赛后训练重点,是熟悉比赛器材和现场环境、复习参赛的技术动作、强化关键技术重要环节、预感按抽签比赛顺序的体验、适应规则裁决的评判重点、获得比赛环境的时空感知等。通常,这类项目赛间训练负荷要求是质量较高,时间不长,同时要求特别注意安全。类似武术套路等表演项目的赛间训练重点是:严格按照规则要求演练套路、重点复习关键技术环节、熟悉规则评判的重点动作、完善套路表演的艺术风格等。负荷质量的要求较高。

表现准确性项目主要包括射击和射箭两类项目，二者比赛赛制有所不同：射击类项目均采用资格赛和决赛，最终名次主要按决赛（或预赛＋决赛）的累计成绩确定，比赛时间较为集中；射箭的比赛采用单淘汰赛制，比赛时间为6天，个人赛分排名赛、淘汰赛和决赛3个阶段，团体赛分淘汰赛和决赛两个阶段。射击项目赛程较短，因此赛间以心理调节为主；射箭项目赛程较长，且对拉弓力量要求较高，因此赛间训练既要做系统心理调整，也要兼顾体能训练。总体讲，表现准确性项目要求运动员心理高度自控，精神高度集中，神经过程稳定，整个心态淡定。因此，赛间训练重点是调节心理、平复心境、放松心情。目前，采用意念训练和心理暗示，是此类项目的赛前训练或调整的普遍做法。

隔网对抗性项目的赛制多采用淘汰制或循环制。此类项目没有比赛时间限制，同时对落点的点、线、面都有严格要求，因此对于运动员的竞技心理、技术体感、专项素质要求甚高。一般情况下，由于参赛队伍水平参差不齐，此类项目赛间训练安排并不一样。通常，碰到对手水平较低的赛后训练，往往会在比赛完毕之后，教练员继续利用场地进行赛后训练。这种赛后训练的目的有二：一是替补队员弥补性训练；二是主力队员针对性训练。当然，比赛当天如果有空，教练员仍然安排适度的轻技术训练或战术应变训练，例如排球接发球训练、羽毛球打点训练、乒乓球发球和接发球训练、网球的中场截击和底线训练。负荷安排的特点基本是强度不高时间不长，主要是保持各种技术应变的手感。

同场对抗项目的赛制也采用循环制或淘汰制。由于此类项目比赛都有时间限制，而且技、战术均在身体直接对抗的情况下展现，因此对于运动员机体机能、运动技术、运动战术和心理素质要求甚高。此类项目比赛强度较大，赛事之间间隔时间相对较长，因此赛后训练的第一堂课通常会放在赛后的第二天。这种赛间训练安排的目的有二：一是利用替补队员模拟对手进行战术训练，以便提高未来比赛战术的组成质量；二是提高主力队员关键技术的应用质量，以便提高未来比赛取胜的概率。当然，赛间的训练课时间不长，主要以提高质量为主。通常，同场对抗项目赛间训练内容安排主要是串联技术、投射技术和局部战术。负荷安排的特点是质量较高但时间不长，主要目的是保持适宜的球感。

格斗搏击对抗性项目的赛制多采用淘汰制，有时也采用循环制。此类项目具有时间限制和直接对抗特点。其中，同等级别的跆拳道、摔跤、柔道（简称跆摔柔）等项目的赛事是一天完成，拳击项目则是一天一场。因此，此类项目的赛后训练需要分别讨论。跆摔柔项目的赛事安排有时一天需要比赛 5 场，因此赛后的通常做法是身体休息，脑子训练。训练的主要内容是根据下一场对手的实力，反复强化大脑对关键技术和主要战术的应用过程。拳击项目的赛间训练相对复杂一些，一般情况下，主要是通过观看本人和对手的竞赛录像，进行思维训练。训练内容一是寻找对手破绽；二是设想制约对策；三是战术模拟演练。由于格斗类比赛负荷强度很大，因此赛间的训练重点主要是运动智力。

第三节　参赛的总结与评价

参赛总结与评价是竞技参赛活动中应予高度重视和认真研究的重要问题。竞技参赛总结与评价都是在比赛完成之后进行。二者联系密切，但是有着不同的内容与特征。竞技参赛总结由各个参赛者或参赛团队主体负责组织完成；竞技参赛评价则由参赛者（团队）内部负责监控、或由第三方客体负责组织实施。竞技参赛总结的内容通常包括战役性赛事、单场比赛的全面总结或专题等类型的总结；竞技参赛评价内容较为集中，但是评价视角较为广泛。

一、参赛总结基本分类

（一）参赛总结基本意义

参赛总结是指战役性赛事或单场赛事结束后，参赛团队的教练员、运动员及相关参赛人员通过对参赛过程各项环节的回顾，把零散的感性体验整理成系统的理性认识的工作。参赛总结是探寻参赛规律、提高参赛效益、提炼参赛经验、认识参赛教训的重要途径。通过科学、系统和全面的竞技参赛总结，可以客观、辩证、有效地认识有关参赛过程中各个环节、各项程序和各类因素中的有益经验和存在的问题，以便科学地指导未来竞技参赛工作。竞技参赛工程是一个庞大、细致、复杂的系统工程。竞技参赛总结是对竞技参赛各个环节、各个细节的全面复查和客观认识，并为未来训练和参赛工作提出纲领性建议的一项重要工作。具体来说，参赛总结的理论意义和实践作用主要体现以下方面。

参赛总结有助于发展与提高运动员的参赛能力。比赛是竞技运动鲜明的特征之一，竞技运动一切活动的成果都是通过比赛表现出来的。因此，不断发展和提高运动员及其团队的参赛能力，为观众提供高水准的竞技欣赏，在竞技运动活动中始终占有重要地位。战役性重点赛事之后，参赛者结合参赛的体验，及时总结参赛过程中的经验和教训，可以有效地提高自身的参赛能力，为以后的训练和比赛奠定良好的竞技体验基础。竞技比赛中激烈的对抗性和复杂的运动性以及高压力的刺激性，特别容易激发运动员迸发各种潜力和暴露各种不足，因此，通过战役性赛事后的总结，可以发现运动训练过程难以发现的运动潜质和存在的不足。显然，参赛总结可以强化有关训练方面的理论认识。

参赛总结有助于遵循和探寻训练和参赛的规律。现代竞技运动的参赛活动，是运动员展示竞技实力和教练员展示指挥能力的舞台，也是科医人员为辅佐参赛和后勤人员提供保障的运行平台。因此，参赛总结要求参赛工作的各个方面，赛后必须及时做出赛事总结。其中，竞技参赛计划的设计及其变更、竞技能力的表现及其成因、临场指挥的战术部署及其应变和保障体系的赛区运行及其临场变化等等，赛后都需要通过全面分析和科学梳理予以总结。通过参赛总结，教练员和运动员可以根据竞技能力及其构成因素水平的比较结果，全面客观地认识体能训练、技能训练和运动负荷等方面的不足与差距，明确以后训练重点。唯有如此，才能在原有基础之上科学组织下一周期的训练和参赛工作。

参赛总结有助于提高教练员执教能力。尽管运动训练和运动参赛的主体都是运动员，但是指导运动员训练和参赛行为的则是教练员或包括科研人员等在内的教练团队。因此，任何竞技运动参赛的结果既是对前一阶段运动员训练过程的检验，也是对教练员执教水平的检验。因此，战役性赛事之后，教练员必须对自己的执教过程做出认真总结。其中，专项运动训练大纲、当前训练指导思想、训练计划任务目标、训练内容安排比例、训练过程负荷安排、各个阶段训练方法、各种手段合理应用、训练进程监控指标、赛前训练过程安排，以及训练质量的检查评价等环节，都应全面科学地审视和认真自省。唯有如此，才能在前一周期的经验与教训的基础之上科学安排下一周期的训练和参赛工作。

参赛总结有助于科学完善运动训练和参赛理论。竞技运动的双核结构是由运动训练和运动参赛两个相互联系且又相对独立的系统组成。可见，竞技运动参赛过程就是一个相对独立的工程体系。竞技运动参赛过程具有鲜明的系统性、层次性和关联性的工程特征。因此，科学地进行参赛总结必须按照工程质量验收的方式，高度重视各个环节的总结工作，甚至包括参赛成本的核算。当然，参赛总结的内容重点应是参赛方案设计、赛前应激训练、模拟赛事调整、参赛过程指挥、参赛负荷强度和赛间组织安排等事宜。竞技项目种类繁多，竞技形式多种多样、参赛制度各不相同，由此可见，军事和工程理论的科学引入，为参赛理论的建设注入了新的理论依据，有助于构建新的运动参赛理论体系。

（二）参赛总结基本分类

参赛总结种类很多，按参赛项目类别分类，可分为团体项目参赛总结、集体项目参赛总结、个人项目参赛总结等；按参赛项目赛制分类，可分为积分赛事参赛总结、淘汰赛事参赛总结等；按比赛重要程度分类，可分为一般赛事参赛总结、重大赛事参赛总结等；按赛会举办性质分类，可分为综合赛会参赛总结、单项比赛参赛总结等；按比赛性质类别分类，可分为选拔赛参赛总结、适应赛参赛总结、总决赛参赛总结等；按参赛总结内容分类，可分为参赛全面总结、参赛专题总结等；按参赛总结的主体分类，可分为参赛团队的参赛总结、参赛个体的参赛总结等。根据我国各省体育工作惯例要求，赛会参赛总结、赛次参赛总结、参赛全面总结、参赛专题总结以及个人参赛总结是必需的工作。

赛会参赛总结是指对在规定的地点、空间和时间内所进行的战役性赛事总结，因此，战役性赛事总结内容应该比较全面，参赛人员应该根据参赛之前的分工有所侧重地总结。参赛总结的主要内容是：赛会参赛总体策略、竞技状态调试效果、系列赛次资源配置、关键赛次典型案例、赛会间隙休整方式、各场比赛衔接安排、重大比赛临场指挥、科医后勤保障效果、参赛指导思想得失、未来参赛工作建议等等。总体来说，赛会参赛总结多指奥运、世锦、全运、联赛等在规定的地点、空间和时间内所进行的战役性赛事的赛后总结。通常情况下，此类总结必须体现全面、宏观和系统性特点，目的就是为竞技运动未来训练工程和参赛工程的科学设计、实施和监控，提供科学训练的重要参考依据。

赛次参赛总结是指战役性赛事过程的每场比赛或其中重要的单场赛事专门总结。赛次参赛总结涉及内容比较具体，涉及人员主要是运动员、教练员和领队。赛次参赛总结的主要内容是：赛前指导思想得失、彼此实战数据对比、竞技状态调整效果、成功战术案例分析、比赛战术调整效果、临场指挥方法效果、主力队员临场表现、替补队员临战状态、裁判执法宽严程度、比赛间隙安排方式、科医后勤保障效果、下一场参赛工作建议等等。一般来说，赛次参赛总结多指关键性的某次比赛的参赛总结。赛次总结不需要提交详细材料，但是，必须有总结性提纲。通常情况下，此类总结主要体现为重点性、具体性、反省性的特点。其目的就是为科学制定下一场重要比赛的战术方案提供科学依据。

参赛全面总结通常是指一个运动队或运动队主管机构在战役性重大赛事之后，对战役性赛事之前的整个周期训练工程和参赛工程，通过全面回顾和研讨所撰写的书面总结。参赛全面总结主要适用于单项联赛参赛总结、省运会参赛总结、全运会参赛总结、亚运会参赛总结、锦标赛参赛总结、世界杯参赛总结和奥运会参赛总结。应该说，赛事准备时间越长，赛事重要程度越大，赛后参赛总结的内容越应全面。参赛全面总结的内容可分两类：一类是包括整个训练周期准备过程在内的参赛总结；另一类是只包括赛前训练过程的参赛总结。前者较之后者涉及的内容更广、更深，通常以年终训练工作总结、奥运周期训练总结、全运周期训练总结而涵盖之。后者的参赛总结内容，基本类似赛会的参赛总结。

参赛专题总结是指单位或个人对参赛过程某一方面的经验或教训所做的专门总结。此类参赛专题总结主要针对参赛后所发现的不足或成功案例进行专题性的工作总结。根据总结重点内容的宏观性和微观性特点分类，参赛专题总结可以分为宏观性参赛专题总结和微观性参赛专题总结。一般来说，宏观性参赛专题总结内容可分参赛方案实施总结、战术应用效果总结、参赛管理工作总结、科医支撑工作总结、后勤保障工作总结等等；微观性参赛专题总结内容可分赛前负荷训练分析、竞技状态调试效果分析、临场技术统计分析、临场战术应用分析、参赛心理状态分析等等。前者适合赛会参赛专题总结，后者适合赛次参赛专题总结。由此可见，参赛专题总结对于解决专题问题更有针对性特点。

严格地讲，重大赛事之后，参赛团队每个成员都应认真总结。每个参赛者在同一场比赛中发挥着不同作用，体验着不同感受，因此会有不同认知。正是这些来自不同角色的感受和认识，重现了整个赛事或战役的全景，因此每个参赛者都应做出自己的参赛总结。其中，作为参赛主体的运动员对于赛事的进程有着最真切的体验，对于比赛的结果有着最直接的解释，因此他们的参赛总结尤为重要。显然，重大赛事之后，教练员应及时认真地组织运动员做好比赛总结。当然，运动员、教练员临场的感性认识也并非都能够完整准确地反映赛场的实际情况，这就需要综合和补充其他团队成员的观察、测试、体会与分析材料。唯有如此，个人的赛事总结，才能具有鞭策自己警示他人的积极作用。

二、参赛总结基本内容

(一) 参赛总结基本格式

由于竞技运动的参赛项目、参赛赛制、参赛性质、参赛任务各不相同,因此参赛总结的内容类别和撰写形式多种多样。总体来说,宏观总结内容应该高度凝练和全面概括,微观总结内容应该深刻具体和重点突出。参赛总结的基本范式是由标题、前言、训练准备情况、参赛情况、主要经验与教训、改进措施与对策等部分组成。其中,标题即总结的名称。常见的标题有单行标题和双行标题两种形式:单行标题内容主要由参赛的名称、项目、时间等内容构成,例如"全运会参赛总结";双行标题形式多采用主、副标题方式。前言的内容需要简明扼要地介绍此次赛事的重要性质、赛事基本情况、参赛队伍基本水平、本队取得的运动成绩、完成任务基本评价等。总之,前言内容一目了然为好。

训练准备情况的内容主要包括整个训练过程指导思想、运动成绩增长情况、训练计划与落实指标对照、竞技能力发展情况、科技攻关情况;重点队员情况、赛前训练情况和运动员伤病防治效果等。这部分主要回顾整个训练过程基本情况。参赛情况的内容主要包括赛区环境因素和参赛常规工作的熟悉程度;对照检查比赛分析、比赛方案、比赛措施的落实程度;对照检查彼我选手的训练水平、身体状态、心理状态和技战术特点;对照检查比赛强度、间隙方式和恢复措施情况;对照检查赛前准备、临场指挥、科医配合、后勤保障和思想工作情况;对照检查整个赛程包括场数、场(局)和决赛所需的竞技能力参数指标;对照检查运动员的进步。这些分析内容都应成为比赛的参赛情况的基本内容。

主要经验与教训是参赛总结核心部分。此部分需要说明的是结论性内容。通常,这部分是根据训练和参赛过程的结构以及上文训练准备情况和赛区参赛情况提供的材料,分别阐述两个不同过程的各自经验、教训以及导致成因。这部分内容必须体现内容具体、重点突出、层次清晰、文字表述准确的特点。改进措施与对策部分的内容是撰写参赛总结的主要内容之一。此部分内容应该建立在成功经验和失败教训的总结基础之上。其中,改进措施的内容必须相对微观、具体,具有可操作性。基本对策的内容可以相对宏观、抽象,应具有方向性。一般来说,所提出的措施和对策，应该着重体现强化成功经验的促进作用，应该着重提出解决薄弱环节的具体方法和措施，切忌空泛不现实的提法。

（二）总结撰写基本原则

参赛总结的撰写应该遵循客观性原则、适时性原则、实效性原则和创新性原则。其中，客观性原则要求参赛总结客观地反映参赛工作的实际，不要掺杂个人主观臆断。要辩证地看待事物的发展与结果。面对任何比赛结果，都需要在满意之中找到结果的不足，在失望之中发现过程的希望。适时性原则要求针对不同赛事适时地撰写总结。换言之，不同参赛总结应安排在不同时机，如一场比赛之后，必须及时分析与总结，以便趁热打铁，防患未来；一场战役性赛事之后，不宜急于马上总结，而应在全面收集各方材料、细致分析问题之后，心平气和、坦诚以待地进行全面总结或专题总结。因此，客观性原则强调总结内容的客观性和深刻性；适时性原则强调总结内容的针对性和指导性。

实效性原则总结的内容力求抓重点、讲逻辑、有条理。切忌文过饰非、弄虚作假。防止出现大话、套话的现象。力求总结的结果有利于鉴明历史，启发未来。力求参赛总结的措施与对策具有可行性和实用性，能够实事求是地反映参赛工作的成败得失。创新性原则强调赛事总结有利于理论创新、观念创新、内容创新、思路创新、措施创新等。参赛总结的创新并非在形式上标新立异，内容上随心所欲。我们强调的创新，是针对现实存在的问题，如何做到认识性、方法性和计划性的思考与解决；对于已经取得的成绩，如何做到积极性、持久性和主动性的传承与发扬。由此可见，实效性原则强调总结内容言之有物和措施具体；创新性原则强调总结内容对未来思路清晰和论点具有启迪作用。

（三）撰写总结基本要求

参赛总结应统筹安排。参赛总结是事实已经发生的资料和信息的高度概括，是参赛各方认识和智慧的集中体现。因此，资料与信息的真实程度直接影响着总结的深度。参赛总结不是比赛结束之后开始的一项工作，应该将其视作参赛过程中不可或缺的重要一环。撰写参赛总结需要由业务专人牵头。赛前应指定专人考虑、赛后应列出撰写提纲，最后写成的文字应广泛征求参赛人员意见。整个总结过程应系统安排，充分准备。通常的做法是：做好训练过程实施效果的信息记载；备份所有计划、实施和监评的数据文档；赛前做好临场统计内容的设计工作（包括身体行为方式、语言交流方式、面部表情翻译、运动负荷强度等等）；赛中做好各种临场统计的记录工作；赛后做好个人赛事过程的总结分析工作。

参赛总结应集思广益。运动参赛是一项系统工程，其中的工作环节与细节纷繁复杂，甚至有些工作性质相差较大，这给参赛总结的撰写带来了一定的难度。尤其是战役性的赛会总结，必须充分收集材料，听取各方意见，最终将资源汇总、提炼、概括，形成立足实际、推理符合逻辑、结论可靠的文本。切忌闭门造车、弄虚作假。在整理和撰写战役性的赛会总结时，行文不可似流水账。倘若如此，极易导致主次不清、逻辑不强、繁冗不堪的赘文。参赛总结的写作要讲究文笔，一般须有专门人员进行撰写，其文字特点应该体现内涵丰富、朴实生动、易读易懂，应具有较高的理论指导意义和作用。只有如此，才能通过参赛总结寻求竞技参赛的基本规律，才能不断推动训练与参赛工作向前发展。

参赛总结应真实可靠。真实性来自于实际材料与信息的客观性，可靠性依赖于比较与评价的定量性。一般而言，定性的主观评价与定量的客观计算是进行总结的主要依据。因此，一篇好的参赛总结，必须占有广泛的资料信息和客观的定量数据。定量的统计数据，既是训练和参赛过程的重点内容的真实记录，又是参赛总结内容分析的主要素材，更是探寻训练规律和参赛规律的重要依据。例如：竞技运动成绩目标与结果比较、训练过程相关指标与结果比较、比赛前后竞技状态指标检测结果比较、各种竞技能力因素指标结果比较、参赛双方参赛过程相关指标比较等等，都是重要的比较信息。另外，参赛总结的撰写材料最好文图并茂。撰写内容应富有逻辑性，措施建议必须符合实际。

参赛总结应区别撰写。由于赛事性质和参赛目的不同，参赛总结内容也应不同。撰写者必须根据赛事类型和总结类别，明确定位参赛总结的目的，依据赛事性质撰写参赛总结。由于战役性的赛会参赛总结涉及因素较广较深，因此，参与赛事的各类人员必须做好各自的参赛总结。其中，教练员和科研人员所撰写的赛会参赛总结部分尤为重要。由于单场赛次参赛总结涉及内容较为现实，因此，参赛相关人员必须提供有效信息。其中，教练员和运动员所讨论的赛次参赛总结内容十分重要。通常，战役性赛会参赛总结内容，应该注重宏观性、战略性、全面性、系统性，重点是参赛过程和结果。赛次参赛总结的内容，应该注重微观性、战术性、细节性、具体性，重点主要是现实问题与改进措施。

三、竞技运动参赛评价

参赛评价是指评价者通过参与相关参赛过程的参赛准备、临场观察、现场统计和赛后调查等工作后，应用一定标准体系，对参赛过程与结果做出独立性的评估和得出独立性的结论。参赛评价与参赛总结完全不同。通常，参赛评价的主体可分两类：一类是与重大赛事或战役性赛事无直接相关的人员，例如运动队的上级主管部门、专门的监控机构、社会专门机构等；一类是与重大赛事或战役性赛事有直接相关的人员，例如运动队内部负有监控职责的领队、科研人员等。如有必要，运动员对教练员的指导评价，或者教练员对运动员的参赛评价、运动员之间的内部评价等，都可看成是一种竞技参赛评价。前者主导的参赛评价属于外控评价系统，后者主导的参赛评价属于内控评价系统。

竞技参赛评价的主要功能集中体现在诊断功能、激励功能、导向功能方面。参赛评价过程的科学诊断，有助于探寻导致失败的主要原因，消除不良因素的影响，防范错误信息的干扰，发现影响参赛效果的根源。通过参赛评价过程的科学分析，有助于科学地认识不同类型的各种资料，有效提升竞技运动的参赛理性，自觉提高参赛的必胜信心，积极促进参赛竞技能力的有效释放；通过参赛评价过程的科学评判，有助于科学地认识参赛过程的经验教训，深入认识专项运动的竞技特征，积极把握参赛过程的制胜规律，灵活应用临场竞技的制胜手段。总之，科学的竞技参赛评价，对于竞技参赛目标、竞技参赛计划、赛前训练绩效、参赛过程表现、参赛总结水平的检查与评判，具有特殊的实用功能。

参赛评价可以是参赛全面评价，也可是参赛专题评价。从工程理论角度来看，目前参赛评价的外控主体不清。换言之，缺乏像工程设计、工程实施和工程监理那样职责明确的分工，因而参赛评价与参赛总结混为一谈。参赛全面评价内容应该包括参赛战役目标、参赛指导思想、赛前训练质量、竞技状态调试、战役资源配置、关键赛次案例、战役赛事衔接、重大赛事指挥、科医保障效果、未来参赛建议等宏观评价内容；参赛专题评价可以包括方案设计质量、临场指挥效果、赛前训练计划与具体实施质量、科技支撑质量、后勤保障质量、赛前负荷安排和竞技状态调试、临场技术应用、临场战术应用、参赛心理调整等具体评价内容。参赛评价往往需要借助于参赛总结作为评价参考的基本依据。

按照不同评价类型标准，参赛评价方式方法可分为多种多样，例如：按评价基准划分,参赛评价可分为相对评价和绝对评价;按评价功能划分,参赛评价可分为诊断性评价、激励性评价和引导性评价;按评价内容划分,参赛评价可分为全面性评价和专题性评价;按评价时间划分,参赛评价可分为阶段评价和结果评价;按评价手段分类,参赛评价可分为定性评价和定量评价。因此,在实施参赛评价工作过程中,应具体问题具体分析。所采用的评价方式必须符合实用性、客观性和可行性原则。同时,应尽量做到定性评价和定量评价有机结合、相对评价与绝对评价相结合。参赛评价内容实际上是极为复杂的工程系统,的确需要专人专题进行此项工作,因此迫切需要培养这方面的专门性人才。

参赛评价必须体现鲜明的目的性、现实的客观性、适宜的时效性和内容的重点性。参赛评价与参赛总结不同,先期的参赛评价可以作为参赛总结的组成部分,但是最终的参赛评价应该是一份独立性的评价报告。参赛评价的目的性,就是要求科学诊断参赛问题、正确把握参赛规律、有效激发参赛信心;参赛评价的客观性,就是要求客观地对参赛实施观察、测量和监控,并对参赛的系列指标与绩效及时记录,以便得出正确的评估结果;参赛评价的时效性,就是要求评价人能够及时提供准确无误的监测数据、诊断结论和改进建议,以便教练员和运动员赛中及时调整战术、赛后总结教训;参赛评价的重点性,就是要求参赛评价内容重点思想突出,文字言简意赅,数据对比鲜明,结论准确可靠。

四、参赛评价内容体系

参赛评价内容体系的重点是竞赛状态评价、比赛成绩评价、相关指标评价。可以按照赛前环境分析、赛前状态诊断、参赛方案设计、赛前训练实施、赛前状态调控、临场竞技发挥、临场指挥表现、裁判执法水平、比赛实际环境、科医保障服务和后勤保障服务等多角度地分析评价。讨论或分析影响运动员竞技状态、运动成绩和相关指标的这些要素的目的,就是指出导致赛事失利或胜利的主要原因和重要影响要素。

赛前环境分析的评价是寻找影响运动员战役性赛事竞技状态的客观因素的一项重要内容。环境分析评价主要涉及自然环境和人文环境的评估。赛前列出应对环境问题的清单,赛中对各种问题及其应对方案及时记录。赛后需要进行系统整理、前后对比、检查这部分工作赛前策划的准确性与实效性,以及运动员异地参赛的适应性。赛后对其评价可采用定性评价。可依据实际检验找出的素材,提出未来应对异地环境的建议。

赛前状态诊断的评价包括选手自身诊断和对手诊断的评价。诊断的内容是运动成绩诊断、运动负荷诊断和竞技能力诊断，其中竞技能力诊断是核心，此部分的评价可依据实测指标数据进行定量评价。状态诊断评价应该具有预测性和指导性，应该滤掉变异性、偶然性。赛前状态诊断的评价，可通过比较赛前热身赛与正式赛赛前各项竞技能力指标的差异性，判断竞技状态的波动程度，从而了解个体的参赛适应能力的特点。

参赛方案设计的评价包括参赛目标调整、人员任务分配、管理制度制定、团队思想动员、参赛阵容确定、参赛方案制定的评价。此部分评价是检验参赛教练团队对于参赛系统中各个方面工作部署的合理性。赛前应该对各方面工作的安排进行详细记录。赛中实施过程中应该进行一对一地比照并进行记录，以便赛后整理与评价。评价方式主要是定性评价，重心侧重于参赛方案设计的针对性、精细性、全面性和机动性等等。

赛前训练实施的评价包括计划实施评价、状态调整评价。其中，计划实施评价很重要。赛前训练是一个具有特殊任务的训练阶段。赛前计划实施评价的内容参见第四章。状态调整评价是对赛前运动员竞技状态的调整情况做出客观评估。赛前训练是调整运动员竞技状态的主要途径，主要包括身体调控、机能调控、技能调控、战术调控、心理调控、赛场调控、时间调控等。因此，要对这些竞技能力的调控写出评价意见。

临场竞技发挥是参赛评价的重点内容。运动员参赛过程的竞技状态是影响运动员创造优异成绩的核心要素。运动员参赛过程的竞技状态直接影响着运动员竞技水平的发挥程度。运动员训练过程的竞技能力指标与比赛过程的成绩相关指标，理论上应该表现一致。前者高于后者，说明竞技状态不佳或是前者指标具有假象；前者低于后者，说明竞技状态较好或者后者指标具有假象。总之，需要依据实际做出客观的分析评价。

临场指挥能力是影响运动员，尤其是集体性球类项目运动员竞技状态的重要因素，是构成制胜系统整体战斗力的重要因素。其中，教练员临场指挥能力中的一项重要构成要素，即全局综合评判能力，是一种经验性的要素，它决定了教练员指挥艺术水平。通常，临场指挥能力的评价，主要依据临场对人员调配、技术调整、战术调适、心理调控的效果，以及教练员的观察能力、判断能力、决策能力和表达能力等。

裁判执法水平也是影响竞技状态和优异运动成绩创造的因素。相对来说，体能主导类项目的成绩计算属于测量计算，因而具有客观性。但是对抗性、表现性项群的成绩计算，都有裁判主观因素影响，因而客观性相对较差。此类项群的竞技状态往往会受裁判的误判、错判或偏袒等因素的影响。因此，掌握项目裁判特点以及处理裁判影响的经验和艺术显得格外重要。运动员的竞技状态评价，应该注意这方面的影响。

参赛环境评价也是不可忽视的评价内容。目前，运动参赛都是在特定场馆和环境之下进行的，并构成独特的人文环境。这些人文环境与自然环境的赛区气候、时差、场馆设施、器械条件等因素，都会对运动员的竞技状态产生重要影响。其中，主场效应与客场效应必须考虑在内，评价采用环境与人的双向记录与分析模式。主要评价复杂比赛环境对运动员的影响和作用，以及运动员对于新的比赛环境的适应能力。

科医保障质量是实现比赛成绩指标及其相关指标的关键要素。一般地讲，运动训练过程和运动参赛过程的这些指标的确定、表现都与科医保障质量密切相关。科医人员无法提供相应的成绩相关指标、或设计指标与实际指标相差过大、或不能提供人体的运动指标等，说明科医保障体系不全或设计质量不高。说到底，科医保障质量评价提出的目的，就是强化科医保障对于运动成绩及其相关指标的设计和监控的作用。

后勤保障质量同样是影响运动员竞技状态的重要因素。后勤保障系统直接影响着运动员的赛前准备和临场情绪。通常，后勤保障体系主要包括参赛保障和赛场保障：参赛保障主要是指饮食住宿、交通通讯、服装器材等；赛场保障主要是指比赛器材、休息用品、营养食品等供给和保存。这项工作需要周密安排，精心落实。后勤保障质量主要取决于服务思想。评价的内容主要是后勤保障的全面性、细致性与高效性。

小　结

本章着重反映了竞技运动参赛工程是创造优异运动成绩的核心活动过程。参赛工程包括赛前训练、参赛过程、赛后总结3个重要环节。赛前训练既是训练工程的封顶工程，也是参赛工程的基础工程，两者既相互独立又互相关联。通过讨论赛前训练及其调控，着重分析赛前训练基本规律、赛前训练计划设计和赛前训练临战模式；通过讨论参赛过程及其调控，着重阐述赛区准备及其程序、临场指挥及其对策、战役性的赛间恢复和战役性的赛间训练；通过讨论参赛的总结与评价，着重提出参赛总结基本分类、参赛总结基本内容、竞技运动参赛评价和参赛评价内容体系。

附件：训练计划格式范例

【格式范例1】

年度训练计划设计范例之一

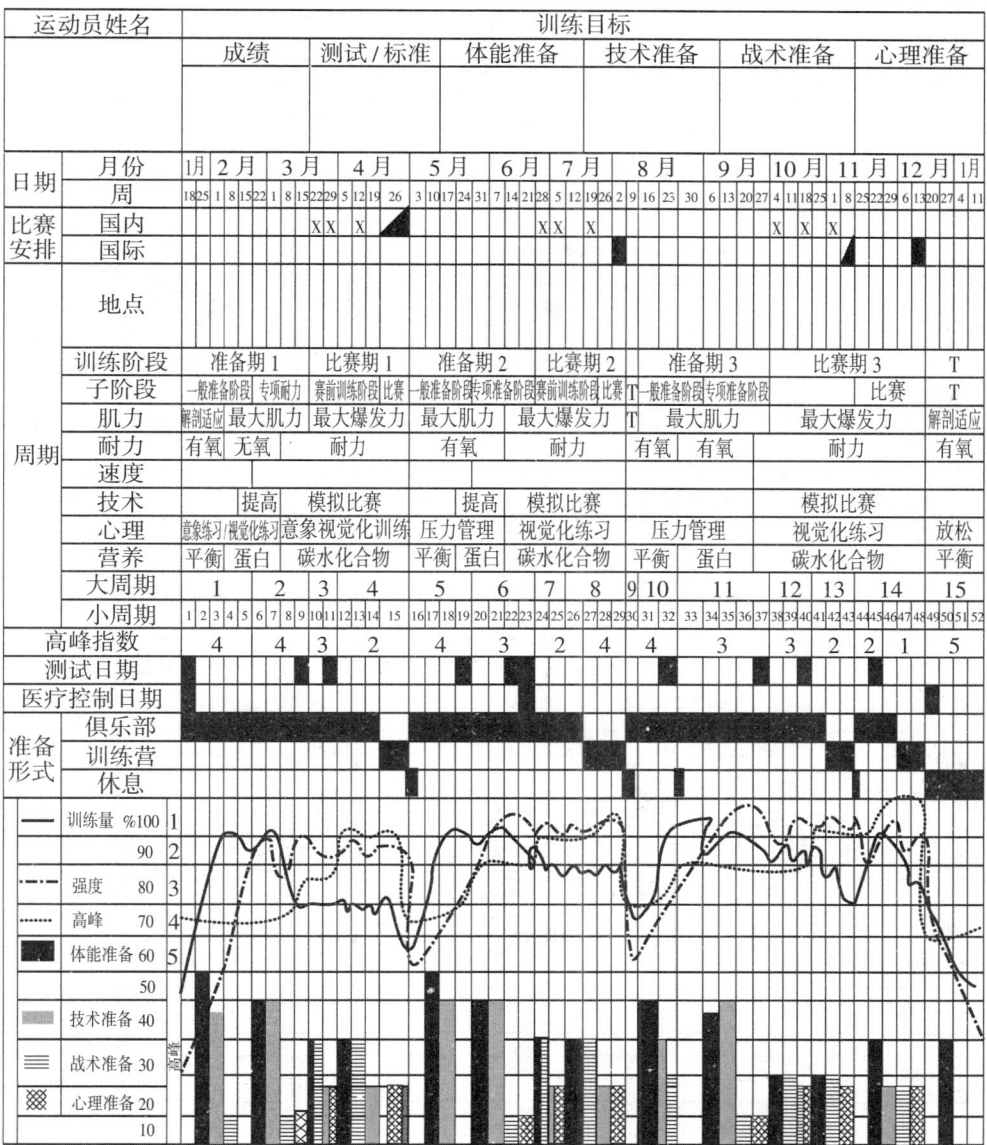

（引自 Tudor O.Bompa，等. Periodization: Theory and Methodology Of Training-5th Edition [M]. 李少丹，等，译. 北京：北京体育大学出版社，2011.并改制）

【格式范例 2】

年度训练计划设计范例之二
跳高运动员个人训练年度计划

运动员姓名		训练目标					
		成绩	测试/标准	体能准备	技术准备	战术准备	心理准备

日期	月份	11月	12月	1月	2月	3月	4月	5月	6月	7月	8月	9月	10月
	周	4 11 18 25	2 9 16 23 30	6 13 20 27	3 10 17 24	2 9 16 23 30	6 13 20 27	4 11 18 25	1 8 15 22 29	6 13 20 27	3 10 17 24 31	7 14 21 28	5 12 19 26

比赛安排	国内				X X ■			X X	X	X	■		
	国际												
	地点												

周期	训练阶段	准备期1		比赛期1	过渡	准备期2		比赛期2		过渡
	子阶段	一般准备阶段	专项准备阶段	比赛期1	过渡	一般准备阶段	专项准备阶段	比赛期1		过渡
	大周期	1	2	3	4	5	6	7	8	9	10	11	12	13
	小周期	1 2 3 4	5 6 7	8 9 10 11	12 13 14 15	16 17 18 19	20 21 22 23	24 25 26	27 28 29 30	31 32 33 34	35 36 37 38	39 40 41 42	43 44 45 46	47 48 49 50 51 52

训练	目标	解剖适应	最大爆发力	最大力量技术	最大技术爆发力	解剖适应	最大力量技术	最大技术爆发力	技术爆发力	技术爆发力	一般体能准备
	强度	M	M	H	H	L	M	M	H	H	M	L
成绩目标					2.06			2.06	2.08	2.1		
准备方式												

	跳跃 600		15	30	35	60		40	50	100	150	100	20
	技术训练 800		25	70	50	85		60	60	130	200	101	21
负重训练(kg/m)													
武	蹬腿训练 342000	22000	30000	60000	30000	60000	20000	50000	20000	30000	20000		
式	1/2蹲跳 90000	3000	6000	12000	10000	15000	5000	15000	5000	6000	7000	5000	
方	举重 266000	15000	20000	45000	20000	40000	15000	50000	14000	14000	15000	7000	
法	踝关节稳定性 1094	4000	7220	15000	10000	16220	8000	20000	6500	8000	10500	4000	
跳	蹬步跳 35000		2200	3800	3200	3400	1850	5000	2400	4200	5200	3600	850
高	卧推 3340		280	480	36	360		500	800	560			
	健身房练习 1280		160	200	140	200	2	140	260	180			
	瑞士球训练 4660	260	300	1400	600			200	1600	300			

测	30米助跑3.3秒	3.7		3.5		3.4		3.5	3.4		3.3	3.3	
试	立定跳高 62cm	54		58		60		60	60		62		
试	立定五级跳 15.20	14.00				14.80		14.80			15.20		
项	蹬腿力量 260kg	220	220		240	260		230	250	260			
目	举重训练 90kg	65	70		75	90		70					
	屈背 70cm	60		65				68		70			

注:H=高强度负荷,M=中强度负荷,L=低强度负荷

(引自 Tudor O.Bompa, 等. Periodization: Theory and Methodology Of Training–5th Edition [M]. 李少丹, 等, 译. 北京:北京体育大学出版社, 2011.)

【格式范例 3】

年度训练计划设计范例之三
体操运动员年度训练计划

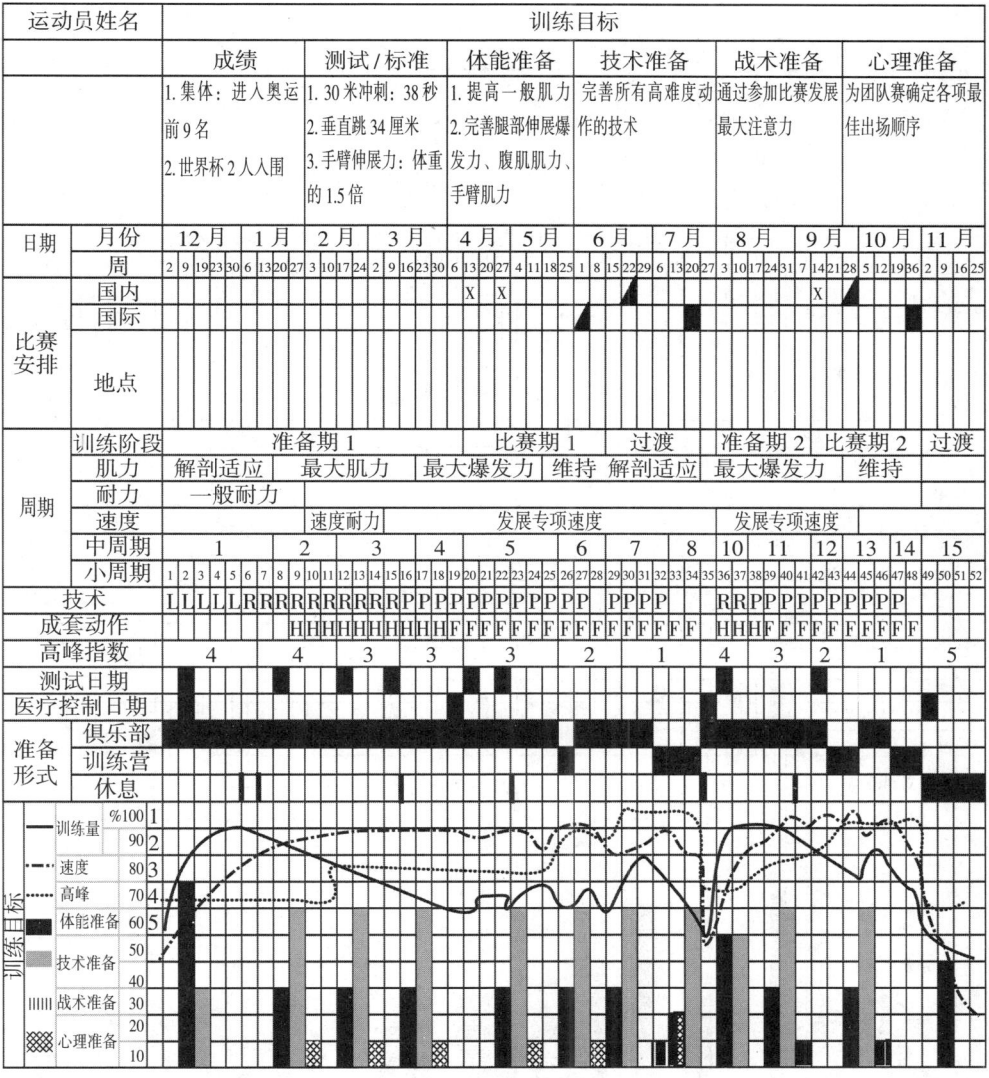

L=学习，R=重复为技能自动化，P=完善、提高，H=半套动作，F=全套动作

（引自 Tudor O.Bompa, 等. Periodization: Theory and Methodology Of Training-5th Edition ［M］. 李少丹，等，译. 北京：北京体育大学出版社，2011.）

【格式范例4】

年度训练计划设计范例之四
排球运动年度训练计划

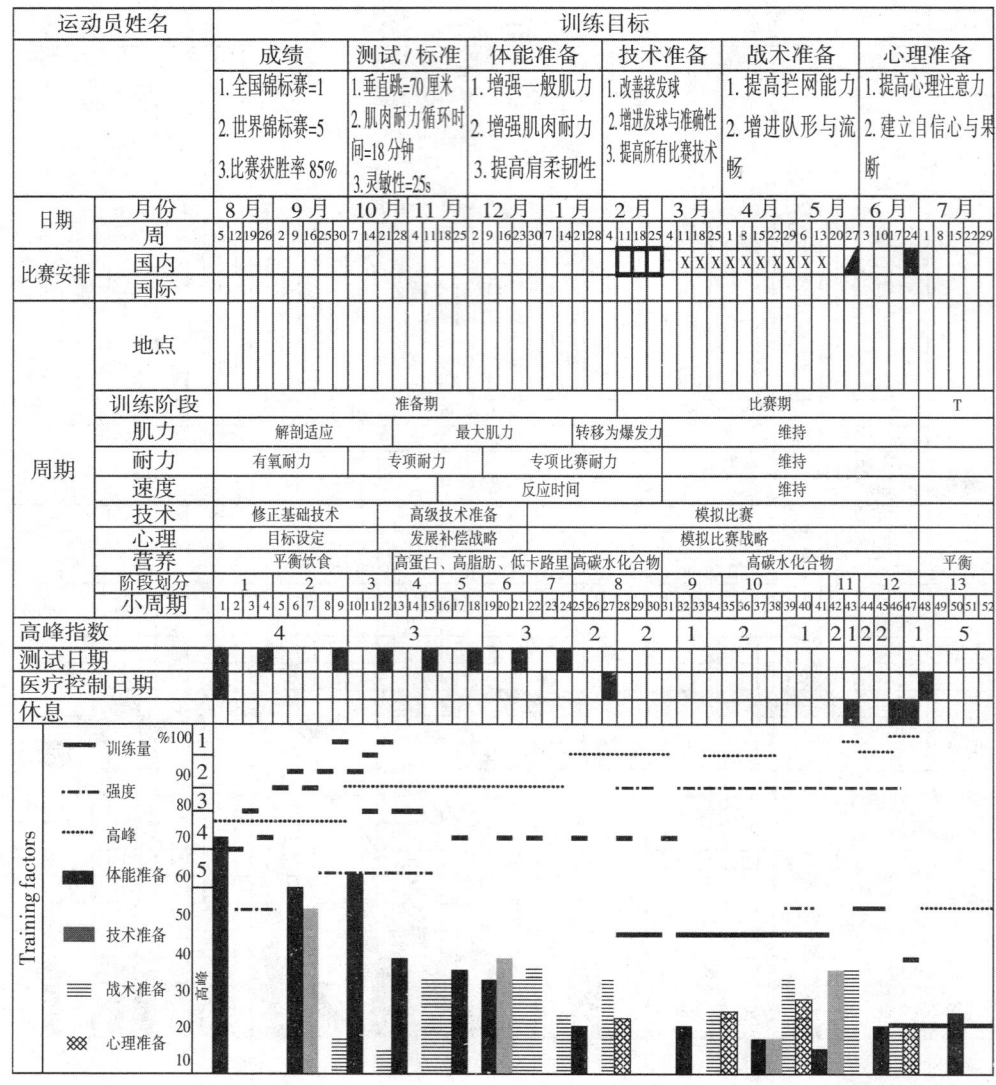

(引自 Tudor O.Bompa，等. Periodization: Theory and Methodology Of Training-5th Edition [M]. 李少丹. 等，译. 北京：北京体育大学出版社，2011.)

【格式范例 5】

阶段训练计划基本格式

训练目标：		
指导思想：		
现实状态：		

阶段划分	第一阶段	第二阶段
体能训练内容 　　　　手段		
技能训练内容 　　　　手段		
心智训练内容 　　　　手段		

月份	一					二				三				
周次	1	2	3	4	5	6	7	8	9	10	11	12	13	14
检查性指标 X1														
X2														
X3														
X4														
X5														
X6														
生理监控项目														
医务检查项目														

负荷　100%　　　　　　　　　　　　　　　　　　　　　　　负荷强度
强度 ——　90
　　　　　80　　　　　　　　　　　　　　　　　　　　　　竞技状态
量度 ---　60
状态 ……　40　　　　　　　　　　　　　　　　　　　　　负荷量度
　　　　　20
　　　　　10

基本措施：

教练员：

【格式范例6】

周训练计划基本格式

上周情况	本周任务	星期	时间	早操	时间	上午	时间	下午	晚上
早操： 训练课： 总时数： 运动量： 强度： 正式队员： 集训人数： 全勤： 伤病： 事假： 完成任务：		一							
		二							
训练总结 周的类型： 课间节奏： 课的质量： 实际负荷： 存在问题： 改进措施：		三							
		四							
教练出勤									
姓名 / 出操人数 / 住队次数		五							
		六							
		日							

（依胡亦海.竞技运动训练理论与方法［M］.武汉：湖北人民出版社，2005.）

单元训练教案的基本格式（略）

主要参考文献

[1] B.H.普拉托诺夫,等.运动训练的理论与方法[M].苏联高等学校出版社联合会总出版社,1984.

[2] B.H.普拉托诺夫,等.竞技运动理论[M].基辅:高等学校出版社,1987.

[3] L.P.马特维耶夫.竞技运动理论[M].姚颂平,译.上海:华东师范大学出版社,1997.

[4] 袁伟民.我的执教之道[M].北京:人民体育出版社,1988.

[5] 田麦久.项群训练理论[M].北京:人民体育出版社,1998.

[6] 田麦久.竞技参赛学[M].北京:人民体育出版社,2011.

[7] 杨桦.竞技体育实战制胜案例[M].北京:北京体育大学出版社,2006.

[8] 杨桦.竞技体育与奥运备战重要问题的研究[M].北京:北京体育大学出版社,2006.

[9] 钟秉枢.运动员基础训练的人文社科指导[M].北京:北京体育大学出版社,2005.

[10] 刘丹.球类运动训练理论批判[M].北京:北京体育大学出版社,2006.

[11] 国家体育总局竞技体育司.备战2012年伦敦奥运会训练理论与实践创新文集[M].北京:北京体育大学出版社,2011.

[12] 谢亚龙.中国优势竞技项目制胜规律[M].北京:人民体育出版社,1992.

[13] 钟添发,等.运动员竞技能力模型与选材标准[M].北京:人民体育出版社,1994.

[14] 胡亦海.竞技运动训练理论与方法[M].武汉:湖北人民出版社,2005.

[15] 胡亦海.竞技运动特征研究[M].北京:人民体育出版社,2013.

[16] 冯连世,冯美云,冯炜权.运动训练的生理生化监控方法[M].北京:

人民体育出版社，2006.

[17] 胡杨，王瑞元. 高原训练研究与应用 [M]. 北京：北京体育大学出版社，2006.

[18] 王清，等. 我国优秀运动员竞技能力状态诊断和监测系统的研究与建立 [M]. 北京：人民体育出版社，2004.

[19] 陈小平. 竞技运动训练实践发展的理论思考 [M]. 北京：北京体育大学出版社，2008.

[20] 邓树勋，等. 运动生理学 [M]. 高等教育出版社，2009.

[21] 谢敏豪，等. 运动员基础训练的人体科学原理 [M]. 北京：北京体育大学出版社，2004.

[22] 张力为. 现代心理训练方法 [M]. 北京：北京体育大学出版社，2004.

[23] 祝大鹏，胡亦海. 优秀运动员心智特征模型研究 [M]. 北京：世界图书出版公司，2013.

[24] 中国科协. 体育科学学科发展报告（2009—2010）[M]. 北京：中国科学技术出版社，2010.

[25] 刘淑英. 运动竞赛规则的本质特征、演变机制与发展趋势 [M]. 北京：北京体育大学出版社，2010.

[26] 张文显. 法学基本范畴研究 [M]. 北京：中国政法大学出版社，1993.

[27] 徐利，钟秉枢. 科学发展观视野下的排球运动科学探蹊 [M]. 北京：北京体育大学出版社，2001.

[28] 宋广礼. 我国皮划艇项目训练评价体系的理论与实践探索 [C] // 国家体育总局竞技体育司. 备战2012年伦敦奥运会训练理论与实践创新文集北京：北京体育大学出版社，2012.

[29] 段世杰. 思考竞技体育 [M]. 北京：学习出版社，2013.

[30] LonnicD.Bentley，等. 系统分析与设计方法 [M]. 7版（影印版）. 北京：高等教育出版社，2008.

[31] 刘鸣. 系统评价、Meta-分析设计与实施方法 [M]. 北京：人民卫生出版社，2011.

[32] 王积伟，等. 控制工程基础 [M]. 北京：高等教育出版社，2001.

[33] Katsuhiko Ogata. 现代控制工程 [M]. 卢伯英，译. 北京：电子工业出版社，2011.

[34] 马礼敦,等.高等结构分析[M].上海:复旦大学出版社,2006.

[35] 王伟军,等.信息分析方法与应用[M].北京:清华大学出版社,2010.

[36] 许树柏.层次分析法原理[M].天津:天津大学出版社,1988.

[37] 爱德华.B.泰勒.人类学——人及其文化研究[M].连树声,译.南宁:广西师范大学出版社,2004.

[38] 王厚卿,吕伍福.战役学教程[M].北京:解放军出版社,1989.

[39] 张玉良.战役学[M].北京:国防大学出版社,2006.

[40] 何涤清,谭亚东.战役学教程[M].北京:军事科学出版社,2001.

[41] 郝子舟,霍高珍.战术学教程[M].北京:军事科学出版社,2000.

[42] Y.赫伊津哈.游戏的人[M].北京:中国美术出版社,1998.

[43] Tudor O.Bompa,等. Periodization:Thoery and Methodology of Training-5th Edition[M].李少丹,等.译.北京:北京体育大学出版社,2011.

[44] Tudor O.Bompa, Greg Haff. Periodization:Thoery andMethodology of Training-5th Edition[M]. Pubished byHuman KineticsPublishers Inc., 2009.

[45] Tudor O.Bompa. Periodization:Thoery and Methodology of Training-4th Edition[M]. Pubished byHuman KineticsPublishers Inc., 1999.

[46] John M. Collins. Military Strategy: Principles, Practices, and Historical Perspectives[M]. Pubished byPotomac BooksInc., 2002.

[47] L P Matveev.Fundamentals of sports training[M] (English).Moscow: Pubished by Progress Publishers, 1981.

[48] Tudor O. Bompa. Total Training for Young Champions[M]. Pubished byHuman KineticsPublishers Inc., 2000.

[49] Tudor o. bompa.Serious Strength Training-3rd Edition[M]. PubishedbyHuman KineticsPublishers Inc., 2013.

[50] Tudor O. Bompa. Michael Carrera. Periodization Training for Sports[M]. PubishedbyHumanKineticsPublishers Inc., 2005.

[51] Tudor O. Bompa. Power training for sport:plyometricsfor maximum power development[M]. Pubishedby Coaching Association of Canada, 1993

[52] Tudor O. Bompa.Power Training for Sport:Plyometricsfor Maximum Power Developemnt[M]. PubishedbyMosaic Press/International Publishers, In-

corporated, 1996.

[53] Mark Verstegen, Pete Williams.The Core Performance: The Revolutionary Workout Program to Transform Your Body and your Life[M]. Pubished by RodaleBooks Inc., 2006.

[54] Mark Verstegen, Pete Williams. Core Performance Essentials: The Revolutionary Nutrition and Exercise Plan Adapted For Everyday Use [M]. Pubished by RodaleBooks Inc., 2008.

[55] Mark Verstegen, Pete Williams.Every Day Is Game Day: The Proven System of Elite Performance to Win All Day[M]. Pubishedby Avery Books Inc., 2014.

[56] Mark Verstegen, Pete Williams. Core Performance Golf: The Revolutionary Training and Nutrition Programfor Success On and Off the Course [M]. Pubishedby Rodalebooks Inc., 2009.

[57] Rhodri S. Lloyd, Jon L. Oliver.Strength andConditioning for Young Athletes: Science and application [M]. PubishedbyRoutledgebooksInc., 2013.

[58] PaavoV.komi.Strength and Power in Sport [M]. International Olympic Committee, 1992.

[59] BonaldB.Woods.SocialLssues in sport [M]. Pubished by Human Kinetics Publishers Inc. 2007.

[60] Joan N.Viekers.Perception, Cognition, and Decision [M]. Pubished by Human Kinetics Publishers Inc. 2007.

[61] Paul Gamble. Strength and Conditioning for Team Sports [M]. Pubishedby Routledge Books Inc., 2012.

[62] Mark Rippetoe, Andy Baker. Practical Programming for Strength Training [M]. Pubished by TheAasgaard Company, 2014.

[63] Bret Contreras Bodyweight Strength Training Anatomy [M]. Pubishedby Human Kinetics Publishers Inc., 2013.

[64] DanLewindon. High-Performance Training for Sports [M]. Pubishedby Human Kinetics Publishers Inc., 2013.

[65] NSCA -National Strength & Conditioning Association. Developing Agili-

ty and Quickness (Sport Performance) [M]. Pubished by Human Kinetics Publishers Inc., 2011.

[66] Thomas Kurz, MikolajZagorski. Science of Sports Training: How to Plan and Control Training for Peak Performance-2th [M]. Pubished by Stadion Publishing Co., 2001.

[67] Yuri Verkhoshansky, Natalia Verkhoshansky.Special Strength Training: Manual for Coaches [M]. Pubished by?Verkhoshansky.com, 2011.

[68] Yuri Verkhoshansky. Supertraining [M]. Pubished by Verkhoshansky.com, 2009.

[69] 闫琪, 等. 我国优秀女子曲棍球运动员体能训练的研究 [D]. 北京: 国家体育总局奥运攻关课题 2011A053.2012.

[70] 洪平, 等. 我国女子篮球队综合科研攻关与科技服务 [D]. 北京: 国家体育总局奥运攻关课题 2011A072.2012.

[71] 陈正, 等. 国家网球队训练质量的理论与实践研究 [D]. 北京: 国家体育总局奥运攻关课题 2011A044.2012.

[72] 胡亦海, 等. 我国男子拳击、女子跆拳道奥运冠军特征模型研究 [D]. 北京: 国家体育总局奥运攻关课题 2011A038.2012.

[73] 陆一帆, 等. 重点优秀游泳运动员特定项目有效强度研究 [D]. 北京: 国家体育总局奥运攻关课题 2011B027.2012.

[74] 胡亦海, 等. 竞技运动特征研究 [D]. 国家社会科学基金项目 07BTY029, 2012.

[75] 刘大庆. 竞技能力结构理论的发展与"双子模型"的建立 [J]. 体育科学, 2007 (7).

[76] 李宗浩, 等.现代奥林匹克运动项目分类研究 [J]. 天津体育学院学报, 2007 (1).

[77] 李志向. 从三磷酸腺苷供能角度谈运动项目分类 [J]. 牡丹江大学学报, 2007 (7).

[78] 张英波. 体能主导类快速力量性项群运动员竞技能力状态转移的时空协同理论 [J]. 体育科学, 2000 (4).

[79] 窦志强, 等.体能主导类快速力量性项群运动项目爆发力训练方法思考 [J]. 南京体育学院学报, 2003 (4).

[80] 邓建忠，等. 对技能主导类同场对抗性项群主要项目共性的探讨 [J]. 河北体育学院学报，2004（4）.

[81] 张庆春，等. 同场对抗性集体球类项目球队竞技能力要素分析 [J]. 上海体育学院学报，2005（8）.

[82] 袁守龙. 北京奥运会周期训练理论与实践创新趋势 [J]. 体育科研，2011（2）.

[83] 肖天. 重视训练学理论对训练实践的指导作用 [J]. 体育文化导论，2006（2）.

[84] 胡亦海，等. 对抗项目竞技能力层次要素特征的比较研究 [J]. 武汉体育学院学报，2009（2）.

[85] 胡亦海，等. 对抗项群亚类项目竞技能力要素特征的比较研究 [J]. 天津体育学院学报，2009（2）.

[86] 胡亦海，等. 运动竞赛结构特征的研究 [J]. 北京体育大学学报，2009（5）.

[87] 胡亦海，等. 竞技运动起源辨识、历史断想、功能启迪 [J]. 武汉体育学院学报，2009（5）.

[88] 张庆文，吴瑛. 从刘翔的训练看体能主导类速度性项群的训练特征 [J]. 上海体育学院学报，2006（1）.

[89] 赵刚，等. 同场对抗球类项目比赛负荷的实验研究 [J]. 体育科学，2012（10）.

[90] 朱伟. 同场对抗类项目竞赛规则演变与项目发展的双驱关系研究 [D]. 武汉：武汉体育学院，2011.

[91] 罗淑芳. 难美类项目竞赛规则演变与项目发展的双驱关系研究 [D]. 武汉：武汉体育学院，2011.

[92] 梁妮. 隔网类项目竞赛规则演变与项目发展的双驱关系研究 [D]. 武汉：武汉体育学院，2011.

[93] 王浩. 体能类项目竞赛规则演变与项目发展的双驱关系研究 [D]. 武汉：武汉体育学院，2011.

主要查询网站

http://www.wta-functionaltraining.com/

http://www.americansportsuniversity.com/

http://www.tennisexpress.com/

http://www.athletesperformance.com/

http://www.military.com/military-fitness/

http://www.nsca.com/

http://www.olympic.org/united-states-of-america

http://www.teamusa.org/

https://scienceofcoachingsquash.wordpress.com/category/tactics/

http://www.nccu.edu/Academics/sc/socialsciences/physicaleducation/athletictraining/index.cfm

http://www.pushpedalpull.com/

http://www.k-state.edu/kines/

http://kinesiology.education.wisc.edu/kinesiology/

http://engineeringsport.co.uk/

http://www.thesports-fitnessclinic.co.uk/Injury%20Screening.html

http://www.thesports-fitnessclinic.co.uk/

http://www.sport-fitness-advisor.com/

http://www.brianmac.co.uk/

http://www.sportplan.net/drills/Agility/

http://www.resistancebands.info/

https://www.trxtraining.com/

http://www.medicineballs.com/

后 记

40年前,我告别执教两年的教练员岗位,来到风景秀丽的武汉体育学院求学。结果一读整整六年!1981年研究生毕业后,我有幸参加同年在漳州国家训练基地举行的全国甲级女排冬训工作。历时40天紧张的冬训工作之后,我不仅强烈感到知识的贫乏和理论的不足,而且深刻受到实践的历练和思想的震撼。此后在前辈的引领之下,结果一干就是整整六年!正是那段难得的兵团式的专项实践过程,我不仅获得了大量的科学研究案例素材,而且坚定了我一生置身于实践领域的信念。

20年前,我曾出版一本题为《竞技运动训练理论与方法》的专著。随后相继参加了全国体育院校本科统编教材《运动训练学》、全国体院竞技体育学系列统编教材《运动参赛学》、全国体育学院成人教育统编教材《运动训练学》、教育部体育专业本科统编教材《运动训练学》、教育部体育类研究生教材《运动训练学导论》、国家体育总局科教司2003年组织编写的体育教练员(专项)岗位培训教材和2013年组织编写的《现代教练员科学训练理论与实践》教材编写工作。多年来通过参与这些教材研讨、编写和使用过程,我发现了体育专业教育与职业教育的差距。

10年前,我通过汇总本人前期成果方式,再版了那本《竞技运动训练理论与方法》的专著。相比20年前出版的那本专著,再版的《竞技运动训练理论与方法》增添了运动训练科学基础、过程设计与监控两章。当然,此书包含着多年来我参与国家赛艇、皮划艇、拳击、跆拳道、摔跤、跳水和女子篮球队科技攻关和服务工作的切身体会,也包含着我应邀参与广东、上海、湖南、湖北等专业队的项目发展规划、教练岗位竞聘、训练计划设计、训练过程监控、全运周期准备和训练周期总结等工作的亲身体验。通过这些工作,我发现了体育学历教育与资质教育的差距。

7年前,我有幸获得主持国家社科基金项目《竞技运动特征研究》的机会。这项研究使我不仅重温了不少有关方面的经典文献,而且系统梳理了一些相关理

后 记

论问题。本来以为完成这一命题应该轻车熟路，但是耗时5年完全出乎我的预期。值得欣慰的是该研究成果得到了中国科协学科组专家和国家社科成果鉴定专家的肯定。完成课题之后，我的心情并不轻松，因为竞技运动特征研究的诸多领域依然存在许多问题。值得肯定的是：竞技运动应是竞技体育组织、社会体育普及、学校体育倡导的共有运动形态。通过这项研究，我发现了体育学术研究与社会实践的差距。

近年来，我相继受聘参加了全国体育科学学会科学技术奖评审、奥运攻关课题申报和成果结题评审、国家体育总局哲学社科课题申报和成果评审工作；曾蒙国家体育总局科教司、竞体司、青少司和国家教练员学院的信任，我相继参与了多轮全国各级各类教练员的岗位培训授课任务和新一轮的由多学科专家组成的全国教练员岗培教材的编写工作。通过参与这两类性质不同的工作，使我有幸获悉了不少有关竞技运动理论研究的最新成果和实践应用的发展动态。通过梳理竞技运动相关的理论研究成果和实践成功经验，我强烈地产生了要重新撰写《竞技运动训练理论与方法》的思想冲动。

专著的撰写是一个知识体系的分类构建，理论的应用则是一个知识体系的综合过程。科学追求的是共性化的抽象，艺术讲究的是个性化的具体。科学的研究方法是分解系统，艺术的应用手段则是集成体系。学者的任务是科学分解体系以便分类传授知识，教练的任务则是艺术合成系统以便有机综合应用。正是认识到理论构建与实践应用是两种完全不同性质的活动，因此本书采用了工程模块方式阐述整个理论，以便做到理论与实践高度结合。本着复杂问题简单化、简化问题定量化、定量问题专业化、专业问题模块化、理论问题实践化的构思，开始了否定之否定的笔耕。

撰写本书真是苦并快乐的。两年来，以往参与过的各种实践情景、发表的各类学术成果、面授的各类受众不时地映入脑海，不时提醒本书的撰写：必须坚持学术研究服务训练实践、体育教育必须适应市场需要、专业内容必须贴近职业要求的思想。2014年从5月底到8月底，我在美国3个月的游学更加坚定了这一理念。美国体育从业人员的理论素养和技术功底令人尊敬，职业细化和普及程度令人羡慕。尽管位于亚利桑那州菲尼克斯市的一家中型私人健身企业EXOS蜚声中国竞技运动领域令人称奇，但是我们必须承认他们在健身和竞技体能训练方面的确颇具特色。

去年全运会结束不久，我随湖北体育局考察团前往山东考察竞技运动发展模式。几天的紧张学习，使我分享了不少山东省竞技体育发展的成功经验。今年我在美国游学特别在麦迪逊期间，我的头脑不时影映着山东考察期间的所见所闻，并从竞技运动角度宏观比较了中美管理体制、运行机制、生态环境、社会结构、发展路径、组织机构等多元要素，微观比较了两地（威斯康辛州与山东省）竞技运动的各种相关影响因素。我发现：竞技运动任何一个项目发展都必须依靠政府的有力推动，必须依靠竞技体育、社会体育和学校体育的协调发展是放之四海而皆行的准则。

现在，修订后的这本《竞技运动训练理论与方法》虽已脱稿，但是思之再三颇有一些遗憾，因为还有许多专题有待深入。尽管如此，我必须感谢国家体育总局科教司、竞体司、青少司的支持；感谢国家篮球、排球、摔柔、拳跆和水上等运动管理中心的信任；感谢曾经参加北京、湖南、湖北、广东、广西、安徽、河南、西藏、内蒙古、海南、青海、浙江、贵州、云南、黑龙江、吉林、上海、四川、山东等地举办的全国或地方教练员岗位培训班的全体教练员，正是通过他们，我获得了教学相长、汲取思想和修正臻善的机会；另外，感谢国家教练员学院提供的珍贵帮助。

最后，感谢人民体育出版社史勇先生的多次鼓励，使我实现了修改此书的愿望；感谢资深编辑丛明礼老先生的宝贵建议，使本书某些理论增添了生动的光鲜；感谢田麦久先生多年来的专业引领，使我身在基层而不失学术高度；感谢广东、湖南和湖北省体育局的信任，使我借以督训身份获得不少一线资料；感谢多次在国家队执教的管建民、徐菊生、许志娟教练的参与讨论，使本书的抽象内容有了具体范例；感谢我的学生石磊、高平、余银、李素芝、王宏、胡海旭、申霖、钟永峰等博士们的智力相助；感谢本书参考、引用的国内外研究文献的作者和可能疏忽注明的学者。

2014 年 4 月初中国武汉珞珈山下交稿
2014 年 8 月底美国 Madison，WI 修改
于湖北省高等院校人文社科重点研究基地
《运动与健康创新发展研究中心》胡亦海工作室
Email: huhuhu1960@sina.com

图书在版编目(CIP)数据

竞技运动训练理论与方法 / 胡亦海著 . - 北京：人民体育出版社，2014
ISBN 978-7-5009-4664-9

Ⅰ.①竞…　Ⅱ.①胡…　Ⅲ.①竞技体育-运动训练
Ⅳ.①G808.1

中国版本图书馆 CIP 数据核字(2014)第 094173 号

版权所有　翻印必究

*

人民体育出版社出版发行
中青印刷厂印刷
新华书店经销

*

787×1092　16 开本　26.25 印张　460 千字
2014 年 11 月第 1 版　2014 年 11 月第 1 次印刷
印数：1—4,000 册

*

ISBN 978-7-5009-4664-9
定价：60.00 元

社址：北京市东城区体育馆路 8 号（天坛公园东门）
电话：67151482（发行部）　　邮编：100061
传真：67151483　　　　　　　邮购：67118491
网址：www.sportspublish.com
（购买本社图书，如遇有缺损页可与发行部联系）